PARA A CRÍTICA DA
ECONOMIA POLÍTICA

Karl Marx

PARA A CRÍTICA DA ECONOMIA POLÍTICA
inclui
Texto original [*Urtext*]

Tradução
Nélio Schneider

Apresentação
Jorge Grespan

© Boitempo, 2024
Textos traduzidos de:
Karl Marx, "Zur Kritik der politischen Ökonomie", em MEW, v. 13 (Berlim, Dietz, 1961).
Karl Marx, "Zur Kritik der politischen Ökonomie. Urtext", em MEGA II/2 (Berlim, Dietz, 1980).

Direção-geral	Ivana Jinkings
Edição	Pedro Davoglio
Coordenação de produção	Livia Campos
Assistência editorial	Marcela Sayuri
Tradução	Nélio Schneider
Preparação	Carolina Hidalgo Castelani
Revisão	Thaís Nicoleti de Camargo
Desenho de capa	Cássio Loredano
Capa e diagramação	Antonio Kehl

Equipe de apoio Artur Renzo, Ana Slade, Davi Oliveira, Elaine Ramos, Frank de Oliveira, Frederico Indiani, Higor Alves, Isabella de Oliveira, Isabella Meucci, Ivam Oliveira, Kim Doria, Letícia Akutsu, Luciana Capelli, Marina Valeriano, Mateus Rodrigues, Maurício Barbosa, Raí Alves, Renata Carnajal, Thais Rimkus, Tulio Candiotto

---

CIP-BRASIL. CATALOGAÇÃO NA PUBLICAÇÃO
SINDICATO NACIONAL DOS EDITORES DE LIVROS, RJ

M355p

Marx, Karl, 1818-1883
Para a crítica da economia política / Karl Marx ; tradução Nélio Schneider. - 1. ed. - São Paulo : Boitempo, 2024.
272 p.

Tradução de: Zur kritik der politischen ökonomie
ISBN 978-65-5717-361-9

1. Economia marxista. 2. Filosofia marxista.
I. Schneider, Nélio. II. Título.

24-89293 CDD: 335.4
          CDU: 330.85

Gabriela Faray Ferreira Lopes - Bibliotecária - CRB-7/6643

É vedada a reprodução de qualquer
parte deste livro sem a expressa autorização da editora.

1ª edição: maio de 2024

BOITEMPO
Jinkings Editores Associados Ltda.
Rua Pereira Leite, 373
05442-000 São Paulo SP
Tel.: (11) 3875-7250 / 3875-7285
editor@boitempoeditorial.com.br
boitempoeditorial.com.br | blogdaboitempo.com.br
facebook.com/boitempo | twitter.com/editoraboitempo
youtube.com/tvboitempo | instagram.com/boitempo

SUMÁRIO

Nota da edição 7

Apresentação – *Jorge Grespan* 9

Para a crítica da economia política 21
    Prefácio 23
    Livro I. Do capital. Seção I. O capital em geral 29
        Capítulo I – A mercadoria 31
        Capítulo II – O dinheiro ou a circulação simples 63

Para a crítica da economia política. Texto original [*Urtext*] 175
    {Capítulo II – O dinheiro} 177
    Capítulo III – O capital 241

Índice onomástico 249

Cronologia resumida de Marx e Engels 255

Coleção Marx-Engels 269

NOTA DA EDIÇÃO

Em seu 34º volume, a coleção Marx-Engels da Boitempo oferece ao leitor brasileiro uma nova tradução de *Para a crítica da economia política*, texto que contém algumas das fórmulas mais consagradas e reproduzidas do pensamento marxiano. Ele vem acompanhado de uma versão preliminar do texto editado, um manuscrito que ficou conhecido pelo seu título em alemão "Urtext", que significa "texto original". Temos então, de um lado, a primeira obra publicada no âmbito do monumental projeto marxiano de uma crítica da economia política e, de outro, um escrito que permaneceu inédito durante a vida do autor e que tem cumprido, em especial a partir da década de 1970, junto aos *Grundrisse*, um papel decisivo na recepção contemporânea das obras da maturidade de Karl Marx e nas principais interpretações que dela são feitas ao redor do mundo.

Escrito de agosto de 1858 a janeiro de 1859, *Para a crítica da economia política* foi publicado pela primeira vez por Franz Duncker, em junho de 1859, em Berlim. A obra faz parte de um primeiro plano de redação do que mais tarde seria *O capital*, nessa altura concebido como um conjunto de seis livros, que tratariam 1) do capital; 2) da propriedade da terra; 3) do trabalho assalariado; 4) do Estado; 5) do comércio exterior; e 6) do mercado mundial. Como se sabe, esse plano foi alterado após a publicação de *Para a crítica*, que engloba somente a primeira seção do livro 1, sobre a mercadoria e o dinheiro, não chegando, portanto, a tratar do problema do capital. A tentativa de prosseguir com a publicação, interrompida várias vezes, deu origem a *O capital* como o conhecemos hoje.

A presente edição se baseia na versão incluída no volume 13 da *Marx-Engels-Werke* (MEW), que saiu em 1961 pela editora Dietz de Berlim. O texto estabelecido teve como base a edição de 1859, complementado pela adoção de correções à margem do exemplar manuscrito pessoal de Marx. Tais notas foram levadas em conta também por Engels na reprodução de passagens de *Para a crítica* no Livro III de *O capital*. Todas as modificações feitas pela MEW em relação à edição de 1859 que dizem respeito ao conteúdo foram registradas em notas de rodapé.

Karl Marx – Para a crítica da economia política

Já o manuscrito ao qual pertence o fragmento que sai aqui com o título de "Para a crítica da economia política. Texto original" foi redigido por Marx do início de agosto a meados de outubro de 1858. Ele ocupa dois cadernos sem data com as designações B' e B" e corresponde à parte sobrevivente do texto – trechos dos capítulos 2 e 3. Esse escrito era precedido pelo caderno C, que provavelmente continha o capítulo sobre a mercadoria e o início do capítulo sobre o dinheiro. O "Texto original" foi publicado pela primeira vez em 1941 pelo Instituto de Marxismo-Leninismo de Berlim e Moscou, como apêndice dos *Grundrisse der Kritik der Politischen Ökonomie*. Para esta edição, foi traduzido do volume II.2, de 1980, da *Marx-Engels-Gesamtausgabe*.

As notas de rodapé numeradas são de autoria de Marx, enquanto aquelas identificadas por asterisco são da edição alemã (N. E. A.), da edição brasileira (N. E.) e da tradução brasileira (N. T.). Interpolações entre colchetes são da edição brasileira, em sua maior parte indicadas pelo tradutor, a não ser quando expressamente mencionada a autoria da edição alemã. Interpolações entre chaves no "Texto original" são anotações de Marx feitas posteriormente à margem do manuscrito. Citações em língua estrangeira foram preservadas no corpo do texto e traduzidas para o português no rodapé, entre colchetes.

A Boitempo agradece à sua equipe e a todos os que tornaram esta edição possível: ao tradutor Nélio Schneider; a Jorge Grespan e a Hugo da Gama Cerqueira, autores respectivamente da apresentação e do texto de orelha; a Antonio Kehl, diagramador; a Cássio Loredano, criador da ilustração de capa; a Carolina Hidalgo Castelani, preparadora dos originais; e a Thaís Nicoleti de Camargo, revisora.

APRESENTAÇÃO
Jorge Grespan

Em meados de 1858, Marx tinha por fim em mãos o longo manuscrito que vinha preparando há vários meses e que sintetizava seus muitos anos de estudo sobre economia política. Ele começara a redação sob o forte estímulo da crise econômica de 1857, considerada por ele a primeira de abrangência e caráter verdadeiramente mundiais. A esperança de que sua eclosão incentivasse a classe trabalhadora a deflagrar um movimento revolucionário fez Marx trabalhar "de modo colossal"[1] e acelerado para escrever a primeira versão de sua "crítica da economia política" explicando as contradições incontornáveis do capitalismo e delas deduzindo as crises e a possibilidade da transição ao socialismo. Como se sabe, esse manuscrito foi publicado em seu estado original décadas depois da morte do autor sob o título *Grundrisse der Kritik der politischen Ökonomie*[2].

Para Marx, porém, o manuscrito não passava de um esboço inicial que deveria ser bem revisado, corrigido e complementado antes de ir para o prelo. Todo o material formaria o primeiro de um conjunto de seis livros nos quais pretendia desenvolver sua crítica à sociedade burguesa[3]. Por sua vez, o manuscrito mesmo seria dividido em sete cadernos[4], dos quais o primeiro corresponderia ao "capítulo do dinheiro" e

---

[1] Carta de Marx a Engels, 18 de dezembro de 1857, em MEW, v. 29, p. 232.
[2] Ao mesmo tempo em que escrevia sua crítica da economia política, Marx coletava material em revistas e jornais da época com a intenção de publicar, além do texto teórico de crítica, também um texto de análise da crise em curso. O rápido fim da crise, porém, fez Marx deixar de lado esses *Krisenhefte*. A miscelânea de recortes desses jornais e revistas entremeados por análises breves do próprio Marx foi editada só em 2017, no volume 14 da Seção IV da *Marx-Engels Gesamtausgabe* (MEGA), com o título "Exzerpte, Zeitungsausschnitte um Notizen zur Weltwirtschaftskrise. November 1857 bis Februar 1858"; para a edição brasileira dos Grundrisse, ver Karl Marx, *Grundrisse: manuscritos econômicos de 1857-1858: esboços da crítica da economia política* (trad. Mario Duayer e Nélio Schneider, São Paulo/Rio de Janeiro, Boitempo/UFRJ, 2011).
[3] O plano desses seis livros é citado em diversos escritos de Marx da época e é apresentado já no começo do prefácio de *Para a crítica da economia política*. Os livros seriam "capital, propriedade da terra, trabalho assalariado, Estado, comércio exterior e mercado mundial".
[4] A divisão nos sete cadernos aparece em um índice provisório escrito por Marx em junho de 1858. Em carta a Engels datada de 22 de fevereiro de 1858, Marx explica que pretende

os demais cadernos ao conteúdo do bem mais longo "capítulo do capital". Foi esse primeiro caderno que Marx viu publicado em junho de 1859, depois de um intenso trabalho de revisão, sob o título *Para a crítica da economia política*.

De fato, a transposição do manuscrito à forma de livro foi marcada por dificuldades[5]. As duas mais importantes certamente são as que se referem ao problema fundamental de como apresentar o material do primeiro caderno, tendo uma delas aparecido logo no início e a outra no final da apresentação.

A primeira dificuldade foi, exatamente, por qual categoria começar a análise. Ela surgiu quando Marx desenvolveu o ponto de vista que o orientara nos *Grundrisse*. Ali, ele já sabia que

> para desenvolver o conceito de capital, é necessário partir não do trabalho, mas do valor, e, de fato, do valor de troca já desenvolvido no movimento da circulação. É tão impossível passar diretamente do trabalho ao capital quanto passar diretamente das diversas raças humanas ao banqueiro, ou da natureza à máquina a vapor.[6]

Marx já sabia que, apesar de composto em sua *substância* por trabalho, o capital se define pelas *formas* sociais que assume no processo de autoconstituição, isto é, pelas formas do "valor de troca desenvolvido já no movimento da circulação", em especial a forma de dinheiro. O salto impossível a que se refere o final da passagem citada acima corresponde ao salto da substância – "raças humanas" ou "natureza" – à forma social – "banqueiro" ou "máquina a vapor". Embora o metabolismo da produção de valores de uso também esteja na base do capitalismo, o que diferencia esse sistema dos que o antecederam é a subordinação do metabolismo à metamorfose, isto é, da troca de matéria do ser humano com a natureza à troca da forma social em que isso ocorre – mercadoria e dinheiro, formas de que o capital se reveste e que sucessivamente abandona no processo da circulação de valor.

Assim, na perspectiva dos *Grundrisse*, a análise do capital como forma de relação social devia começar pela análise do dinheiro a forma geral adotada pelo capital, inclusive em sua relação com o trabalho. Pois é como comprador da força de trabalho que o capitalista entra em cena, colocando-se em pé de igualdade com o trabalhador, que apresenta-se como vendedor da força de trabalho. É nessa igualdade contratual que a relação constitutiva do capital primeiro se apresenta, para só adiante, na passagem para a esfera da produção propriamente

---

publicar seu texto em cadernos porque não possui "tempo nem meios de elaborá-lo com toda a tranquilidade" (MEW, v. 29, p. 284).

[5] De início, Marx acreditava que poderia revisar e publicar sem dificuldade os *Grundrisse*, como afirma em carta a Engels datada de 21 de setembro de 1858: "eu nada tenho a fazer senão estilizar [*stilisieren*] o que já foi escrito" (MEW, v. 29, p. 355).

[6] Karl Marx, *Grundrisse*, cit., p. 200; MEGA II/1.1, p. 183.

Apresentação

dita, revelar-se como o oposto, como a desigualdade social instaurada a partir do momento em que o capitalista despoja o trabalhador dos meios de produção. Antes dessa inversão em desigualdade social, a forma distintiva da relação entre as duas classes sociais é o salário, ou melhor, a remuneração em dinheiro do trabalhador pelo capitalista.

O que ficou claro para Marx durante o trabalho de edição foi que o próprio "capítulo do dinheiro" deveria começar pela dedução da forma mesma de dinheiro.

Sem dúvida, nos *Grundrisse* há várias considerações sobre o valor de troca e sua relação com o valor de uso e até sobre as distintas formas da circulação das mercadorias, com a introdução das conhecidas expressões M-D-M e D-M-D. Porém tais considerações são feitas sempre dentro da discussão do dinheiro, e o tópico inicial "gênese e essência do dinheiro", além de incluir rápidas digressões sobre temas correlatos, logo desemboca no estudo dos metais preciosos e, por fim, no tópico sobre o "curso do dinheiro", que traz a primeira versão de Marx para a sequência das funções do dinheiro. Nesse tópico do manuscrito, aparece uma rápida menção a um "capítulo que deve tratar do valor de troca como tal", que talvez corresponda às duas breves páginas cuja redação aparentemente Marx suspendeu ao final dos *Grundrisse*. Com o número "1)" e o título "Valor"[7], esse texto retoma a relação entre valor de uso e valor de troca, constitutiva da forma de mercadoria. Mais importante, ele formula a frase que depois abriria, com as devidas modificações, o livro *Para a crítica da economia política* e, enfim, *O capital*: "A primeira categoria em que se apresenta a riqueza burguesa é a da mercadoria"[8].

Apesar dessas indicações dos *Grundrisse*, o novo começo para a apresentação categorial só foi elaborado na publicação de 1859, quando o "capítulo do dinheiro" aparece depois do capítulo sobre a mercadoria. O importante desenvolvimento ocorrido entre os dois textos fica claro no tema e no título de cada um: em *Para a crítica da economia política*, trata-se da mercadoria, e não do valor, como no tópico

---

[7] A menção ao "capítulo" que deveria tratar do valor de troca independentemente da análise do dinheiro aparece no começo do tópico que trata da última função do dinheiro na versão dos *Grundrisse*, intitulado "O dinheiro como representante material da riqueza" (Karl Marx, *Grundrisse*, cit., p. 149; MEGA II/1.1, p. 132). Aparentemente, o texto que aparece ao final do manuscrito inteiro, "Valor", constitui a redação desse capítulo prometido, com o qual começaria o livro propriamente dito (Karl Marx, *Grundrisse*, cit., p. 757; MEGA II/1.2, p. 740).

[8] Karl Marx, *Grundrisse*, cit., p. 756; MEGA II/1.1, p. 740. Como comparação, em *Para a crítica da economia política*, de 1859, a frase inicial é: "À primeira vista, a riqueza burguesa aparece como uma enorme coleção de mercadorias, e a mercadoria individual como sua existência elementar" (neste volume, p. 31; MEGA II/2, p. 107; MEW, v. 13, p. 15). Em *O capital*, no caso, é: "A riqueza das sociedades onde reina o modo de produção capitalista aparece como uma 'enorme coleção de mercadorias', e a mercadoria individual, por sua vez, aparece como sua forma elementar" (Karl Marx, *O capital: crítica da economia política*, Livro I: *O processo de produção do capital*, trad. Rubens Enderle, São Paulo, Boitempo, 2013, p. 113; MEGA II/10, p. 37).

apenas esboçado que encerra os *Grundrisse*[9]. A mercadoria é uma forma de valor, mas também apresenta a dimensão do valor de uso em um produto tangível capaz de satisfazer necessidades; ela tem um caráter palpável, portanto, e está presente no cotidiano da sociabilidade capitalista, não podendo ser considerada, de modo algum, mera abstração. De fato, a mercadoria consiste na unidade de valor e valor de uso; ela é a forma mais simples da oposição entre essas duas dimensões, desenvolvida nas formas mais complexas que definem as funções do dinheiro.

Com isso em mente, Marx dividiu o material de *Para a crítica da economia política* em dois capítulos básicos, "a mercadoria" e "o dinheiro, ou a circulação simples", que deveriam inaugurar o "livro primeiro: do capital" e seu desdobramento na "seção I: o capital em geral", conforme o plano de publicação dos seis livros mencionado acima.

Chama a atenção, de imediato, a alternativa oferecida no título do segundo capítulo do livro: "o dinheiro, ou a circulação simples". Ela deixa claro que aqui o dinheiro ainda não é analisado como forma específica do capital, e sim na esfera que Marx denominou "circulação simples" de mercadorias e representou por M-D-M. A relação entre a forma "simples" e a forma mais complexa, a da circulação do capital propriamente dito, abordada na seção segunda do "capítulo do capital" dos *Grundrisse*, configura-se como um problema. Embora a circulação "simples" não seja ainda a circulação das formas do capital, ela descreve a situação da troca mercantil absorvida e redefinida pela circulação capitalista. Remunerada pelo salário, a força de trabalho compra os meios de vida de que necessita para sempre voltar ao trabalho, em um movimento que M-D-M representa de maneira adequada.

São esses os termos da segunda dificuldade que Marx enfrentou na edição do manuscrito de 1857-1858: como inscrever a circulação simples na produção capitalista; ou, ainda, como concluir o "capítulo do dinheiro" e, com isso, finalizar *Para a crítica da economia política*, e então passar para o "capítulo do capital", que seria o tema dos cadernos seguintes da publicação. No manuscrito, essa passagem ocorre quando, ao termo da sequência de suas funções, o dinheiro deixa de ser simples meio de circulação das mercadorias e passa a ser um fim em si mesmo. Marx então pensava que podia deduzir sem inconvenientes o conceito de capital a partir da fórmula D-M-D, que inverte o sentido de M-D-M da circulação simples, pois a identidade qualitativa entre o polo inicial e o polo final de D-M-D impõe a conclusão de que a diferença só pode ser quantitativa: entre o primeiro e o último D deve

---

[9] Como Marx explicará mais tarde nas "Glosas marginais ao *Tratado de economia política* de Adolph Wagner", "[...] nem o 'valor' nem o 'valor de troca' são sujeitos [*Subjekt*] para mim, mas sim *a mercadoria*", em Karl Marx, *Últimos escritos econômicos* (trad. Hyury Pinheiro, São Paulo, Boitempo, 2020, p. 43; MEW, v. 19, p. 358).

Apresentação

existir um valor maior, um mais-valor expresso por Marx na linha que acrescenta ao último D, formando D'.

Embora *Para a crítica da economia política* não avance além do conceito de "dinheiro mundial", sem passar ao dinheiro como forma do capital, Marx percebeu nessa passagem um problema sério. Apenas formulada como D-M-D', a circulação do capital poderia muito bem representar a mera acumulação do capital comercial inclusive em sua forma pré-capitalista, isto é, o processo de comprar para vender mais caro, que não implica alterar as condições da produção mesma das mercadorias. Dito de outra maneira, a fórmula D-M-D' não apreende a especificidade da produção capitalista; não apreende sua distinção em relação às formas historicamente anteriores que se combinavam com o capital comercial. Não bastava, portanto, inverter as expressões e deduzir o capital industrial da mera autonomia formal do dinheiro.

Talvez esse tenha sido o motivo pelo qual Marx interrompeu a edição dos *Grundrisse* e decidiu voltar aos estudos com a clara intenção de reelaborar o "capítulo do capital". Ele se dedicou intensamente a essa tarefa entre 1861 e 1863, e acabou por redigir um segundo manuscrito, dos quais fazem parte, por exemplo, os cadernos publicados depois de sua morte sob o título *Teorias da mais-valia*.

Em suma, Marx teria percebido que a passagem da circulação simples ao capital não poderia ser apenas formal; antes, ela devia expor a oposição entre a igualdade jurídica constitutiva da circulação da força de trabalho e a desigualdade social subjacente à subsunção do trabalho ao capital na esfera da produção imediata das mercadorias. Seria preciso explicitar, já nesse momento, a condição social da força de trabalho despojada dos meios de produção pelos capitalistas. Em outras palavras, a passagem da esfera da circulação simples para a esfera da produção de mercadorias deveria extrapolar o aspecto formal da apresentação e incorporar a circunstância histórica que está na base do próprio conceito de mais-valor. De outro modo, Marx incorreria no erro que previra em sua famosa advertência dos *Grundrisse*: "Será necessário, mais tarde [...] corrigir o modo idealista da apresentação que produz a aparência de que se trata simplesmente das determinações conceituais e da dialética desses conceitos."[10].

Por "estilo idealista", Marx designa aqui um modo de apresentação dos conceitos que reduz a apresentação a uma cadeia dedutiva na qual um conceito se define a partir de outro. Reunir essa cadeia à história seria possível somente na filosofia hegeliana porque nela, de acordo com Marx, o desdobramento lógico-especulativo do conceito se reproduz no fluxo dos acontecimentos, uma proposição inaceitável para a concepção materialista na base da crítica da economia política.

---

[10] Karl, Marx, *Grundrisse*, cit., p. 100; MEGA II/1.1, p. 85.

Contudo, durante a redação dos *Grundrisse*, Marx avançou nessa crítica a ponto de conceber o capitalismo como um sistema econômico no qual, conforme visto acima, o metabolismo entre ser humano e natureza é inscrito em metamorfoses puramente sociais, isto é, nas passagens de uma forma social à outra. Por isso, pensar uma precedência da forma à substância ou, em termos mais ou menos hegelianos, do lógico ao real, não seria um completo desatino idealista, mas corresponderia a um sistema, ele próprio, desatinado.

Assim, se a transição da circulação simples à produção capitalista deve explicitar a condição histórica do despojamento da força de trabalho, ela deve também retomar e continuar o fio condutor da apresentação das formas da circulação simples e das funções do dinheiro. Somente na redação de *O capital* Marx conseguiu resolver o problema posto por essa dupla exigência. Ele o faz no capítulo 4 do livro, tão importante que ocupa sozinho a segunda seção inteira, colocado de modo estratégico entre os três capítulos da primeira seção, dedicada à circulação simples, e os sete capítulos da terceira, dedicada à produção de mais-valor absoluto. Essa importância também é evidente pela forma da apresentação, distinta da observada no restante do livro: em boa parte do capítulo 4 de *O capital*, Marx intencional e repetidamente esbarra em uma aporia, a saber, na impossibilidade da criação de valor novo se mantido o princípio da troca de equivalentes, superada só no fim do capítulo, quando ele explicita a condição histórica pela qual a força de trabalho se torna mercadoria e, mais, a mercadoria cujo emprego permite a criação de mais-valor.

Apesar de exposta apenas em *O capital*, essa solução começou a ser delineada em *Para a crítica da economia política*. De fato, ela aparece já no texto de edição do livro, redigido entre agosto e outubro de 1858 e publicado após a morte de Marx com o título "Texto original"[11]. Esse interessante manuscrito, publicado agora pela Boitempo junto de *Para a crítica da economia política*, permite ao leitor acompanhar o exato momento em que Marx muda de ideia a respeito da função de meio de pagamento do dinheiro, redefinindo a relação da circulação simples com as formas específicas e mais complexas do capital.

A mudança ocorreu logo depois da redação dos *Grundrisse*, em que o meio de pagamento é visto como forma rudimentar do sistema de crédito, sendo, por isso, apresentado no "capítulo do capital". Marx em seguida percebeu, porém, que essa função do dinheiro é a combinação dialética das funções de medida de valor e de

---

[11] Em alemão, "*Urtext*". Ele foi publicado pela MEGA em 1980, como parte do volume 2 de sua segunda seção. Nesse "Texto original", aquilo que chamei de segunda dificuldade da apresentação categorial enfrentada por Marx, a saber, a passagem da circulação simples ao capital, aparece no tópico 6 do segundo capítulo, "Transição ao capital", e no terceiro capítulo, incompleto, "Transformação do dinheiro em capital", ambos não aproveitados por Marx na redação final de *Para a crítica da economia política*.

Apresentação

meio de circulação. Por isso, no "Texto original", o meio de pagamento passa a figurar na circulação simples de mercadorias, transitando para a determinação do capital, mas ainda dentro das formas de apropriação típicas da lógica de M-D-M, nas quais trabalho e propriedade dos meios de produção ainda não estão explicitamente cindidos. Assim, Marx deixa de julgar a função de meio de circulação do dinheiro a forma típica da circulação simples, como nos *Grundrisse*, e caracteriza a sociabilidade presidida por M-D-M de um modo mais complexo, que comporta relações mediadas por dinheiro apenas representado, prometido, mas ainda não efetivamente pago.

Marx desenvolve essa caracterização no tópico 5 do segundo capítulo do "Texto original", intitulado "O aparecimento da lei de apropriação na circulação simples". A discussão que ele aí faz das ilusões criadas pela redução das formas sociais capitalistas a meras formas mercantis confere à leitura do "Texto original" uma importância especial, ainda mais pelo fato de que Marx acabou por não aproveitar todo o final desse manuscrito de edição na versão definitiva de *Para a crítica da economia política*[12]. Certas formulações lapidares sobre a sociabilidade burguesa só nele podem ser lidas e analisadas.

De todo modo, aquilo que Marx incorporou ao livro já representa uma concepção da circulação simples e de sua relação com a produção capitalista consideravelmente mais rica do que a exposta nos *Grundrisse*. A mudança na concepção do meio de pagamento, por exemplo, será de grande importância para entender depois como ocorre a remuneração da força de trabalho mediante salário. Ao incluir essa função do dinheiro na lógica de M-D-M, Marx explica como a relação do capitalista com o trabalhador mantém a aparência da troca de equivalentes, agora entre um tipo de devedor, que pagará o salário só no fim do mês, depois de receber o serviço que comprou, e um tipo de credor, que vive da promessa de receber o dinheiro devido ao trabalho que vendeu. Ainda fica encoberta a desigualdade social subjacente à situação mais complexa caracterizada pelo meio de pagamento, mas a condição histórica de despojamento de que surge a mercadoria força de trabalho não precisará ser introduzida como um fator totalmente externo à circulação simples. Ao contrário, sua introdução permite que seja mantida a ordem da apresentação categorial e a torna até mesmo imprescindível para enfatizar a oposição entre um nível e outro da análise, ou seja, para revelar a realidade desigual por debaixo da aparência jurídica igualitária.

---

[12] Conforme assinalado na nota anterior, além do tópico 5, também o tópico 6 e o terceiro capítulo do "Texto original" foram dispensados por Marx na versão final de *Para a crítica da economia política*. No caso destes últimos, provavelmente Marx desistiu em definitivo de inclui-los porque deixou a discussão do capital para os cadernos posteriores. No caso do tópico 5, de certo modo, ele acabou aproveitando o material quando retomou o tema no segundo capítulo do livro I de *O capital*, intitulado "O processo de troca".

A apresentação da "lei de apropriação na circulação simples" em *Para a crítica da economia política* terá como finalidade desenvolver as consequências sociais dessa igualdade formal. No capítulo inicial, sobre a mercadoria, a troca de equivalentes aparece na base das relações entre proprietários privados e toda a rede de sociabilidade que se estabelece entre eles é exposta junto da lógica das categorias que expressam as formas nas quais essa rede se cristaliza e acontece.

É bem diferente da estratégia adotada por Marx ao retomar esse assunto em *O capital*, em que o estudo da mercadoria se divide em dois capítulos: o primeiro apresenta as principais categorias envolvidas na análise de acordo com a lógica da própria mercadoria, como se ela mesma presidisse o movimento pelo qual a oposição interna de valor de uso e valor se exterioriza na oposição da forma relativa e forma de equivalente, chegando à oposição entre mercadoria e dinheiro; só o segundo capítulo discute as relações sociais subjacentes ao movimento da mercadoria porque, embora Marx aí já comece afirmando que "as mercadorias não podem ir por si mesmas ao mercado e trocar-se umas pelas outras", ele havia dito antes que os agentes da troca "não sabem disso, mas o fazem"[13], ou seja, que os agentes estão submetidos às regras impostas pela lógica da mercadoria descritas no capítulo anterior. Essa divisão em dois capítulos, portanto, é coerente com o próprio objeto neles analisado, que é a mercadoria em seu caráter fetichista e automático.

O fato de *Para a crítica da economia política* apresentar ambas as dimensões simultaneamente constitui uma vantagem para seu leitor em relação a *O capital*, mais árduo e sinuoso. Essa vantagem, contudo, decorre em grande parte do pouco desenvolvimento do conceito decisivo de fetichismo no livro de 1859. Marx descreve já nessa época a inversão da relação entre pessoas em relação entre coisas[14], mas não avança a ponto de caracterizá-la como um processo automático que ocorre de modo independente da plena consciência dos agentes sociais. Em vez do "não sabem disso, mas o fazem" da famosa frase de *O capital* citada acima, em *Para a crítica da economia política*, ele diz:

> Trata-se de um processo social em que ingressam os indivíduos independentes uns dos outros, mas eles só ingressam nele como possuidores de mercadorias; sua existência recíproca uns para os outros é a existência de suas mercadorias e, desse modo, eles aparecem, de fato, apenas como *portadores conscientes* do processo de troca.[15]

---

[13] Karl Marx, *O capital*, cit., p. 159 e 149; MEGA II/5, p. 51 e 46.

[14] Em algumas passagens de *Para a crítica da economia política*, tal inversão é bem caracterizada: "Por fim, o trabalho que gera o valor de troca se caracteriza pelo fato de a relação social entre as pessoas se apresentar como que invertida, a saber, como relação social entre as coisas [...] Por conseguinte, mesmo que seja correto dizer que o valor de troca constitui uma relação entre pessoas, é necessário acrescentar: uma relação oculta, encoberta pelas coisas" (neste volume, p. 37; MEGA II/2, p. 113).

[15] Neste volume, p. 43; MEGA II/2, p. 120; grifos meus.

Apresentação

Certamente, trata-se de uma questão de ênfase. Os agentes da troca têm, é claro, consciência parcial do que fazem, e Marx não negaria isso quando escreveu sua afirmação categórica em *O capital*. Ao afirmar que eles não sabem o que fazem, Marx pretendia destacar a força do fetichismo e caracterizá-lo como poder que submete a todos os agentes sem que sua consciência desempenhe papel relevante nos atos de troca. A ênfase na irrelevância da consciência e da vontade dos agentes como fatores decisivos de sua ação tem a clara intenção de salientar o quanto essa ação ocorre de acordo com os processos automáticos desencadeados pelas formas típicas da sociabilidade capitalista já na esfera da circulação simples. No entanto, mais do que isso, a afirmação categórica de Marx em *O capital* resulta da introdução nesse texto de uma particularidade decisiva na descrição da forma de mercadoria.

Até 1867, Marx fundava sua análise da mercadoria na oposição entre valor de uso e valor de troca, seguindo a pista aberta pela economia política clássica desde Adam Smith. Ao retomar o tema de *Para a crítica da economia política* oito anos depois, porém, Marx definiu o valor de troca como expressão quantitativa, variável conforme cada mercadoria trocada, de uma propriedade única intrínseca às mercadorias, o valor. Claro, trata-se de uma propriedade social, estabelecida historicamente, que diferencia a mercadoria de qualquer produto não destinado ao mercado. É justamente essa diferença entre mercadoria e produto que o primeiro capítulo de *O capital* procura destacar, uma diferença que não contradiz o modo de apresentação dos textos anteriores, mas que a eles acrescenta a especificidade histórica de uma economia mercantil. Um produto, quando produzido para consumo próprio de seus produtores, não é mercadoria; e mesmo se eventualmente ele sobrar e acabar sendo trocado, ele não é mercadoria. Não é a troca efetiva, e sim a destinação do produto para a troca, que faz dele uma mercadoria.

Essa propriedade única e intrínseca às mercadorias constitui o fundamento sólido para o conceito de fetichismo, pois é ela, o valor, que responde à pergunta de Marx sobre a origem do "caráter enigmático do produto do trabalho, assim que ele assume a forma de mercadoria"[16]. A inversão de relações pessoais em relação entre coisas é explicada pela autonomia adquirida por essas coisas, as mercadorias, diante do próprio trabalho que as produziu; e essa autonomia explica também por que os agentes têm de se render a regras impostas por um movimento que aparece para eles como independente, objetivo. Não são trocas fortuitas de produtos sobrantes que dão às coisas esse poder, mas sim a produção que desde o início tem como finalidade o mercado; não o consumo dos próprios produtores, mas o consumo de terceiros. O produtor direto, com isso, depende totalmente de um mercado que, fora de seu controle, é fonte tanto de fortuna como de desgraça.

---

[16] Karl Marx, *O capital*, cit., p. 147; MEGA II/5, p. 46.

Todo esse desenvolvimento teórico ainda não estava completo em *Para a crítica da economia política*, mas já pode ser observado em gérmen. O leitor pode acompanhar esse caminho e toda a gama de possibilidades que Marx tinha diante de si naquele momento para construir seu texto e continuar sua pesquisa, as opções que fez e as alternativas que acabou por desconsiderar. Não necessariamente os caminhos que ele preferiu foram os melhores, ou as formulações que deixou de lado eram menos expressivas. Algumas vezes, pode ser o contrário. O leitor que estuda sua obra com atenção pode formar uma opinião também a esse respeito.

Marx mesmo prestou contas do desenvolvimento de suas ideias em passagens como o "Prefácio" de *Para a crítica da economia política*. Certamente um dos textos mais conhecidos de Marx, ele começa apresentando o plano de publicação dos seis livros mencionado acima, para, em seguida, relatar os passos do percurso intelectual de seu autor desde os estudos universitários até aquele momento. Notas biográficas se misturam a notícias sobre obras deixadas no prelo[17] e dão ensejo a uma discussão de cunho teórico, em especial no que diz respeito à crítica da concepção de história de Hegel e dos pós-hegelianos, ocasião que Marx aproveita para expor uma síntese do que ele e Engels vinham concebendo desde os manuscritos de *A ideologia alemã**.

Aqui, os conceitos de base e superestrutura, forças produtivas e relações de produção são expostos de modo breve, um tanto esquemático, mas com uma clareza talvez inédita em outros textos de Marx sobre o tema, o que contribuiu, sem dúvida alguma, para o sucesso na recepção do prefácio. O esquema das forças produtivas que de um vínculo positivo com as relações de produção passam a um vínculo negativo, destrutivo, foi considerado por muito tempo um modelo da dialética materialista; o mesmo valendo para o esquema da base e da superestrutura. Só o exame cuidadoso da análise da mercadoria e da dedução do dinheiro a partir da forma de mercadoria, presentes já no texto de *Para a crítica da economia política*, permitiu que se formasse depois uma visão mais aguda a respeito da dialética de Marx.

Em época não muito distante, quem estudava a obra de Marx não tinha à mão os *Grundrisse*, por exemplo, e devia se contentar com a possiblidade de cotejar *O capital* com *Para a crítica da economia política*, que, afinal, havia sido publicado

---

[17] É o caso dos seis livros que comporiam a obra planejada de "análise do sistema da economia burguesa" (MEGA II/2, p. 99), da "introdução geral" de 1857 deixada de lado "porque toda a antecipação de resultados ainda a serem demonstrados pode atrapalhar" (idem, p. 99) e de um manuscrito, certamente *A Ideologia alemã*, de "crítica da filosofia pós-hegeliana", abandonada "à crítica roedora dos ratos" (idem, p. 102).

* Karl Marx e Friedrich Engels, *A ideologia alemã* (trad. Rubens Enderle, Nélio Schneider e Luciano Cavini Martorano, São Paulo, Boitempo, 2007). (N. E.)

Apresentação

por Marx ainda em vida. Foi o suficiente para leitores como Karl Korsch, György Lukács, Vladímir Lênin, Rosa Luxemburgo e Isaac Rubin, entre outros. A oportunidade aberta ao leitor atual é retomar esses caminhos e encontrar em *Para a crítica da economia política* a chave para a interpretação do estratégico começo da crítica de Marx ao capitalismo.

PARA A CRÍTICA DA ECONOMIA POLÍTICA

PREFÁCIO

Analiso o sistema da economia burguesa nesta sequência: *capital, propriedade fundiária, trabalho assalariado; Estado, comércio exterior, mercado mundial*. Nas primeiras três rubricas, investigo as condições econômicas de vida das três grandes classes em que se subdivide a sociedade burguesa moderna; a interconexão das três rubricas restantes é evidente. A primeira seção do primeiro livro que trata do capital é composta dos seguintes capítulos: 1. a mercadoria; 2. o dinheiro ou a circulação simples; 3. o capital em geral. Os dois primeiros capítulos perfazem o conteúdo do presente caderno. O conjunto do material está diante de mim na forma de monografias escritas em longos intervalos de tempo, visando ao entendimento próprio e não à impressão, cujo processamento coerente segundo o plano indicado dependerá de circunstâncias externas.

Suprimo uma introdução geral que eu havia rabiscado porque, pensando melhor, toda antecipação de resultados ainda a serem demonstrados pode atrapalhar, e o leitor que quiser mesmo me acompanhar deverá decidir-se por galgar do particular para o geral. Em contraposição, parece-me apropriado dar algumas indicações sobre o andamento de meus estudos econômico-políticos.

Meu campo de especialização na faculdade foi a jurisprudência, à qual me dediquei, todavia, apenas como disciplina secundária ao lado da filosofia e da história. Nos anos de 1842-1843, na qualidade de redator da *Gazeta Renana**,

---

* *Rheinische Zeitung für Politik, Handel und Gewerbe* [Gazeta Renana de Política, Comércio e Indústria] – jornal diário publicado de 1º de janeiro de 1842 a 31 de dezembro de 1843 em Colônia, na Alemanha. O jornal foi fundado por representantes da burguesia renana que se opunham ao absolutismo prussiano. Alguns jovens hegelianos foram aceitos como colaboradores. A partir de 1842, Karl Marx se tornou colaborador e, em outubro do mesmo ano, redator-chefe. Sob sua chefia, o jornal assumiu um caráter democrático-revolucionário mais destacado e sua popularidade cresceu consideravelmente, o que deixou círculos do governo preocupados e insatisfeitos e provocou ataques virulentos da imprensa reacionária. No dia 19 de janeiro de 1843, o governo prussiano proibiu a circulação do jornal a partir de 1º de abril de 1843 e o submeteu a rigorosa censura até seu último dia. (N. E. A.)

estive pela primeira vez na situação embaraçosa de ter de pronunciar-me sobre assim chamados interesses materiais. As tratativas da Dieta Renana sobre a questão do furto de madeira e o parcelamento da propriedade fundiária, a polêmica oficial que o senhor von Schaper, o então presidente da província renana, iniciou com a *Gazeta Renana* sobre as condições dos camponeses da região do rio Mosela e, por fim, os debates sobre livre-comércio e tarifas protecionistas proporcionaram os primeiros ensejos para ocupar-me de questões econômicas*. Em contrapartida, naquela época em que a vontade de "ir adiante" preponderava sobre o conhecimento de causa, tornou-se audível, na *Gazeta Renana*, o eco do socialismo e do comunismo franceses, matizado com leves tons filosóficos. Declarei-me contrário a esse diletantismo, mas, ao mesmo tempo, em controvérsia com a *Gazeta Geral*, de Augsburgo**, admiti francamente que os estudos que havia realizado até aquele momento não me permitiam ousar nenhum juízo sobre o teor das tendências francesas. Aproveitei avidamente o ensejo oferecido pela ilusão dos gerentes da *Gazeta Renana*, que acreditavam poder revogar a sentença de morte proferida contra o jornal mediante adoção de uma postura mais pusilânime, para me retirar da esfera pública e me recolher ao meu gabinete de estudos.

O primeiro esforço que empreendi para solucionar as dúvidas que me assaltavam foi uma revisão crítica da filosofia do direito de Hegel; a introdução a esse trabalho foi publicada nos *Anais Franco-Alemães****, editados em Paris no ano de 1844****. O resultado de minha investigação foi que não há como compreender as relações jurídicas e as formas de Estado nem a partir de si mesmas nem a partir do assim chamado desenvolvimento geral do

---

* MEW, v. 1, p. 109-47 e 172-99 [ed. bras.: Karl Marx, *Os despossuídos*, trad. Mariana Echalar e Nélio Schneider, São Paulo, Boitempo, 2017]. (N. E. A.)

** *Allgemeine Zeitung* [Gazeta Geral] – jornal diário conservador fundado em 1798 e que circulou de 1810 a 1882 em Augsburgo, Alemanha. Em 1842, falsificou as ideias do comunismo e do socialismo utópicos e contra isso Marx se voltou em seu artigo *Der Kommunismus und die Augsburger "Allgemeine Zeitung"* [O comunismo e a "Gazeta Geral" de Augsburgo], publicado em outubro de 1842 na *Gazeta Renana* (ver MEW, v. 1, p. 105-8). (N. E. A.)

*** Os *Deutsch-Französische Jahrbücher* [Anais franco-alemães] foram publicados em Paris, em língua alemã, sob a direção de Karl Marx e Arnold Ruge, dos quais veio a público apenas a primeira edição dupla em fevereiro de 1844, contendo os escritos de Karl Marx "Sobre a questão judaica" e "Crítica da filosofia do direito de Hegel – Introdução", além dos trabalhos de Friedrich Engels, "Esboço para uma crítica da economia política" e "Die Lage Englands. I., 'Past and present' by Thomas Carlyle. London 1843" (ver MEW, v. 1). Esses escritos marcam a passagem consumada de Marx e Engels para o materialismo e o comunismo. A razão principal da descontinuação da revista consistiu nas diferenças de opinião entre Marx e Ruge, este um burguês radical. (N. E. A.)

**** MEW, v. 1, p. 378-91 [ed. bras.: Karl Marx, "Crítica da filosofia do direito de Hegel – Introdução", em *Crítica da filosofia do direito de Hegel*, trad. Rubens Enderle e Leonardo de Deus, São Paulo, Boitempo, 2005, p. 145-56]. (N. E. A.)

Prefácio

espírito humano; que elas estão bem mais radicadas nas relações materiais da vida, cuja totalidade é sintetizada por Hegel, seguindo o procedimento dos ingleses e franceses do século XVIII, na designação "sociedade civil"; e que a anatomia da sociedade civil deve ser buscada na economia política. Tendo iniciado a investigação dessa disciplina em Paris, dei continuidade a ela em Bruxelas, para onde me havia mudado em decorrência da ordem de expulsão do país emitida pelo senhor Guizot. O resultado geral a que cheguei e que, uma vez obtido, norteou meus estudos dali por diante, pode ser resumido nos seguintes termos: na produção social de sua vida, os humanos estabelecem relações bem determinadas, necessárias, independentes de sua vontade, relações de produção que correspondem a um determinado estágio do desenvolvimento de suas forças produtivas materiais. A totalidade dessas relações de produção constitui a estrutura econômica da sociedade, a base real, sobre a qual se eleva uma superestrutura jurídica e política, à qual correspondem certas formas de consciência social. O modo de produção da vida material condiciona o processo social, político e intelectual da vida em geral. Não é a consciência dos humanos que determina seu ser, mas o inverso: é seu ser social que determina sua consciência. Em certo estágio de seu desenvolvimento, as forças produtivas materiais da sociedade entram em contradição com as relações de produção existentes ou, o que é apenas a expressão jurídica correspondente, com as relações de propriedade em que se haviam movido até aquele momento. Essas relações se convertem de formas de desenvolvimento das forças produtivas em seus grilhões. Instaura-se, então, uma época de revolução social. Com a mudança da base econômica, revoluciona-se mais lenta ou mais rapidamente toda a gigantesca superestrutura. Ao analisar essas revoluções, é preciso distinguir constantemente entre a revolução material das condições de produção, a ser fidedignamente constatada nos termos da ciência natural, e as formas jurídicas, políticas, religiosas, artísticas ou filosóficas, em suma, ideológicas, em que os humanos se conscientizam desse conflito e o travam até o fim. Do mesmo modo que não se julga um indivíduo pelo que ele próprio pretende ser, tampouco se pode julgar tal época revolucionária a partir da consciência que ela tem de si, mas se deve muito mais explicar essa consciência a partir das contradições da vida material, a partir do conflito existente entre forças produtivas sociais e relações de produção. Uma formação social nunca desaparece antes de desenvolver todas as forças produtivas que ela comporta, e relações de produção novas e superiores nunca têm lugar antes que as condições materiais de sua existência tenham sido incubadas no seio dessa mesma velha sociedade. Por conseguinte, a humanidade só se propõe a cumprir tarefas que é capaz de resolver, pois, se olharmos bem, sempre se descobrirá que a própria tarefa só se origina quando as condições materiais de sua solução já existem ou, ao menos, estão em processo de surgimento. Em seus grandes traços, os modos de produção asiático, antigo, feudal e burguês moderno podem ser caracterizados como épocas progressistas de formação econômica da sociedade. As relações burguesas de produção constituem a última forma antagônica do processo social de produção, antagônica não no sentido de algum antagonismo individual, mas de um antagonismo que brota das condições sociais de vida dos indivíduos; porém as forças produtivas que se desenvolvem no seio da sociedade burguesa criam concomitantemente as condições materiais para a solução desse antagonismo. Em consequência, com essa formação social chega ao fim a pré-história da sociedade humana.

Friedrich Engels, com quem mantive um constante intercâmbio de ideias por escrito desde a publicação (nos *Anais Franco-Alemães*) de seu genial esboço sobre a crítica das categorias econômicas*, tinha chegado ao mesmo resultado que eu por outras vias (confira-se sua obra *A situação da classe trabalhadora na Inglaterra***). Quando ele também foi morar em Bruxelas, no começo de 1845, decidimos elaborar juntos a antítese entre a nossa visão das coisas e a visão ideológica da filosofia alemã e, de fato, ajustar contas com a nossa consciência filosófica anterior. Esse intento foi efetivado na forma de uma crítica da filosofia pós-hegeliana. O manuscrito***, dois pesados volumes *in-octavo*, há muito já tinha chegado às mãos da editora na Vestfália, quando recebemos a notícia de que uma mudança de circunstâncias não permitiu a impressão. De bom grado abandonamos, então, o manuscrito à crítica roedora dos ratos, até porque já tínhamos alcançado o nosso objetivo principal – a compreensão própria do assunto. Dos trabalhos dispersos em que, naquela época, expusemos em público aqui e ali nossas concepções, limito-me a mencionar o *Manifesto Comunista*****, redigido conjuntamente por Engels e por mim, e um *Discours sur le libre échange******, publicado por mim. Os pontos decisivos de nosso modo de ver as coisas foram elencados cientificamente, mesmo que apenas de forma polêmica, pela primeira vez em meu escrito *Miséria da filosofia* etc.******, publicado em 1847 e dirigido contra Proudhon. A impressão

---

* Ver MEW, v. 1, p. 499-524 [ed. bras.: Friedrich Engels, "Esboço para uma crítica da economia política", em *Esboço para uma crítica da economia política e outros textos de juventude*, trad. Ronaldo Vielmi Fortes, São Paulo, Boitempo, 2021, p. 161-84]. (N. E. A.)

** Friedrich Engels, *Lage der arbeitenden Klasse in England*, MEW, v. 2, p. 225-506 [ed. bras.: *A situação da classe trabalhadora na Inglaterra*, trad. B. A. Schumann, São Paulo, Boitempo, 2008]. (N. E. A.)

*** Karl Marx e Friedrich Engels, *Die deutsche Ideologie*, MEW, v. 3, p. 9-530 [ed. bras.: *A ideologia alemã*, trad. Rubens Enderle, Nélio Schneider e Luciano C. Martorano, São Paulo, Boitempo, 2007. (N. E. A.)

**** Idem, *Manifest der kommunistischen Partei*, MEW, v. 4, p. 459-93. (N. E. A.) [ed. bras.: *Manifesto comunista*, trad. Álvaro Pina, São Paulo, Boitempo, 2005]. (N. E. A.)

***** Karl Marx, *Rede über den Freihandel*, MEW, v. 4, p. 444-58. (N. E. A.)

****** Idem, *Das Elend der Philosophie*, MEW, v. 4, p. 63-182 [ed. bras.: Karl Marx, *Miséria da filosofia*, trad. José Paulo Netto, São Paulo, Boitempo, 2017]. (N. E. A.)

Prefácio

de um tratado escrito em alemão sobre o "trabalho assalariado"*, no qual entreteci o teor das palestras proferidas sobre esse assunto na Associação de Trabalhadores Alemães de Bruxelas**, foi interrompida pela Revolução de Fevereiro e por meu afastamento forçado da Bélgica em consequência dela.

A edição da *Nova Gazeta Renana**** em 1848 e 1849 e os eventos subsequentes interromperam meus estudos econômicos, que só puderam ser retomados no ano de 1850 em Londres. A quantidade colossal de material documental sobre a história da economia política acumulado no Museu Britânico, o posto privilegiado oferecido por Londres para a observação da sociedade burguesa e, por fim, o novo estágio de desenvolvimento que esta última pareceu adentrar com a descoberta do ouro californiano e australiano me fizeram resolver retomar tudo desde o início e estudar criticamente com afinco o novo material. Esses estudos me levaram quase automaticamente a disciplinas que pareciam estar bem fora da rota, nas quais tive de me demorar por períodos mais curtos ou mais longos. Porém o tempo que eu tinha à disposição era reduzido, principalmente, pela necessidade imperiosa de exercer um ofício remunerado. Minha colaboração com o primeiro jornal anglo-americano, o *New York Tribune*****, que agora já completa oito anos,

---

* Karl Marx, *Lohnarbeit und Kapital*, MEW, v. 6, p. 397-423. (N. E. A.)
** Essa Associação foi fundada por Marx e Engels no final de agosto de 1847 em Bruxelas com a finalidade de instruir politicamente os trabalhadores alemães que viviam na Bélgica e familiarizá-los com as ideias do comunismo científico. Sob a liderança de Marx e Engels, bem como de seus companheiros de lutas, a Associação evoluiu para um centro dos trabalhadores revolucionários alemães. Ela mantinha contato direto com a Associação de Flandres e da Valônia. Encerrou suas atividades logo após a Revolução de Fevereiro de 1848 na França, quando a polícia belga prendeu e deportou a maior parte de seus membros. (N. E. A.)
*** *Neue Rheinische Zeitung. Organ der Demokratie* [Nova Gazeta Renana. Órgão da Democracia] – jornal diário publicado sob a redação de Karl Marx de 1º de junho de 1848 a 19 de maio de 1849 em Colônia, na Alemanha. Do conselho de redação fizeram parte Friedrich Engels, Wilhelm Wolff, Georg Weerth, Ferdinand Wolff, Ernst Dronke, Ferdinand Freiligrath e Heinrich Bürgers.
A despeito de todas as perseguições e censuras policiais, a Nova Gazeta Renana defendeu corajosamente os interesses da democracia revolucionária e, desse modo, os interesses do proletariado. Em maio de 1849, quando a contrarrevolução já partira para o ataque geral, o governo prussiano mandou expulsar Marx depois de ter lhe recusado a cidadania prussiana. Sua expulsão e as represálias aos demais redatores obrigaram a redação a interromper a publicação do jornal. O último número (301, de 19 de maio de 1849) foi impresso em tinta vermelha. Em sua conclamação de despedida aos trabalhadores de Colônia, os redatores declararam que "suas últimas palavras seriam sempre e em toda parte: emancipação da classe trabalhadora!" A Nova Gazeta Renana foi "o melhor e ainda não igualado órgão do proletariado revolucionário" (Lênin). (N. E. A.)
**** *New York Daily Tribune* – jornal diário estadunidense que circulou de 1841 a 1924. Foi fundado pelo conhecido jornalista e político estadunidense Horace Greeley e, até meados da década de 1850, foi o órgão da ala esquerda dos *whigs* estadunidenses, passando

exigiu uma extraordinária fragmentação de meus estudos, já que só excepcionalmente me ocupo da atividade jornalística propriamente dita. Entretanto artigos sobre acontecimentos econômicos notáveis na Inglaterra e no continente constituíram parte tão considerável de minhas contribuições que fui forçado a familiarizar-me com detalhes práticos situados fora do âmbito próprio da ciência da economia política.

Este esboço sobre o andamento de meus estudos no campo da economia política visa a demonstrar apenas que minhas concepções, como quer que sejam avaliadas e por mais desconformes que estejam com os preconceitos interesseiros das classes dominantes, são resultado de pesquisa conscienciosa feita ao longo de muitos anos. Porém o ingresso na ciência e o ingresso no inferno devem ser postos sob o mesmo requisito:

Qui si convien lasciare ogni sospetto
Ogni viltà convien che qui sia morta.
[Aqui *convém* deixar de lado toda a dúvida,
Toda *covardia* convém que esteja morta.]*

Londres, janeiro de 1859.
Karl Marx

---

a ser, depois disso, o órgão do Partido Republicano. Nas décadas de 1840 e 1850, o jornal adotou uma postura progressista e combateu a escravidão. Marx começou a colaborar com o jornal em agosto de 1851 e sua colaboração durou até março de 1862; grande quantidade de artigos para esse jornal foi escrita por Engels a pedido de Marx. Os artigos de Marx e Engels no *New York Daily Tribune* tratam de importantes questões do movimento dos trabalhadores, da política interna e externa e do desenvolvimento econômico dos países europeus, bem como de questões relativas à expansão colonialista e do movimento nacional de libertação nos países subjugados e dependentes, além de outros. Marx encerrou sua colaboração na época em que se iniciou a Guerra de Secessão nos Estados Unidos, principalmente porque o conselho redacional do jornal passou a ser composto de adeptos de um acordo com os estados escravocratas, bem como da renúncia a suas posições progressistas. (N. E. A.)

* Dante Alighieri, *Divina comédia*, Inferno, canto III. (N. E. A.)

LIVRO I
Do capital

SEÇÃO I
O capital em geral

CAPÍTULO I
A mercadoria

À primeira vista, a riqueza burguesa aparece como uma enorme coleção de mercadorias, e a mercadoria individual como sua existência elementar. Toda mercadoria, por sua vez, aparece sob o aspecto duplo de *valor de uso* e *valor de troca*[1].

A mercadoria é, em primeiro lugar, no linguajar dos economistas ingleses, "alguma coisa necessária, útil ou agradável à vida", objeto de necessidades humanas, meio de subsistência no sentido mais amplo do termo. Essa existência da mercadoria como valor de uso e sua existência palpável natural são coincidentes. Por exemplo, trigo é um valor de uso específico, diferente dos valores de uso de algodão, vidro, papel etc. O valor de uso só tem valor para o uso e só se realiza no processo do consumo. O mesmo valor de uso pode ser consumido de diferentes maneiras. Contudo, a soma de suas possíveis utilidades está sintetizada em sua existência como coisa com determinadas propriedades. Ademais, ele é determinado não só qualitativa mas também quantitativamente. De acordo com sua peculiaridade natural, diferentes valores de uso possuem diferentes medidas, como um alqueire de trigo, uma resma de papel, uma braça de tecido de linho etc.

Qualquer que seja a forma social da riqueza, os valores de uso sempre formam seu conteúdo que, num primeiro momento, é indiferente em relação a essa forma. Não se sente no trigo o gosto de quem o cultivou, se foi o

---

[1] "Ἑκάστου γὰρ κτήματος διττὴ ἡ χρῆσίς ἐστιν. […] ἡ μὲν οἰκεία δ' οὐκ τοῦ πράγματος, οἷον ὑποδήματος ἥ τε ὑπόδεσις καὶ ἡ μεταβλητική. Ἀμφότεραι γὰρ ὑποδήματος χρῆσεις. Καὶ γὰρ ὁ ἀλλαττόμενος τῷ δεομένῳ ἀντὶ νομίσματος ἢ τροφῆς χρῆται τῷ ὑποδήματι ᾗ ὑπόδημα, ἀλλ' οὐ τὴν οἰκείαν χρῆσιν· οὐ γὰρ ἀλλαγῆς ἕνεκεν γέγονεν. Τὸν αὐτὸν δὲ τρόπον ἔχει καὶ περὶ τῶν ἄλλων κτημάτων" [Pois o uso de todo bem é duplo. […] Um é o uso próprio à coisa como tal, o outro não, como uma sandália pode ser usada para ser calçada ou para ser trocada. Ambos são valores de uso da sandália, pois também aquele que troca a sandália por aquilo que lhe falta – por exemplo, por alimentos – utiliza a sandália como sandália. Mas não em seu modo natural de uso. Pois ela não existe em razão da troca. Isso vale para os demais bens] (Aristóteles, *De republica*, livro I, cap. 9) (edição grega: I. Bekkeri, Oxonii, 1837).

servo russo, o parceleiro francês ou o capitalista inglês. Embora seja objeto de necessidades sociais e, por conseguinte, esteja em um contexto social, o valor de uso não expressa uma relação social de produção. Essa mercadoria, como valor de uso, pode ser, por exemplo, um diamante. Não se percebe no diamante que ele é mercadoria. Onde ele serve como valor de uso, seja estético, seja mecânico, no peito da dama ou na mão do polidor de vidros, ele é diamante e não mercadoria. Ser valor de uso parece ser pressuposto necessário da mercadoria, mas ser mercadoria é determinação indiferente para o valor de uso. O valor de uso em sua indiferença em relação à determinação da forma econômica, isto é, o valor de uso como valor de uso, situa-se além do âmbito de análise da economia política[2]. Ele só incide nesse âmbito quando ele próprio é determinação da forma. No plano imediato, ele é a base material, na qual se apresenta uma determinada relação econômica, a do *valor de troca*.

O valor de troca aparece primeiramente como *relação quantitativa*, pela qual valores de uso podem ser trocados uns pelos outros. Em tal relação, eles constituem a mesma grandeza de troca. Desse modo, um volume de Propércio e oito onças de rapé podem ter o mesmo valor de troca, apesar dos valores de uso totalmente distintos do tabaco e da elegia. Como valor de troca um valor de uso vale exatamente o mesmo que outro, desde que exista na porção correta. O valor de troca de um palácio pode ser expresso por certa quantidade de latas de graxa para botas. Os fabricantes de graxa para botas de Londres procederam do inverso: expressaram em palácios o valor de troca de suas latas de graxa multiplicadas. Portanto, de maneira totalmente indiferente ao seu modo natural de existência e sem levar em conta a natureza específica da necessidade para a qual constituem valores de uso, as mercadorias se compensam em determinadas quantidades, substituem umas às outras na troca, são tidas como equivalentes, representando, assim, a mesma unidade, apesar de sua aparência variada.

No plano imediato, os valores de uso são meios de subsistência. Inversamente, porém, esses mesmos meios de subsistência são produtos da vida social, resultado de um gasto de energia vital humana, *trabalho objetivado*. Como materialidade [*Materiatur*] do trabalho social, todas as mercadorias são cristalizações da mesma unidade. Passemos a analisar o caráter determinado dessa unidade, isto é, do trabalho representado no valor de troca.

Digamos que uma onça de ouro, uma tonelada de ferro, um *quarter* de trigo e 20 braças de seda sejam valores de troca iguais. Como equivalentes em que a diferença qualitativa de seus valores de uso foi apagada, eles re-

---

[2] Essa é a razão pela qual compiladores alemães tratam *con amore* [de bom grado] o valor de uso fixado sob a denominação "bem". Ver, por exemplo, Lorenz von Stein, *System der Staatswissenschaft*, v. I, a seção a respeito dos "bens". Deve-se procurar coisas compreensíveis sobre "bens" em "Anweisungen zur Warenkunde".

presentam volumes iguais do mesmo trabalho. O trabalho que se objetiva de modo uniforme neles tem de ser, ele próprio, trabalho uniforme, indiferenciado, simples, para o qual deve ser tão indiferente aparecer no ouro, no ferro, no trigo ou na seda quanto o é para o oxigênio ocorrer na ferrugem do ferro, na atmosfera, no suco de uva ou no sangue humano. Mas escavar ouro, extrair ferro da mina, cultivar trigo e tecer seda são tipos de trabalho qualitativamente diferentes entre si. De fato, o que aparece concretamente como diversidade dos valores de uso aparece no processo como diversidade da atividade que produz os valores de uso. Por conseguinte, sendo indiferente à matéria específica dos valores de uso, o trabalho que gera valor de troca é indiferente à forma específica do próprio trabalho. Ademais, os diferentes valores de uso são produtos da atividade de diferentes indivíduos e, portanto, resultado de trabalhos individualmente diferentes. Porém, como valores de troca, eles representam trabalho igual, indiferenciado, isto é, trabalho em que a individualidade dos trabalhadores é apagada. Por conseguinte, o trabalho que gera valor de troca é trabalho *geral abstrato*.

Se uma onça de ouro, uma tonelada de ferro, um *quarter* de trigo e 20 braças de seda são valores de troca iguais ou equivalentes, uma onça de ouro, duas toneladas de ferro, três alqueires de trigo e cinco braças de seda são valores de troca de grandeza totalmente diferente, e essa diferença quantitativa é a única diferença que eles são capazes de ter de modo geral como valores de troca. Como valores de troca de grandezas diferentes eles representam, mais ou menos, quantidades maiores ou menores daquele trabalho simples, uniforme, geral abstrato que constitui a substância do valor de troca. A questão é a seguinte: como medir essas quantidades? Ou a questão é a seguinte, antes, saber qual é a existência quantitativa do próprio trabalho, já que as diferenças de grandeza das mercadorias como valores de troca são apenas diferenças de grandeza do trabalho nelas objetivado. Do mesmo modo que a existência quantitativa do movimento é o tempo, a existência quantitativa do trabalho é *o tempo de trabalho*. A diversidade de sua duração é a única diferença que ele é capaz de ter, pressupondo sua qualidade como dada. Como tempo de trabalho, ele adquire sua medida das medidas naturais de tempo, a saber, hora, dia, semana etc. Tempo de trabalho é a existência viva do trabalho, indiferente em relação a sua forma, seu conteúdo, sua individualidade; é sua existência viva enquanto existência quantitativa, ao mesmo tempo que é sua medida imanente. O tempo de trabalho objetivado nos valores de uso das mercadorias é a substância que ele converte em valores de troca e consequentemente em mercadorias e a medida de sua grandeza determinada de valor. As quantidades correlativas dos diferentes valores de uso em que se objetiva o mesmo tempo de trabalho são equivalentes ou todos os valores de uso são equivalentes nas proporções em que contêm o mesmo tempo de trabalho realizado, objetivado. Como valores de troca, todas as mercadorias são apenas medidas determinadas de *tempo de trabalho cristalizado*.

Para entender a determinação do valor de troca pelo tempo de trabalho, devem-se registrar os seguintes aspectos principais: a redução do trabalho a trabalho simples e, por assim dizer, sem qualidades; o modo específico em que o trabalho que gera valor de troca e, portanto, produz mercadorias é *trabalho social*; por fim, a diferença entre o trabalho que resulta em valores de uso e o trabalho que resulta em valores de troca.

Para que se meçam os valores de troca das mercadorias pelo tempo de trabalho nelas contido, os diferentes trabalhos precisam, eles próprios, ser reduzidos a trabalho indiferenciado, uniforme, simples, em suma, a trabalho que é qualitativamente o mesmo e, por conseguinte, só se diferencia quantitativamente.

Essa redução aparece como uma abstração, tratando-se, porém, de uma abstração que é efetuada diariamente no processo de produção social. A dissolução de todas as mercadorias em tempo de trabalho não constitui abstração maior, mas, ao mesmo tempo, não é menos real do que a de todos os corpos orgânicos no ar. O trabalho que é medido dessa maneira pelo tempo, de fato, não aparece como trabalho de diferentes sujeitos, mas são os diferentes indivíduos trabalhadores que aparecem como meros órgãos *do* trabalho. Ou, da maneira como o trabalho se apresenta em valores de troca, poderia ser expresso como trabalho *humano geral*. Essa abstração do trabalho humano geral *existe* no trabalho médio que pode ser realizado por todo indivíduo mediano de uma sociedade dada, determinado dispêndio produtivo de músculos, nervos, cérebro etc. humanos. Trata-se de trabalho *simples*[3], para o qual todo indivíduo mediano pode ser treinado e o qual ele tem de realizar de uma ou de outra forma. O caráter desse trabalho médio é, ele próprio, diferenciado nos diversos países e em variadas épocas culturais, mas aparece como dado em qualquer sociedade existente. O trabalho simples é de longe a maior massa de todo trabalho da sociedade burguesa, do que podemos nos convencer com base em toda e qualquer estatística. Se A produz ferro durante seis horas e tecido de linho durante seis horas e B igualmente produz ferro durante seis horas e tecido de linho durante seis horas ou se A produz ferro durante doze horas e B produz tecido de linho durante doze horas, isso evidentemente aparece como simples aplicação diferente do *mesmo* tempo de trabalho. Mas o que ocorre com o trabalho complexo, que se alça acima do nível mediano como trabalho de vitalidade superior, de maior peso específico? Esse tipo de trabalho se decompõe em trabalho simples composto, trabalho simples em potência mais elevada, de modo que, por exemplo, uma jornada de trabalho complexa é igual a três jornadas de trabalho simples. As leis que regulam essa redução ainda não fazem parte deste nosso contexto. Porém está claro que a redução ocorre: pois, como valor de troca, o produto do mais complexo dos trabalhos é equivalente em determinada proporção ao

---

[3] Os economistas ingleses o chamam de *"unskilled labour"* [trabalho não qualificado].

produto do trabalho médio simples e, portanto, equiparado a determinada quantidade desse trabalho simples.

A determinação do valor de troca pelo tempo de trabalho presume, ademais, que, em determinada mercadoria, como uma tonelada de ferro, tenha sido objetivada *a mesma quantidade* de trabalho, independentemente de ter sido trabalho de A ou B, ou de diferentes indivíduos terem empregado a mesma quantidade de tempo de trabalho na produção do mesmo valor de uso qualitativa e quantitativamente determinado. Em outras palavras: presume-se que o tempo de trabalho contido em uma mercadoria seja o tempo de trabalho *necessário* para sua produção, isto é, o tempo de trabalho requerido para produzir um novo exemplar da mesma mercadoria sob as condições gerais de produção dadas.

As condições do trabalho gerador de valor de troca, resultantes da análise do valor de troca, são *determinações sociais* do trabalho ou determinações *do trabalho social*, porém não pura e simplesmente social, mas social de modo específico. Trata-se de um tipo específico da socialidade. Em primeiro lugar, a simplicidade indiferenciada do trabalho é *igualdade* dos trabalhos de diferentes indivíduos, referência recíproca de seus trabalhos uns aos outros como trabalhos iguais, mais precisamente, mediante redução fática de todos os trabalhos a trabalho do mesmo tipo. Na medida em que é representado por valores de troca, o trabalho de cada indivíduo possui esse caráter social da igualdade, e ele é representado pelo valor de troca somente na medida em que é relacionado com o trabalho de todos os outros indivíduos como trabalho igual.

Ademais, no valor de troca, o tempo de trabalho de cada indivíduo aparece diretamente como *tempo de trabalho geral* e esse *caráter geral* do trabalho individualizado aparece como seu *caráter social*. O tempo de trabalho representado no valor de troca é tempo de trabalho do indivíduo, mas do indivíduo sem diferenciação em relação a outros indivíduos, a todos os indivíduos, na medida em que realizam trabalho igual, razão pela qual o tempo de trabalho requerido por um deles para produção de uma determinada mercadoria é o tempo de trabalho *necessário* que cada um dos demais empregaria para a produção da mesma mercadoria. É o tempo de trabalho do indivíduo, *seu* tempo de trabalho, mas só como tempo de trabalho comum a todos, sendo indiferente, portanto, *de que* indivíduo é esse tempo de trabalho. Como tempo de trabalho geral, ele é representado por um produto geral, um *equivalente geral*, por determinada quantidade de tempo de trabalho objetivado, que é indiferente em relação à forma determinada do valor de uso em que aparece diretamente como produto de um deles, podendo ser aleatoriamente transposto para qualquer outra forma de valor de uso em que é representado como produto de qualquer outro. Ele só constitui uma grandeza *social* enquanto grandeza *geral*. Para que resulte em valor de troca, o trabalho do indivíduo tem de resultar em um *equivalente geral*, isto é, na representação do tempo de trabalho do indivíduo como tempo de trabalho geral ou na representação do tempo de trabalho geral como trabalho do indivíduo. É como se os diferentes indivíduos tivessem juntado o seu tempo de trabalho e representado em diferentes valores de uso as diferentes quantidades de tempo de trabalho de que dispõem coletivamente. Assim, o tempo de trabalho do indivíduo de fato é o tempo de trabalho que a sociedade necessita para representar determinado valor de uso, isto é, para satisfazer determinada necessidade. Porém trata-se aqui apenas da forma específica em que o trabalho adquire caráter social. Um determinado tempo de trabalho do fiandeiro se objetiva, por exemplo, em 100 libras de fio de tecido de linho. Digamos que 100 braças de tecido de linho, o produto do tecelão, representam a mesma quantidade de tempo de trabalho. Na medida em que esses dois produtos representam a mesma quantidade de tempo de trabalho geral e, por conseguinte, são equivalentes de *todo e qualquer* valor de uso que contém a mesma quantidade de tempo de trabalho, eles são equivalentes entre si. Somente porque o tempo de trabalho do fiandeiro e o tempo de trabalho do tecelão são representados como tempo de trabalho geral e, por conseguinte, seus produtos como equivalentes gerais, o trabalho do tecelão é para o fiandeiro e o do fiandeiro é para o tecelão, o trabalho de um é para o trabalho do outro, ou seja, é, para ambos, a existência social de seus trabalhos. Em contraposição, na indústria patriarcal-rural, onde o fiandeiro e o tecelão moravam sob o mesmo teto, onde a parcela feminina da família fiava e a masculina tecia, digamos, para suprir a demanda da própria família, o fio e o tecido eram produtos *sociais*, fiar e tecer eram trabalhos *sociais* dentro dos limites da família. Porém seu caráter social não consistia em o fio como equivalente geral ser trocado pelo tecido como equivalente geral nem em ambos serem trocados um pelo outro enquanto expressões indiferentes e equivalentes do mesmo tempo de trabalho geral. Pelo contrário, o contexto familiar com sua divisão natural-espontânea do trabalho imprimia no produto do trabalho seu selo social peculiar. Ou tomemos os serviços de corveia e as entregas em espécie da Idade Média. O laço social é constituído aqui pelos trabalhos determinados dos indivíduos em sua forma natural, ou seja, pela especificidade e não pela generalidade do trabalho. Ou tomemos, por fim, o trabalho coletivo em sua forma natural-espontânea, como o encontramos no limiar da história de todos os povos civilizados[4]. Aqui o caráter social do

---

[4] Trata-se de um preconceito ridículo recentemente disseminado dizer que a forma da propriedade comunal *natural-espontânea* seria especificamente eslava ou até exclusivamente russa. Ela é a forma originária que podemos comprovar entre os romanos, germanos, celtas, mas da qual ainda hoje se encontra entre os indianos toda uma paleta de múltiplos exemplares, mesmo que parcialmente em ruínas. Um estudo mais preciso das formas de propriedade comunal asiáticas, especificamente indianas, demonstraria como das diversas formas da propriedade comunal natural-espontânea resultam diversas formas de sua dissolução. Assim se podem derivar, por exemplo,

A mercadoria

trabalho manifestamente não é mediado pelo fato de o trabalho do indivíduo assumir a forma abstrata da generalidade nem o seu produto a forma de um equivalente geral. É o sistema comunal pressuposto pela produção que impede o trabalho do indivíduo de ser trabalho privado e seu produto de ser produto privado, fazendo o trabalho individual aparecer de modo imediato muito mais como função de um membro do organismo social. O trabalho representado pelo valor de troca é pressuposto como trabalho do indivíduo isolado. Ele se torna social ao assumir a forma de seu oposto imediato, a forma da generalidade abstrata.

Por fim, o trabalho que gera o valor de troca se caracteriza pelo fato de a relação social entre as pessoas se apresentar como que invertida, a saber, como relação social entre coisas. Só na medida em que um valor de uso se relaciona com o outro como valor de troca, o trabalho das diferentes pessoas se relaciona consigo mesmo como trabalho igual e geral. Por conseguinte, mesmo que seja correto dizer que o valor de troca constitui uma relação entre pessoas[5], é necessário acrescentar: uma relação oculta, encoberta pelas coisas. Uma libra de ferro e uma libra de ouro representam a *mesma* quantidade de peso, apesar de suas diferentes propriedades físicas e químicas; isso se dá igualmente com dois valores de uso de mercadorias que contêm o mesmo tempo de trabalho: eles têm o *mesmo valor de troca*. O valor de troca aparece, assim, como a determinidade social natural dos valores de uso, como uma determinidade que lhes compete enquanto coisas e, em decorrência da qual elas formam equivalentes, substituindo-se no processo de troca em proporções quantitativas determinadas, do mesmo modo que substâncias químicas simples formam equivalentes químicos, unindo-se em proporções quantitativas determinadas. É tão somente o costume da vida diária que faz parecer trivial, óbvio, que uma relação social de produção assuma a forma de um objeto, de modo que a relação entre as pessoas em seu trabalho se apresenta como uma relação em que coisas se relacionam entre si muito mais do que as pessoas. Na mercadoria essa mistificação ainda é bastante simples. Todos intuem em maior ou menor grau que a relação entre as mercadorias como valores de troca é, antes, relação entre pessoas com sua atividade produtiva recíproca. Em relações de produção superiores, essa aparência de simplicidade desaparece. Todas as ilusões do sistema monetário se originam do fato de que não se vê pela aparência do dinheiro* que ele representa uma relação social de

---

    os diversos tipos originais de propriedade privada romana e germânica de diversas formas de propriedade privada indiana.

5   "La ricchezza è una ragione tra due persone" [A riqueza é uma razão entre duas pessoas] (Ferdinando Galiani, "Della Moneta", em Pietro Custodi, *Scrittori classici Italiani di Economia Politica*, v. III, Milão, 1803, p. 221).

*   Edição de 1859: "*Geld*" [dinheiro]; corrigido no exemplar manuscrito para "*Gold*" [ouro]. (N. E. A.)

produção, mas aparece na forma de uma coisa da natureza com determinadas propriedades. Entre os economistas modernos com seu sorriso desdenhoso para as ilusões do sistema monetário, essa mesma ilusão vem à tona assim que manejam categorias econômicas superiores, como a do capital. Ela irrompe na admissão de cândido espanto quando se manifesta como relação social aquilo que há pouco acreditaram ter toscamente captado como coisa, e quando então volta a caçoar deles como coisa aquilo que tinham acabado de fixar como relação social.

Na medida em que o valor de troca das mercadorias de fato não é senão relação entre os trabalhos dos indivíduos como trabalho igual e geral, nada além de expressão objetiva de uma forma especificamente social do trabalho, é tautologia dizer que o trabalho é a *única* fonte do valor de troca e, em consequência, da riqueza, sendo que ele consiste em valores de troca. Trata-se da mesma tautologia quando se afirma que a matéria natural como tal não contém valor de troca[6] por não conter trabalho e que o valor de troca como tal não contém matéria natural. Porém, quando William Petty denomina "o trabalho de pai e a terra de mãe da riqueza" ou quando o bispo Berkeley pergunta "se os quatro elementos e o trabalho humano contido neles não seriam a verdadeira fonte da riqueza"[7], ou quando o norte-americano Thomas Cooper esclarece em linguagem popular: "Se você tirar de um pão o trabalho aplicado nele, o trabalho do padeiro, do moleiro, do arrendatário etc., o que sobrará? Alguns grãos de gramíneas em estado selvagem e que não servem para o uso humano"[8], não se trata, em todas essas maneiras de ver o assunto, do trabalho abstrato que é fonte do valor de troca, mas sempre do trabalho concreto como riqueza material, em suma, do trabalho enquanto gerador de valores de uso. Na medida em que o valor de uso da mercadoria é pressuposto, pressupõe-se também a utilidade específica, a finalidade bem determinada do trabalho nela consumido e, desse modo, esgota-se simultaneamente, do ponto de vista da mercadoria, toda

---

[6] *"Dans son état naturel la matière est toujours destituée de valeur"* [Em seu estado natural, a matéria é sempre destituída de valor] (John Ramsay MacCulloch, *Discours sur l'origine, les progres, les objects particuliers, et l'importance de l'economie politique*, trad. Guilleaume Prévost, Genebra-Paris, 1825, p. 57). Vê-se o quanto até mesmo um MacCulloch está acima do fetichismo dos "pensadores" alemães que declaram como elementos do valor a "matéria" e mais meia dúzia de outras *allótria* [coisas estranhas]. Ver, por exemplo, Lorenz von Stein, *System der Staatswissenschaft, Bd. 1: System der Statistik, der Populationistik und der Volkswirtschaftslehre* (Stuttgart e Tübingen, 1852), p. 170.

[7] "Whether the four elements, and man's labour therein, be not the true source of wealth?" [Não são os quatro elementos e o trabalho do homem sobre eles a vedadeira riqueza?] (George Berkeley, *The Querist, Containing Several Queries, Proposed to the Consideration of the Public*, Londres, 1750).

[8] Thomas Cooper, *Lectures on the Elements of Political Economy* (Londres/Columbia, 1831/1826), p. 99.

consideração do trabalho como trabalho útil. O que nos interessa no pão como valor de uso são suas propriedades como alimento, de modo nenhum os trabalhos de arrendatário, moleiro, padeiro etc. Se, mediante alguma invenção, $^{19}/_{20}$ desses trabalhos fossem suprimidos, o pão prestaria o mesmo serviço de antes. Se caísse pronto do céu, não perderia um átomo sequer de seu valor de uso. Enquanto o trabalho que gera valor de troca se realiza na igualdade das mercadorias como equivalentes gerais, o trabalho como atividade produtiva em função de uma finalidade se realiza na infinita multiplicidade de seus valores de uso. Enquanto o trabalho que gera valor de troca é trabalho *abstratamente geral e igual*, o trabalho que gera valor de uso é trabalho concreto e específico, que se subdivide, quanto à forma e ao material, em modos infinitamente diversos de trabalho.

É errado dizer que o trabalho, na medida em que gera valores de uso, é a *única* fonte da riqueza por ele gerada, a saber, da riqueza material. Por ser a atividade de adequar o material a esta ou àquela finalidade, o trabalho necessita da matéria como pressuposto. Em diferentes valores de uso, a proporção entre trabalho e matéria natural é muito distinta, mas o valor de uso sempre contém um substrato natural. Sendo uma atividade adequada à finalidade de apropriação do natural de uma ou de outra forma, o trabalho é condição natural da existência humana, condição do metabolismo entre ser humano e natureza que independe de todas as formas sociais. Em contraposição, o trabalho que gera valor de troca é uma forma especificamente social do trabalho. Por exemplo, o trabalho do alfaiate, em sua determinidade material como atividade produtiva específica, produz o casaco, mas não o valor de troca do casaco. Este não se produz como trabalho de alfaiate, mas como trabalho abstratamente geral, o qual está inserido em um contexto social que o alfaiate não tramou. Assim, na indústria doméstica antiga, as mulheres produziam a roupa sem produzir o valor de troca da roupa. O trabalho como fonte de riqueza material era tão conhecido do legislador Moisés quanto do funcionário aduaneiro Adam Smith[9].

Analisemos agora algumas determinações mais precisas que resultam da redução do valor de troca a tempo de trabalho.

Na condição de valor de uso, a mercadoria atua como causa. O trigo, por exemplo, atua como alimento. Uma máquina substitui trabalho em certas proporções. Esse efeito da mercadoria, pelo qual ela é exclusivamente valor de uso, objeto de consumo, pode ser denominado seu serviço, o serviço que ela presta como valor de uso. Porém, na condição de valor de troca, a

---

[9] Friedrich List, que nunca conseguiu compreender a diferença entre o trabalho que ajuda a gerar algo útil, um valor de uso, e o trabalho que gera determinada forma social da riqueza, o valor de troca – aliás, compreender era algo distante de seu entendimento prático movido por interesses – encarou, em consequência, os modernos economistas ingleses como meros plagiadores de Moisés no Egito.

mercadoria é vista sempre sob o ponto de vista do resultado. Não se trata do serviço que ela presta, mas do serviço[10] que foi prestado a ela própria em sua produção. Portanto, o valor de troca de uma máquina, por exemplo, não é determinado pela quantidade de tempo de trabalho substituído por ela, mas pela quantidade de tempo de trabalho processado nela própria e, por conseguinte, requerido para produzir uma nova máquina do mesmo tipo.

Por conseguinte, se a quantidade de trabalho exigida para a produção de mercadorias permanecesse constante, seu valor de troca seria invariável. Porém a facilidade e a dificuldade da produção se alternam constantemente. Se a força produtiva do trabalho aumenta, ela produzirá o mesmo valor de uso em menos tempo. Quando a força produtiva do trabalho diminui, mais tempo será necessário para a produção do mesmo valor de uso. Por conseguinte, a grandeza do tempo de trabalho contido em uma mercadoria, ou seja, seu valor de troca, é variável, aumenta ou diminui na proporção inversa do aumento ou da diminuição da força produtiva do trabalho. A força produtiva do trabalho que, na indústria manufatureira, é empregada em grau predeterminado, na agricultura e na indústria extrativista é simultaneamente condicionada por estados naturais incontroláveis. *O mesmo* trabalho proporcionará um resultado maior ou menor de diferentes metais extraídos, dependendo da ocorrência relativamente mais rara ou mais frequente desses metais na crosta terrestre. *O mesmo* trabalho pode se objetivar em dois alqueires de trigo quando as condições forem favoráveis e talvez em apenas um alqueire de trigo quando forem desfavoráveis. Nesse caso, a escassez ou a copiosidade das condições naturais parecem determinar o valor de troca das mercadorias, porque elas determinam a força produtiva do trabalho real específico vinculado às condições naturais.

Diferentes valores de uso contêm volumes desiguais do mesmo tempo de trabalho ou do mesmo valor de troca. Quanto menor for o volume do valor de uso, em comparação com os demais valores de uso, que uma mercadoria contém em forma de uma quantidade determinada de tempo de trabalho, tanto maior será seu *valor de troca específico*. Descobrimos que, em épocas civilizatórias diferentes e muito distantes uma da outra, certos valores de uso formam entre si uma série de valores de troca específicos que, se não mantêm uma relação exatamente igual em termos numéricos, estabelecem, ainda assim, uma relação hierárquica geral de superioridade e inferioridade, como ouro, prata, cobre, ferro ou trigo, centeio, cevada, aveia; disso decorre tão somente que o desenvolvimento progressivo das forças sociais de

---

[10] Compreende-se bem qual é o "serviço" que a categoria "serviço" (*service*) tem de prestar para economistas do tipo de Jean-Baptiste Say e Frédéric Bastiat, cuja inteligência argumentativa, como já foi corretamente observado por Thomas Malthus, abstrai em toda parte da determinidade formal específica das relações econômicas.

produção incide uniformemente ou quase uniformemente no tempo de trabalho exigido para a produção dessas diferentes mercadorias.

O valor de troca de uma mercadoria não se manifesta em seu valor de uso. Contudo, como objetivação do tempo de trabalho social geral, o valor de uso de uma mercadoria é posto em relação com os valores de uso de outras mercadorias. Assim, o valor de troca de uma mercadoria se manifesta nos valores de uso das outras mercadorias. De fato, o valor de troca de uma mercadoria é expresso de modo equivalente no valor de uso de outra mercadoria. Se eu disser, por exemplo, que uma braça de tecido de linho vale duas libras de café, o valor de troca do tecido de linho é expresso no valor de uso do café, mais precisamente em uma quantidade determinada desse valor de uso. Estabelecida essa proporção, posso expressar o valor de toda e qualquer quantidade de tecido de linho em café. É claro que o valor de troca de uma mercadoria, como do tecido de linho, não se esgota na proporção em que outra mercadoria específica, como o café, constitui seu equivalente. A quantidade de tempo de trabalho geral representada por uma braça de tecido de linho é realizada, ao mesmo tempo, em volumes infinitamente distintos de valores de uso de todas as outras mercadorias. Na proporção em que representa tempo de trabalho de grandeza igual, o valor de uso de qualquer outra mercadoria constitui um equivalente para a braça de tecido de linho. Por conseguinte, o valor de troca *dessa mercadoria individual* só pode ser expresso exaustivamente na quantidade infinita de equações em que os valores de uso de todas as outras mercadorias constituem seu equivalente. Somente na soma dessas equações ou na totalidade das diferentes proporções em que uma mercadoria é permutável por qualquer outra mercadoria, ele é exaustivamente expresso como *equivalente geral*. Por exemplo, a série de equações

$$1 \text{ braça de tecido de linho} = \tfrac{1}{2} \text{ libra de chá,}$$
$$1 \text{ braça de tecido de linho} = 2 \text{ libras de café,}$$
$$1 \text{ braça de tecido de linho} = 8 \text{ libras de pão,}$$
$$1 \text{ braça de tecido de linho} = 6 \text{ braças de tecido de algodão,}$$

pode ser representada assim:

$$1 \text{ braça de tecido de linho} = \tfrac{1}{8} \text{ de libra de chá} + \tfrac{1}{2} \text{ libra de café} + 2 \text{ libras de pão} + 1\tfrac{1}{2} \text{ braças de tecido de algodão.}$$

Por conseguinte, se tivéssemos diante de nós toda a soma de equações em que se expressa exaustivamente o valor de uma braça de tecido de linho, poderíamos representar o seu valor de troca na forma de uma série. Essa série de fato é infinita, pois o âmbito das mercadorias nunca se encerra definitivamente, mas se encontra sempre em expansão. Porém, na medida em que uma mercadoria tem seu valor de troca medido pelos valores de uso de todas as outras mercadorias, inversamente os valores de troca de todas as outras mercadorias são medidos pelo valor de uso dessa única mercadoria que é medido por elas[11]. Se o valor de troca de uma braça de tecido de linho se expressa em ½ libra de chá ou 2 libras de café ou 6 braças de tecido de algodão ou 8 libras de pão etc., decorre daí que café, chá, tecido de algodão, pão etc. são iguais entre si na proporção em que se igualam a um terceiro, ao tecido de linho, e, portanto, o tecido de linho serve de medida comum de seus valores de troca. Toda mercadoria, sendo tempo de trabalho geral objetivado, isto é, sendo quantidade determinada de tempo de trabalho geral, expressa seu valor de troca de acordo com uma série de quantidades determinadas dos valores de uso de todas as outras mercadorias, e os valores de troca de todas as outras mercadorias são medidos, inversamente, pelo valor de uso dessa única mercadoria exclusiva. Porém, enquanto valor de troca, toda mercadoria tanto é essa mercadoria exclusiva que serve de medida comum dos valores de troca de todas as outras mercadorias quanto, em contrapartida, é uma das muitas mercadorias em cujo âmbito total cada uma das outras mercadorias representa diretamente seu valor de troca.

A *grandeza de valor* de uma mercadoria não é afetada pelo fato de existirem poucas ou muitas mercadorias de outro tipo além dela. Porém a extensão maior ou menor da série das equações em que se realiza seu valor de troca é algo que depende da variedade maior ou menor de outras mercadorias. A série de equações com que se representa, por exemplo, o valor do café expressa a esfera de sua permutabilidade, os limites dentro dos quais ele funciona como valor de troca. Ao valor de troca de uma mercadoria como objetivação do tempo de trabalho social geral corresponde a expressão de sua equivalência em valores de uso infinitamente diversos.

Vimos que o valor de troca de uma mercadoria varia com a quantidade de tempo de trabalho contido diretamente nela. Seu valor de troca realizado, isto é, expresso nos valores de uso de outras mercadorias, deve depender igualmente da proporção em que varia o tempo de trabalho empregado na produção de todas as outras mercadorias. Por exemplo, se o tempo de trabalho exigido para a produção de um alqueire de trigo permanecesse o mesmo, enquanto o tempo de trabalho requerido para a produção de todas as outras mercadorias passasse a ser o dobro, o valor de troca do alqueire de trigo, expresso em seus equivalentes, ficaria reduzido à metade. O resultado seria, na prática, o mesmo se o tempo de trabalho exigido para produzir o alqueire de trigo tivesse caído pela metade e o tempo de trabalho exigido para produzir todas as outras mercadorias não tivesse variado. O valor das mercadorias é

---

[11] *"Egli è proprio ancora delle misure di aver siffatta relazione colle cose misurate, che in certo modo la misurata divien misura della misurante"* [Igualmente é uma peculiaridade das medidas ter uma relação tal com a coisa medida que, de certo modo, a coisa medida se torna a medida da que mede] (Geminiano Montanari, "Della Moneta", em Pietro Custodi, *Scrittori classici italiani di economia politica*, v. III, Milão, 1686, p. 48).

determinado pela proporção em que elas podem ser produzidas no mesmo tempo de trabalho. Para verificar a que variações possíveis essa proporção está exposta, suponhamos duas mercadorias A e B. *Primeiro:* o tempo de trabalho exigido para a produção de B não varia. Nesse caso, o valor de troca de A, expresso em B, diminui ou aumenta diretamente na mesma medida em que diminui ou aumenta o tempo de trabalho requerido para a produção de A. *Segundo*: o tempo de trabalho exigido para a produção de A não varia. O valor de troca de A, expresso em B, diminui ou aumenta na proporção inversa em que diminui ou aumenta o tempo de trabalho requerido para a produção de B. *Terceiro:* o tempo de trabalho requerido para a produção de A e B diminui ou aumenta na mesma proporção. Nesse caso, a expressão da equivalência de A em B não varia. Se, em virtude de alguma circunstância, a força produtiva de todos os trabalhos diminuísse na mesma medida, de modo que todas as mercadorias requeressem, na mesma proporção, mais tempo de trabalho para sua produção, o valor de *todas* as mercadorias aumentaria, a expressão real de seu valor de troca não teria variado e a riqueza real da sociedade teria diminuído, pois ela precisaria de mais tempo de trabalho para criar a mesma massa de valores de uso. *Quarto:* o tempo de trabalho exigido para a produção de A e B pode aumentar ou diminuir para ambos, mas em grau desigual ou o tempo de trabalho exigido por A pode aumentar enquanto o exigido por B pode diminuir, ou o inverso. Todos esses casos podem simplesmente ser reduzidos a isto: o tempo de trabalho requerido para a produção de uma mercadoria não varia, enquanto o das outras aumenta ou diminui.

O valor de troca de toda mercadoria se expressa no valor de uso de cada uma das demais mercadorias, seja em grandezas inteiras, seja em frações desse valor de uso. Como valor de troca, cada mercadoria é divisível do mesmo modo que o próprio tempo de trabalho objetivado nela. A equivalência das mercadorias é tão independente de sua divisibilidade física enquanto valores de uso quanto a adição dos valores de troca das mercadorias é indiferente à variação real de forma que os valores de uso dessas mercadorias sofrem quando são fundidos em *uma* nova mercadoria.

Até agora a mercadoria foi analisada sob o duplo ponto de vista de valor de uso e valor de troca, e a cada vez unilateralmente. Contudo, sendo mercadoria, ela é, no plano imediato, *unidade* de valor de uso e valor de troca; ao mesmo tempo, ela só é mercadoria na relação com outras mercadorias. A relação *real* das mercadorias entre si é seu *processo de troca*. Trata-se de um processo social em que ingressam os indivíduos independentes uns dos outros, mas eles só ingressam nele como possuidores de mercadorias; sua existência recíproca uns para os outros é a existência de suas mercadorias e, desse modo, eles aparecem, de fato, apenas como portadores conscientes do processo de troca.

A mercadoria *é* valor de uso, trigo, tecido de linho, diamante, máquina etc., mas, enquanto mercadoria, ela simultaneamente *não é* valor de uso.

Se ela fosse valor de uso para o seu possuidor, isto é, meio imediato para satisfação das próprias necessidades, ela não seria mercadoria. Para ele, ela é, antes, *não valor de uso*, a saber, simples suporte material do valor de troca ou simples *meio de troca*; enquanto suporte ativo do valor de troca, o valor de uso é meio de troca. Para seu possuidor, ela só é ainda valor de uso enquanto valor de troca[12]. Por conseguinte, ela ainda precisa *se tornar* valor de uso para outrem. Não sendo valor de uso para seu possuidor, ela é valor de uso para o possuidor de outra mercadoria. Se não o for, o trabalho nela despendido terá sido inútil e, portanto, seu resultado não será mercadoria. Em contrapartida, ela ainda precisa se tornar valor de uso *para ele próprio*, pois seus meios de subsistência existem fora dela, nos valores de uso de mercadorias alheias. Para *se tornar* valor de uso, a mercadoria tem de se defrontar com a necessidade específica da qual ela é objeto de satisfação. Portanto, os valores de uso das mercadorias *se tornarão* valores de uso trocando universalmente de posição, passando da mão em que são meio de troca para a mão em que são objetos de uso. Somente por meio dessa *alienação* universal das mercadorias o trabalho nelas contido se torna trabalho útil. Nessa relação *processadora* das mercadorias, em que se relacionam umas com as outras como valores de uso, elas não adquirem nenhuma nova determinidade econômica formal. Pelo contrário, a determinidade formal que as caracterizava como mercadorias desaparece. O pão, por exemplo, não modifica sua existência como pão quando passa da mão do padeiro para a mão do consumidor. Em contrapartida, o consumidor é o primeiro a relacionar-se com ele como valor de uso, como esse alimento determinado, enquanto na mão do padeiro ele era o portador de uma relação econômica, uma coisa sensível e suprassensível. A única variação de forma pela qual passam mercadorias ao se tornarem valores de uso é, portanto, a supressão de sua existência formal, na qual eram não valor de uso para seu possuidor e valor de uso para o seu não possuidor. O devir das mercadorias como valores de uso presume sua alienação universal, seu ingresso no processo de troca, sendo que sua existência para a troca constitui sua existência como valor de troca. Por conseguinte, para se realizarem como valores de uso, elas precisam se realizar como valores de troca.

Do ponto de vista do valor de uso, a mercadoria individual apareceu originalmente como objeto autônomo. Em contraposição, como valor de troca ela foi considerada, desde o início, em sua relação com todas as outras mercadorias. Contudo, essa relação era apenas teórica, pensada. Ela só se torna prática no processo de troca. Em contrapartida, a mercadoria é valor de troca na medida em que determinada quantidade de tempo de trabalho é processada nela e ela é, em razão disso, *tempo de trabalho objetivado*. Porém,

---

[12] É nessa determinidade que Aristóteles (ver a passagem citada no início deste capítulo) concebe o valor de troca.

A mercadoria

sendo como é no plano imediato, ela é apenas tempo de trabalho individual objetivado de conteúdo específico e não tempo de trabalho *geral*. Por conseguinte, no plano imediato, ela ainda não é mas precisa *se tornar* valor de troca. De início, ela só pode ser objetivação do tempo de trabalho geral, uma vez que representa tempo de trabalho em determinada aplicação útil e, portanto, em algum valor de uso. Essa era a única condição material, sob a qual o tempo de trabalho contido nas mercadorias era pressuposto como tempo de trabalho geral, social. Por conseguinte, se a mercadoria só puder se tornar valor de uso realizando-se como valor de troca, ela só poderá, em contrapartida, realizar-se como valor de troca afirmando-se como valor de uso em sua alienação. Uma mercadoria só pode ser alienada como valor de uso para quem ela representa valor de uso, isto é, objeto de necessidade específica. Em contrapartida, ela só é alienada em troca de outra mercadoria, ou, se assumirmos a posição do possuidor da outra mercadoria, ele igualmente só poderá alienar, isto é, realizar sua mercadoria, pondo-a em contato com a necessidade específica da qual ela é objeto. Por conseguinte, em sua alienação universal enquanto *valores de uso*, as mercadorias são relacionadas umas com a outras de acordo com sua diversidade material como coisas específicas que satisfazem necessidades específicas por meio de suas propriedades específicas. Contudo, sendo tais valores de uso simples, elas são existências indiferentes umas às outras e, mais que isso, não têm relação entre si. Enquanto valores de uso, elas só podem ser trocadas por sua relação com necessidades específicas. Porém elas só podem ser trocadas como equivalentes e elas só são equivalentes enquanto quantidades iguais de tempo de trabalho objetivado, de modo que é apagada toda consideração por suas propriedades naturais como valores de uso e, em consequência, pela relação das mercadorias com necessidades específicas. Enquanto valor de troca, uma mercadoria atua muito mais no sentido de substituir, na condição de equivalente, qualquer quantidade determinada de qualquer outra mercadoria, sendo indiferente se para o possuidor da outra mercadoria ela é valor de uso ou não. No entanto ela só se torna mercadoria para o possuidor da outra mercadoria na medida em que for valor de uso para ele, e para seu possuidor ela só se torna valor de troca na medida em que for mercadoria para o outro. Portanto, o que se pretende é que a mesma relação seja a relação entre as mercadorias enquanto grandezas essencialmente iguais e só quantitativamente diferentes, uma relação que as iguale enquanto materialidade do tempo de trabalho geral e, ao mesmo tempo, sua inter-relação enquanto coisas qualitativamente diferentes, enquanto valores de uso específicos para necessidades específicas, em suma, uma relação que as diferencie enquanto valores de uso reais. Porém estabelecê-las como iguais e desiguais é algo que se exclui mutuamente. Desse modo não só se apresenta um círculo vicioso de problemas, na medida em que a solução de uma questão pressupõe a solução da outra, mas também um conjunto de exigências contraditórias, uma vez que o cumprimento de uma condição está diretamente vinculado ao cumprimento de seu contrário.

O processo de troca das mercadorias deve constituir tanto o desdobramento quanto a solução dessas contradições, que, todavia, não podem ser apresentadas nele dessa maneira simples. Nós apenas assistimos ao mesmo modo como as próprias mercadorias são postas em relação recíproca enquanto valores de uso, isto é, como as mercadorias atuam enquanto valores de uso *no interior do* processo de troca. O valor de troca, em contraposição, como o analisamos até agora, só existiu em nossa abstração ou, caso se queira, na abstração do possuidor individual de mercadorias, que tem a mercadoria enquanto valor de uso em seu depósito e enquanto valor de troca pesando em sua consciência. Porém as mercadorias têm de estar presentes no interior do processo de troca umas para as outras não só como valores de uso mas também como valores de troca, e essa sua existência tem de aparecer como sua própria relação mútua. A dificuldade com que topamos primeiro foi que, para apresentar-se como valor de troca, como trabalho objetivado, a mercadoria precisa primeiro ser alienada como valor de uso, ter sido entregue ao cliente, ao passo que, inversamente, a sua alienação como valor de uso pressupõe sua existência como valor de troca. Porém suponhamos que essa dificuldade tenha sido resolvida, que a mercadoria tenha sido despida de seu valor de uso específico e, por meio de sua alienação, tenha cumprido a condição material de ser trabalho social útil, em vez de trabalho específico do indivíduo para si mesmo. Então, no interior do processo de troca, enquanto valor de troca, ela tem de se tornar equivalente geral, tempo de trabalho geral objetivado para as outras mercadorias e, assim, não mais ter o efeito limitado de um valor de uso específico, mas adquirir a capacidade imediata de apresentação em todos os valores de uso como seus equivalentes. No entanto toda mercadoria é *a* mercadoria que deve se manifestar, por meio da alienação de seu valor de uso específico, como materialidade direta do tempo de trabalho geral. Em contrapartida, porém, no processo de troca se defrontam tão somente mercadorias específicas, trabalhos de indivíduos privados corporificados em valores de uso específicos. O próprio tempo de trabalho geral é uma abstração que, como tal, não existe para as mercadorias.

Examinemos a soma de equações em que o valor de troca de uma mercadoria encontra sua expressão real, como:

1 braça de tecido de linho = 2 libras de café,
1 braça de tecido de linho = ½ libra de chá,
1 braça de tecido de linho = 8 libras de pão etc.

Essas equações dizem apenas quanto tempo de trabalho geral, social, de grandeza igual se objetiva em uma braça de tecido de linho, duas libras de café, meia libra de chá etc. De fato, porém, os trabalhos individuais, expostos nesses valores de uso específicos, só se tornam trabalho geral e, nessa forma, trabalho

A mercadoria

social, na medida em que realmente se trocam uns pelos outros na proporção da duração temporal do trabalho neles contido*. O tempo de trabalho social só existe, por assim dizer, de modo latente nessas mercadorias e só se manifesta em seu processo de troca. Não se parte do trabalho dos indivíduos enquanto trabalho coletivo, mas, ao contrário, de trabalhos específicos de indivíduos privados, trabalhos que só se comprovam como trabalho social geral no processo de troca por meio da supressão de seu caráter original. Por conseguinte, o trabalho social geral não é um pressuposto já pronto, mas resultado em devir. E disso sobressai esta nova dificuldade: as mercadorias, por um lado, têm de ingressar no processo de troca como tempo de trabalho geral objetivado e, por outro lado, a própria objetivação do tempo de trabalho dos indivíduos como tempo de trabalho geral é apenas produto do processo de troca.

Visa-se a que toda mercadoria adquira sua existência correspondente como valor de troca por meio da alienação de seu valor de uso, ou seja, de sua existência original. Em consequência, a mercadoria tem de duplicar sua existência no processo de troca. Em contrapartida, sua segunda existência como valor de troca só pode mesmo ser outra mercadoria, pois, no processo de troca, defrontam-se apenas mercadorias. Como apresentar, no plano imediato, uma mercadoria específica enquanto tempo de trabalho *geral objetivado* ou, o que dá no mesmo, como conferir, no plano imediato, o caráter da generalidade ao tempo de trabalho individual objetivado em uma mercadoria específica? A expressão real do valor de troca de uma mercadoria, isto é, de toda mercadoria enquanto equivalente geral, pode ser exposta em uma soma infinita de equações, como:

1 braça de tecido de linho = 2 libras de café,
1 braça de tecido de linho = ½ libra de chá,
1 braça de tecido de linho = 8 libras de pão,
1 braça de tecido de linho = 6 braças de tecido de algodão,
1 braça de tecido de linho = etc.

Essa exposição era teórica, na medida em que a mercadoria apenas foi *pensada* como quantidade determinada de tempo de trabalho geral objetivado. A existência de uma mercadoria específica enquanto equivalente geral converte-se de mera abstração em resultado social do próprio processo de troca por meio da simples inversão da série de equações acima. Ou seja, por exemplo:

2 libras de café = 1 braça de tecido de linho,
½ libra de chá = 1 braça de tecido de linho,
8 libras de pão = 1 braça de tecido de linho,
6 braças de tecido de algodão = 1 braça de tecido de linho.

---

* Edição de 1859; corrigido no exemplar manuscrito para "na proporção de sua duração temporal". (N. E. A.)

Na medida em que café, chá, pão, tecido de algodão, em suma, todas as mercadorias expressam em tecido de linho o tempo de trabalho nelas contido, o valor de troca do tecido de linho se desdobra inversamente em todas as outras mercadorias enquanto seu equivalente e o tempo de trabalho objetivado nele mesmo se torna, no plano imediato, tempo de trabalho geral que se apresenta uniformemente em diferentes volumes de todas as outras mercadorias. O tecido de linho se torna aqui *equivalente geral* por meio da *ação universal* de todas as outras mercadorias em relação a ele. Enquanto valor de troca, toda mercadoria se tornou medida dos valores de todas as outras mercadorias. Aqui ocorre o inverso: na medida em que todas as mercadorias medem seu valor de troca por uma mercadoria específica, a mercadoria excluída se torna existência adequada do valor de troca, sua existência enquanto equivalente geral. Em contraposição, a série infinita ou a quantidade infinita de equações em que se apresentava o valor de troca de toda mercadoria se contrai em uma única equação de apenas dois membros. "2 libras de café = 1 braça de tecido de linho" passa a ser expressão que diz tudo sobre o valor de troca do café, dado que, nessa expressão, ela aparece, no plano imediato, como equivalente de uma quantidade determinada de cada uma das demais mercadorias. Agora, portanto, no interior do processo de troca, as mercadorias existem umas para as outras ou aparecem umas para as outras como valores de troca na forma de tecido de linho. O fato de todas as mercadorias estarem relacionadas umas com as outras como valores de troca, apenas como diferentes quantidades de tempo de trabalho geral objetivado, manifesta-se agora da seguinte maneira: elas representam, enquanto valores de troca, apenas diferentes quantidades do *mesmo* objeto, do tecido de linho. Por conseguinte, o tempo de trabalho geral se apresenta, por sua vez, como uma coisa específica, como uma mercadoria ao lado e à parte de todas as outras mercadorias. Ao mesmo tempo, porém, a equação em que a mercadoria se apresenta para a mercadoria enquanto valor de troca, como, por exemplo, 2 libras de café = 1 braça de tecido de linho, constitui uma equiparação ainda a ser realizada. Somente por meio de sua venda como valor de uso, o que depende de ela se comprovar como objeto de uma necessidade no processo de troca, ela realmente se transforma de sua existência de café em sua existência de tecido de linho, assumindo, assim, a forma do equivalente geral, e se torna realmente valor de troca para todas as outras mercadorias. Inversamente, pelo fato de todas as mercadorias se transformarem em tecido de linho mediante sua alienação como valores de uso, o tecido de linho se converte em existência transformada de todas as mercadorias e, só como resultado dessa transformação de todas as outras mercadorias nele, ele é, no plano imediato, *objetivação do tempo de trabalho geral*, isto é, produto da alienação universal, supressão dos trabalhos individuais. Enquanto as mercadorias duplicam dessa maneira sua existência para aparecerem como valores de troca umas para as outras, a mercadoria excluída como equivalente geral duplica seu valor de uso. Além de seu valor de uso específico como mercadoria específica, ela adquire um valor de uso geral. Esse seu valor de uso é, ele próprio, determinidade formal, isto é, procede do papel específico que ela desempenha por conta da ação universal das demais mercadorias sobre ela no processo de troca. O valor de uso de cada mercadoria enquanto objeto de uma necessidade específica é diferente em mãos diferentes; por exemplo, possui um valor na mão de quem a vende que é diferente do valor que ela tem na mão de quem se apropria dela. A mercadoria excluída como equivalente geral passa a ser objeto de uma necessidade geral que brota do próprio processo de troca e tem para todos o mesmo valor de uso, o de ser portador do valor de troca, o de ser meio de troca geral. Desse modo, está resolvida, nessa única mercadoria, a contradição comportada pela mercadoria como tal, a de ser, enquanto valor de uso específico, simultaneamente equivalente geral e, em consequência, valor de uso para todos, valor de uso geral. Portanto, enquanto todas as outras mercadorias agora representam primeiramente seu valor de troca enquanto equação ideal, ainda a ser realizada, com a mercadoria exclusiva, o valor de uso dessa mercadoria exclusiva, embora seja real, aparece, no próprio processo, como simples existência formal, que só poderá ser realizada mediante a transformação em valores de uso reais. Originalmente, a mercadoria foi representada como mercadoria em geral, como tempo de trabalho geral objetivado em um valor de uso específico. No processo de troca, todas as mercadorias se referem à mercadoria exclusiva como mercadoria em geral, como *a* mercadoria, ou seja, como existência do tempo de trabalho geral em um valor de uso específico. Por conseguinte, enquanto mercadorias *específicas*, elas se comportam antagonicamente a uma mercadoria específica que é a mercadoria *geral**. Portanto, o fato de os possuidores de mercadorias se referirem reciprocamente aos seus trabalhos como trabalho social geral se apresenta assim: eles se referem a suas mercadorias como valores de troca, como relação recíproca das mercadorias entre si enquanto valores de troca no processo de troca, sua relação universal com uma mercadoria específica como expressão adequada de seu valor de troca, o que, inversamente, volta a aparecer como relação específica dessa mercadoria específica com todas as outras mercadorias e, por essa razão, como caráter social determinado, como que natural-espontâneo, de um objeto. A mercadoria específica, que representa, assim, a existência adequada do valor de troca de todas as mercadorias ou o valor de troca das mercadorias enquanto mercadoria específica, exclusiva, é o *dinheiro*. Ele é a cristalização do valor de troca das mercadorias que elas constituem no próprio processo de troca. Por conseguinte, as mercadorias, ao se tornarem existentes umas para as outras como *valores de uso* no interior do processo de troca, despindo-se de toda a

---

* Anotação no exemplar manuscrito: "A mesma expressão se encontra em Genovesi". (N. E. A.)

determinidade formal e referindo-se umas às outras em sua forma material imediata, precisam aceitar uma nova determinidade formal para aparecer umas para as outras como *valores de troca*, ou seja, precisam avançar para a criação do dinheiro. O dinheiro não é símbolo, do mesmo modo que não é símbolo a existência de um valor de uso enquanto mercadoria. Uma relação social de produção se apresenta como um objeto exterior aos indivíduos e as relações determinadas que eles assumem no processo de produção de sua vida social se apresentam como propriedades específicas de um objeto; essa inversão e essa mistificação, que não são imaginárias, mas prosaicas e reais, caracterizam todas as formas sociais do trabalho que geram valor de troca. Mas, no dinheiro, elas se manifestam de modo mais escancarado que na mercadoria.

As propriedades físicas necessárias da mercadoria específica, na qual se pretende cristalizar o ser dinheiro de todas as mercadorias, na medida em que procedem diretamente da natureza do valor de troca, são estas: divisibilidade aleatória, uniformidade das partes e indiferenciabilidade de todos os exemplares dessa mercadoria. Enquanto materialidade do tempo de trabalho geral, ela tem de ser materialidade da mesma espécie e ser capaz de representar diferenças meramente quantitativas. A outra propriedade necessária é a durabilidade de seu valor de uso, já que deve perdurar no interior do processo de troca. Os metais preciosos possuem essas propriedades em grau excelente. Como o dinheiro não é produto de reflexão nem de acordo, mas se constitui de modo instintivo no processo de troca, mercadorias muito díspares, mais ou menos inadequadas, exerceram alternadamente a função de dinheiro. A necessidade de que, em certo estágio do desenvolvimento do processo de troca, as determinações de valor de troca e valor de uso fossem repartidas de modo polarizado entre as mercadorias, de modo que uma mercadoria figura, por exemplo, como meio de troca, enquanto a outra é vendida como valor de uso, acarreta que, em toda parte, a mercadoria ou mesmo várias mercadorias que têm o valor de uso mais geral desempenhem, de início, o papel de dinheiro. Quando não é objeto de uma necessidade existente no plano imediato, sua existência como componente materialmente mais importante da riqueza lhe assegura um caráter mais geral que o dos valores de uso restantes.

O comércio por escambo, a forma natural-espontânea do processo de troca, representa mais o início da transformação dos valores de uso em mercadorias do que a de mercadorias em dinheiro. O valor de troca não adquire nenhuma forma livre, mas ainda se encontra vinculado diretamente ao valor de uso. É possível mostrar isso de duas maneiras. Toda a construção da própria produção está direcionada para o valor de uso e não para o valor de troca; por conseguinte, só no momento em que excedem a medida em que são requeridos para o consumo os valores de uso deixam de ser valores de uso e se tornam meio de troca, mercadoria. Em contrapartida, eles se tornam mercadorias só dentro dos limites do valor de uso imediato,

A mercadoria

ainda que repartidos de modo polarizado, de modo que as mercadorias a serem trocadas pelos possuidores de mercadorias têm de ser valores de uso para ambos, sendo cada uma delas valor de uso para o seu não possuidor. De fato, o processo de troca de mercadorias não aparece originalmente no interior das coletividades natural-espontâneas[13], mas no ponto em que elas acabam, em suas fronteiras, nos poucos momentos em que elas entram em contato com outras coletividades. É ali que tem início o escambo e, a partir dali, ele repercute dentro da coletividade, exercendo um efeito desagregador. Os valores de uso específicos que se tornam mercadorias no escambo entre diferentes coletividades, como escravos, gado, metais, geralmente constituem o primeiro dinheiro dentro da própria coletividade. Vimos que o valor de troca de uma mercadoria se apresenta tanto mais como valor de troca quanto mais extensa é a série de seus equivalentes ou quanto *maior* é a esfera da troca para a mercadoria. Por conseguinte, a crescente ampliação do escambo, a multiplicação das trocas e a diversificação das mercadorias que ingressam no escambo desenvolvem a mercadoria como valor de troca, pressionam a criação do dinheiro e, desse modo, têm um efeito desagregador do escambo direto. Os economistas costumam derivar o dinheiro das dificuldades externas com que se depara o escambo ampliado, mas, ao fazerem isso, esquecem que essas dificuldades se originam do desenvolvimento do valor de troca e, em consequência, do trabalho social enquanto trabalho geral. Por exemplo: as mercadorias enquanto valores de uso não podem ser divididas de qualquer maneira, algo que elas devem ser enquanto valores de troca. Ou então a mercadoria de A pode ser valor de uso para B, ao passo que a mercadoria de B não é valor de uso para A. Ou os possuidores de mercadorias podem necessitar em proporções desiguais de valor de suas mercadorias indivisíveis a serem reciprocamente trocadas. Em outras palavras, sob o pretexto de analisar o escambo simples, os economistas visualizam certos aspectos da contradição implicada na existência da mercadoria como unidade imediata de valor de uso e valor de troca. Em contrapartida, eles se apegam, então, de modo coerente, ao escambo como forma adequada do processo de troca das mercadorias, o qual estaria vinculado apenas a certas inconveniências técnicas, que teriam sido habilmente resolvidas mediante recurso ao dinheiro. Por conseguinte, partindo dessa posição absolutamente superficial, um espirituoso economista inglês afirmou corretamente que o dinheiro seria um instrumento meramente material, a exemplo de um navio ou de uma

---

[13] Aristóteles observa a mesma coisa em relação à família privada enquanto coletividade original. Porém a forma original da família é, ela própria, família clânica, de cuja análise histórica se desenvolve então a família privada. "Ἐν μέν οὖν τῇ πρώτῃ κοινωνίᾳ (τοῦτο δ' ἐστὶν οἰκία) φανερὸν ὅτι οὐδέν ἐστιν ἔργον αὐτῆς" (a saber, τῆς ἀλλαγῆς) [Pois na comunidade original (que é a família), evidentemente ainda não havia nenhuma necessidade dela (a saber, da troca)] (Aristóteles, *De republica*, cit.).

máquina a vapor, mas não a representação de uma relação social de produção e, logo, tampouco uma categoria econômica. Em consequência, ele seria tratado apenas de maneira imprópria na economia política, que, de fato, nada tem a ver com a tecnologia[14].

No mundo das mercadorias, é pressuposta uma divisão do trabalho desenvolvida, ou melhor, ela se apresenta, no plano imediato, na multiplicidade dos valores de uso que se defrontam como mercadorias específicas e nas quais está embutida a mesma multiplicidade de modos de trabalho. A *divisão do trabalho*, enquanto totalidade dos modos de atividade produtiva específicos, constitui a figura global do trabalho social de acordo com o seu aspecto material, considerado como trabalho que produz valores de uso. Como tal, porém, ele só existe, a partir da posição das mercadorias e no interior do processo de troca, em seu resultado, na especificidade das próprias mercadorias.

A troca das mercadorias é o processo em que o metabolismo social, isto é, a troca dos produtos específicos dos indivíduos privados, é concomitantemente geração de certas relações sociais de produção nas quais os indivíduos ingressam durante esse metabolismo. As relações processadoras das mercadorias entre si se cristalizam como diferentes determinações do equivalente geral, e assim o processo de troca é simultaneamente processo de formação do dinheiro. A totalidade desse processo, que se apresenta como um desenrolar de diferentes processos, é a *circulação*.

A. Questões históricas referentes à análise da mercadoria

A análise da mercadoria tendo em vista a dupla forma do trabalho, do valor de uso tendo em vista o trabalho real ou a atividade com finalidade produtiva, do valor de troca tendo em vista o tempo de trabalho ou trabalho social igual constitui o resultado crítico final de mais de um século e meio de pesquisas da economia política clássica, inaugurada na Inglaterra por William Petty

---

[14] *"Money is, in fact, only the instrument for carrying on buying and selling" (but, if you please, what do you understand by buying and selling?) "and the consideration of it no more forms a part of the science of political economy, than the consideration of ships, or steam engines, or of any other instruments employed to facilitate the production and distribution of wealth".* ["Na realidade, dinheiro é apenas o instrumento para levar a cabo a compra e a venda" (mas, por favor, o que o senhor entende por compra e venda?) "e sua análise já não faz parte da ciência da economia política, não mais do que a análise de navios ou máquinas a vapor ou de qualquer outro instrumento empregado para facilitar a produção e distribuição da riqueza"] (Thomas Hodgskin, *Popular Political Economy. Four Lectures Delivered at the London Mechanics' Institution*, Londres, 1827, p. 178-9).

A mercadoria

e na França por Boisguillebert[15] e encerrada na Inglaterra por Ricardo e na França por Sismondi.

Petty dissolve o valor de uso em trabalho sem se iludir a respeito da condicionalidade natural de sua força criativa. Ele concebe o trabalho real de imediato em sua figura social global como *divisão do trabalho*[16]. Essa visão da

---

[15] Um trabalho comparativo dos escritos e do caráter de Petty e Boisguillebert, abstraindo dos holofotes que apontaria para o antagonismo social da Inglaterra e da França no final do século XVII e início do século XVIII, seria a exposição genética do contraste nacional entre a economia política inglesa e a economia política francesa. O mesmo contraste acaba se repetindo em Ricardo e Sismondi.

[16] Petty explicitou a divisão do trabalho também como força produtiva, e o fez em um projeto mais grandioso do que o de Adam Smith. Ver *An Essay Concerning the Multiplication of Mankind* (3. ed., Londres, 1686), p. 35-6. Ele mostra aqui as vantagens da divisão do trabalho para a produção não só na fabricação de um relógio de bolso, como fez Adam Smith mais tarde na fabricação de uma agulha, mas, ao mesmo tempo, na análise de uma cidade e de um país inteiro sob o ponto de vista das grandes fábricas. O *Spectator* [jornal literário inglês que circulou de 1711 a 1714 em Londres (N. E. A.)] de 26 de novembro de 1711 se refere a essa "illustration of the admirable Sir William Petty" [ilustração do admirável Sir William Petty]. Portanto, MacCulloch supõe erroneamente que o *Spectator* confunde Petty com um autor quarenta anos mais jovem (ver John Ramsay MacCulloch, *The Literature of Political Economy: a Classified Catalogue of Select Publications in the Different Departments of that Science*, Londres, 1845, p. 102). Petty se sente o fundador de uma nova ciência. Ele diz que o seu método "não é o tradicional". Em vez de entrançar uma série de palavras comparativas e superlativas e argumentos especulativos, ele teria empreendido falar *"in therms of number, weight or measure"* [em termos de número, peso ou medida], servir-se unicamente de argumentos deduzidos da experiência sensível e considerar somente as causas "as have visible foundations in nature" [que têm bases visíveis na natureza]. Ele deixa à consideração de outros as causas que dependem de *"mutable minds, opinions, appetites and passions of particular men* [mentalidades, opiniões, apetites e paixões mutáveis de pessoas particulares] (William Petty, "Political Arithmetick, or a Discourse Concerning the Extent and Value of Lands, People, Buildings...", em *Several Essays in Political Arithmetick*, Londres, 1699). Sua ousadia genial se mostra, por exemplo, na proposta de transportar todos os habitantes e todas as mobílias da Irlanda e da Alta Escócia para o restante da Grã-Bretanha. Desse modo, seria poupado tempo de trabalho, seria multiplicada a força produtiva do trabalho e "o rei e seus súditos ficariam mais ricos e mais fortes" (ibidem, cap. 4, p. 225). Ou, no capítulo de sua aritmética política, no qual ele demonstra, em uma época em que a Holanda ainda desempenhava um papel preponderante como nação comercial e a França parecia se tornar a potência comercial dominante, a vocação da Inglaterra para conquistar o mercado mundial: *"That the king of England's subjects have stock competent and convenient to drive trade of the whole commercial world"* [Que os súditos do rei da Inglaterra possuem capital apto e apropriado para impulsionar o comércio de todo o mundo comercial] (ibidem, cap. 10, p. 272). *"That the impediments of England's greatness are but contingent and removeable"* [Que os obstáculos à grandeza da Inglaterra são contingentes e podem ser afastados] (ibidem, p. 247 e seg.). Um humor original permeia todos os seus escritos. Ele demonstra, por exemplo, que a Holanda, naquela época totalmente o país-padrão para os economistas ingleses, como agora a Inglaterra o é para os economistas continentais, conquistou o mercado mundial em virtude de causas naturais e *"without such angelical wits and judgments, as*

fonte da riqueza material não permanece infecunda como em seu contemporâneo Hobbes, mas o conduz à *aritmética política*, a primeira forma em que a economia política se destaca como ciência autônoma. Contudo, ele toma o valor de troca como este *aparece* no processo de troca das mercadorias, a saber, como dinheiro, e o próprio dinheiro como mercadoria existente, ou seja, como ouro e prata. Enredado nas representações do sistema monetário, ele declara o tipo específico de trabalho real, mediante o qual o ouro e a prata são adquiridos, como trabalho que gera valor de troca. Ele de fato pensa que o trabalho burguês não precisa produzir diretamente valor de uso, mas mercadoria, um valor de uso capaz de se apresentar, por meio de sua alienação no processo de troca, como ouro e prata, isto é, como dinheiro, isto é, como valor de troca, isto é, como trabalho geral objetivado. Entretanto, ele é um exemplo de que estar ciente de que o trabalho é fonte da riqueza material de modo nenhum exclui o desconhecimento da forma social determinada em que o trabalho é fonte do valor de troca.

Boisguillebert, por sua vez, dissolve de fato, mesmo que não o faça conscientemente, o valor de troca da mercadoria em tempo de trabalho, determinando

---

some attribute to the Hollanders" [sem o tino e o juízo angelicais que muitos atribuem aos holandeses] (ibidem, p. 175-6). Ele defende a liberdade de consciência como condição do comércio "porque os pobres são diligentes e encaram o trabalho e a indústria como dever para com Deus, enquanto se permitir a eles pensar que quem tem menos riqueza possui mais tino e entendimento nas coisas divinas, o que eles consideram propriedade específica dos pobres". Por conseguinte, o comércio "não está ligado a algum tipo de religião, mas sempre de preferência à parcela heterodoxa do todo" (ibidem, p. 183-6). Ele propugna tributos públicos destinados aos larápios, porque seria melhor para o público estipular o tributo a ser pago a eles que deixar que eles próprios fizessem isso (ibidem, p. 199). Em contraposição, ele rejeita os impostos visando a transferir a riqueza da mão dos industriais para aqueles que "nada fazem além de beber, comer, cantar, jogar, dançar e *dedicar-se à metafísica*" (ibidem, p. 198). Os escritos de Petty são quase raridades em livrarias e só existem dispersos em edições velhas e ruins, o que surpreende tanto mais porque William Petty não só é o pai da economia política inglesa mas também o antepassado de Henry Petty, aliás, Marquês de Lansdowne, o nestor dos *whigs* ingleses. Entretanto, a família Lansdowne dificilmente poderia organizar uma edição completa das obras de Petty sem introduzi-la com sua biografia, e aqui se aplica o que vale para a maioria das *origines* [origens] das grandes famílias *whigs*: *the less said of them the better* [quanto menos for dito sobre elas, tanto melhor]. O cirurgião do exército de pensamento ousado, mas essencialmente frívolo, que se prestava tanto a saquear a Irlanda sob a égide de Cromwell quanto a rastejar diante de Carlos II para conseguir o título de baronete, necessário para efetuar a pilhagem, é uma imagem de antepassado que dificilmente convém expor diante do público. Ademais, na maioria dos escritos que publicou em vida, Petty procura demonstrar que a época do florescimento da Inglaterra foi a de Carlos II, o que era uma opinião heterodoxa para exploradores hereditários da "*glorious revolution*" [revolução gloriosa] [designação habitual na historiografia inglesa para o golpe de Estado de 1688, que consolidou a monarquia constitucional na Inglaterra, baseada em um acordo entre a nobreza fundiária e a burguesia. (N. E. A.)].

o "verdadeiro valor" (*la juste valeur*) por meio da proporção correta em que o tempo de trabalho dos indivíduos é distribuído pelos ramos industriais específicos e representando a livre concorrência como o processo social que cria essa proporção correta. Concomitantemente, porém, e em contraste com Petty, ele combate fanaticamente o dinheiro, cuja intervenção perturbaria o equilíbrio natural ou a harmonia da troca de mercadorias e, como um Moloch fantástico, exigiria o sacrifício de toda riqueza natural. Por um lado, essa polêmica contra o dinheiro tem conexão com certas circunstâncias históricas, na medida em que Boisguillebert ataca a avidez cega e destrutiva por ouro da corte de um Luís XIV, de seus arrendatários financeiros e de sua nobreza[17], ao passo que Petty celebra a avidez por ouro como o impulso enérgico que incita um povo ao desenvolvimento industrial e à conquista do mercado mundial. Por outro lado, contudo, destaca-se aqui o antagonismo fundamental mais profundo que é recorrente como contraste permanente entre a economia autenticamente inglesa e a economia autenticamente francesa[18]. Boisguillebert de fato só olha para o conteúdo material da riqueza, o valor de uso, a fruição[19], e encara a forma burguesa do trabalho, a produção dos valores de uso como mercadorias e o processo de troca das mercadorias como a forma social em conformidade com a natureza, em que o trabalho individual atingiria aquela finalidade. Por conseguinte, onde se depara com o caráter específico da riqueza burguesa, como no dinheiro, ele acredita que elementos estranhos usurpadores se infiltraram e se encoleriza contra uma das formas do trabalho burguês, enquanto simultaneamente transfigura de modo utópico a outra forma dele[20]. Boisguillebert nos proporciona a prova de que o tempo de trabalho pode ser tratado como

---

[17] Em contraposição à "ciência financeira obscura" daquela época, Boisguillebert diz: "*La science financière n'est que la connaissance approfondie des intérêts de l'agriculture et du commerce*" [A ciência financeira não é senão o conhecimento aprofundado dos interesses da agricultura e do comércio] ("Le détail de la France", 1697, em Eugène Daire (org.), *Economistes financiers du XVIII siècle*, v. I, Paris, 1843, p. 241).

[18] Não se trata da economia *romana*, pois as duas escolas dos italianos, a napolitana e a milanesa, reeditam o antagonismo entre economia inglesa e economia francesa, ao passo que os espanhóis das épocas anteriores são simples mercantilistas, e os mercantilistas modificados, a exemplo de Ustariz ou Jovellanos (ver as suas *Obras*, Barcelona, 1839--1840), sustentam o "meio-termo", acompanhando Adam Smith.

[19] "*La véritable richesse* [...] *jouissance entière, non seulement des besoins de la vie, mais même de tous les superflus et de tout, ce qui peut faire plaisir à la sensualité*" [A verdadeira riqueza [...] é a fruição completa não só das necessidades vitais, mas também da abundância e de tudo que pode alegrar os sentidos] (Pierre Le Pesant de Boisguillebert, *Dissertation sur la nature de la richesse, de l'argent et des tributs où l'on decouvre la fausse idée qui règne dans le monde à l'égard de ces trois articles*, Ebendort, p. 403). Ao passo que Petty era um aventureiro frívolo, saqueador e sem caráter, Boisguillebert, apesar de ser um dos intendentes de Luís XIV, defendeu de maneira tão inteligente quanto audaz as classes oprimidas.

[20] O socialismo francês na forma de Proudhon padece do mesmo mal hereditário nacional.

medida da grandeza de valor das mercadorias, embora o trabalho objetivado no valor de troca das mercadorias e medido pelo tempo seja confundido com a atividade natural imediata dos indivíduos.

A primeira análise consciente, quase trivial de tão clara, do valor de troca em relação ao tempo de trabalho é de autoria de um homem do Novo Mundo, onde as relações de produção burguesas foram importadas junto com seus detentores, crescendo rapidamente em um solo que compensou sua falta de tradição histórica com a abundância de húmus. Esse homem é *Benjamin Franklin*, que formulou a lei fundamental da economia política moderna em seu trabalho escrito na juventude, no ano de 1719, levado ao prelo em 1721[21]. Ele declara ser necessário procurar uma medida de valor diferente dos metais preciosos. Essa medida seria o trabalho.

> Mediante o trabalho se pode medir o valor da prata tanto quanto o de todas as outras coisas. Suponha, por exemplo, que um homem seja empregado na produção de grãos, enquanto outro minera e refina prata. No final do ano ou após qualquer outro período de tempo estipulado, o produto integral de grãos e o de prata constituem os preços naturais um do outro, e, se o de um for 20 alqueires e o de outro 20 onças, o trabalho necessário para produzir um alqueire de grão vale uma onça de prata. Porém, se em virtude da descoberta de minas rentáveis mais próximas, mais facilmente acessíveis, um homem conseguir produzir 40 onças com a mesma facilidade que antes produzia 20 e o mesmo trabalho de antes é necessário para produzir 20 alqueires de grão, então duas onças de prata não valerão mais do que o mesmo trabalho empregado para produção de um alqueire de grão e o alqueire, que antes valia uma onça, passará a valer duas onças, *caeteris paribus* [em iguais circunstâncias]. Assim, a riqueza de um país deve ser estimada pela *quantidade de trabalho* que seus habitantes são capazes de comprar.[22]

Para Franklin, o tempo de trabalho se apresenta de imediato, em termos economicistas unilaterais, como medida dos valores. A transformação dos produtos reais em valores de troca é algo óbvio e, por conseguinte, trata-se apenas de inventar uma medida para a sua grandeza de valor. Ele diz: "Dado que o comércio em geral não é senão troca de trabalho por trabalho, o modo mais correto de medir o valor de todas as coisas é pelo trabalho".[23]

---

[21] Benjamin Franklin, "A Modest Inquiry into the Nature and Necessity of a Paper Currency", em *The Works of Benjamin Franklin*, v. II (ed. I. Sparks, Boston, 1836): "*A modest inquiry into the nature and necessity of a paper currency*" [Modesta investigação sobre a natureza e a necessidade de um papel-moeda].

[22] Ibidem., p. 265: "*Thus the riches of a country are to be valued by the quantity of labour its inhabitants are able to purchase*" [Assim, as riquezas de um país devem ser avaliadas pela quantidade de trabalho que os seus habitantes são capazes de adquirir].

[23] "*Trade in general being nothing else but the exchange of labour for labour, the value of all things is, as I have said before, most justly measured by labour*" [Dado que o comércio em geral não é senão troca de trabalho por trabalho, o modo mais correto de medir o valor de todas as coisas é, como eu disse anteriormente, pelo trabalho] (ibidem., p. 267).

A mercadoria

Substituindo aqui a palavra "trabalho" por trabalho real, descobre-se de imediato a mistura de uma forma de trabalho com a outra forma de trabalho. Dado que o comércio consiste, por exemplo, em troca de trabalho de sapateiro, trabalho de mineração, trabalho de fiação, trabalho de pintor etc., a maneira mais correta de medir o valor das botas seria em trabalho de pintor? Franklin pensava inversamente que o valor de botas, produtos das minas, fios, quadros etc. é determinado por trabalho abstrato, que não possui nenhuma qualidade específica e, em consequência, pode ser medido pela simples quantidade[24]. Porém, por não explicitar o trabalho contido no valor de troca como trabalho social geral abstrato, originário da alienação universal dos trabalhos individuais, ele necessariamente ignora o dinheiro como a forma imediata de existência desse trabalho alienado. Por isso, para ele, dinheiro e trabalho que gera valor de troca não estão inter-relacionados de nenhuma maneira, mas o dinheiro é bem mais um instrumento introduzido exteriormente na troca em função da comodidade técnica[25]. A análise do valor de troca feita por Franklin não teve influência direta sobre o curso geral da ciência, porque ele só tratou de questões isoladas da economia política em determinados ensejos práticos.

O antagonismo entre trabalho útil real e trabalho que gera valor de troca movimentou a Europa durante o século XVIII na forma do seguinte problema: que tipo específico de trabalho real constitui a fonte da riqueza burguesa? Nisso estava pressuposto que nem todo trabalho que se realiza em valores de uso ou que fornece produtos gera riqueza diretamente só por essa razão. Contudo, tanto para os fisiocratas quanto para seus adversários a questão polêmica candente não é que trabalho cria o *valor*, mas que trabalho cria o *mais-valor*. Portanto, eles trataram o problema em sua forma complexa antes de tê-lo resolvido em sua forma elementar, bem ao modo em que o curso histórico de todas as ciências passa primeiro por uma massa de traçados que se entrecruzam antes de chegar a seus pontos de partida reais. Em distinção a[o que fazem] outros arquitetos, a ciência não só projeta castelos no ar, mas chega a levantar alguns andares habitáveis do edifício antes de lançar sua pedra fundamental. Sem deter-nos aqui nos fisiocratas e omitindo toda uma série de economistas italianos que tangenciam, com ideias mais ou menos acertadas, a análise correta da mercadoria[26], voltaremos nossa atenção de imediato para o primeiro britânico que processou o sistema completo da

---

[24] Idem, *Remarks and Facts Relative to the American Paper Money* (Ebendort, 1764).
[25] Ver idem, "Papers on American Politics", em *Remarks and Facts Relative to the American Paper Money*, cit.
[26] Ver, por exemplo, Ferdinando Galiani, "Della Moneta", cit., p. 74. Ele diz: "*La fatica è l'unica che dà valore ala cosa*" [A fadiga é a única que confere valor à coisa]. A designação do trabalho como *fatica* [fadiga] é característica do habitante do sul [da Europa].

economia política: *Sir James Steuart*[27]. No caso dele, as categorias abstratas da economia política ainda estão em processo de separação de seu conteúdo material e, em consequência, ainda têm uma aparência fluida e oscilante e, por isso, o mesmo ocorre com a categoria do valor de troca. Em uma passagem, ele determina o *valor real* por meio do tempo de trabalho (*what a workman can perform in a day* [o que um trabalhador pode produzir em um dia]); porém, ao lado disso, figuram, de modo confuso, salário e matéria-prima[28]. Em outra passagem, aparece de modo ainda mais contundente o embate com o conteúdo material. A matéria natural contida em uma mercadoria, como, por exemplo, prata em um trançado de prata, é denominada por ele de seu *valor intrínseco* (*intrinsic worth*), ao passo que denomina o tempo de trabalho nela contido de seu *valor de uso* (*useful value*). Ele diz: "O primeiro é algo real em si mesmo. [...] O valor de uso, em contraposição, deve ser medido conforme o trabalho que ele custou para ser produzido. O trabalho empregado na modificação da matéria representa uma porção do tempo de um homem etc."[29].

O que distingue Steuart de seus predecessores e sucessores é a diferenciação nítida entre o trabalho especificamente social representado pelo valor de troca e o trabalho real que visa aos valores de uso. Ele diz: "Chamo de *indústria* o trabalho que, mediante sua alienação (*alienation*), cria um equivalente geral (*universal equivalent*)". Ele não só diferencia o trabalho enquanto indústria do trabalho real, mas também o diferencia de outras formas sociais do trabalho. Ele o considera a forma burguesa do trabalho em contraposição à sua forma antiga e medieval. Ele está interessado principalmente no antagonismo entre trabalho burguês e trabalho feudal, tendo observado este último na fase de desaparecimento tanto na própria Escócia quanto em suas extensas viagens pelo continente [europeu]. É claro que Steuart sabia muito bem que, também em épocas pré-burguesas, o produto adquire a forma de mercadoria e a mercadoria a forma de dinheiro, mas ele demonstra extensamente que a mercadoria enquanto forma básica elementar da riqueza e a alienação enquanto forma predominante da apropriação são próprias somente do período burguês de produção e que, portanto, o caráter do trabalho que gera valor de troca é especificamente burguês[30].

---

[27] A obra *An Inquiry into the Principles of Political Oeconomy, Being an Essay on the Science of Domestic Policy in Free Nations*, de Sir James Steuart, estreou em 1767 em dois volumes no formato de quarto, em Londres, dez anos antes de *An Inquiry into the Nature and Causes of the Wealth of Nations*, de Adam Smith. Cito conforme a edição de Dublin de 1770.

[28] Sir James Steuart, *An Inquiry into the Principles of Political Oeconomy, Being an Essay on the Science of Domestic Policy in Free Nations*, v. I (Londres, 1767), p. 181-3.

[29] Ibidem, p. 361-2: "*represents a portion of a man's time*" [representa uma porção do tempo de um homem].

[30] Por conseguinte, ele explica a agricultura patriarcal, direcionada diretamente para a criação de valores de uso para o dono da terra, como um "abuso", não em relação a Esparta ou Roma ou mesmo Atenas, mas certamente em relação aos países industriais do

A mercadoria

Depois de ter afirmado as formas específicas do trabalho real, como agricultura, manufatura, navegação, comércio etc., uma após a outra, como verdadeiras fontes da riqueza, *Adam Smith* proclamou o trabalho em geral, mais precisamente em sua figura social global, na forma da *divisão do trabalho*, como a única fonte da riqueza material ou dos valores de uso. Enquanto aqui ele omite completamente o elemento natural, este o persegue para dentro da esfera da riqueza exclusivamente social, do valor de troca. Embora determine o valor da mercadoria pelo tempo de trabalho contido nela, Adam volta a deslocar a realidade dessa determinação de valor para os tempos pré-adâmicos. Em outras palavras, o que lhe parece verdadeiro na perspectiva da mercadoria simples torna-se obscuro assim que esta é substituída pelas formas superiores e mais complexas de capital, as do trabalho assalariado, da renda fundiária etc. Ele expressa isso assim: o valor das mercadorias foi medido pelo tempo de trabalho contido nelas no *paradise lost* [paraíso perdido] da burguesia, onde as pessoas ainda não se defrontavam como capitalistas, trabalhadores assalariados, proprietários de terra, arrendatários, usurários etc., mas apenas como simples produtores e agentes de troca de mercadorias. Ele confunde o tempo todo a determinação do valor das mercadorias pelo tempo de trabalho contido nelas com a determinação de seus valores pelo valor do trabalho, oscila em toda parte na execução detalhada e mune da igualdade subjetiva dos trabalhos individuais a igualdade objetiva que o processo social efetua forçosamente entre os trabalhos desiguais[31]. Ele procura viabilizar a passagem do trabalho real para o trabalho que gera valor de troca, isto é, para a forma básica do trabalho burguês, por meio da *divisão do trabalho*. Dizer que a troca privada pressupõe a divisão do trabalho é tão correto quanto é errado dizer que a divisão do trabalho pressupõe a troca privada. Entre os peruanos, por exemplo, o trabalho era extraordinariamente

---

século XVIII. Essa *"abusive agriculture"* [agricultura abusiva] não seria nenhum *"trade"* [comércio], mas "simples meio de subsistência". Do mesmo modo que a agricultura burguesa livraria o campo de bocas supérfluas, a manufatura burguesa livraria a fábrica de mãos supérfluas.

[31] Adam Smith diz, por exemplo: "Quantidades iguais de trabalho devem ter o mesmo valor para o próprio trabalhador em todas as épocas e em todos os lugares. Em sua condição normal de saúde, vigor e atividade e com o grau médio de destreza de que ele possa dispor, o trabalhador sempre tem de entregar a mesma porção de seu descanso, de sua liberdade e de sua felicidade. Portanto, qualquer que seja a quantidade de mercadorias que ele recebe como recompensa de seu trabalho, o preço que ele paga é sempre o mesmo. Esse preço pode até comprar uma quantidade ora menor, ora maior dessas mercadorias, mas isso só porque o que muda é o valor destas e não o valor do trabalho que as compra. Portanto, o trabalho jamais muda seu valor. Ele é, portanto, o valor real das mercadorias etc." (*An Inquiry into the Nature and Causes of the Wealth of Nations*, v. I-II, livro I, c. V, Londres, 1776, p. 1.045).

dividido, embora não houvesse troca privada, nenhuma troca de produtos enquanto mercadorias.

Em contraposição a Adam Smith, *David Ricardo* elaborou de maneira pura a determinação do valor da mercadoria pelo tempo de trabalho e mostrou que essa lei domina também as relações burguesas de produção que mais parecem estar em contradição com ela. As investigações de Ricardo se restringem exclusivamente à *grandeza do valor* e, com referência a esta, ele, pelo menos, intui que a realização da lei depende de determinados pressupostos históricos. Pois ele diz que a determinação da grandeza do valor pelo tempo de trabalho só valeria para as mercadorias "que podem ser multiplicadas à vontade pela indústria e cuja produção é governada pela concorrência desimpedida"[32]. Isso de fato apenas significa que a lei do valor pressuporia, para seu completo desenvolvimento, a sociedade da grande produção industrial e da livre concorrência, isto é, a sociedade burguesa moderna. De resto, Ricardo considera a forma burguesa do trabalho como a eterna forma natural do trabalho social. Ele faz o pescador primitivo e o caçador primitivo, enquanto possuidores de mercadorias, trocarem de imediato peixe e caça, na proporção do tempo de trabalho objetivado nesses valores de troca. Nessa ocasião ele incorre no anacronismo de que, para calcularem o valor de seus instrumentos de trabalho, o pescador primitivo e o caçador primitivo consultam a tabela de anuidades corrente na bolsa de valores de Londres em 1817. Os "paralelogramos do senhor Owen"* parecem ser a única forma de sociedade que ele conhecia além da burguesa. Embora estivesse cercado por esse horizonte burguês, Ricardo destrinçou a economia burguesa, que em suas profundezas tem um aspecto bem diferente daquele que se mostra na superfície, com tal agudeza teórica que o Lorde Brougham pôde dizer a respeito dele: "*Mr. Ricardo seemed as if he had dropped from an other planet*" [É como se o senhor Ricardo tivesse caído de outro planeta]**.

Polemizando diretamente com Ricardo, *Sismondi* tanto enfatizou o caráter especificamente social do trabalho que gera valor de troca[33] quanto designou como "caráter de nosso progresso econômico" reduzir a grandeza

---

[32] David Ricardo, *On the Principles of Political Economy and Taxation* (3. ed., Londres, 1821), p. 3.

* Ricardo menciona os "paralelogramos do senhor Owen" em seu escrito *On Protection to Agriculture* (4. ed., Londres, 1822), p. 21. Em seus planos utópicos de reforma social, Owen procurou demonstrar que, tanto do ponto de vista da economicidade quanto do da domesticidade, seria mais apropriado organizar um assentamento na forma de um paralelogramo ou de um quadrado. (N. E. A.)

** *The Parliamentary Debates*, v. I, Londres, col. 685. (N. E. A.)

[33] Jean Charles Léonard Simonde de Sismondi, *Études sur l'économie politique*, v. II (Bruxelas, 1838), p. 162: "*C'est l'opposition entre la valeur usuelle et la valeur échangeable à laquelle le commerce a reduit toute chose*" [Foi ao antagonismo entre valor de uso e valor de troca que o comércio reduziu toda a questão].

de valor ao tempo de trabalho *necessário*, à "relação entre a necessidade da sociedade inteira e a quantidade de trabalho suficiente para satisfazer essa necessidade"[34]. Sismondi não está mais enredado na concepção de Boisguillebert de que o trabalho que gera valor de troca seria falsificado pelo dinheiro, mas, do mesmo modo que Boisguillebert denuncia o dinheiro, ele denuncia o grande capital industrial. Enquanto em Ricardo a economia política tira inescrupulosamente sua última consequência e, desse modo, chega à sua conclusão, Sismondi complementa essa conclusão, expondo as dúvidas que ela tem a respeito de si mesma.

Dado que Ricardo, enquanto consumador da economia política clássica, foi quem formulou e desenvolveu da maneira mais pura a determinação do valor de troca pelo tempo de trabalho, é claro que a polêmica levantada do lado da economia se concentrou nele. Quando se despe essa polêmica de sua forma majoritariamente simplória[35], ela se resume aos seguintes pontos:

Primeiro: o próprio trabalho possui valor de troca e diferentes trabalhos possuem diferentes valores de troca. É um círculo vicioso fazer do valor de troca a medida do valor de troca, já que o próprio valor de troca que serve de medida necessita, por sua vez, de uma medida. Essa objeção se decompõe no seguinte problema: dado o tempo de trabalho como medida imanente do valor de troca, desenvolver sobre essa base o salário do trabalho. A teoria do trabalho assalariado fornece a resposta para isso.

Segundo: sendo o valor de troca de um produto igual ao tempo de trabalho contido nele, o valor de troca de uma jornada de trabalho é igual ao seu produto. Ou o salário do trabalho tem de ser igual ao produto do trabalho[36]. Mas o que ocorre é o oposto. *Ergo* [logo], essa objeção se decompõe no

---

[34] Ibidem, p. 163-6.
[35] Atingindo sua forma mais simplória certamente nas anotações de Jean-Baptiste Say a respeito da tradução francesa de Ricardo por Constance e a sua forma mais pedante e presunçosa na recentemente publicada *Theory of Exchanges* (Londres, 1858), do senhor Henry Dunning Macleod. [O trabalho citado *Theory of Exchanges* constitui o capítulo IV do livro *The Elements of Political Economy*, de Henry Dunning Macleod. (N. E. A.)]
[36] Essa objeção levantada contra Ricardo pela economia burguesa foi, mais tarde, retomada pelo lado socialista. Pressupondo a exatidão teórica da fórmula, a prática foi acusada de contradizer a teoria, e a sociedade burguesa foi instada a tirar na prática a suposta consequência de seu princípio teórico. Dessa maneira, os socialistas ingleses pelo menos voltaram a fórmula ricardiana do valor de troca contra a economia política. Ficou reservado ao senhor Proudhon proclamar não só o princípio básico da velha sociedade como princípio de uma nova sociedade, mas, ao mesmo tempo, a si mesmo como inventor da fórmula na qual Ricardo sintetizou o resultado global da economia inglesa clássica. Ficou provado que, na Inglaterra, até mesmo a explicação utópica da fórmula ricardiana já se tinha extraviado, quando o senhor Proudhon a "descobriu" do outro lado do canal. (Ver meu escrito: *Misère de la philosophie etc.*, Paris, 1847, o parágrafo sobre *la valeur constituée* [o valor constituído] [ed. bras.: *Miséria da filosofia*, trad. de José Paulo Netto, São Paulo, Boitempo, 2017, p. 53-79]).

seguinte problema: como a produção com base no valor de troca determinado pelo mero tempo de trabalho resulta em que o valor de troca do trabalho seja menor que o valor de troca de seu produto? Resolvemos esse problema na análise do capital.

Terceiro: o preço de mercado das mercadorias cai abaixo ou sobe acima de seu valor de troca com a proporção oscilante de oferta e demanda. *Por conseguinte*, o valor de troca das mercadorias é determinado pela relação entre oferta e demanda e não pelo tempo de trabalho contido nelas. De fato, nessa estranha conclusão, apenas se levanta a questão referente a como se desenvolve, sobre a base do valor de troca, um preço de mercado diferente dele ou, mais corretamente, como a lei do valor de troca só se realiza em seu oposto. Esse problema é resolvido na teoria da concorrência.

Quarto: a última objeção e aparentemente a mais contundente, quando não é apresentada, como de hábito, na forma de exemplos extravagantes: se o valor de troca não é senão tempo de trabalho contido em uma mercadoria, como podem possuir valor de troca mercadorias que não contêm trabalho ou, em outras palavras, de onde provém o valor de troca de simples forças naturais? Esse problema é resolvido na teoria da renda fundiária.

CAPÍTULO II
O dinheiro ou a circulação simples

Em um debate no Parlamento sobre as leis bancárias de Sir Robert Peel de 1844 e 1845*, Gladstone comentou que nem o amor tinha conseguido fazer mais pessoas de bobas que a ruminação sobre a essência do dinheiro. Ele estava falando de britânicos para britânicos. Os holandeses, em contraposição, uma gente que, apesar das dúvidas de Petty, sempre possuiu um "tino celestial" para a especulação com o dinheiro, jamais perderam esse tino na especulação sobre o dinheiro.

A principal dificuldade na análise do dinheiro estará superada assim que for compreendida sua origem na própria mercadoria. Isso pressuposto, falta apenas conceber de maneira pura as suas determinidades formais peculiares, o que apresenta certa dificuldade, porque todas as relações burguesas aparecem folheadas a ouro ou prata, aparecem como relações monetárias, e, por conseguinte, a forma-dinheiro parece possuir um conteúdo infinitamente variado, estranho a si mesmo.

Na investigação que segue, deve-se ter em mente que se trata das formas do dinheiro que brotam diretamente da troca das mercadorias, mas não daquelas formas que pertencem a um estágio superior do processo de produção,

---

* Para superar as dificuldades no câmbio de notas bancárias por ouro, o governo inglês promulgou, por iniciativa de Robert Peel, em 1844, uma lei que versou sobre a reforma do Banco da Inglaterra. Essa lei previu a divisão do banco em dois departamentos totalmente independentes entre si com fundos separados de moeda sonante: o departamento de *banking*, que executava exclusivamente operações bancárias, e o departamento de *issue*, que se encarregou da emissão de notas bancárias. Essas notas deveriam ter uma cobertura sólida na forma de um fundo específico de ouro permanentemente disponível. A emissão de notas bancárias não cobertas por ouro foi limitada a 14 milhões de libras esterlinas. Contudo, a quantidade de notas bancárias em circulação, contrariando a lei bancária de 1844, de fato não dependia do fundo de cobertura, mas da demanda na esfera da circulação. Durante as crises econômicas em que a escassez de dinheiro foi especialmente grande, o governo inglês revogou temporariamente as leis bancárias de 1844 e elevou a soma das notas bancárias não cobertas por ouro. (N. E. A.)

como, por exemplo, dinheiro creditício. Para simplificar, toma-se, em toda linha, o ouro como a mercadoria-dinheiro.

1) Medida dos valores

O primeiro processo da circulação é, por assim dizer, um processo teórico e preparatório para a circulação real. As mercadorias que existem como valor de uso criam para si mesmas, em primeiro lugar, a forma em que *aparecem* idealmente umas para as outras como valores de troca, como quantidades determinadas de tempo de trabalho *geral* objetivado. O primeiro ato necessário desse processo é, como vimos, que as mercadorias excluem uma mercadoria específica, ou seja, o *ouro*, como materialidade imediata do tempo de trabalho geral ou como equivalente geral. Retornemos por um momento à fórmula em que as mercadorias transformam o ouro em dinheiro.

$$1 \text{ tonelada de ferro} = 2 \text{ onças de ouro,}$$
$$1 \text{ } quarter \text{ trigo} = 1 \text{ onça de ouro,}$$
$$1 \text{ quintal de café moca} = {}^1/_4 \text{ de onça de ouro,}$$
$$1 \text{ quintal de potássio} = \tfrac{1}{2} \text{ onça de ouro,}$$
$$1 \text{ tonelada de pau-brasil} = 1\tfrac{1}{2} \text{ onça de ouro,}$$
$$Y \text{ mercadoria} = X \text{ onças de ouro.}$$

Nessa série de equações, ferro, trigo, café, potássio etc. aparecem entre si como materialidade de trabalho uniforme, a saber, trabalho materializado em ouro, no qual toda a especificidade dos trabalhos reais representados em seus diferentes valores de uso foi totalmente apagada. Como valor, eles são idênticos, materialidade do *mesmo* trabalho ou a *mesma* materialidade do trabalho, ou seja, ouro. Como materialidade uniforme do mesmo trabalho, eles mostram apenas *uma* diferença, a quantitativa, ou aparecem como diferentes grandezas de valor, porque em seus valores de uso está contido um tempo de trabalho *desigual*. Enquanto mercadorias individuais, elas se comportam entre si, ao mesmo tempo, como objetivação do tempo de trabalho geral, comportando-se em relação ao próprio tempo de trabalho geral como uma mercadoria excluída, como ouro. A mesma relação processadora, mediante a qual elas representam valores de troca umas para as outras, representa o tempo de trabalho contido no ouro como tempo de trabalho geral, do qual uma quantidade dada se expressa em diferentes quantidades de ferro, trigo, café etc., em suma, nos valores de uso de todas as mercadorias, ou se desdobra diretamente na série infinita dos equivalentes das mercadorias. Na medida em que as mercadorias expressam seus valores de troca universalmente em ouro, o ouro expressa seu valor de troca diretamente em todas as mercadorias. Na medida em que as mercadorias conferem a si mesmas umas para as outras a forma do valor de troca, elas conferem ao ouro a forma do equivalente geral ou de dinheiro.

O dinheiro ou a circulação simples

Pelo fato de *todas* as mercadorias medirem seus valores de troca em ouro, na relação em que determinada quantidade de ouro e determinada quantidade de mercadoria contêm quantidade igual de tempo de trabalho, o ouro se torna *medida de valor*, e, num primeiro momento, é unicamente por meio dessa determinação como medida dos valores, que é como se mede diretamente seu próprio valor na esfera global dos equivalentes das mercadorias, que ele se torna equivalente geral ou dinheiro. Em contrapartida, o valor de troca de todas as mercadorias passa a ser expresso em ouro. Deve-se diferenciar um fator qualitativo e um fator quantitativo nessa expressão. O valor de troca da mercadoria existe como materialidade do mesmo tempo de trabalho uniforme; a grandeza de valor da mercadoria foi representada de maneira exaustiva, pois, na relação em que as mercadorias são equiparadas ao ouro, as mercadorias também são equiparadas umas às outras. Por um lado, aparece o caráter *geral* do tempo de trabalho contido nelas; por outro, aparece a sua quantidade em seu equivalente áureo. O valor de troca das mercadorias, expresso tanto como equivalência geral quanto como grau dessa equivalência em uma mercadoria específica, ou expresso em uma única equação das mercadorias com uma mercadoria específica, é o *preço*. O preço é a forma transformada em que o valor de troca das mercadorias *aparece* no interior do processo de circulação.

Portanto, por meio do mesmo processo, pelo qual elas representam seus valores enquanto preços do ouro, as mercadorias representam o ouro como medida dos valores e, em consequência, como dinheiro. Se elas medissem universalmente seus valores em prata ou trigo ou cobre e, em consequência, fossem representadas como preços de prata, trigo ou cobre, então prata, trigo ou cobre seriam medida dos valores e, desse modo, equivalentes gerais. Para aparecer na circulação como preços, as mercadorias são pressupostas na circulação como valores de troca. O ouro só se torna medida dos valores porque todas as mercadorias estimam seu valor de troca por ele. Porém a universalidade dessa relação processadora, a única da qual se origina seu caráter de medida, pressupõe que cada mercadoria individual se meça em ouro na proporção do tempo de trabalho contido nela e no ouro e que, portanto, a medida real entre mercadoria e ouro seja o próprio trabalho, ou que mercadoria e ouro sejam igualados entre si pelo comércio de troca imediato como valores de troca. O modo como essa equiparação acontece na prática não pode ser abordado na esfera da circulação simples. Entretanto, o que se tem claro é que os países que produzem ouro e prata incorporam determinado tempo de trabalho diretamente em determinada quantidade de ouro e prata, ao passo que em países que não produzem ouro nem prata o mesmo resultado é obtido por um desvio, a saber, pela troca direta ou indireta das mercadorias do país, isto é, de uma porção determinada do trabalho médio nacional, por determinada quantidade do tempo de trabalho materializado em ouro e prata dos países que possuem minas. Para poder servir de medida dos valores, o ouro precisa ser, tanto quanto possível, um valor *variável*, porque ele só pode se tornar equivalente de outras mercadorias enquanto materialidade do tempo de trabalho, mas, com a variação das forças produtivas do trabalho real, o mesmo tempo de trabalho se realiza em volumes desiguais dos mesmos valores de uso. Como ocorre na representação do valor de troca de cada mercadoria pelo valor de uso de outra mercadoria, o único pressuposto na valoração de todas as mercadorias em ouro é que, em dado momento, o ouro representa uma quantidade dada de tempo de trabalho. Em relação à variação de seu valor vigora a lei dos valores de troca anteriormente desenvolvida. Se o valor de troca das mercadorias permanecer inalterado, um aumento geral de seus preços em ouro só será possível se o valor de troca do ouro diminuir. Se o valor de troca do ouro permanecer inalterado, um aumento geral dos preços em ouro só será possível se os valores de troca de todas as mercadorias aumentarem. O inverso ocorre no caso de uma diminuição geral dos preços das mercadorias. Se o valor de uma onça de ouro aumentar ou diminuir em consequência de uma variação do tempo de trabalho requerido para sua produção, ele aumentará ou diminuirá *uniformemente* para todas as outras mercadorias, representando, portanto, do começo ao fim, em relação a todas elas, tempo de trabalho de grandeza *dada*. Os mesmos valores de troca passam, então, a ser estimados em quantidades de ouro maiores ou menores do que eram antes, mas elas são estimadas em relação a suas grandezas de valor, preservando, portanto, a mesma proporção de valor umas em relação às outras. A proporção de 2 : 4 : 8 permanece a mesma que a de 1 : 2 : 4 ou 4 : 8 : 16. A quantidade alterada de ouro em que se estimam os valores de troca com valor variável em ouro não impede a função do ouro como medida dos valores, assim como o valor da prata, que é 15 vezes menor que o do ouro, não impede que este seja afastado dessa função. Pelo fato de o tempo de trabalho ser a medida entre ouro e mercadoria e o ouro só se tornar medida dos valores uma vez que todas as mercadorias são medidas por ele, ele é mera aparência do processo de circulação, como se o dinheiro tornasse as mercadorias comensuráveis[1].

---

[1] Aristóteles chega a compreender que o valor de troca das mercadorias é pressuposto nos preços das mercadorias: "ὅτι... ἡ ἀλλαγὴ ἦν πρὶν τό νόμισμα εἶναι, δῆλον· διαφέρει γὰρ οὐδὲν ἢ κλῖναι πέντε ἀντὶ οἰκίας, ἢ ὅσου αἱ πέντε κλῖναι" [é evidente que havia troca antes de haver dinheiro, pois não faz diferença trocar cinco leitos por uma casa ou pelo equivalente em dinheiro aos cinco leitos]. Em contrapartida, dado que é só no preço que as mercadorias possuem a forma do valor de troca umas para as outras, ele faz se tornarem comensuráveis por meio do dinheiro. "Διὸ δὲ πάντα τετιμῆσθαι οὕτω γὰρ ἀεὶ ἔσται ἀλλαγή, εἰ δὲ τοῦτο, κοινωνία. Τὸ δὴ ὥσπερ μέτρον σύμμετρα ποιῆσαι ἰσάζει οὔτε γὰρ ἂν μὴ οὔσης ἀλλαγῆς κοινωνία ἦν, οὔτ' ἀλλαγὴ ἰσότητος μὴ οὔσης, οὔτ' ἰσότης μὴ οὔσης συμμετρίας" [Tudo deve ter um preço, pois assim sempre haverá troca e, logo, sociedade. O dinheiro, semelhante a uma medida, de fato torna as coisas comensuráveis, para, então, equipará-las umas às outras. Pois não existe sociedade sem troca, e não pode haver troca sem igualdade nem a igualdade

O dinheiro ou a circulação simples

Pelo contrário, tão somente a comensurabilidade das mercadorias enquanto tempo de trabalho objetivado é que converte ouro em dinheiro.

A forma real em que as mercadorias ingressam no processo de troca é a de seus valores de uso. Elas só se tornarão equivalente geral real por meio de sua alienação. A determinação de seu preço é sua transformação meramente ideal no equivalente geral, uma equiparação ao ouro, ainda por se realizar. Porém, pelo fato de, em seus preços, as mercadorias terem sido transformadas apenas idealmente em ouro ou em ouro meramente representado, pelo fato de seu ser dinheiro ainda não estar realmente separado de seu ser real, o ouro se resume a ser transformado em dinheiro ideal, ele se resume a ser medida dos valores, e determinadas quantidades de ouro na verdade só funcionam como denominações para determinadas quantidades de tempo de trabalho. É do modo determinado em que as mercadorias representam seu próprio valor de troca umas para as outras que depende, a cada vez, a determinidade formal em que o ouro se cristaliza como dinheiro.

As mercadorias se defrontam como existências duplas, no plano real como valores de uso, no plano ideal como valores de troca. Elas passam a representar uma para a outra a forma dupla do trabalho contido nelas, na medida em que o trabalho real específico realmente existe como seu valor de uso, ao passo que o tempo de trabalho geral abstrato adquire em seu preço uma existência imaginária, na qual elas são materialidade uniforme e apenas quantitativamente diferente da mesma substância de valor.

A diferença entre valor de troca e preço aparece, de um lado, como diferença apenas nominal, como diz Adam Smith, de modo que o trabalho constitui o preço real, e o dinheiro, o preço nominal das mercadorias. Em vez de estimar um *quarter* de trigo em 30 jornadas de trabalho, ele passa a ser valorado em uma onça de ouro, quando uma onça de ouro constitui o produto de 30 jornadas de trabalho. Em contrapartida, a diferença não é simples diferença nominal, tanto que nela estão concentradas todas as tempestades que ameaçam a mercadoria no processo de circulação real. Trinta dias de trabalho estão contidos no *quarter* de trigo e, por conseguinte, ele não pode ser representado primeiramente em tempo de trabalho. Porém o ouro

---

sem comensurabilidade]. Ele não esconde que essas diferentes coisas medidas pelo dinheiro são mesmo grandezas incomensuráveis. O que ele procura é a unidade das mercadorias como valores de troca, que ele, na condição de grego antigo, não conseguiu encontrar. Ele encontra uma saída para o dilema, tornando comensurável por meio do dinheiro o que é incomensurável em si e por si só, na medida em que isso é necessário para a necessidade prática. "Τῇ μὲν οὖν ἀληθείᾳ ἀδύνατον τὰ τοσοῦτον διαφέροντα σύμμετρα γενέσθαι, πρὸς δὲ τὴν χρείαν ἐνδέχεται ἱκανῶς" [Na verdade, é impossível que coisas tão diferentes se tornem comensuráveis, mas isso acontece pela necessidade prática] (Aristóteles, *Ethica nicomachea*, livro V, cap. 8 [edição grega: ed. Bekkeri, Oxonii, 1837]) [ed. bras.: *Ethica nicomachea*, livro V, 1-15: *Tratado de justiça*, trad. Marcos Zingano, São Paulo, Odysseus, 2017].

é uma mercadoria diferente do trigo, e só na circulação pode se confirmar se o *quarter* de trigo realmente se torna ouro, como é antecipado em seu preço. Isso depende de se confirmar ou não como valor de uso, se a quantidade de tempo de trabalho contida nele se confirma como a quantidade de tempo de trabalho requerida como necessária pela sociedade para produção de um *quarter* de trigo. A mercadoria como tal *é* valor de troca; ela *tem* um preço. Nessa diferença entre valor de troca e preço, mostra-se que o trabalho individual específico contido na mercadoria deve primeiro passar pelo processo da alienação para então ser representado em seu contrário, no trabalho geral abstrato, despido de individualidade, no trabalho que é social exclusivamente nessa forma, isto é, em dinheiro. Se ele é passível dessa representação ou não, aparece como algo contingente. Por conseguinte, no preço o valor de troca da mercadoria adquire apenas idealmente uma existência distinta dela, e a existência dupla do trabalho contido nela passa a constituir apenas um modo diferente de expressão, e, em contrapartida, a materialidade do tempo de trabalho geral, o ouro, passa a se defrontar com a mercadoria real apenas como medida imaginária de valor; não obstante isso tudo, está contida de modo latente na existência do valor de troca como preço ou do ouro como medida de valor a necessidade da alienação da mercadoria por ouro sonante, a possibilidade de sua não venda, em suma, toda a contradição que se origina do fato de o produto ser mercadoria ou do fato de que o trabalho específico do indivíduo privado deve ser representado em seu contrário imediato, ou seja, como trabalho geral abstrato para que possa ter algum efeito social. Os utopistas, que querem a mercadoria, mas não o dinheiro, a produção baseada na troca privada sem as condições necessárias dessa produção, são, portanto, coerentes quando, ao "aniquilar" o dinheiro, não começam por sua forma tangível, mas por sua forma gasosa e fantasiosa de medida dos valores. O dinheiro sólido está à espreita na medida invisível dos valores.

Pressuposto o processo pelo qual o ouro se tornou medida dos valores e o valor de troca se tornou preço, todas as mercadorias, em seus preços, só são ainda quantidades imaginárias de ouro de grandezas diferentes. Na condição de quantidades diferentes da mesma coisa, de ouro, elas se igualam, se comparam e se medem entre si, e assim se desenvolve tecnicamente a necessidade de referi-las a uma determinada quantidade de ouro como *unidade de medida*. Essa unidade de medida é aprimorada ainda mais como padrão quando dividida em partes alíquotas e estas, por seu turno, mais uma vez em partes alíquotas[2]. Porém quantidades de ouro como tais são medidas por peso.

---

[2] O fato curioso de que, na Inglaterra, a onça de ouro é dividida em partes não alíquotas enquanto unidade de medida do dinheiro explica-se assim: "Nosso sistema monetário se baseava, originalmente, apenas no uso da prata – por isso, uma onça de ouro pode ser sempre dividida em um determinado número de frações monetárias; mas, como o ouro só foi introduzido tardiamente em um sistema monetário baseado unicamente na

O dinheiro ou a circulação simples

Portanto, o padrão já está dado nas medidas gerais de peso dos metais que, por conseguinte, não obstante toda a circulação dos metais, também servem originalmente de padrão de preços. Quando as mercadorias passam a não se relacionar mais entre si como valores de troca a serem medidos pelo tempo de trabalho, mas como grandezas de igual nome medidas em ouro, o ouro deixa de ser *medida dos valores* e se converte em *padrão de preços*. A comparação dos preços das mercadorias entre si como quantidades diferentes de ouro cristaliza-se, assim, nas figurações que são inscritas em uma quantidade pensada de ouro e a representam como padrão de partes alíquotas. Quando é medida dos valores, o ouro possui determinidade formal totalmente distinta do que quando é padrão de preços, e a troca de um e outro entre si deu origem a teorias muito malucas. O ouro é medida dos valores como tempo de trabalho objetivado, é padrão de preços enquanto peso metálico determinado. O ouro se torna medida dos valores ao ser relacionado enquanto valor de troca às mercadorias enquanto valores de troca; no padrão de preços, determinada quantidade de ouro serve de unidade para outras quantidades de ouro. O ouro é medida de valor porque seu valor é variável, e é padrão de preços por ser fixado como unidade invariável de peso. Aqui, como em todas as determinações de medida de grandezas de igual nome, a fixidez e a determinidade das proporções de medida são decisivas. A necessidade de fixar uma quantidade de ouro como unidade de medida e partes alíquotas como subdivisões dessa unidade gerou a concepção de que determinada quantidade de ouro, que naturalmente possui um valor variável, teria sido posta em uma relação fixa de valor com os valores de troca das mercadorias, deixando-se de perceber apenas que os valores de troca das mercadorias são transformados em preços, em quantidades de ouro, antes de o ouro ser desenvolvido como padrão de preços. Como quer que o valor do ouro varie, diferentes quantidades de ouro sempre representam a mesma proporção de valor entre si. Se o valor do ouro diminuísse 1.000%, 12 onças de ouro continuariam a ter, não obstante, um valor 12 vezes maior que uma onça de ouro, e, nos preços, trata-se apenas da relação de diferentes quantidades de ouro entre si. Em contrapartida, dado que a redução ou o aumento do valor de uma onça de ouro de modo nenhum modificam seu peso, tampouco se modifica o peso de suas partes alíquotas, de modo que o ouro enquanto padrão fixo dos preços presta sempre o mesmo serviço, como quer que varie seu valor[3].

---

prata, uma onça de ouro não pode ser cunhada em um número fracionado de moedas" (James MacLaren, *A Sketch of the History of the Currency: Comprising a Brief Review of the Opinions of the Most Eminent Writers on the Subjekt*, Londres, 1858, p. 16).

[3] "O valor do dinheiro pode oscilar constantemente e, ainda assim, o dinheiro pode constituir uma medida do valor tão bem como se permanecesse totalmente invariável. Supondo, por exemplo, que seu valor diminuísse [...]. Antes da diminuição, um guinéu compraria três alqueires de trigo ou seis dias de trabalho; mais adiante, ele compraria

Karl Marx – Para a crítica da economia política

Um processo histórico que explicaremos mais adiante, a partir da natureza da circulação metálica, acarretou que a mesma denominação de peso para um peso em constante variação e diminuição dos metais preciosos fosse mantida em sua função de padrão de preços. Assim, a libra inglesa designa menos que um terço de seu peso original, a libra escocesa anterior à união* só mais $1/_{36}$, a libra francesa só mais $1/_{74}$, o maravedi espanhol menos que $1/_{1.000}$, o real português uma fração ainda menor. Assim se distanciaram historicamente as denominações monetárias dos pesos metálicos de suas denominações gerais de peso[4]. Dado que a determinação da unidade de medida, de suas partes alíquotas e de seus nomes é, por um lado, pura convenção, mas, por outro lado, deve possuir, no interior da circulação, o caráter da generalidade e da necessidade, ela teve de se tornar determinação legal. Portanto, a operação puramente formal recaiu sobre os governos[5]. O metal bem determinado, que

---

só dois alqueires de trigo ou quatro dias de trabalho. Nos dois casos, guardadas as relações de trigo e trabalho com o dinheiro, é possível deduzir sua relação recíproca; em outras palavras, conseguimos apurar que um alqueire de trigo vale duas jornadas de trabalho. Isso é tudo o que a medição de valor abrange e, após a diminuição, ela provê isso exatamente da mesma maneira que antes dela. A distinção de um objeto como medida de valor é totalmente independente da variação de seu valor" (Samuel Bailey, *Money and its Vicissitudes in Value. As They Affect National Industry and Pecuniary Contracts: With a Postcript on Joint-Stock Banks*, Londres, 1837, p. 9-10).

* A união entre Inglaterra e Escócia, levada a termo em 1707, foi definitiva. O parlamento escocês foi dissolvido e todas as barreiras econômicas entre os dois países foram derrubadas. (N. E. A.)

[4] "*Le monete le quali oggi sono ideali sono le più antiche d'ogni nazione, e tutte furono un tempo reali, e perchè erano reali con esse si contava*" [As moedas, cujos nomes são hoje apenas ideais, foram, em todas as nações, as mais antigas; todas elas foram reais por algum tempo] (esta última afirmação é incorreta nessa extensão) "e, justamente por terem sido reais, calculou-se com elas" (Ferdinandi Galiani, "Della Moneta", em Pietro Custodi, *Scrittori classici Italiani di Economia Politica*, v. III, Milão, 1803, p. 153).

[5] O romântico Adam Heinrich Müller diz: "Segundo as nossas concepções, todo soberano independente tem o direito de denominar o dinheiro metálico, atribuindo-lhe um valor social nominal, um grau, uma posição e um título" (Adam Heinrich Müller, *Die Elemente der Staatskunst*, v. II, Berlim, 1809, p. 288). No que se refere ao título, o senhor conselheiro real tem razão; ele só se esquece do *teor*. Quanto suas "concepções" eram confusas, evidencia-se, por exemplo, na seguinte passagem: "Todos reconhecem a importância da determinação verdadeira do preço da moeda, principalmente em um país como a Inglaterra, onde o governo cunha a moeda gratuitamente com *grandiosa liberalidade*" (o senhor Müller parece acreditar que o pessoal do governo inglês arca com o custo de cunhagem da moeda de seu bolso privado), "onde não há senhoriagem etc., e, portanto, se este estipulasse o preço monetário do ouro consideravelmente acima de seu preço de mercado, se ele, em vez de pagar uma onça de ouro com 3 libras esterlinas e 17 xelins e 10½ *pence*, como é agora, fixasse o preço monetário de uma onça de ouro em 3 libras esterlinas e 19 xelins, todo o dinheiro fluiria para a moeda, a prata obtida desse modo seria trocada no mercado pelo ouro que aqui é mais barato e, assim, voltaria a ser levado à casa da moeda e o sistema monetário cairia em desordem" (ibidem, p. 280-1).

O dinheiro ou a circulação simples

servia de material para o dinheiro, estava socialmente dado. Nos diferentes países, o padrão de preços legal naturalmente é diferente. Na Inglaterra, por exemplo, a onça enquanto peso metálico é subdividida em *pennyweights*, *grains* e *carats troy*, mas a onça de ouro enquanto unidade de medida do dinheiro é dividida em $3^7/_8$ soberanos, o soberano em 20 xelins, o xelim em 12 *pence*, de modo que 100 libras de ouro de 22 *carats* (1.200 onças) equivalem a 4.672 soberanos e 10 xelins. No mercado mundial, contudo, no qual desaparecem as fronteiras dos países, desaparecem também essas características nacionais das medidas do dinheiro, que dão lugar às medidas gerais de peso dos metais.

Portanto, o preço de uma mercadoria ou a quantidade de ouro em que ela foi idealmente transformada passa a se expressar nos nomes monetários do padrão ouro. Portanto, em vez de dizer que o *quarter* de trigo equivale a uma onça de ouro, dir-se-ia, na Inglaterra, que ele é igual a 3 libras esterlinas 17 xelins e 10½ *pence*. Assim, todos os preços são expressos pelo mesmo nome. A forma peculiar que as mercadorias dão ao seu valor de troca foi transformada em *nomes monetários*, nos quais elas dizem uma para a outra o que valem. O dinheiro, por seu turno, torna-se *moeda de conta*[6].

A transformação da mercadoria em moeda de conta acontece na mente, no papel, na linguagem, sempre que algum tipo de riqueza é fixado do ponto de vista do valor de troca[7]. Essa transformação necessita do material do ouro, mas só como material imaginado. Para estimar o valor de 1.000 fardos de algodão em determinada quantidade de onças de ouro e voltar a expressar essa mesma quantidade de onças nos nomes de conta da onça, ou seja, em libras esterlinas, xelins e *pence*, não se usa um átomo sequer de ouro real. Assim, antes da lei dos bancos de 1845 de Sir Robert Peel, não circulava na

---

Para preservar a ordem da moeda inglesa, Müller se coloca em "desordem". Sendo xelim e *pence* apenas nomes, nomes de frações determinadas de uma onça de ouro representados por peças de prata e cobre, ele imagina que o valor da onça de ouro seria estimado em ouro, prata e cobre, agraciando, assim, os ingleses com um triplo *standard of value* [padrão monetário]. A prata enquanto medida do dinheiro ao lado do ouro só foi abolida formalmente no ano de 1816 pela lei de n. 68 do 56º ano de governo de Jorge III. Legalmente ela já tinha sido abolida de fato em 1734 pela lei de n. 14 do 42º ano de governo de Jorge II, e já muito antes disso pela prática. Duas circunstâncias capacitaram *Adam Müller* especificamente a uma assim chamada concepção *mais elevada* da economia política: de um lado, sua explícita falta de familiaridade com fatos econômicos e, de outro, sua relação entusiástica meramente diletante com a filosofia.

[6] "Ἀνάχαρσις, πυνθανομένου τινὸς, πρὸς τί οἱ Ἕλληνες χρῶνται τῷ ἀργυρίῳ, εἶπε πρὸς τῷ ἀριθμεῖν" [Quando perguntado para que os gregos usavam o dinheiro, Anacársis respondeu: *para calcular*] (Ateneu, *Deipnosophistae*, livro IV, 49, v. II, ed. Schweighäuser, 1802, p. 120).

[7] Germain Garnier, um dos tradutores franceses mais antigos de Adam Smith, teve a curiosa ideia de fixar uma proporção entre o uso de moeda de conta e o uso de dinheiro real. A proporção é de 10 para 1 (Germain Garnier, *Histoire de la monnaie depuis les temps de la plus haute antiquité jusqu'au regne de Charlemagne*, v. I, Paris, p. 78).

Karl Marx — Para a crítica da economia política

Escócia nem uma onça de ouro, embora a onça de ouro, mais precisamente expressa no padrão inglês de conta, ou seja, 3 libras esterlinas, 17 xelins e 10½ *pence*, servisse de medida legal dos preços. Assim, a prata serve de medida dos preços na troca de mercadorias entre a Sibéria e a China, embora o comércio consista de fato em simples escambo. Por conseguinte, para o ouro enquanto moeda de conta também é indiferente se ele é ou não é realmente cunhado como moeda, seja a sua unidade de medida, sejam suas partições. Na Inglaterra, na época de Guilherme, o Conquistador, a libra esterlina, que naquele tempo era uma libra de prata pura, e o xelim, igual a $^1/_{20}$ de uma libra, só existiam como moeda de conta, ao passo que o *penny*, igual a $^1/_{240}$ da libra de prata, era a maior moeda de prata existente. Na Inglaterra atual, por sua vez, não existem xelins nem *pence*, embora sejam nomes de conta legais para determinadas partes de uma onça de ouro. O dinheiro enquanto moeda de conta pode, de modo geral, existir apenas idealmente, ao passo que o dinheiro realmente existente é cunhado segundo um padrão bem diferente. Assim, em muitas colônias inglesas na América do Norte, o dinheiro circulante consistiu, inclusive durante boa parte do século XVIII, em moedas espanholas e portuguesas, enquanto a moeda de conta em toda parte era a mesma que se usava na Inglaterra[8].

Pelo fato de o ouro enquanto padrão de preços aparecer com os mesmos nomes de conta que os preços das mercadorias e, portanto, por exemplo, uma onça de ouro e uma tonelada de ferro serem expressas em 3 libras esterlinas, 17 xelins e 10½ *pence*, denominaram-se esses seus nomes de conta de seu *preço monetário*. Essa curiosa concepção surgiu do fato de se estimar o ouro como se fosse sua própria matéria e, em distinção a todas as outras mercadorias, ter-lhe sido conferido pelo Estado um preço *fixo*. A fixação dos nomes de conta para determinados pesos de ouro foi confundida com a fixação do valor desses pesos[9]. O ouro, sempre que serve de elemento da determinação

---

[8] A lei de Maryland de 1723, pela qual o tabaco foi instituído como moeda legal, ficando seu valor, todavia, reduzido à moeda de ouro inglesa, a saber, um *penny* por libra de tabaco, lembra as *leges barbarorum* [código de leis consuetudinárias de diversas tribos germânicas no período que vai do século V ao século IX (N. E. A.)], nas quais ocorreu o inverso: determinadas somas de dinheiro voltaram a ser equiparadas a bois, vacas etc. Nesse caso, o material real da moeda de conta não era nem o ouro nem a prata, mas o boi e a vaca.

[9] Assim, lemos, por exemplo, na obra *Familiar Words as Affecting England and the English* (Londres, 1855), p. 104-5, do senhor David Urquhart: "*The value of gold is to be measured by itself; how can any substance be the measure of its own worth in other things? The worth of gold is to be established by its own weight, under a false denomination of that weight — and an ounce is to be worth so many pounds and fractions of pounds. This is falsifying a measure, not establishing a standard*" [Pretende-se medir o valor do ouro através dele mesmo; como pode uma substância ser a medida de seu próprio valor em outras coisas? Pretende-se fixar o valor do ouro por meio de seu próprio peso, sob uma falsa denominação desse

O dinheiro ou a circulação simples

de preço e, em consequência, de moeda de conta, não só não tem preço *fixo*, como não tem preço *nenhum*. Para ter um preço, isto é, expressar-se como equivalente *geral* em uma mercadoria *específica*, essa outra mercadoria deveria ter o mesmo papel exclusivo no processo de circulação que é próprio do ouro. Porém duas mercadorias que excluem as demais mercadorias excluem-se mutuamente. Por conseguinte, onde prata e ouro existem um ao lado do outro legalmente como dinheiro, isto é, como medida de valor, sempre se tentou em vão tratá-los como *uma só e a mesma matéria*. Quando se considera que o mesmo tempo de trabalho se objetiva na mesma proporção de prata e ouro, o que se supõe de fato é que prata e ouro são a mesma matéria, e que prata, o metal menos valioso, é uma fração invariável de ouro. Do governo de Eduardo III até a época de Jorge II, a história do sistema monetário inglês transcorre em uma sequência contínua de perturbações, decorrentes da colisão entre a fixação legal da proporção de valor entre ouro e prata e suas oscilações reais de valor. Ora era o outro estimado acima de seu valor, ora era a prata. O metal estimado abaixo de seu valor era retirado de circulação, fundido e exportado. A proporção de valor entre os dois metais voltava a ser, então, legalmente modificada, mas logo o novo valor nominal entrava em conflito com a proporção real de valor, do mesmo modo que antes. Em nossa época, a queda bastante fraca e transitória do valor do ouro em relação ao da prata, em consequência da demanda indochinesa pela prata, produziu o mesmo fenômeno na França em escala máxima: exportação da prata e sua expulsão da circulação pelo ouro. Durante os anos de 1855, 1856, 1857, o excedente de importação de ouro para a França em relação à exportação de ouro da França totalizou 41.580.000 libras esterlinas, ao passo que o excedente da exportação de prata em relação à importação de prata somou 34.704.000 libras esterlinas. De fato, em países como a França, onde os dois metais são legalmente medidas de valor, e ambos têm de ser aceitos em pagamento, mas cada qual pode pagar como quiser em um ou em outro, o metal que aumenta de valor produz um ágio e mede, como cada uma das demais mercadorias, seu preço no metal supervalorizado, ao passo que este último serve exclusivamente de medida de valor. Toda a experiência histórica nessa área se reduz simplesmente ao fato de que, onde duas mercadorias suprem legalmente a função de medidas de valor, de fato sempre só uma delas ocupa essa posição[10].

---

      peso – e uma onça deve valer tantas e tantas libras e frações de libra. Isso é falsificação de uma medida, e não fixação de um padrão].

[10] "Como medida do comércio, o dinheiro, como qualquer outra medida, deveria ser mantido tão estável quanto possível. Isso é impossível se o vosso dinheiro consistir em dois metais, cuja proporção de valor varia o tempo todo" (John Locke, "Some Considerations of the Consequences of the Lowering of Interest, and Raising the Value of Money. In a Letter Sent to a Member of Parliament" (1691), em *The Works of John Locke*, 4. v., 7. ed., Londres 1768, p. 65).

B. Teorias da unidade da medida do dinheiro

A circunstância de que as mercadorias enquanto preços são transformadas apenas idealmente em ouro e o ouro, por sua vez, é transformado apenas idealmente em dinheiro, deu origem à teoria da *unidade ideal da medida do dinheiro*. Pelo fato de, na determinação do preço, operarem ouro ou prata meramente imaginados, pelo fato de ouro e prata funcionarem apenas como moeda de conta, foi afirmado que os nomes "libra", "xelim", "*pence*", "táler", "franco" etc., em vez de designar em porções de peso de ouro ou prata ou trabalho objetivado de algum modo, designam, antes, átomos ideais de valor. Portanto, se aumentasse, por exemplo, o valor de uma onça de prata, ela conteria mais desses átomos e, em consequência, teria de ser calculada e cunhada em mais xelins. Essa doutrina, que voltou a ser posta em vigor durante a última crise comercial na Inglaterra e foi até sustentada em dois informes especiais do Parlamento, anexados ao relatório do comitê bancário que se reuniu em 1858, data do final do século XVII. Na época em que Guilherme III assumiu o governo, o preço da moeda inglesa de uma onça de prata era de 5 xelins e 2 *pence*, ou $^1/_{62}$ da onça de prata era chamado *penny*, 12 desses *pence* eram chamados de xelim. De acordo com esse padrão, um peso em prata de, por exemplo, seis onças de prata era cunhado em 31 peças denominadas xelins. Porém o *preço de mercado* da onça de prata se elevou acima de seu *preço monetário*, ou seja, de 5 xelins e 2 *pence* para 6 xelins e 3 *pence*, ou seja, para comprar uma onça de prata bruta, era preciso colocar na balança 6 xelins e 3 *pence*. Como poderia o preço de mercado de uma onça de prata elevar-se acima de seu preço monetário se o preço monetário consistia em simples nomes de conta para partes alíquotas de uma onça de prata? A solução desse enigma é fácil. Quatro milhões de libras esterlinas em moedas de prata, entre as 5.600.000 em circulação naquela época, estavam desgastadas pelo movimento e pela fricção. Um teste mostrou que 57.200 libras esterlinas de prata, que deveriam pesar 220.000 onças, só pesavam 141.000 onças. A casa da moeda cunhava sempre de acordo com o mesmo padrão, mas os xelins leves realmente em circulação representavam partes alíquotas menores da onça do que a enunciada por seu nome. Logo, uma quantidade maior desses xelins diminuídos teve de ser paga no mercado pela onça de prata bruta. Quando, em consequência da perturbação daí decorrente, se decidiu fazer uma nova cunhagem geral, *William Lowndes*, o *secretary to the treasury* [secretário do tesouro], afirmou que o valor da onça de prata teria aumentado e que, em consequência, ela deveria ser cunhada futuramente em 6 xelins e 3 *pence*, em vez de 5 xelins e 2 *pence*, como ocorria até então. Portanto, ele de fato afirmou que, por ter aumentado o valor da onça, o valor de suas partes alíquotas teriam diminuído. Porém sua teoria equivocada era apenas maquiagem de uma finalidade prática correta. As dívidas públicas contraídas em xelins leves deveriam ser pagas em xelins pesados? Em vez de dizer que se devolvam 4 onças de prata onde foram pagas nominalmente 5 onças, mas na realidade recebidas só 4 onças, ele disse, ao inverso, que sejam devolvidas nominalmente 5 onças, mas que sejam reduzidas em seu teor metálico para 4 onças e seja denominado um xelim o que até aquele momento havia sido denominado $^4/_5$ de xelim. Portanto, Lowndes se ateve de fato ao teor metálico, enquanto na teoria se ateve ao nome de conta. Seus adversários, que se ativeram meramente ao nome de conta e, em consequência, declararam que um xelim 25% a 50% mais leve é idêntico a um xelim de peso cheio, afirmaram, ao inverso, ater-se apenas ao teor metálico. *John Locke*, que defendia todas as formas da nova burguesia, a industrial contra a classe trabalhadora e os *paupers*, a comercial contra os usurários à moda antiga, os aristocratas financeiros contra os devedores do Estado, e que, em uma de suas obras, chegou a provar que o entendimento burguês é o entendimento humano normal, também aceitou o desafio de Lowndes. John Locke saiu-se vitorioso, e o dinheiro tomado de empréstimo em guinéus de 10 ou 14 xelins foi devolvido em guinéus de 20 xelins[11]. *Sir James Steuart* resume ironicamente toda essa transação: "O governo ganhou

---

[11] Locke diz, entre outras coisas: "Chamem de uma coroa o que antes se chamava meia coroa. O valor continua sendo determinado pelo peso metálico. Se conseguem descontar $^1/_{20}$ do peso em prata de uma moeda sem diminuir seu valor, podem igualmente descontar $^{19}/_{20}$ de seu peso em prata. Segundo essa teoria, se um *farthing* for chamado de coroa, ele poderá comprar a mesma quantidade de especiarias, seda ou outras mercadorias que uma coroa que contém 60 vezes mais prata. Tudo o que podem fazer é carimbar uma quantidade menor de prata com o nome de uma quantidade maior. Porém o que paga dívidas e compra mercadorias é a prata e não os nomes. Se aumentar o valor do dinheiro não significa mais do que dar a bel-prazer nomes às partes alíquotas de uma peça de prata, como, por exemplo, chamar de *penny* a oitava parte de uma onça de prata, vocês podem de fato estipular o valor do dinheiro como bem entenderem". Locke respondeu a Lowndes, ao mesmo tempo, que o aumento do preço de mercado acima do preço monetário não procede do "aumento do valor da prata, mas da diminuição do peso da moeda de prata". 77 xelins desgastados pelo movimento e pela fricção não pesariam nem um pouco menos que 62 xelins de peso cheio. Por fim, ele enfatizou com razão que, abstraindo da perda de prata da moeda em circulação, o preço de mercado da prata bruta na Inglaterra poderia elevar-se em certa medida acima do preço monetário, porque a exportação de prata bruta era permitida, enquanto a de moedas de prata era proibida. (Ver John Locke, "Some Considerations of the Consequences of the Lowering of Interest, and Raising the Value of Money. In a Letter Sent to a Member of Parliament" (1691), cit., p. 54-116 *passim*.) Locke teve extremo cuidado para não tocar no ponto candente das dívidas do Estado, tendo o mesmo cuidado para evitar a abordagem da questão econômica delicada, que era esta: a cotação do câmbio e a relação da prata bruta com a moeda de prata demonstravam que o dinheiro em circulação *nem de longe* havia sido depreciado na proporção de sua perda real de prata. Retomaremos a forma geral dessa questão na seção sobre o meio de circulação. Em *A Discourse Concerning Coining the New Money Lighter. In Answer to Mr. Lock's Considerations about Raising the Value of Money* (Londres, 1696), Nicholas Barbon tentou em vão atrair Locke para um terreno mais acidentado.

uma soma considerável em impostos, os credores em capital e juros e a nação, a única a ser enganada, ficou bem feliz porque seu *standard*" (o padrão de seu valor) "não tinha sido rebaixado"[12]. Steuart achava que com a continuidade do desenvolvimento comercial a nação ficaria mais esperta. Ele se enganou. Cerca de 120 anos mais tarde repetiu-se o mesmo *quid pro quo*.

Bem de acordo com isso, foi o bispo *Berkeley*, o representante de um idealismo místico na filosofia inglesa, que imprimiu à doutrina do padrão ideal do dinheiro uma guinada teórica, algo que tinha sido negligenciado pelo prático *"secretary to the treasury"*. Ele pergunta:

> Os nomes "libra", "libra esterlina", "coroa" etc. não deveriam ser tomados como simples *nomes de relação*? [A saber, relação do valor abstrato como tal.] Acaso ouro, prata ou papel são mais do que simples cédulas ou selos para calculá-la, registrá-la e transmiti-la? [Ou seja, a relação de valor.] O poder de comandar a indústria de outros [o trabalho social] não é riqueza? E dinheiro seria de fato algo diferente de um selo ou sinal de transmissão ou registro de tal poder? E teria mesmo tanta importância de que matéria são feitos esses selos?[13]

Aqui se encontra a confusão, de um lado, entre medida dos valores e padrão dos preços e, de outro, entre ouro e prata como medida e como meio de circulação. Pelo fato de os metais preciosos poderem ser substituídos por selos no ato da circulação, Berkeley conclui que esses selos, por sua vez, não representam *nada*, ou seja, representam o conceito abstrato de valor.

A doutrina da unidade ideal de medida do dinheiro foi tão cabalmente desenvolvida por Sir *James Steuart* que seus sucessores – sucessores inconscientes, já que não o conhecem – não conseguem encontrar nem uma nova formulação, nem sequer um novo exemplo. Ele diz:

> A moeda de conta nada mais é que um padrão arbitrário de parcelas iguais, inventado para medir o valor relativo de coisas vendáveis. A moeda de conta é algo bem diferente do dinheiro-moeda (*money coin*), que é preço[14], e ela poderia existir, mesmo que não houvesse no mundo nenhuma substância que constituísse um equivalente proporcional para todas as mercadorias. A moeda de conta presta para o valor das coisas o mesmo serviço que graus, minutos, segundos etc. prestam para ângulos ou parâmetros de mapas geográficos etc. Em todas essas invenções, sempre se supõe

---

[12] Sir James Steuart, *An Inquiry into the Principles of Political Oeconomy, Being an Essay on the Science of Domestic Policy in Free Nations*, v. II (Londres, 1767), p. 154.

[13] George Berkeley, *The Querist, Containing Several Queries, Proposed to the Consideration of the Public* (Londres, 1750). Aliás, a seção "*Queries on Money*" é espirituosa. Entre outras coisas, Berkeley observa com razão que justamente o desenvolvimento das colônias norte-americanas "*make it plain as day light, that gold and silver are not so necessary for the wealth of a nation, as the vulgar of all ranks imagine*" [deixa claro como a luz do dia que ouro e prata não são tão necessários à riqueza de uma nação como imagina o vulgo em geral].

[14] Preço significa aqui equivalente real, a exemplo dos autores ingleses de economia do século XVII.

O dinheiro ou a circulação simples

a mesma denominação como unidade. Como a utilidade de todas essas operações está simplesmente restrita à *indicação de proporção*, o mesmo acontece com a unidade monetária. Por conseguinte, ela não pode estar em nenhuma proporção determinada e invariável com qualquer parcela do valor, isto é, ela não pode estar fixada em qualquer quantidade determinada de ouro, prata ou qualquer outra mercadoria. Uma vez que a unidade está dada, pode-se ascender ao valor máximo por meio da multiplicação. Já que o valor das mercadorias depende de uma confluência geral de circunstâncias que incidem sobre elas e dos caprichos das pessoas, seu valor deveria ser considerado variável somente em sua relação mútua. Tudo o que perturba e confunde a asseguração da variação de proporção por intermédio de um padrão geral, determinado e invariável necessariamente tem um efeito nocivo sobre o comércio. O dinheiro constitui um *padrão apenas ideal* de parcelas iguais. Quando se pergunta qual deveria ser a unidade de medida do valor de uma parcela, respondo com outra pergunta: qual é a grandeza normal de um grau, de um minuto, de um segundo? Eles não possuem nenhuma, mas, assim que uma parcela é determinada, todo o restante tem de seguir proporcionalmente de acordo com a natureza de um padrão. Exemplos desse dinheiro ideal são a moeda bancária de Amsterdã e a moeda de Angola na costa africana.[15]

Steuart simplesmente se atém à *manifestação* do dinheiro na circulação como *padrão de preços* e como *moeda de conta*. Se diferentes mercadorias forem cotadas ao preço corrente de 15, 20 e 36 xelins respectivamente, de fato não me interessa para a comparação de sua grandeza de valor nem o teor de prata nem o nome do xelim. As proporções numéricas 15, 20 e 36 já dizem tudo, e o número 1 se tornou a única unidade de medida. A expressão abstrata pura da proporção é, de modo geral, apenas a própria proporção numérica abstrata. Por conseguinte, para ser coerente, Steuart teve de desconsiderar não só ouro e prata, mas também seus nomes legais de batismo. Como não entende a transformação da medida dos valores em padrão de preços, ele naturalmente acredita que a quantidade determinada de ouro que serve de unidade de medida não estaria relacionada como medida com outras quantidades de ouro, mas com valores como tais. As mercadorias, por meio da transformação de seus valores de troca em preços, aparecem como grandezas de mesmo nome; por isso, ele nega a qualidade da medida que a torna de mesmo nome; e, nessa equiparação de diferentes quantidades de ouro, a grandeza da quantidade de ouro que serve de unidade de medida é estabelecida por convenção; por isso, ele nega inclusive que ela tenha de ser fixada. Em vez de chamar de grau uma fração de $1/_{360}$ de um círculo, ele chama de grau uma fração de $1/_{180}$ dele; o ângulo reto mediria, então, 45 graus em vez de 90, os ângulos agudos e obtusos [se modificariam] de modo correspondente. Não obstante, a medida do ângulo continuaria sendo do início ao fim, primeiro, uma figura matemática qualitativamente determinada, o

---

[15] Sir James Steuart, *An Inquiry into the Principles of Political Oeconomy, Being an Essay on the Science of Domestic Policy in Free Nations*, cit., p. 102-7.

círculo, e, segundo, uma seção quantitativamente determinada do círculo. No que se refere aos exemplos econômicos de Steuart, ele tem suas dificuldades com um deles e não prova nada com o outro. A moeda bancária de Amsterdã de fato era apenas um nome de conta para os dobrões espanhóis que se mantinham gordos e pesados por estarem depositados inertes no subsolo do banco, enquanto a diligente moeda corrente emagrecera pela dura fricção com o mundo exterior. Porém, quanto aos idealistas africanos, temos de abandoná-los à sua sorte até que relatos críticos de viagem nos tragam informações mais detalhadas[16]. O *assignat* francês poderia ser considerado uma moeda aproximadamente ideal no sentido de Steuart: "*Propriedade nacional.* Assignat *de 100 francos*". É certo que aqui foi especificado o valor de uso que o *assignat* deveria representar, a saber, a terra confiscada, mas a determinação quantitativa da unidade de medida havia sido esquecida e, em consequência, "franco" se tornara uma palavra sem sentido. Pois a maior ou menor quantidade de terra que um franco-*assignat* representava dependia do resultado do leilão público. Na prática, contudo, o franco-*assignat* circulava como signo do valor da moeda de prata e, em consequência, sua depreciação era medida por esse padrão da prata.

A época da suspensão dos pagamentos em espécie por parte do banco da Inglaterra foi praticamente tão fecunda em boletins de guerra quanto em teorias do dinheiro. A depreciação das notas bancárias e o aumento do preço de mercado do ouro acima de seu preço monetário voltaram a suscitar a doutrina da medida ideal do dinheiro de parte de alguns defensores do banco. A clássica expressão confusa para essa visão confusa foi encontrada por Lorde *Castlereagh**, ao designar a unidade de medida do dinheiro como "*a sense of value in reference to currency as compared with commodities* [um senso de valor em relação a meios de circulação comparados com mercadorias]". Quando, alguns anos após o tratado de paz de Paris**, as circunstâncias permitiram a retomada dos pagamentos em espécie,

---

[16] Por ocasião da crise comercial mais recente, certo lado exaltou enfaticamente, na Inglaterra, a moeda ideal africana, depois que sua sede foi deslocada da costa para o interior da região dos berberes. O fato de eles estarem livres de crises comerciais e industriais era deduzido da unidade de medida ideal de suas barras. Não teria sido mais fácil dizer que comércio e indústria são *conditio sine qua non* de crises comerciais e industriais?

* Essa concepção do Lorde Castlereagh é reproduzida em *Debates in the House of Commons on Sir R. Peel's Bank Bills of 1844 and 1845* [Debates na Câmara dos Comuns sobre as leis bancárias do Sir R. Peel de 1844 e 1845]. Reimpresso *verbatim* [literalmente] de *Hansard's Parliamentary Debates*, Londres, col. 14. (N. E. A.)

** O Tratado de Paz de Paris, assinado no dia 30 de março de 1856, no Congresso de Paris, por representantes da França, da Inglaterra, da Áustria, da Sardenha, da Prússia e da Turquia, de um lado, e da Rússia, de outro, pôs fim à guerra da Crimeia de 1853 a 1856. O país derrotado, a Rússia, teve de entregar a foz do rio Danúbio e uma parte

O dinheiro ou a circulação simples

levantou-se de forma praticamente inalterada a mesma questão que Lowndes havia proposto sob Guilherme III. Uma dívida pública enorme e uma massa de dívidas privadas, obrigações fixas etc., acumuladas no decorrer de mais de vinte anos, haviam sido contraídas em notas bancárias depreciadas. Deveriam elas ser devolvidas agora em notas bancárias, das quais 4.672 libras esterlinas e 10 xelins representavam não nominalmente, mas de fato, 100 libras de ouro de 22 quilates? *Thomas Attwood*, um banqueiro de Birmingham, entrou em cena como Lowndes redivivo. Nominalmente os credores deveriam receber de volta a mesma quantidade de xelins que haviam sido nominalmente contratados, mas se, por exemplo, de acordo com o antigo padrão monetário, $1/_{78}$ da onça de ouro se chamava xelim, agora $1/_{90}$ da onça deveria ser batizado de xelim. Os adeptos de Attwood são conhecidos como a escola de Birmingham dos *"little shillingmen* [homens do xelim pequeno]". A desavença sobre a medida ideal do dinheiro, que começara em 1819, perdurava ainda em 1845 entre Sir Robert Peel e Attwood, cuja sabedoria a respeito da função do dinheiro enquanto medida está exaustivamente resumida na seguinte citação:

> Em sua polêmica com a câmara de comércio de Birmingham, Sir Robert Peel pergunta: o que representará a sua nota de uma libra? O que é uma libra? [...] Então, inversamente, como deve ser entendida a atual unidade de medida do valor? [...] 3 libras esterlinas, 17 xelins e 10½ *pence* representam uma *onça de ouro* ou seu *valor*? Caso representem a própria *onça*, por que não chamar as coisas pelos seus nomes e, em vez de libra esterlina, xelim e *pence*, dizer melhor onça, *pennyweight* e grão? Nesse caso, retornaremos ao sistema do escambo direto. [...] Ou representam o *valor*? Se uma onça = 3 libras esterlinas, 17 xelins e 10½ *pence*, por que, em épocas diferentes, ela valeu ora 5 libras esterlinas e 4 xelins, ora 3 libras esterlinas, 17 xelins e 9 *pence*? [...] A expressão "libra" (£) tem relação com o valor, mas não com o valor fixado em uma fração imutável de peso de ouro. A libra é uma *unidade ideal* [...] *trabalho* é a substância em que se dissolvem os custos de produção, e ele transmite o seu valor relativo tanto ao ouro quanto ao ferro. *Em consequência, qualquer que*

---

do sul da Bessarábia, renunciar ao protetorado sobre os principados do Danúbio e sobre os súditos cristãos da Turquia, bem como concordar com a neutralização do Mar Negro (isto é, o Mar Negro foi franqueado para navios mercantes de todas as nações, suas águas e seus portos foram interditados para todos os navios de guerra, com exceção de dez pequenos vapores de guerra ou veleiros de guerra para cada uma, Rússia e Turquia, sendo proibido que ambos instalassem arsenais em suas margens); a Rússia retomou Sebastopol e outras cidades ocupadas pelos aliados em troca da devolução de Kars à Turquia. Embora as condições da paz fossem muito duras, a diplomacia inglesa e francesa não conseguiu realizar plenamente suas intenções agressivas. Uma circunstância que influenciou esse desfecho das negociações foi o uso habilidoso dos antagonismos entre ingleses e franceses pelos diplomatas russos. A França não apoiou a exigência da Inglaterra de separar o Cáucaso da Rússia nem a exigência da Áustria de anexar a Bessarábia à Turquia. A relativa aproximação entre a França e a Rússia no Congresso se consolidou nos anos seguintes. (N. E. A.)

seja o nome de conta usado para designar o trabalho diário ou semanal de um homem, tal nome expressa o valor da mercadoria produzida.[17]

Nas últimas palavras se dissipa a concepção nebulosa da medida ideal do dinheiro e transparece o teor propriamente dito de seu pensamento. Os nomes de conta do ouro, ou seja, libras esterlinas, xelins etc., seriam nomes de quantidades determinadas de tempo de trabalho. Como o tempo de trabalho é substância e medida imanente dos valores, aqueles nomes representariam, desse modo, de fato proporções de valor. Em outras palavras, o tempo de trabalho é afirmado como verdadeira unidade de medida do dinheiro. Desse modo, deixamos a escola de Birmingham, mas ainda observamos, de passagem, que a doutrina da medida ideal do dinheiro ganhou nova importância na polêmica sobre convertibilidade ou não convertibilidade das notas bancárias. Se o papel recebe sua denominação de ouro ou prata, a convertibilidade da nota, isto é, a possibilidade de trocá-la por ouro ou prata, permanece lei econômica, não importando o que diga a lei jurídica. Assim, um táler de papel da Prússia, mesmo que seja legalmente não convertível, sofreria imediata depreciação caso, no intercâmbio habitual, valesse menos que um táler de prata e, portanto, não fosse convertível na prática. Por isso, os representantes coerentes do dinheiro não convertível de papel na Inglaterra buscaram refúgio na medida ideal do dinheiro. Se os nomes de conta do dinheiro, isto é, libras esterlinas, xelins etc., forem nomes de determinada soma, se forem átomos de valor que uma mercadoria absorve ou libera ora em maior, ora em menor quantidade na troca por outras mercadorias, uma nota inglesa de cinco libras, por exemplo, é tão independente de sua relação com ouro quanto de sua relação com ferro e algodão. Dado que seu título teria cessado de equipará-los teoricamente a uma quantidade determinada de ouro ou de qualquer outra mercadoria, a exigência de sua convertibilidade, isto é, de sua equiparação prática com uma quantidade determinada de uma coisa especificada, teria sido excluída por seu conceito mesmo.

John Gray foi o primeiro a desenvolver sistematicamente a doutrina do tempo de trabalho como unidade imediata de medida do dinheiro[18]. Ele faz

---

[17] Thomas Attwood, T. B. Wright e J. Harlow, *The Currency Question, the Gemini Letters* (Londres, 1844), p. 266-72 *passim*.

[18] John Gray, *The Social System. A Treatise on the Principle of Exchange* (Edinburgo, 1831). Cf. do mesmo autor: *Lectures on the Nature and Use of Money Delivered Before the Members of the "Edinburgh Philosophical Institution" during the Month of February and March* (Edinburgo, 1848). Após a Revolução de Fevereiro, Gray enviou ao governo provisório da França um memorando em que ele o instrui, dizendo que a França não precisa de uma *"organisation of labour"* [organização do trabalho], mas de uma *"organisation of exchange"* [organização da troca], cujo plano estaria à disposição totalmente elaborado no sistema monetário por ele inventado. O bravo John não imaginava que, dezesseis anos após a publicação do *Social System*, uma patente referente à mesma invenção seria registrada pelo inventivo Proudhon.

O dinheiro ou a circulação simples

um banco central nacional certificar-se, por meio de suas filiais, do tempo de trabalho consumido na produção das diferentes mercadorias. Na troca pela mercadoria, o produtor recebe um certificado oficial do valor, isto é, um recibo sobre o tanto de tempo de trabalho contido em sua mercadoria[19], e essas notas bancárias de uma semana de trabalho, uma jornada de trabalho, uma hora de trabalho etc. servem, ao mesmo tempo, de indicação de um equivalente em todas as outras mercadorias armazenadas nos depósitos do banco[20]. Esse é o princípio fundamental, cuidadosamente executado no detalhe e, em toda parte, apoiado em dispositivos ingleses existentes. Sob esse sistema, segundo Gray, "a qualquer tempo seria tão fácil vender por dinheiro quanto agora é comprar com dinheiro; a produção seria a fonte uniforme e inesgotável da demanda"[21]. Os metais preciosos perderiam seu "privilégio" em relação a outras mercadorias e "assumiriam o lugar que lhes compete no mercado ao lado da manteiga, dos ovos, do pano e do calicô, e seu valor não nos interessaria mais do que o dos diamantes"[22]. "Devemos manter nossa medida imaginária dos valores, o ouro, e assim manietar as forças produtivas do país ou devemos voltar-nos para a medida natural dos valores, para o trabalho, e liberar as forças produtivas do país?[23]".

Dado que o tempo de trabalho é a medida imanente dos valores, por que colocar ao seu lado outra medida exterior? Por que o valor de troca evolui à condição de preço? Por que todas as mercadorias estimam seu valor em uma mercadoria exterior, que, desse modo, é transformada em existência adequada do valor de troca, em dinheiro? Esse era o problema a ser resolvido por Gray. Em vez de resolvê-lo, ele fantasia que as mercadorias poderiam se relacionar diretamente entre si como produtos do trabalho social. Porém elas só podem

---

[19] John Gray, *The Social System*, cit., p. 63: "*Money should be merely a receipt, an evidence that the holder of it has either contributed certain value to the national stock of wealth, or that he has acquired a right to the same value from some one who has contributed to it*" [O dinheiro deveria ser meramente um recibo, uma prova de que seu detentor contribuiu com determinado valor para a riqueza nacional disponível ou que ele adquiriu um direito ao referido valor de alguém que contribuiu com ele].

[20] "*An estimated value being previously put upon produce, let it be lodged in a bank, and drawn out again, whenever it is required, merely stipulating, by common consent, that he who lodges any kind of property in the proposed National Bank, may take out of it an equal value of whatever it may contain, instead of being obliged to draw out the selfsame thing that he put in*" [Deposite-se em um banco um produto de valor previamente estimado e volte-se a sacá-lo sempre que ele se tornar necessário, sendo estabelecido pelo consentimento das partes meramente que quem deposita algum tipo de propriedade no banco nacional proposto poderá tirar dele um valor igual de qualquer coisa que ele possa conter, em vez de ser obrigado a tirar dele a mesma coisa que depositou nele] (ibidem, p. 67-8).

[21] Ibidem, p. 16.

[22] Idem, *Lectures on the Nature and Use of Money Delivered Before the Members of the "Edinburgh Philosophical Institution" during the Month of February and March*, cit., p. 182.

[23] Ibidem, p. 169.

se relacionar umas com as outras como aquilo que elas são. No plano imediato, as mercadorias são produtos de trabalhadores privados individuais e independentes, que ainda precisam comprovar-se como trabalho social geral mediante sua alienação no processo da troca privada, ou então, o trabalho baseado na produção de mercadoria só se torna trabalho social mediante a alienação universal dos trabalhos individuais. No entanto, ao presumir que o tempo de trabalho contido nas mercadorias é tempo de trabalho *diretamente social*, Gray presume que ele seja tempo de trabalho coletivo ou tempo de trabalho de indivíduos diretamente associados. Dessa maneira, de fato, uma mercadoria específica, como ouro e prata, não poderia confrontar-se com as demais mercadorias como encarnação do trabalho geral, o valor de troca não se tornaria preço, mas o valor de uso tampouco se tornaria valor de troca, o produto não se tornaria mercadoria e, desse modo, teria sido suprimida a base da própria produção burguesa. Porém essa de modo nenhum era a opinião de Gray. *Ele quer que os produtos sejam produzidos como mercadorias, mas não trocados como mercadorias*. Gray transfere a um banco nacional a realização desse desejo piedoso. Por um lado, a sociedade na forma do banco torna os indivíduos independentes das condições da troca privada e, por outro, ela os faz continuar produzindo com base na troca privada. Entretanto, a coerência interna impele Gray a negar uma condição da produção burguesa após a outra, embora sua intenção seja apenas "reformar" o dinheiro originado da troca de mercadorias. Desse modo, ele transforma capital em capital nacional[24], a propriedade fundiária em propriedade nacional[25], e, quando se presta bem atenção ao que faz o seu banco, descobre-se que ele não só recebe mercadorias com uma das mãos e com a outra expede certificados do trabalho fornecido, mas também regula a própria produção. Em seu último escrito, intitulado *Lectures on money* [Preleções sobre o dinheiro], no qual procura escrupulosamente expor seu dinheiro-trabalho como reforma puramente burguesa, Gray se enreda em um contrassenso ainda mais clamoroso.

Toda mercadoria é dinheiro no plano imediato. Essa era a teoria de Gray, deduzida de sua análise incompleta e, em consequência, equivocada da mercadoria. A construção "orgânica" de "dinheiro-trabalho", "banco nacional" e "depósitos de mercadorias" não passa de uma quimera, na qual se repassa a ilusão do dogma como lei que domina o mundo. O dogma de que a mercadoria é dinheiro no plano imediato ou de que o trabalho específico do indivíduo privado nela contido é trabalho social no plano imediato naturalmente não se torna verdadeiro pelo fato de o banco acreditar nele e

---

[24] *"The business of every country ought to be conducted on a national capital"* [Os negócios de cada país deveriam ser levados a termo tendo como base um capital nacional] (idem, *The Social System*, cit., p. 171).

[25] *"The land to be transformed into national property"* [A terra tem de ser transformada em propriedade nacional] (ibidem, p. 298).

operar de acordo com ele. Nesse caso, a bancarrota assumiria, antes, o papel da crítica prática. O que, no caso de Gray, permanece oculto e, mais do que isso, é mantido em segredo dele próprio – a saber, que o dinheiro-trabalho é uma fraseologia de matiz econômico para o desejo piedoso de livrar-se do dinheiro e, com ele, do valor de troca, com o valor de troca, da mercadoria e, com a mercadoria, da forma burguesa da produção – é expresso com todas as letras por alguns socialistas ingleses que escreveram em parte antes e em parte depois de Gray[26]. Porém permaneceu reservado ao senhor *Proudhon* e à sua escola pregar seriamente a degradação do *dinheiro* e a ascensão da *mercadoria* ao céu como cerne do socialismo e, desse modo, dissolver o socialismo em um mal-entendido elementar acerca da conexão necessária entre mercadoria e dinheiro[27].

2) Meio de circulação

Depois que, no processo de precificação, a mercadoria adquirir sua forma apta à circulação, e o ouro, seu caráter de dinheiro, a circulação simultaneamente representará e resolverá as contradições englobadas no processo de troca das mercadorias. A troca real das mercadorias, isto é, o metabolismo social, ocorre em uma variação de forma, na qual se desdobra a natureza dupla da mercadoria como valor de uso e como valor de troca, mas, ao mesmo tempo, sua própria variação de forma se cristaliza em formas determinadas do dinheiro. A exposição dessa variação de formas é a exposição da circulação. Vimos que a mercadoria é apenas valor de troca desenvolvido quando um mundo de mercadorias e, desse modo, uma divisão de fato evoluída do trabalho são pressupostos; do mesmo modo, a circulação pressupõe atos universais de troca e o fluxo permanente de sua renovação. O segundo pressuposto é que as mercadorias ingressam no processo de troca como mercadorias com *preço determinado* ou, no interior desse processo, *aparecem* umas para as outras como existências duplas no plano real como valores de uso e, no plano ideal – no preço – como valores de troca.

Nas ruas mais movimentadas de Londres, uma loja encosta na outra e, por trás de seus olhos de vidro ocos, reluzem todas as riquezas do mundo: *shawls* [xales] indianos, revólveres norte-americanos, porcelana chinesa, espartilhos de Paris, peles curtidas da Rússia e especiarias tropicais, mas todas essas coisas prazerosas trazem coladas na testa alvas etiquetas de papel, nas

---

[26] Ver, por exemplo, William Thompson, *An Inquiry into the the Principles of Distribution of Wealth Most Conducive to Human Happiness; Applied to the Newly Proposed System of Voluntary Equality of Wealth* (Londres, 1824); John Francis Bray, *Labour's Wrongs and Labour's Remedy; Or, The Age of Might and the Age of Right* (Leeds, 1839).

[27] Pode ser encarada como compêndio dessa teoria melodramática do dinheiro a obra de Alfred Darimon, *De la Réforme des banques* (Paris, 1856).

quais estão gravadas cifras arábicas com os caracteres lacônios "£", "xelins" e *"pence"*. Essa é a imagem da mercadoria que aparece na circulação.

a. A metamorfose das mercadorias

Num exame mais detido, o processo da circulação se mostra em dois ciclos de formas diferentes. Denominando a mercadoria M e o dinheiro D, podemos expressar essas duas formas assim:

$$M-D-M$$
$$D-M-D$$

Nesta seção, nós nos ocuparemos exclusivamente da primeira forma ou da forma imediata da circulação de mercadorias.

O ciclo M–D–M se decompõe no movimento M–D, trocar a mercadoria por dinheiro ou *vender*; no movimento contrário D–M, trocar dinheiro por mercadoria ou *comprar*, e na unidade dos dois movimentos M–D–M, trocar mercadoria por dinheiro para trocar dinheiro por mercadoria, ou *vender para comprar*. Porém o resultado em que se extingue o processo é M–M, troca de mercadoria por mercadoria, o metabolismo real.

Quando se parte do extremo da primeira mercadoria, M–D–M representa sua transformação em ouro e sua renovada transformação de ouro em mercadoria ou um movimento em que a mercadoria existe primeiro como valor de uso específico, mas então despe essa existência, adquire uma existência como valor de troca ou equivalente geral, totalmente desvinculada de sua existência natural-espontânea, e volta a despi-la e, por fim, resta como valor de uso real para necessidades específicas. Nessa última forma, ela sai da circulação e ingressa no consumo. Por conseguinte, a totalidade da circulação M–D–M consiste na série completa das metamorfoses pela qual passa cada mercadoria individual para se tornar valor de uso imediato para seus detentores. A primeira metamorfose se realiza na primeira metade da circulação M–D, a segunda, na outra metade D–M, e toda a circulação constitui o *curriculum vitae* [a biografia] da mercadoria. Porém a circulação M–D–M somente constitui a metamorfose global de uma mercadoria individual na medida em que ela é concomitantemente a soma de determinadas metamorfoses unilaterais de outras mercadorias, pois toda a metamorfose da primeira mercadoria é sua transformação em outra mercadoria, ou seja, a transformação da outra mercadoria nela, ou seja, transformação dupla que se realiza no mesmo estágio da circulação. Devemos analisar primeiro isoladamente cada um dos dois processos de troca em que se decompõe a circulação M–D–M.

M–D ou *venda*: M, a mercadoria, ingressa no processo da circulação não só como valor de uso específico, por exemplo, como uma tonelada de ferro, mas como valor de uso de preço determinado, digamos, de 3 libras esterlinas, 17 xelins e 10½ *pence* ou uma onça de ouro. Esse preço constitui, por um lado,

O dinheiro ou a circulação simples

o expoente da quantidade de tempo de trabalho contida no ferro, isto é, sua grandeza de valor; ao mesmo tempo, porém, ele expressa o desejo piedoso do ferro de tornar-se ouro, isto é, de conferir ao tempo de trabalho contido nele próprio a forma do tempo de trabalho social geral. Se essa transubstanciação não for bem-sucedida, a tonelada de ferro deixará de ser produto além de ser mercadoria, pois ela só é mercadoria por ser não valor de uso para o seu possuidor, ou o seu trabalho só é real como trabalho proveitoso para outros, e ele só é proveitoso para o seu possuidor enquanto trabalho geral abstrato. Por conseguinte, a tarefa do ferro ou de seu possuidor é encontrar o ponto no mundo das mercadorias em que ferro atrai ouro. Mas essa dificuldade, o *salto mortale* da mercadoria, é superada quando a venda acontece na realidade, como é presumido nesta análise da circulação simples. Na medida em que a tonelada de ferro, mediante a sua venda, isto é, mediante sua passagem da mão em que ela não é valor de uso para a mão em que ela é valor de uso, na medida em que se realiza como valor de uso, ela realiza simultaneamente seu preço e de ouro apenas imaginado ela se torna ouro real. O nome "onça de ouro" ou 3 libras esterlinas, 17 xelins e 10½ *pence* foi substituído por uma onça de ouro real, sendo que a tonelada de ferro cedeu seu lugar. A venda M–D não só transforma realmente em ouro a mercadoria que, em seu preço, fora transformada idealmente em ouro, mas o mesmo processo transforma em dinheiro real o ouro que, enquanto medida dos valores, era apenas ouro ideal e de fato figurava apenas como nome monetário das próprias mercadorias[28]. Do mesmo modo que, no plano ideal, ele se tornou equivalente geral porque todas as mercadorias medem seus valores por ele, ele, enquanto produto da venda universal das mercadorias em troca dele – e a venda M–D é o processo dessa venda universal –, torna-se agora a mercadoria absolutamente vendida, dinheiro real. Porém o ouro só se torna dinheiro na venda real, porque os valores de troca das mercadorias já eram idealmente ouro nos preços.

Na venda M–D, tanto quanto na compra D–M, confrontam-se duas mercadorias, unidades de valor de troca e valor de uso, mas o valor de troca só existe idealmente na mercadoria como preço, enquanto o ouro, embora ele próprio seja um valor de uso real, só possui valor de uso como portador do valor de troca e, em consequência, apenas como valor de uso formal, que

---

[28] "*Di due sorte è la moneta, ideale e reale; e a dui diversi usi è adoperata, a valutare le cose e a comperarle. Per valutare è buona la moneta ideale cosi come la reale e forse anche più. L'altro uso della moneta è di comperare quelle cose istesse, ch'ella apprezza* [...] *i prezzi e i contratti si valutano in moneta ideale e si escguiscono in moneta reale* [Há duas espécies de dinheiro: ideal e real; e ele é usado de duas maneiras diferentes: para estimar as coisas e para comprá-las. Para estimar o valor é apropriado o dinheiro ideal, bem como o real e talvez até mais do que aquele. O outro uso do dinheiro consiste na compra das coisas, cujo valor ele estima. [...] Os preços e os contratos são estimados em dinheiro ideal e realizados em dinheiro real" (Ferdinandi Galiani, "Della Moneta", cit., p. 112 e seg.).

não possui nenhuma necessidade individual real como referência. Portanto, a oposição entre valor de uso e valor de troca se reparte de modo polar nos dois extremos de M–D, de modo que a mercadoria é valor de uso em confronto com o ouro, a saber, um valor de uso que ainda tem de realizar em ouro seu valor de troca ideal, o preço, ao passo que o ouro em confronto com a mercadoria é valor de troca que materializa seu valor de uso formal primeiro na mercadoria. Só mediante essa duplicação da mercadoria em mercadoria e ouro e por meio da relação reduplicada e oposta, em que cada extremo é ideal em tudo o que seu contrário é real e real em tudo o que seu oposto é ideal, ou seja, só mediante a exposição das mercadorias como oposições duplamente polarizadas se resolvem as contradições contidas em seu processo de troca.

Até agora analisamos M–D como venda, transformação de mercadoria em dinheiro. Mas, se nos postarmos no outro extremo, o mesmo processo aparece, antes, como D–M, como compra, como transformação de dinheiro em mercadoria. Venda é necessariamente, ao mesmo tempo, seu oposto, compra: uma coisa quando se observa o processo a partir de um dos lados, a outra quando se observa o mesmo processo a partir do outro lado. Ou, na realidade, o processo só se diferencia porque, em M–D, a iniciativa parte do extremo da mercadoria ou do vendedor, enquanto em D–M ela parte do extremo do dinheiro ou do comprador. Portanto, ao expor a primeira metamorfose da mercadoria, sua transformação em dinheiro como resultado do percurso do primeiro estágio da circulação M–D, presumimos, ao mesmo tempo, que outra mercadoria já se transformou em dinheiro e, portanto, já se encontra no segundo estágio da circulação D–M. Desse modo, incorremos em um círculo vicioso de pressuposições. A própria circulação é esse círculo vicioso. Se não considerarmos D em M–D já como metamorfose de outra mercadoria, retiraremos o ato de troca do processo da circulação. Porém fora dele desaparece a forma D–M e só se confrontam mais duas M diferentes, digamos, ferro e ouro, cuja troca não é nenhum ato específico da circulação, mas do escambo direto. Ouro é mercadoria como qualquer outra na fonte de sua produção. Seu valor relativo e o do ferro ou de qualquer outra mercadoria é representado aqui pelas quantidades em que se trocam reciprocamente. Porém, no processo da circulação, essa operação é pressuposta, nos preços das mercadorias já está dado o valor que lhes é próprio. Por conseguinte, nada pode ser mais errôneo que a representação de que, *no interior do processo da circulação*, ouro e mercadoria se envolvem na relação do escambo direto e, em consequência, seu valor relativo é apurado mediante a sua troca como mercadorias simples. Se parece que, no processo da circulação, o ouro como simples mercadoria é trocado por mercadorias, essa aparência simplesmente se origina do fato de que, nos preços, determinada quantidade de mercadoria já foi equiparada a determinada quantidade de ouro, isto é, já foi posta em relação com o ouro enquanto dinheiro, enquanto equivalente geral, e, *por isso*, tornou-se diretamente permutável com ele. Na medida em que o preço de uma mercadoria se *realiza* no ouro, ela é trocada por ele como mercadoria, como materialidade específica do tempo de trabalho, mas, na medida em que ele é seu *preço*, que se realiza nele, ela é trocada por ele como dinheiro e não como mercadoria, ou seja, é trocada por ele como materialidade geral do tempo de trabalho. Porém, nas duas relações, a quantidade de ouro pela qual a mercadoria é trocada no interior do processo de circulação não é determinada pela troca, mas a troca é determinada pelo preço da mercadoria, isto é, por seu valor de troca estimado em ouro[29].

No interior do processo de circulação, o ouro aparece em cada caso como resultado da venda M–D. Porém, dado que M–D, venda, é simultaneamente D–M, compra, evidencia-se que, enquanto M, a mercadoria da qual parte o processo, realiza sua primeira metamorfose, a outra mercadoria, que no outro extremo se confronta com D, realiza sua segunda metamorfose e, em consequência, percorre a segunda metade da circulação, enquanto a primeira mercadoria ainda se encontra na primeira metade de seu percurso.

O resultado do primeiro processo da circulação, da venda, é ponto de partida para o segundo, o dinheiro. O lugar da mercadoria em sua primeira forma foi tomado por seu equivalente em ouro. Esse resultado pode, a princípio, constituir um ponto de repouso, dado que, nessa segunda forma, a mercadoria possui existência própria persistente. A mercadoria que, em poder de seu detentor, não tinha nenhum valor de uso, passa a existir em uma forma sempre utilizável, por ser sempre permutável, e dependerá das circunstâncias o momento e ponto de superfície do mundo das mercadorias em que ela retornará à circulação. Sua pupação em ouro constitui um período autônomo em sua vida, no qual ela pode se demorar por um tempo mais breve ou mais longo. Enquanto no escambo a troca de um valor de uso específico está diretamente vinculada com a troca de outro valor de uso específico, o caráter geral do trabalho que gera valor de troca se mostra na separação e no distanciamento indiferente dos atos da compra e da venda.

D–M, *a compra*, é o movimento inverso de M–D e simultaneamente a segunda metamorfose ou a metamorfose final da mercadoria. Enquanto é ouro ou em sua existência como equivalente geral, a mercadoria pode ser diretamente representada pelos valores de uso das demais mercadorias, que, em seus preços, aspiram todas juntas ao ouro como seu além, mas, ao mesmo tempo, indicam a nota que deve ser tocada para que seus corpos, os valores de uso, saltem para o lado do dinheiro, e sua alma, o valor de troca, salte para o próprio ouro. O produto geral da venda das mercadorias é a mercadoria

---

[29] Isso naturalmente não impede que o preço de mercado das mercadorias possa estar acima ou abaixo de seu valor. Contudo, essa consideração é estranha à circulação simples e faz parte de uma esfera bem diferente, a ser examinada mais adiante, quando analisarmos a relação entre valor e preço de mercado.

absolutamente alienável. Não existe mais nenhuma barreira qualitativa, mas só mais uma barreira quantitativa para a transformação do ouro em mercadoria, a barreira de sua própria quantidade ou grandeza de valor. "Pode-se ter tudo em troca de dinheiro." Enquanto no movimento M–D a mercadoria realiza por meio da alienação como valor de uso seu próprio preço e o valor de uso do dinheiro alheio, no movimento D–M ela realiza por meio de sua alienação como valor de troca seu próprio valor de uso e o preço da outra mercadoria. Se, pela realização de seu preço, a mercadoria transforma simultaneamente o ouro em dinheiro real, mediante sua retransformação ela transforma o ouro em seu ser meramente evanescente como dinheiro. Dado que a circulação de mercadorias pressupõe a divisão evoluída do trabalho e, portanto, a multilateralidade das necessidades do indivíduo em proporção inversa à unilateralidade de seu produto, a compra D–M ora será representada em uma equação com um equivalente da mercadoria, ora se fragmentará em uma série de equivalentes de mercadorias circunscrita então pela esfera das necessidades do comprador e a grandeza de sua soma de dinheiro. – Do mesmo modo que a venda é simultaneamente compra, a compra é simultaneamente venda, D–M é simultaneamente M–D, mas nesta a iniciativa é do ouro ou do comprador.

Retornando à circulação global M–D–M, evidencia-se que, nela, uma mercadoria percorre a série inteira de suas metamorfoses. Concomitantemente, porém, enquanto ela inicia a primeira metade da circulação e realiza a primeira metamorfose, uma segunda mercadoria ingressa na segunda metade da circulação, realiza sua segunda metamorfose e sai da circulação, e inversamente a primeira mercadoria ingressa na segunda metade da circulação, realiza a sua segunda metamorfose e sai da circulação, enquanto uma terceira mercadoria ingressa na circulação, fazendo a primeira metade de seu percurso e realizando a primeira metamorfose. Portanto, a circulação total M–D–M enquanto metamorfose total de uma mercadoria é sempre simultaneamente o fim da metamorfose total de uma segunda mercadoria e o início da metamorfose total de uma terceira mercadoria, ou seja, uma série sem começo nem fim. Para fins de clareza, para diferenciar as mercadorias, designemos M de modo diferente nos dois extremos, por exemplo, como M'–D–M''. De fato, o primeiro membro M'–D presume D como resultado de outro M–D, sendo, portanto, ele próprio, apenas o último membro de M–D–M', enquanto o segundo membro D–M'' resulta ser M''–D, apresentando-se, portanto, ele próprio, como primeiro membro de M''–D–M''' etc. Além disso, evidencia-se que o último membro D–M, embora D seja resultado de apenas *uma* venda, pode ser representado como $D-M' + D-M'' + D-M''' +$ etc., podendo, portanto, fragmentar-se em uma massa de compras, isto é, em uma massa de vendas, isto é, em uma massa de primeiros membros de novas metamorfoses totais de mercadorias. Portanto, se a metamorfose total de uma mercadoria individual se apresentar como membro não só de uma cadeia sem início nem fim de metamorfoses, mas também de muitas dessas cadeias, o processo de circulação do mundo das mercadorias

O dinheiro ou a circulação simples

se apresentará, dado que cada mercadoria individual percorre a circulação M–D–M, como um emaranhado interminável de cadeias desse movimento que está sempre terminando e sempre recomeçando em uma infinidade de pontos. Porém, cada venda ou cada compra individual consiste ao mesmo tempo de um ato igualmente válido e isolado, cujo ato complementar pode estar temporal e espacialmente separado dele e, em consequência, não precisa estar vinculado a ele de imediato como continuidade. Cada processo de circulação específico M–D ou D–M, enquanto transformação de uma mercadoria em valor de uso e da outra mercadoria em dinheiro, enquanto primeiro e segundo estágios da circulação, constitui nas duas direções um ponto autônomo de repouso e, em contrapartida, todas as mercadorias, assumindo a forma comum a elas de equivalente geral, do ouro, iniciam sua segunda metamorfose e se posicionam no ponto de partida da segunda metade da circulação; na circulação real, entretanto, um D–M qualquer segue a um M–D qualquer, o segundo capítulo no percurso de uma mercadoria segue ao primeiro capítulo do percurso da outra. Por exemplo, A vende ferro por 2 libras esterlinas, realizando, portanto, M–D ou a primeira metamorfose da mercadoria ferro, mas adia a compra para um momento posterior. Ao mesmo tempo, B, que 14 dias antes vendera 2 alqueires de trigo por 6 libras esterlinas, compra com as mesmas 6 libras esterlinas um casaco e uma calça da firma Moisés & Filho, realizando, portanto, D–M ou a segunda metamorfose da mercadoria trigo. Esses dois atos, D–M e M–D, aparecem aqui apenas como membros de uma cadeia, porque em D, no ouro, uma mercadoria se parece com a outra e porque não se consegue identificar o ouro como ferro metamorfoseado ou como trigo metamorfoseado. No processo real da circulação, M–D–M se apresenta, portanto, como uma justaposição e uma sucessão intermináveis e casuais de membros sumamente heterogêneos de diferentes metamorfoses totais. Portanto, o real processo de circulação não *aparece* como metamorfose total da mercadoria, não como seu movimento passando por fases contrapostas, mas *aparece* como simples agregado de muitas compras e vendas que por casualidade ocorrem paralelamente umas às outras ou se sucedem. A determinidade formal do processo foi apagada de modo tão completo que todo ato individual de circulação, como, por exemplo, a venda, é concomitantemente o seu contrário, a compra, e vice-versa. Em contrapartida, o processo de circulação é o movimento das metamorfoses do mundo das mercadorias e, por conseguinte, precisa refleti-lo também em seu movimento global. O modo como ele o reflete será examinado na próxima seção. Aqui se observa apenas ainda que, em M–D–M, os dois extremos M não se encontram na mesma relação formal com D. O primeiro M se comporta como mercadoria específica em relação ao dinheiro enquanto mercadoria geral, ao passo que o dinheiro enquanto mercadoria geral se comporta como mercadoria específica em relação ao segundo M. Por conseguinte, M–D–M pode ser reduzido, em termos lógicos abstratos, à fórmula conclusiva P–G–S, sendo a peculiaridade o primeiro extremo, a generalidade o centro unificador e a singularidade o último extremo.

Karl Marx – Para a crítica da economia política

Os possuidores de mercadorias ingressaram no processo da circulação simplesmente como guardiões de mercadorias. No interior dessa circulação, eles se defrontam na forma contraposta de comprador e vendedor, um deles como o pão de açúcar personificado, o outro como o ouro personificado. No momento em que o pão de açúcar se converte em ouro, o vendedor se torna comprador. Portanto, esses caracteres sociais determinados de modo nenhum se originam da individualidade humana em geral, mas das relações de troca entre pessoas que produzem seus produtos na forma determinada da mercadoria. Não se trata de relações puramente individuais as que se expressam na relação entre comprador e vendedor, tanto que ambos só assumem essa relação na medida em que seu trabalho individual é negado, a saber, ao se tornar dinheiro, ou seja, trabalho de indivíduo *nenhum*. Por conseguinte, assim como é simplório conceber esses caracteres do comprador e do vendedor, próprios da economia burguesa, como formas sociais perenes da individualidade humana, também é errado deplorá-los como se significassem a suspensão da individualidade[30]. Eles são exposição necessária da individualidade sobre a base de determinado estágio do processo social de produção. Ademais, na oposição entre comprador e vendedor, a natureza

---

[30] Mas até a forma totalmente superficial do antagonismo representado por compra e venda fere as boas almas; é o que mostra o seguinte excerto da obra *Leçons sur l'industrie et les finances* (Paris, 1832), do senhor *Isaac Péreire*. Esse mesmo Isaac foi o fundador e o ditador do Crédit mobilier [Société générale de crédit mobilier – um banco de ações francês fundado pelos irmãos Péreire e reconhecido legalmente por decreto de 18 de novembro de 1852. A verdadeira essência do Crédit mobilier foi desvendada por Marx em uma série de artigos publicados no jornal *New York Daily Tribune* (ver MEW, v. 12, p. 20-36, 202-9 e 289-92). (N. E. A.)]. Ele foi, portanto, também o mal-afamado lobo da bolsa de Paris. Isso mostra que, nesse caso, se trata da crítica sentimental da economia. O senhor Péreire, na época apóstolo de Saint-Simon, diz: "*C'est parce que tous les individus sont isolés, séparés les uns des autres, soit dans leurs travaux, soit pour la consommation, qu'il y a échange entre eux des produits de leur industrie respective. De la nécessité de l'échange est dérivée la nécessité de déterminer la valeur relative des objets. Les idées de la valeur et de l'échange sont donc intimement liées, et toutes deux dans leur forme actuelle expriment l'individualisme et l'antagonisme.* [...] *Il n'y a lieu à fixer la valeur des produits que parce qu'il y a vente et achat, en d'autres termes, antagonisme entre les divers membres de la societé. Il n'y a lieu à s'occuper du prix, de valeur que là où il y avait vente et achat, c'est à dire, ou chaque individu était obligé de lutter pour se procurer les objets nécessaires à l'entretien de son existence* [Em razão de os indivíduos estarem isolados, separados uns dos outros, seja em seus trabalhos, seja para o consumo, ocorre entre eles troca dos produtos de seus respectivos ofícios. Da necessidade da troca se origina a necessidade de determinar o valor relativo dos objetos. As ideias do valor e da troca são, portanto, estreitamente ligadas e ambas expressam, em sua forma real, o individualismo e o antagonismo. [...] Só é possível fixar o valor dos produtos por haver venda e compra ou, com outras palavras, antagonismo entre os diferentes membros da sociedade. Só foi possível ocupar-se com preço, com valor onde ocorria venda e compra, isto é, onde cada indivíduo era obrigado a *lutar* para obter os objetos necessários à preservação da existência"] (ibidem, p. 2-3 *passim*).

antagônica da produção burguesa ainda se expressa de modo tão superficial e formal que esse antagonismo é próprio também de formas de sociedade pré-burguesas, na medida em que requer meramente que os indivíduos se relacionem uns com os outros como detentores de mercadorias.

Se considerarmos o resultado de M–D–M, vemos que este colapsa no metabolismo M–M. Mercadoria foi trocada por mercadoria, valor de uso por valor de uso, e a monetarização da mercadoria ou a mercadoria como dinheiro serve apenas para a mediação desse metabolismo. Assim, o dinheiro aparece como simples *meio de troca* das mercadorias, só que não como meio de troca absoluto, mas como meio de troca caracterizado pelo processo da circulação, isto é, como *meio de circulação*[31].

Assim, o processo da circulação das mercadorias se extingue em M–M e, por conseguinte, parece ser apenas escambo mediado por dinheiro, ou M–D–M em geral não se decompõe em dois processos isolados, mas representa concomitantemente sua unidade dinâmica. Querer deduzir disso que o que existe é tão somente a unidade de compra e venda, e não a separação entre elas, constitui uma maneira de pensar cuja crítica faz parte da lógica, e não da economia. Do mesmo modo que a separação entre compra e venda no processo de troca implode barreiras locais originadas espontaneamente, tradicionalmente piedosas, comodamente simplórias do metabolismo social, ela é concomitantemente a forma geral da cisão dos fatores que devem andar juntos e sua fixação uns contra os outros, em suma, ela constitui a possibilidade geral das crises comerciais, mas ela só é isso porque o antagonismo entre mercadoria e dinheiro constitui a forma abstrata e geral de todos os antagonismos contidos no trabalho burguês. Por conseguinte, pode haver circulação de dinheiro sem crises, mas não pode haver crises sem circulação de dinheiro. Contudo, isso apenas significa que onde o trabalho baseado na troca privada ainda não evoluiu nem sequer até a formação do dinheiro, ele naturalmente poderá produzir ainda menos fenômenos que pressupõem o desenvolvimento pleno do processo burguês de produção. A partir daí se pode mensurar a profundidade da crítica que visa eliminar as "anomalias" da produção burguesa mediante a supressão do "privilégio" dos metais preciosos e mediante um assim chamado "sistema monetário racional". Em contrapartida, como exemplo de apologética economicista, basta citar uma formulação que foi desacreditada por ser extraordinariamente perspicaz. *James Mill*, o pai do renomado economista inglês John Stuart Mill, diz:

---

[31] "*L'argent n'est que le moyen et l'acheminement, au lieu que les denrées utiles à la vie sont la fin et le but*" [O dinheiro é apenas o meio e a força motriz, enquanto as mercadorias úteis à vida são o alvo e a finalidade] (Pierre Le Pesant de Boisguillebert, "Le détail de la France", 1697, em Eugène Daire (org.), *Economistes financiers du XVIII siècle*, v. I, Paris, 1843, p. 210).

Jamais pode haver falta de compradores para todas as mercadorias. Quem quer que ofereça uma mercadoria para venda exige receber uma mercadoria na troca por ela, sendo, por conseguinte, comprador pelo simples fato de ser vendedor. Tomando em seu conjunto os compradores e os vendedores de todas as mercadorias, eles devem se manter em equilíbrio por uma necessidade metafísica. Por conseguinte, se houver mais vendedores que compradores de alguma mercadoria, deve haver mais compradores que vendedores de alguma outra mercadoria.³²

Mill instaura o equilíbrio, transformando o processo da circulação em escambo direto, mas contrabandeia para dentro do escambo as figuras do comprador e do vendedor, tomadas de empréstimo do processo da circulação. Para falar nos termos de sua confusão linguística, nos momentos em que todas as mercadorias são invendíveis, como, por exemplo, em Londres e Hamburgo, durante certos momentos da crise comercial de 1857-1858, de fato há mais compradores que vendedores de *uma* mercadoria, do dinheiro, e mais vendedores que compradores de *todo o outro dinheiro*, das mercadorias. O equilíbrio metafísico de compras e vendas se reduz a isto: toda compra é uma venda e toda venda, uma compra, o que não é lá muito consolador para os detentores de mercadorias que não conseguem concretizar a venda nem, portanto, a compra³³.

---

[32] Em novembro de 1807, veio a público na Inglaterra um escrito de William Spence com o título *Britain Independent of Commerce* [A Grã-Bretanha independente do comércio], cujo princípio recebeu de William Cobbett, em seu *"political register"* [registro político], uma explicitação drástica sob a forma do *"perish commerce"* [pereça o comércio]. Em contraposição a isso, James Mill publicou, em 1808, sua *Defence of Commerce* [Defesa do comércio], na qual já se encontra o argumento que, naquele texto, foi tomado de seus *Elements of Political Economy* [Elementos de economia política]. Em sua polêmica contra Sismondi e Malthus sobre as crises comerciais, J. B. Say se apropriou desse belo achado e, por não ser possível dizer com que nova ideia esse cômico *"prince de la science"* [príncipe da ciência] teria enriquecido a economia política – seu mérito consistiu bem mais na imparcialidade com que ele uniformemente entendeu mal seus contemporâneos Malthus, Sismondi e Ricardo –, seus admiradores continentais o trombetearam como aquele que desenterrou o tesouro do equilíbrio metafísico de compras e vendas.

[33] A maneira com que os economistas expõem as diferentes determinações formais da mercadoria pode ser depreendida dos seguintes exemplos: *"With money in possession, we have but one exchange to make, in order to secure the object of desire, while with other surplus products we have two, the first of which (procuring the money) is infinitely more difficult than the second"* [De posse de dinheiro precisamos apenas fazer uma troca para obter o objeto do desejo, enquanto com outros produtos excedentes precisamos fazer duas, sendo a primeira (providenciar o dinheiro) infinitamente mais difícil que a segunda] (George Opdyke, *A Treatise on Political Economy*, Nova York, p. 287-8).
"The superior saleableness of money is the exact effect or natural consequence of the less saleableness of commodities" [A maior vendabilidade do dinheiro é justamente o efeito ou a consequência natural da menor vendabilidade de mercadorias] (Thomas Corbet, *An Inquiry into the Causes and Modes of the Wealth of Individual; Or the Principles of Trade and Speculation Explained* (Londres, 1841), p. 117. *"Money has the quality of being always exchangeable for what it measures"* [O dinheiro possui a propriedade de poder ser trocado

O dinheiro ou a circulação simples

A separação entre venda e compra possibilita, mediante o comércio propriamente dito, uma massa de transações aparentes antes da troca definitiva entre produtores de mercadorias e consumidores de mercadorias. Assim ela capacita uma massa de parasitas a penetrar no processo de produção e a explorar a separação. Isso, por sua vez, significa tão somente que o dinheiro como forma geral do trabalho burguês possibilita o desenvolvimento de suas contradições.

b. *A circulação do dinheiro*

A circulação real se apresenta, num primeiro momento, como uma massa de compras e vendas que acontecem paralelamente por casualidade. Tanto na compra quanto na venda, mercadoria e dinheiro se confrontam sempre na mesma relação: o vendedor do lado da mercadoria e o comprador do lado do dinheiro. Por conseguinte, o dinheiro enquanto meio de circulação aparece sempre como *meio de compra*, o que torna irreconhecíveis suas diferentes determinações nas fases contrapostas da metamorfose das mercadorias.

No mesmo ato, o dinheiro passa para a mão do vendedor e a mercadoria para a mão do comprador. Portanto, mercadoria e dinheiro correm em direções opostas, e essa troca de posição, em que a mercadoria passa para um lado e o dinheiro para o outro, realiza-se simultaneamente em muitos pontos indeterminados em toda a superfície da sociedade burguesa. Porém, o primeiro passo que a mercadoria dá na circulação é simultaneamente seu último passo[34]. Quer ela se mova porque o ouro foi atraído por ela (M–D), quer porque ela foi atraída pelo ouro (D–M), com esse empurrão, o de uma troca de posição, ela sai da circulação e ingressa no consumo. A circulação é movimento permanente de mercadorias, mas sempre de outras mercadorias, e cada mercadoria só se move uma vez. Cada mercadoria não inicia a segunda metade de sua circulação como a mesma mercadoria, mas como outra mercadoria, como ouro. Portanto, o movimento da mercadoria metamorfoseada é o movimento do ouro. A mesma peça de dinheiro ou a unidade-ouro idêntica, que no ato M–D trocou uma vez de posição com uma mercadoria, reaparece inversamente como ponto de partida de D–M e troca de posição

---

por aquilo que ele mede] (J. W. Bosanquet, *Metallic, Paper and Credit Currency, and the Means of Regulating Their Quantity and Value*, Londres, 1842, p. 100).

"*Money can always buy other commodities., whereas other commodities can not always buy Money*" [Dinheiro sempre pode comprar outras mercadorias, enquanto outras mercadorias nem sempre podem comprar dinheiro] (Thomas Tooke, *An Inquiry into the Currency Principle; the Connection of the Currency With Prices, and the Expediency of a Separation of Issue from Banking*, 2. ed., Londres, 1844), p. 10.

[34] A mesma mercadoria pode ser comprada e voltar a ser vendida várias vezes. Nesse caso, ela não circula como simples mercadoria, mas em uma determinação que não existe na posição da circulação simples, do antagonismo simples entre mercadoria e dinheiro.

pela segunda vez com outra mercadoria. Do mesmo modo que passou da mão do comprador B para a mão do vendedor A, ela passa agora da mão de A, que se tornou comprador, para a mão de C. O movimento formal de uma mercadoria, sua transformação em dinheiro e sua nova transformação a partir do dinheiro ou o movimento da metamorfose total da mercadoria apresenta-se, portanto, como movimento exterior da mesma peça de dinheiro que troca de posição duas vezes com duas mercadorias diferentes. Por mais fragmentadas e fortuitas que sejam as compras e vendas que ocorrem paralelamente, na circulação real sempre um comprador se confrontará com um vendedor, e o dinheiro que se desloca para a posição da mercadoria vendida já deve ter trocado uma vez sua posição com outra mercadoria antes de vir parar na mão do comprador. Em contrapartida, mais cedo ou mais tarde ele voltará a passar da mão do vendedor que se tornou comprador para a de um novo vendedor, e nessa repetição mais frequente de sua mudança de posição ele expressa o encadeamento das metamorfoses das mercadorias. Portanto, as mesmas peças monetárias se deslocam constantemente na direção oposta à das mercadorias movidas, algumas com mais frequência, outras com menos frequência, de uma posição da circulação para a outra e, em consequência, descrevem um arco de circulação mais ou mais extenso. Esses diferentes movimentos da mesma peça monetária só podem se suceder no tempo, assim como inversamente a pluralidade e fragmentação das compras e vendas aparecem na troca singular de posição de mercadorias e dinheiro que ocorre de modo concomitante e espacialmente paralelo.

Em sua forma simples, a circulação de mercadorias M–D–M realiza-se na passagem do dinheiro da mão do comprador para a do vendedor e da mão do vendedor que se tornou comprador para a de um novo vendedor. Desse modo, foi finalizada a metamorfose da mercadoria e consequentemente o movimento do dinheiro, na medida em que este é expressão daquela. Como, porém, são produzidos constantemente novos valores de uso como mercadorias que, em consequência, devem ser lançados renovada e reiteradamente na circulação, M–D–M é repetida e renovada pelos mesmos possuidores de mercadorias. O dinheiro que eles despenderam como compradores retorna para as suas mãos assim que voltam a aparecer como vendedores de mercadorias. A permanente renovação da circulação de mercadorias se reflete nesse processo da seguinte maneira: o dinheiro não só roda permanentemente de uma mão para a outra pela superfície inteira da sociedade burguesa, mas, ao mesmo tempo, também descreve uma quantidade de diferentes pequenos ciclos, partindo de pontos infinitamente diferentes e retornando a esses mesmos pontos para, em seguida, repetir o mesmo movimento.

A variação de forma das mercadorias aparece como simples troca de posição com o dinheiro e a continuidade do movimento de circulação pende inteiramente para o lado do dinheiro, na medida em que a mercadoria sempre só dá um passo na direção oposta à do dinheiro, mas o dinheiro sempre dá o

O dinheiro ou a circulação simples

segundo passo pela mercadoria e diz B depois que a mercadoria disse A. Isso faz *parecer* que todo o movimento parte do dinheiro, embora seja a mercadoria que, por ocasião da venda, faça o dinheiro sair de sua posição e, portanto, faz o dinheiro circular tanto quanto ela é posta em circulação pelo dinheiro na compra. Dado que, ademais, o dinheiro sempre se confronta com ela na mesma relação como *meio de compra*, mas como tal só move as mercadorias mediante a realização de seu preço, todo o movimento da circulação aparece como se o dinheiro trocasse de lugar com as mercadorias ao realizar os preços destas, seja em atos de circulação específicos que ocorrem simultânea e paralelamente, seja em atos de circulação sucessivos em que a mesma peça monetária realiza diferentes preços de mercadorias sucessivamente. Se considerarmos, por exemplo, M–D–M'–D–M''–D–M''' etc. sem levar em conta os fatores qualitativos, que se tornam irreconhecíveis no processo real da circulação, o que se vê é apenas a mesma operação monótona. Depois de realizar o preço de M, D realiza sucessivamente os preços de M', M'' etc., e as mercadorias M', M'', M''' etc. sempre ocupam a posição abandonada pelo dinheiro. Portanto, parece que o dinheiro faz as mercadorias circularem ao realizar seus preços. Nessa função de realização dos preços, ele próprio circula permanentemente, na medida em que ora troca de posição uma só vez, ora percorre um arco de circulação, ora descreve um pequeno ciclo em que ponto de partida e ponto de retorno coincidem. Como meio de circulação ele possui a circulação que lhe é própria. O movimento formal das mercadorias em processo aparece, por conseguinte, como o movimento que lhe é próprio, ou seja, o movimento que intermedeia a troca das mercadorias imóveis por si sós. Portanto, o movimento do processo de circulação das mercadorias se apresenta no movimento do dinheiro* enquanto meio de circulação – na *circulação do dinheiro*.

Do mesmo modo que os possuidores de mercadorias apresentaram os produtos de seus trabalhos privados como produtos de trabalho social, transformando uma coisa, o ouro, em existência imediata do tempo de trabalho geral e, por isso, em dinheiro, assim também agora o seu movimento universal, mediante o qual intermedeiam o metabolismo de seus trabalhos, confronta-se com eles como movimento peculiar de uma coisa, como circulação do ouro. O próprio movimento social é para os possuidores de mercadorias, por um lado, necessidade exterior, por outro, mero processo formal de intermediação, que capacita todo indivíduo a extrair da circulação, em troca do valor de uso que ele lança nela, outros valores de uso na mesma faixa de valor. O valor de uso da mercadoria tem início no momento em que ela sai da circulação, ao passo que o valor de uso do dinheiro** enquanto meio de circulação é a própria circulação. O movimento da mercadoria na circulação não passa de

---

* Na edição de 1859, consta "do outro" em vez de "do dinheiro". (N. E. A.)
** Na edição de 1859, consta "do outro" em vez de "do dinheiro". (N. E. A.)

um momento fugaz, ao passo que a rotação incessante dentro dela se torna função do dinheiro. Essa função peculiar do dinheiro no interior do processo de circulação lhe confere, enquanto meio de circulação, nova determinidade formal, que agora precisa ser detalhada.

Em primeiro lugar, é evidente que a circulação do dinheiro constitui um movimento infinitamente fragmentado, pois nela se refletem a fragmentação infinita do processo de circulação em compras e vendas e o distanciamento indiferente das fases mutuamente complementares da metamorfose das mercadorias. Nos pequenos ciclos do dinheiro, nos quais ponto de partida e ponto de retorno coincidem, de fato visualiza-se um movimento retroflexo, um real movimento circular, mas, em compensação, trata-se de tantos pontos de partida quantas são as mercadorias e, já devido à sua pluralidade indeterminada, esses ciclos escapam a todo controle, a toda medição e calculação. O prazo entre o afastamento do ponto de partida e o retorno a ele tampouco está determinado. Ademais é indiferente se tal ciclo é descrito ou não em um caso dado. Nenhum fato econômico é mais universalmente conhecido que este: alguém pode despender dinheiro com uma mão sem tomá-lo de volta com a outra. O dinheiro parte de pontos infinitamente variados e retorna para pontos infinitamente variados, mas a coincidência de ponto de partida e ponto de retorno é casual, porque, no movimento M–D–M, a transformação retrocessiva do comprador em vendedor não constitui condição necessária. Porém menos ainda a circulação do dinheiro representa um movimento que irradia de um centro para todos os pontos da periferia e que retorna de todos os pontos da periferia para esse mesmo centro. O assim chamado ciclo do dinheiro, como o intuímos figuradamente, se limita a que se visualize, em todos os pontos, seu aparecimento e seu desaparecimento, sua incessante troca de posição. Em uma forma intermediadora superior da circulação de dinheiro, como, por exemplo, a da circulação de notas bancárias, descobriremos que as condições do dispêndio do dinheiro abrangem as condições de seu refluxo. Em contraposição, para a circulação simples de dinheiro é casual que o mesmo comprador se torne, por sua vez, vendedor. Quando os reais movimentos circulatórios nela são constantes, trata-se de simples espelhamento de processos mais profundos de produção. Por exemplo, o fabricante toma dinheiro de seu banqueiro na sexta-feira, paga esse dinheiro aos seus trabalhadores no sábado, estes logo se desfazem da maior parte dele pagando os comerciantes etc., e, estes o devolvem na segunda-feira ao banqueiro.

Vimos que, nas compras e vendas que ocorrem variada e paralelamente no mesmo espaço, o dinheiro realiza uma massa dada de preços ao mesmo tempo que troca de posição com as mercadorias só uma vez. Em contrapartida, porém, na medida em que, em seu movimento, aparece o movimento das metamorfoses globais das mercadorias e o encadeamento dessas metamorfoses, a mesma peça de dinheiro realiza os preços de diferentes mercadorias e, desse modo, efetua uma quantidade maior ou menor de circulações.

O dinheiro ou a circulação simples

Portanto, tomemos o processo de circulação de um país em dado período de tempo, por exemplo, um dia. A massa de ouro requerida para a realização dos preços e, em consequência, para a circulação das mercadorias será determinada por dois fatores: de um lado, a soma total desses preços, de outro, a quantidade média das circulações das mesmas peças de ouro. Essa quantidade de circulações ou a velocidade da circulação do dinheiro, por sua vez, é determinada ou expressa apenas a velocidade média com que as mercadorias percorrem as diferentes fases de sua metamorfose, com que essas metamorfoses têm continuidade como cadeia e com que as mercadorias que percorreram suas metamorfoses são substituídas por novas mercadorias no processo da circulação. Portanto, na estipulação do preço, o valor de troca de todas as mercadorias é transformado idealmente em uma quantidade de ouro de igual grandeza de valor e a mesma soma de valor tem existência dupla nos dois atos isolados da circulação D–M e M–D, de um lado, como mercadoria, de outro, como ouro. Enquanto isso, a existência do ouro como meio de circulação não é determinada por sua relação isolada com as mercadorias individuais em repouso, mas por sua existência dinâmica no mundo das mercadorias em processo, por sua função, ao representar, por sua troca de posição, a variação de forma das mercadorias e, portanto, ao representar, pela velocidade de sua troca de posição, a velocidade de sua variação de formas. Sua existência real no processo da circulação, isto é, a massa real de ouro que circula, passa a ser determinada, portanto, por sua existência em funcionamento no próprio processo global.

O pressuposto da circulação de dinheiro é a circulação de mercadorias, mais precisamente, o dinheiro faz circular mercadorias que têm preços, isto é, que já estão idealmente equiparadas a determinadas quantidades de ouro. Na própria determinação de preço das mercadorias está pressuposta como dada a grandeza de valor da quantidade de ouro que serve de unidade de medida ou o valor do ouro. Portanto, sob esse pressuposto, a quantidade de ouro requerida para a circulação é determinada primeiramente pela soma total dos preços das mercadorias a serem realizados. Mas essa mesma soma total é determinada (1) pelo nível dos preços, o nível relativamente alto ou baixo dos valores de troca das mercadorias estimados em ouro, e (2) pela massa das mercadorias que circulam por determinados preços, ou seja, pela massa das compras e vendas a preços dados[35]. Se um alqueire de trigo custar 60 xelins,

---

[35] A massa do dinheiro é indiferente, *"pourvu qu'il y en ait assez pour maintenir les prix contractes par les denrées"* [pressupondo que haja o suficiente para manter os preços dados pelas mercadorias] (Pierre Le Pesant de Boisguillebert, "Le détail de la France", cit., p. 209). "Se a circulação de mercadorias de 400 milhões de libras esterlinas requerer uma massa de ouro de 40 milhões e essa proporção de $1/_{10}$ constituiu o nível adequado, então, se o valor das mercadorias em circulação por razões naturais aumentar para 450 milhões, a massa de ouro teria de aumentar para 45 milhões para se manter no

seria necessário, para fazê-lo circular ou realizar o seu preço, uma quantidade de ouro duas vezes maior do que quando ele custa apenas 30 xelins. Para a circulação de 500 alqueires a 60 xelins, é necessária uma quantidade duas vezes maior de ouro do que para a circulação de 250 alqueires pelo mesmo preço. Por fim, para a circulação de 10 alqueires a 100 xelins, é preciso apenas a metade da quantidade de ouro necessária para a circulação de 40 alqueires a 50 xelins. Daí decorre que a quantidade de ouro requerida para a circulação de mercadorias pode diminuir, apesar do aumento dos preços, se a massa das mercadorias em circulação diminuir em maior escala do que a soma total dos preços aumentar, e que inversamente a massa dos meios de circulação pode aumentar se a massa das mercadorias em circulação diminuir, mas a soma de seus preços aumentar em maior escala. Assim, investigações inglesas muito bem-feitas e detalhadas comprovaram, por exemplo, que, na Inglaterra, nos primeiros estágios de uma carestia de cereais, a massa do dinheiro circulando aumenta, porque a soma dos preços da massa reduzida de cereais é maior do que era a soma dos preços da massa maior de cereais, mas, ao mesmo tempo, a circulação da massa restante de mercadorias persiste por algum tempo desimpedida por seus preços antigos. Em um estágio posterior da carestia de cereais, em contraposição, diminui a massa do dinheiro circulando, seja porque, ao lado do cereal, menos mercadorias são vendidas por seus preços antigos, seja porque a mesma quantidade de mercadorias é vendida por preços baixos.

Porém, como vimos, a quantidade de dinheiro em circulação é determinada não só pela soma total dos preços das mercadorias a serem realizados, mas simultaneamente também pela velocidade com que o dinheiro circula ou efetua esse processo de realização em um dado período de tempo. Se o mesmo soberano fizer dez compras no mesmo dia, cada uma delas de uma mercadoria pelo preço de um soberano e, portanto, trocar 10 vezes de mão, ele efetuará exatamente o mesmo negócio que efetuam 10 soberanos que circulam apenas uma vez ao dia cada um[36]. A velocidade na circulação do ouro pode, portanto, compensar sua quantidade, ou a existência do ouro no processo da circulação não é determinada só por sua existência como equivalente ao lado da mercadoria, mas também por sua existência dentro do movimento de metamorfose das mercadorias. Contudo, a velocidade da circulação do dinheiro compensa sua quantidade somente até certo grau, dado que compras e vendas infinitamente fragmentadas ocorrem a cada instante paralelamente no espaço.

---

nível delas" (William Blake, *Observations on the Effects Produced by the Expenditure of Government during the Restriction of Cash Payments*, Londres, 1823, p. 80-1).

[36] "È la velocità del giro del danaro, non la quantità dei metalli che fa apparir molto o poco il danaro [É a velocidade da circulação do dinheiro e não a quantidade do metal que faz parecer que há muito ou pouco dinheiro à disposição" (Ferdinandi Galiani, "Della Moneta", cit., p. 99).

O dinheiro ou a circulação simples

Se o total dos preços das mercadorias em circulação aumentar, só que em proporção menor do que a de aumento da velocidade da circulação do dinheiro, a massa dos meios de circulação diminuirá. Se inversamente diminuir a velocidade da circulação em proporção maior do que a de diminuição do preço total da massa de mercadorias em circulação, a massa dos meios de circulação aumentará. Quantidade crescente dos meios de circulação somada a preços caindo de modo geral, quantidade decrescente dos meios de circulação somada a preços subindo de modo geral constitui um dos fenômenos mais bem constatados na história dos preços das mercadorias. Porém, as causas que produzem o aumento no nível dos preços e concomitantemente um aumento ainda maior na velocidade de circulação do dinheiro, bem como as do movimento inverso, não integram a análise da circulação simples. Pode-se mencionar, por exemplo, que em épocas de predomínio do crédito, a velocidade de circulação do dinheiro aumenta mais rápido do que sobem os preços das mercadorias, ao passo que, com a redução do crédito, os preços das mercadorias caem mais lentamente do que diminui a velocidade da circulação. O caráter superficial e formal da circulação simples de dinheiro evidencia-se justamente no fato de que todos os fatores que determinam a quantidade de meios de circulação, ou seja, a massa das mercadorias em circulação, os preços, o aumento e a redução dos preços, a quantidade de compras e vendas simultâneas, a velocidade de circulação do dinheiro, dependem do processo de metamorfose do mundo das mercadorias, o qual, por sua vez, depende do caráter global do modo de produção, da massa da população, da relação entre cidade e campo, do desenvolvimento dos meios de transporte, da maior ou menor divisão do trabalho, do crédito etc., em suma, de circunstâncias que se situam *fora* da circulação simples do dinheiro e apenas se refletem nela.

Portanto, pressuposta a velocidade da circulação, a massa dos meios de circulação é determinada simplesmente pelos preços das mercadorias. Os preços, portanto, não são altos ou baixos porque há mais ou menos dinheiro em circulação, mas há mais ou menos dinheiro em circulação porque os preços estão altos ou baixos. Essa é uma das leis econômicas mais importantes, cuja demonstração detalhada com base na história dos preços das mercadorias talvez seja o único mérito da economia inglesa pós-ricardiana. A experiência mostra que o nível da circulação metálica ou a massa de ouro ou prata em circulação em determinado país podem até estar expostos a altos e baixos temporários e às vezes a altos e baixos bem acentuados[37], mas, em sua

---

[37] Um exemplo de queda fora do comum da circulação metálica abaixo do nível médio foi oferecido pela Inglaterra no ano de 1858, como se verá a partir do seguinte excerto do periódico *The Economist*, de Londres [semanário para questões de economia e política, órgão da grande burguesia industrial, publicado desde 1843 em Londres]: "*From the nature of the case* [a saber, ao caráter fragmentado da circulação simples] *very exact*

totalidade, tomando períodos de tempo mais longos, permanecem constantes, e os desvios do nível médio chegam apenas a oscilações tênues. Esse fenômeno se explica simplesmente a partir da natureza antagônica das circunstâncias que determinam a massa do dinheiro em circulação. Sua modificação concomitante paralisa seu efeito e faz tudo continuar como era antes.

Dadas a velocidade de circulação do dinheiro e a soma de preços das mercadorias, determina-se a quantidade do meio circulante. Essa lei pode também ser expressa assim: se os valores de troca das mercadorias e a velocidade média de suas metamorfoses estiverem dados, a quantidade do ouro em circulação dependerá de seu próprio valor. Por conseguinte, se o valor do ouro, isto é, o tempo de trabalho requerido para sua produção, aumentasse ou diminuísse, os preços das mercadorias aumentariam ou diminuiriam na proporção inversa, e a esse aumento ou a essa diminuição dos preços corresponderia, permanecendo constante a velocidade da circulação, uma massa maior ou menor de ouro que seria requerida para a circulação da mesma massa de mercadorias. A mesma modificação aconteceria se a antiga medida de valor fosse substituída por um metal mais ou menos valioso. Assim, a Holanda, quando, movida por delicada consideração para com os credores do Estado e pelo temor ante os efeitos das descobertas de ouro na Califórnia e na Austrália, substituiu a moeda de ouro pela moeda de prata, necessitou 14 a 15 vezes mais prata do que necessitara de ouro para fazer circular a mesma massa de mercadorias.

Do fato de a quantidade circulante de ouro depender da soma variável dos preços das mercadorias e da velocidade variável da circulação decorre que a massa do meio de circulação metálico deve ser passível de contração e expansão, em suma, que, de acordo com a necessidade do processo de circulação, o ouro enquanto meio de circulação ora tem de ingressar no

---

data cannot be procured as to the amount of cash that is fluctuating in the market, and in the hands of the not banking classes. But, perhaps, the activity or the inactivity of the Mints of the great commercial nations is one of the most likely indications in the variations of that amount. Much will be manufactured when much is wanted; and little when little is wanted. [...] At the English Mint the coinage was in 1855: 9.245.000 £; 1856: 6.476.000 £; 1857: 5.293.858 £. During 1858 the Mint bad scarcely anything to do" [Correspondendo à natureza da coisa [a saber, ao caráter fragmentado da circulação simples] não há como obter dados bem exatos sobre a massa de dinheiro em espécie que flutua no mercado e em poder das classes não bancárias. Mas talvez a atividade ou inatividade das Casas da Moeda das grandes nações comerciais seja um dos indicadores mais certeiros das mudanças das referidas quantias. Será produzida muita moeda quando se demandar muita e pouca quando se demandar pouca. [...] Na Casa da Moeda inglesa, a cunhagem no ano de 1855 foi de 9.245.000 libras esterlinas, em 1856 foi de 6.476.000 libras esterlinas, em 1857 de 5.293.858 libras esterlinas. Durante o ano de 1858, a Casa da Moeda praticamente não teve o que fazer] (*The Economist*, 10 jul. 1858). Ao mesmo tempo, porém, no subsolo do banco estavam armazenados cerca de 18 milhões de libras esterlinas de ouro.

O dinheiro ou a circulação simples

processo, ora tem de sair dele. Mais adiante veremos como o próprio processo da circulação realiza essas condições.

c. A moeda. O signo do valor

Em sua função de meio de circulação o ouro ganha formato próprio, tornando-se *moeda*. Para que sua circulação não seja detida por dificuldades técnicas, ele é cunhado de acordo com o padrão da moeda de conta. As peças de ouro, cujo cunho e cuja figura indicam que contêm frações de peso de ouro representados pelos nomes de conta do dinheiro, libras esterlinas, xelins etc. são moedas. A exemplo da determinação do preço monetário, a atividade técnica da cunhagem de moedas compete ao Estado. Do mesmo modo que, como moeda de conta, adquire um *caráter local e político*, o dinheiro como moeda fala línguas de diferentes países e veste uniformes de diferentes nações. Por conseguinte, a esfera em que o dinheiro circula como moeda se diferencia em circulação *interna* de mercadorias, circunscrita aos limites de uma coletividade, e circulação *geral* do mundo das mercadorias.

Entretanto, o ouro em barra e o ouro como moeda se diferenciam apenas quanto ao seu nome monetário e ao nome de seu peso. O que, no último caso, era diferença de nome aparece agora como simples diferença de figura. A moeda de ouro pode ser lançada no cadinho e, desse modo, transformada novamente em ouro *sans phrase* [puro e simples], do mesmo modo que, ao inverso, o ouro em barra só precisa ser enviado à Casa da Moeda para receber a forma de moeda. A transformação e a nova transformação de uma figura na outra aparecem como operações puramente técnicas.

Por cem libras ou 1.200 onças *troy* de ouro a 22 quilates, recebem-se da Casa da Moeda inglesa 4.672½ libras esterlinas ou soberanos de ouro, e, se depusermos esses soberanos num dos pratos da balança e 100 libras de ouro em barra no outro, ambos terão o mesmo peso, e assim se fornece a prova de que o soberano não é senão a fração de ouro indicada por esse nome no preço monetário inglês com figura própria e selo próprio. Os 4.672½ soberanos de ouro são lançados na circulação em diversos pontos e, engolfados por ela, efetuam em um dia determinada quantidade de circulações, uns mais, outros menos. Se a quantidade média de circulações diárias de cada onça fosse 10, as 1.200 onças de ouro realizariam uma soma total de preços de mercadorias no montante de 12.000 onças ou 46.725 soberanos. Pode-se virar e revirar uma onça de ouro como se queira, ela jamais pesará 10 onças de ouro. Mas aqui, no processo da circulação, uma onça de fato pesa 10 onças. A existência da moeda no interior do processo de circulação é igual à quantidade de ouro contida nela, multiplicada pelo número de suas circulações. Portanto, além de sua existência real como peça de ouro individual de determinado peso, a moeda adquire uma existência ideal originária de sua função. Em contrapartida, o soberano, quer ele circule uma vez, quer ele circule dez vezes, em cada compra ou venda individual ele atua sempre como soberano individual. É similar ao que ocorre com um general que, no dia da batalha, substituiu 10 generais, aparecendo no momento certo em 10 diferentes pontos, mas, ainda assim, em cada ponto é o mesmo idêntico general. A idealização do meio de circulação, que, na circulação do dinheiro, se origina da substituição da quantidade pela velocidade, concerne apenas à existência funcional da moeda no interior do processo de circulação, mas não abrange a existência da peça monetária individual.

Contudo, a circulação do dinheiro é movimento exterior, e, embora *non olet* [não tenha cheiro], o soberano anda com todo tipo de companhia. Na fricção com toda sorte de mãos, bolsos, carteiras, bolsas, porta-níqueis, sacos, baús e caixas, a moeda se desgasta, deixa um átomo de ouro aqui e outro ali, e vai perdendo assim, pela abrasão, em seu curso pelo mundo, cada vez mais de seu conteúdo interno. Ao ser usada, ela é desgastada. Seguremos o soberano em um momento em que seu caráter sólido natural-espontâneo pareça apenas levemente afetado.

> Um padeiro que hoje recebe direto do banco um soberano novinho em folha e o entrega amanhã como pagamento ao moleiro não está pagando o mesmo soberano verdadeiro (*veritable*); ele está mais leve do que estava quando o recebeu.[38] Está claro que, pela própria natureza das coisas, a moeda tem de sofrer depreciação peça por peça, em consequência do simples efeito da abrasão habitual e inevitável. É fisicamente impossível excluir moedas leves inteiramente da circulação a qualquer tempo, mesmo que seja por um dia.[39]

Jacob estima que 19 milhões dos 380 milhões de libras esterlinas que existiam na Europa em 1809 teriam desaparecido completamente em 1829, ou seja, em um período de vinte anos, devido à abrasão[40]. Portanto, do mesmo modo que a mercadoria sai da circulação no primeiro passo que dá para ingressar nela, assim também, após alguns passos dentro da circulação, a moeda representa mais conteúdo metálico do que ela possui. Quanto mais a moeda circula em velocidade constante, quanto mais vivaz a sua circulação se torna no mesmo intervalo de tempo, tanto mais sua existência como moeda

---

[38] George Dodd, *The Curiosities of Industry and the Applied Sciences* (Londres, 1854), p. 16.
[39] *The Currency Theory Reviewed in a Letter to the Scottish People on the Menaced Interference by Government with the Existing System of Banking in Scotland*, por um banco na Inglaterra (Edimburgo, 1845), p. 69. "*Si un écu un peu usé était réputé valoir quelque chose de moins qu'un écu tout neuf, la circulation se trouverait continuellement arretée, et il n'y aurait pas un seul payement qui ne fut matière à contestation*" [Se um táler um pouco usado valesse um pouco menos que um táler bem novo, a circulação seria permanentemente truncada, e nenhum pagamento poderia ser feito sem contestação] (Germain Garnier, *Histoire de la monnaie depuis les temps de la plus haute antiquité jusqu'au regne de Charlemagne*, cit., p. 24.)
[40] William Jacob, *An Historical Inquiry into the Production and Consumption of the Precious Metals*. v. I-II (Londres, 1831, v. II, cap. XXVI), p. 322.

O dinheiro ou a circulação simples

se dissocia de sua existência como ouro ou prata. O que sobra é *magni nominis umbra* [a sombra de um grande nome (Lucano, *Farsália*)]. O corpo da moeda já não passa de uma sombra. Enquanto originalmente o processo a tornara mais pesada, agora o mesmo processo a torna mais leve, mas ela continua a valer, em cada compra ou venda individual, o mesmo que valia a quantidade original de ouro. O soberano continua a efetuar, enquanto soberano *aparente*, enquanto ouro aparente, a função da peça de ouro legítima. Enquanto outros seres perdem seu idealismo mediante a fricção com o mundo exterior, a moeda é idealizada pela prática, é transformada em mera existência aparente de seu corpo de ouro ou de prata. Essa segunda idealização do dinheiro metálico, ocasionada pelo próprio processo da circulação ou pela dissociação entre seu conteúdo nominal e seu conteúdo real, é explorada em parte por governos, em parte por aventureiros privados, nos mais variados tipos de falsificações monetárias. Toda a história do sistema monetário desde o início da Idade Média até o século XVIII avançado se resume na história dessas falsificações ambíguas e antagônicas, e os muitos volumes da coletânea de Custodi sobre os economistas italianos gira, em grande parte, em torno desse ponto.

Contudo, a existência fictícia do ouro no âmbito de sua função entra em conflito com sua existência real. Uma moeda de ouro perdeu mais e a outra perdeu menos de seu conteúdo metálico na circulação e, em consequência, um soberano de fato passa a valer mais do que o outro. Porém, como eles valem a mesma coisa em sua existência funcional como moeda, ou seja, o soberano que contém ¼ de onça não vale mais do que o soberano que aparenta ¼ de onça, os soberanos de peso cheio são submetidos, nas mãos de possuidores inescrupulosos, a operações cirúrgicas que efetuam neles artificialmente o que a circulação mesma efetuou de modo natural em seus irmãos mais leves. Eles são revirados e chacoalhados, e sua gordura áurea supérflua vai parar no cadinho. Quando 4.672½ soberanos de ouro, postos sobre a balança, pesam em média só mais 800* em vez de 1.200 onças, eles só comprarão 800 onças de ouro quando levadas ao mercado de ouro, ou o preço de mercado do ouro subiria acima de seu preço monetário. Cada peça monetária, mesmo que seu peso seja cheio, valeria em sua forma monetária menos do que em sua forma de barra. Os soberanos de peso cheio seriam novamente transformados em barras, forma na qual mais ouro possui mais valor do que menos ouro. Assim que essa queda abaixo do conteúdo metálico tivesse tomado conta de uma quantidade suficiente de soberanos para causar um aumento constante do preço de mercado do ouro acima de seu preço monetário, os nomes de conta da moeda permaneceriam os mesmos, mas dali por diante indicariam uma quantidade menor de ouro. Em outros termos, o padrão do dinheiro se alteraria e dali em diante o ouro teria de ser cunhado de acordo com esse novo

---

* Na edição de 1859, consta "80" em vez de "800", nas duas ocorrências nesta sentença. (N. E. A.)

padrão. Por meio de sua idealização como meio de circulação, o ouro teria contragolpeado e alterado as relações juridicamente estabelecidas, nas quais ele era padrão de preços. A mesma revolução se repetiria após certo intervalo de tempo, e assim o ouro estaria submetido, tanto em sua função de padrão de preços quanto na de meio de circulação, a uma variação permanente, de tal modo que a variação em uma das formas causaria a variação na outra e vice-versa. Isso explica o fenômeno anteriormente mencionado de que, na história de todos os povos modernos, o mesmo nome monetário foi mantido para um conteúdo metálico cada vez menor. A contradição entre o ouro como moeda e o ouro como padrão de preços torna-se também a contradição entre o ouro como moeda e o ouro como equivalente geral, que é como ele circula não só dentro das fronteiras de um país, mas também no mercado mundial. Enquanto medida dos valores, o ouro sempre foi de peso cheio, porque servia só de ouro ideal. Como equivalente no ato isolado M–D, ele recai de sua existência dinâmica imediatamente em sua existência em repouso, mas como moeda sua substância natural entra em conflito permanente com sua função. Não há como evitar completamente a transformação do soberano de ouro em ouro aparente, mas a legislação procura impedir sua manutenção como moeda, retirando-o de circulação sempre que a falta de substância atinge certo grau. Segundo a lei inglesa, por exemplo, um soberano que tenha perdido mais do que 0,747 grão de peso deixa de ser um soberano legal. O Banco da Inglaterra que sozinho pesou, entre 1844 e 1848, 48 milhões de soberanos de ouro, possui a balança para ouro do senhor Cotton, uma máquina que não só é capaz de perceber a diferença de $^1/_{100}$ de grão entre dois soberanos, mas também, como se fosse uma entidade pensante, lança o soberano abaixo do peso sobre uma tábua que o leva até uma máquina que o estraçalha com crueldade oriental.

Entretanto, sob essas condições, a moeda de ouro nem poderia circular se sua rotação não fosse limitada a determinados ciclos da circulação, dentro dos quais ela se desgasta menos rapidamente. Na medida em que uma moeda de ouro em circulação vale um quarto de onça, enquanto pesa só mais $^1/_5$ de onça, ela de fato se tornou mero sinal ou símbolo para $^1/_{20}$ de onça de ouro, e assim toda moeda de ouro é transformada, em maior ou menor grau, em sinal ou símbolo de sua substância por meio do próprio processo da circulação. Porém nenhum objeto pode tornar-se símbolo de si mesmo. Cachos de uva pintados não são o símbolo de cachos de uva reais, mas são cachos de uva aparentes. No entanto menos ainda pode um soberano leve ser o símbolo de um soberano de peso cheio, do mesmo modo que um cavalo magro não pode ser símbolo de um cavalo gordo. Portanto, o ouro, dado que se torna símbolo de si mesmo, mas não pode servir de símbolo de si mesmo, adquire nos ciclos da circulação em que se desgasta mais rapidamente, isto é, nos ciclos em que compras e vendas se renovam permanentemente em proporções mínimas, uma existência simbólica separada de sua existência como ouro, isto é, uma existência como prata ou cobre. Embora não sejam as próprias peças de ouro, determinada proporção do total do dinheiro de ouro se movimentaria constantemente nesses ciclos como moeda. Nessa proporção, o ouro é substituído por senhas [*Marken*] de prata ou cobre. Portanto, enquanto somente uma mercadoria específica pode funcionar como medida dos valores e, por isso, como dinheiro dentro de um país, diferentes mercadorias podem servir de moeda ao lado do ouro. Esse meio subsidiário de circulação, como, por exemplo, senhas de prata ou de cobre, representa no interior da circulação determinadas frações da moeda de ouro. Por conseguinte, seu próprio teor de prata ou cobre não é determinado pela relação de valor entre prata ou cobre e ouro, mas é estipulado arbitrariamente por lei. Elas só podem ser emitidas nas quantidades em que as frações diminutivas da moeda de ouro representadas por elas circulariam permanentemente, seja para efetuar a troca de moedas de ouro de valor maior, seja para realizar preços correspondentemente mais baixos das mercadorias. No âmbito da circulação de mercadorias a varejo, as senhas de prata e de cobre farão parte de outros ciclos específicos. Pela natureza das coisas, a velocidade de sua circulação está na razão inversa dos preços que elas realizam em cada compra e em cada venda individuais ou da grandeza da fração da moeda de ouro que representam. Quando se pondera o volume colossal do pequeno comércio diário em um país como a Inglaterra, a proporção relativamente insignificante da quantidade total das moedas subsidiárias em circulação evidencia a velocidade e a constância de sua circulação. De um relatório parlamentar recentemente publicado* depreendemos, por exemplo, que em 1857 a Casa da Moeda inglesa cunhou ouro no montante de 4.859.000 libras esterlinas, prata no valor nominal de 373.000 libras esterlinas e um valor metálico de 363.000 libras esterlinas. A quantia total de ouro cunhado nos dez anos decorridos em 31 de dezembro de 1857 foi de 55.239.000 libras esterlinas e a de prata foi só de 2.434.000 libras esterlinas. A moeda de cobre totalizou em 1857 apenas 6.720 libras esterlinas de valor nominal com um valor em cobre de 3.492 libras esterlinas, das quais 3.136 libras esterlinas em moedas de um *penny*, 2.464 em moedas de meio *penny* e 1.120 em *farthings*. O valor total de moedas de cobre cunhadas nos últimos dez anos foi de 141.477 libras esterlinas de valor nominal com um valor metálico de 73.503 libras esterlinas. Do mesmo modo que a moeda de ouro é impedida de se fixar em sua função como moeda pela determinação legal da perda metálica que a desmonetiza, as senhas de prata e de cobre são inversamente impedidas de deixar suas esferas de circulação, passar para a esfera de circulação da moeda de ouro e se fixar como dinheiro, na medida em que se determina o nível de preços que elas realizam legalmente. Assim, por exemplo, na Inglaterra, o cobre só precisa ser aceito como pagamento até

---

* *Statistical Abstract for the United Kingdom in Each of the Last Fifteen Years, from 1844 to 1858* (n. 6, Londres), p. 41. (N. E. A.)

o montante de 6 *pence*, a prata até o montante de 40 xelins. Se as senhas de prata e cobre fossem despendidas em quantidades maiores que a requerida pelas necessidades de suas esferas de circulação, isso não causaria o aumento dos preços das mercadorias, mas ocorreria a acumulação dessas senhas com os vendedores a varejo, que, no fim das contas, seriam obrigados a vendê-las como metal. Assim, em 1798, tinham-se acumulado com os comerciantes moedas de cobre inglesas despendidas por particulares na quantia de 20, 30, 50 libras esterlinas* que tentaram em vão repô-las em circulação e acabaram tendo que lançá-las como mercadoria no mercado do cobre[41].

As senhas de prata e de cobre que representam a moeda de ouro em determinadas esferas da circulação interna possuem um teor de prata e de cobre legalmente fixado, mas, quando engolfadas pela circulação, desgastam-se, a exemplo da moeda de ouro, e se idealizam de acordo com a velocidade e a constância de sua circulação, assumindo ainda mais rapidamente do que aquela a condição de meras sombras. Se mais uma vez se traçasse uma linha divisória da desmetalização, na qual as senhas de prata e de cobre perderiam seu caráter monetário, elas teriam de voltar a ser substituídas, dentro de determinados ciclos de sua esfera de circulação, por outro dinheiro simbólico, digamos, ferro e chumbo, e essa representação de dinheiro simbólico por outro dinheiro simbólico seria um processo sem fim. Por conseguinte, em todos os países de circulação desenvolvida, a própria necessidade da circulação do dinheiro obriga a tornar o caráter monetário das senhas de prata e de cobre independente de qualquer grau de perda de seu metal. Aparece, então, o que residia na natureza das coisas, que elas são símbolos da moeda de ouro, não por serem símbolos feitos de prata ou cobre, não por terem um valor, mas na medida em que não têm nenhum.

Portanto, coisas relativamente sem valor, como *papel*, podem funcionar como símbolos do dinheiro-ouro. A persistência da moeda subsidiária feita de senhas de metal, de prata, de cobre etc. decorre em grande parte do fato de que, na maioria dos países, os metais menos valiosos circulavam como dinheiro, como a prata na Inglaterra, o cobre na república romana antiga, na Suécia, na Escócia etc., antes de o processo da circulação degradá-las a moedas divisionárias e substituí-las por um metal mais precioso. Aliás, reside na natureza das coisas que o símbolo monetário que brota diretamente da circulação metálica seja, num primeiro momento, também um metal. Do mesmo modo que a porção de ouro que tinha de circular sempre como moeda divisionária é substituída por senhas de metal, a porção de ouro que sempre é absorvida como moeda pela esfera da circulação interna, e, portanto, tem

---

* Na edição de 1859, consta "20.350 libras esterlinas" em vez de "20, 30, 50 libras esterlinas". (N. E. A.)
[41] David Buchanan, *Observations on the Subjects Treated of in Doctor Smith's Inquiry into the Nature and Causes of the Wealth of Nations* (Edimburgo, 1814), p. 31.

O dinheiro ou a circulação simples

de circular permanentemente, pode ser substituída por senhas sem valor. O nível abaixo do qual a massa da moeda em circulação nunca desce é estipulado conforme a experiência em cada país. Portanto, a diferença originalmente imperceptível entre teor nominal e teor metálico da moeda metálica pode avançar até a dissociação absoluta. O nome monetário do dinheiro se desprende de sua substância e passa a existir fora dela em bilhetes de papel sem valor. Do mesmo modo que o valor de troca das mercadorias se cristaliza em dinheiro-ouro mediante seu processo de troca, o dinheiro-ouro se sublima na circulação em símbolo de si mesmo, primeiro na forma da moeda de ouro desgastada, depois na forma da moeda metálica subsidiária e, por fim, na forma da senha sem valor, do papel, do simples *signo do valor*.

Entretanto, a moeda de ouro gerou primeiro seu representante metálico e depois o de papel só porque continuou a funcionar como moeda. Ela não circulava por ter-se desgastado, mas se desgastava por ter continuado a circular. Somente porque, dentro do processo, o próprio dinheiro-ouro se tornou signo de seu valor, os meros signos de valor podem substituí-lo.

Na medida em que o movimento M–D–M é unidade processadora dos dois momentos M–D e D–M que revertem imediatamente um no outro ou na medida em que a mercadoria percorre totalmente o processo de sua metamorfose, ela desenvolve seu valor de troca no preço e no dinheiro, para voltar a suprimir essa forma imediatamente, voltando a ser mercadoria, ou melhor, valor de uso. Portanto, ela avança para a *autonomização apenas aparente* de seu valor de troca. Vimos, em contrapartida, que o ouro, na medida em que funciona só como moeda ou se encontra permanentemente em circulação, de fato representa apenas o encadeamento das metamorfoses das mercadorias e *a existência monetária meramente fugaz destas*, só realizando o preço de uma mercadoria a fim de realizar o de outra, mas em lugar nenhum aparece como existência em repouso dos valores de troca ou como mercadoria em repouso. A realidade adquirida pelo valor de troca das mercadorias nesse processo representado pelo ouro em sua circulação é apenas a da faísca elétrica. Mesmo sendo ouro real, ele funciona apenas como ouro aparente e pode, por conseguinte, ser substituído nessa função por signos de si mesmo.

O signo do valor, digamos, papel, que funciona como moeda, é signo da quantidade de ouro expressa em seu nome monetário e, portanto, *signo do ouro*. Do mesmo modo que uma determinada quantidade de ouro em si não expressa uma relação de valor, tampouco o faz o signo que passa a ocupar o seu lugar. Na medida em que determinada quantidade de ouro enquanto tempo de trabalho objetivado possui determinada grandeza de valor, o signo do ouro representa valor. Porém a grandeza de valor representada por ele depende, em cada caso, do valor da quantidade de ouro representada por ele. Em confronto com as mercadorias, o signo do valor representa *a realidade de seu preço*, ele é *signum pretii* [signo do preço] e signo de seu valor só porque o seu valor está expresso em seu preço. Na medida em que o processo M–D–M se apresenta como unidade meramente processadora ou como reversão imediata das duas metamorfoses uma na outra – e é assim que ele se apresenta na esfera da circulação em que funciona o signo do valor –, o valor de troca das mercadorias adquire no preço uma existência meramente ideal e no dinheiro uma existência meramente imaginada, simbólica. Assim, o valor de troca aparece como *apenas* representado ou imaginado materialmente, não possuindo, todavia, nenhuma *realidade* além da que está nas próprias mercadorias, na medida em que determinada quantidade de tempo de trabalho foi objetivada nelas. Por conseguinte, *parece* que o signo do valor representa *diretamente* o valor das mercadorias, na medida em que não se apresenta como signo do ouro, mas como signo do valor de troca apenas expresso no preço, mas existente exclusivamente na mercadoria. Porém essa aparência é falsa. O signo do valor é, no plano imediato, apenas *signo do preço e, portanto, signo do ouro*, e, só mediante um desvio, signo do valor da mercadoria. O ouro não vende sua sombra, como fez Peter Schlemihl, mas compra com sua sombra. Por conseguinte, o signo do valor só é efetivo na medida em que ele *representa*, dentro do processo, o preço de uma mercadoria em confronto com outra ou na medida em que *representa ouro* em confronto com cada possuidor de mercadorias. Um objeto determinado, relativamente sem valor, um pedaço de couro, um bilhete de papel etc., torna-se, de início, habitualmente signo do material monetário, mas só se afirma como tal na medida em que sua existência enquanto símbolo seja garantida pela vontade geral dos possuidores de mercadorias, isto é, na medida em que adquire existência legalmente convencionada e, em consequência, obtém um curso forçado. Papel-moeda do Estado com curso forçado é a forma acabada do *signo do valor* e a única forma do papel-moeda que se origina diretamente da circulação metálica ou da circulação simples de mercadorias. O *dinheiro creditício* pertence a uma esfera mais elevada do processo social de produção e é regulado por leis bem diferentes. O papel-moeda simbólico de fato não é nem um pouco diferente da moeda metálica subsidiária, a não ser por atuar em uma esfera mais ampla da circulação. O desenvolvimento meramente técnico do padrão de preços ou do preço monetário e, ademais, a remodelação exterior do ouro bruto em moeda de ouro já provocaram a interferência do Estado, fazendo a circulação interna se dissociar visivelmente da circulação geral de mercadorias. Essa dissociação é consumada pela evolução da moeda para signo do valor. Como simples meio de circulação o dinheiro só pode mesmo se autonomizar na esfera da circulação interna.

Nossa exposição mostrou que a existência monetária do ouro enquanto signo do valor dissociado da própria substância do ouro se origina do processo mesmo da circulação, não da convenção nem da interferência do Estado. A Rússia oferece um exemplo marcante da gênese natural-espontânea do signo do valor. Na época em que por lá couros e peles serviam de dinheiro, a contradição entre esse material perecível e difícil de manejar e sua função como meio de circulação deu origem ao hábito de substituí-lo por pequenos pedaços de couro carimbados que, desse modo, se tornaram ordens pagáveis em couros e peles. Mais tarde denominados copeques, eles se tornaram meros signos de frações do rublo de prata e se mantiveram nesse uso, em alguns locais, até 1700, quando Pedro, o Grande, ordenou que fossem trocados por pequenas moedas de cobre emitidas pelo Estado[42]. Autores antigos que puderam observar apenas os fenômenos da circulação metálica já concebem a moeda de ouro* como símbolo ou signo do valor. Foi o caso de Platão[43] e Aristóteles[44]. Em países sem nenhuma evolução do crédito, como a China, já

---

[42] Henry Storch, *Cours d'économie politique ou exposition des principes qui determinent la prosperite des nations*. Com notas de J. B. Say, v. I-IV (Paris, 1823, v. IV), p. 79. Storch publicou sua obra em Petersburgo em língua francesa. J. B. Say organizou de imediato uma reimpressão em Paris, complementada com supostas "notas", que de fato nada contêm além de lugares-comuns. Storch de modo nenhum reagiu polidamente à anexação de sua obra pelo "prince de la Science" [príncipe da ciência] (ver suas *Considérations sur la nature du revenu national*, Paris, 1824).

* Na edição de 1859, consta "moeda monetária" [*Geldmünze*] em vez de "moeda de ouro" [*Goldmünze*]. (N. E. A.)

[43] Platão, *De republica*, livro II: "νόμισμα ξύμβολον τῆς ἀλλαγῆς" [A moeda é um símbolo da troca] (*Opera omnia...*, ed. G. Stallbaumius, Londres, 1850, p. 304. Platão explicita o dinheiro somente nas duas determinações como medida de valor e como signo do valor, mas exige que, além do signo do valor a serviço da circulação interna, seja instituído outro para o comércio da Grécia com o exterior. (Ver também o livro V de suas *Leis*.)

[44] Aristóteles, *Ethica nicomachea*, cit., p. 98: "οἷον δ' ὑπάλλαγμα τῆς χρείας τὸ νόμισμα γέγονε κατὰ συνθήκη· καὶ διὰ τοῦτο τ'οὔνομα ἔχει νόμισμα, ὅτι οὐ φύσει ἀλλὰ νόμῳ ἐστὶ, καὶ ἐφ' ἡμῖν μεταβαλεῖν καὶ ποιῆσαι ἄχρηστον" [Foi por convenção que o dinheiro se tornou meio de troca exclusivo da demanda recíproca. Ele ganhou o nome de νόμισμα porque não existe por natureza, mas pela lei, e depende de nós modificá-lo e torná-lo inútil]. Aristóteles concebeu o dinheiro de modo muito mais multifacetado e profundo que Platão. Na passagem seguinte, ele explicita muito bem como do escambo entre diferentes coletividades se originou a necessidade de conferir o caráter de dinheiro a uma mercadoria específica e, portanto, a uma substância ela própria valiosa. "Ξενικωτέρας γὰρ γενομένης τῆς βοηθείας τῷ εἰσάγεσθαι ὧν ἐνδεεῖς καὶ ἐκπέμπειν ὧν ἐπλεόναζον, ἐξ ἀνάγκης ἡ τοῦ νομίσματος ἐπορίσθη χρῆσις [...] διὸ πρὸς τὰς ἀλλαγὰς τοιοῦτόν τι συνέθεντο πρὸς σφᾶς αὐτοὺς διδόναι καὶ λαμβάνειν, ὃ τῶν χρησίμων αὐτὸ ὂν εἶχε τὴν χρείαν εὐμεταχείριστον [...] οἷον σίδηρος καὶ ἄργυρος, κἂν εἴ τι τοιοῦτον ἕτερον" [Pois quando o auxílio recíproco mediante a importação do que faltava e a exportação do excedente se estendeu a distâncias maiores, surgiu *por necessidade* o uso do dinheiro. [...] Convencionou-se dar e receber no intercâmbio recíproco apenas aquilo que, sendo *valioso por si mesmo*, tivesse a vantagem do fácil manejo [...], como ferro e prata ou algo desse tipo] (Aristóteles, *De republica*, livro I, cap. 9, p. 14 [edição grega: I. Bekkeri, Oxonii, 1837]). Essa passagem é citada por Michel Chevalier, que não leu ou não entendeu Aristóteles, para provar que, segundo a visão de Aristóteles, o meio de circulação deveria consistir em uma substância que fosse ela própria valiosa. Pelo contrário, Aristóteles diz expressamente que o dinheiro enquanto mero meio de circulação parecia ter uma existência meramente convencional ou legal, como já indicava seu nome νόμισμα e como ele de fato obteve seu valor de uso como moeda apenas de sua própria função, não de um valor de uso

bem cedo se encontra o papel-moeda com curso forçado⁴⁵. Entre os arautos mais antigos do papel-moeda, também se aponta expressamente a transformação da moeda metálica em signo do valor que se origina do próprio processo da circulação. É o caso de Benjamin Franklin⁴⁶ e do bispo Berkeley⁴⁷.

Quantas resmas de papel cortadas em notas podem circular como dinheiro? Formulada dessa maneira, a pergunta seria absurda. Os selos sem valor são signos de valor só na medida em que representam o ouro no interior do processo de circulação, e eles o representam só na medida em que ele

---

que fosse inerente a ele. "Λῆρος εἶναι δοκεῖ τὸ νόμισμα καὶ τὸ νόμος παντάπασι, φύσει δ' οὐδὲν, ὅτι μεταθεμένων τε τῶν χρωμένων, οὐδενὸς ἄξιον, οὐδὲ χρήσιμον πρὸς οὐδὲν τῶν ἀναγκαίων ἐστί" [O dinheiro parece ser *nulo* e inteiramente oriundo da lei, *nada tendo da natureza*, de tal modo que, *excluído da circulação*, não possui valor nenhum e não presta mais para nada que seja necessário] (ibidem, p. 15).

⁴⁵ Sir John Mandeville, *Voyages and Travels* (Londres, ed. 1705), p. 105: "*This Emperor (of Cattay or China) may dispende ols muche as he wile withouten estymacion. For he despendethe not, nor makethe no money, but of lether emprendeth, or of papyre. And when that money hathe ronne so longe, that it begynethe to waste, than men beren it to the Emperoures Tresorye, and then they taken newe Money for the old. And that money gothe thorghe out all the contree, and thorge out all his Provynces* [...] *they make no money nouther of Gold nor of Sylver*" e, opina Mandeville "*therefore he may despende new and outrageously*" [Esse imperador (de Cantão ou da China) pode gastar à vontade, sem limites. Pois ele não é dependente e faz dinheiro meramente de couro ou papel impresso. E, depois de circular tanto que começa a se decompor, esse dinheiro é trazido para o tesouro do imperador e novo dinheiro é levado em lugar do antigo. E esse dinheiro circula por todo o país e por todas as suas províncias. [...] Não se faz dinheiro nem de ouro nem de prata, (e, opina Mandeville), é por isso que ele sempre pode gastar tudo de novo e excessivamente].

⁴⁶ Benjamin Franklin, *Remarks and Facts Relative to the American Paper Money* (Ebendort, 1764), p. 348: "*At this very time, even the silver money in England is obliged to the legal tender for part of its value; that part which is the difference between its real weight and its denomination. Great part of the shillings and six pences now current are by wearing become 5, 10, 20, and some of the 6 pence even 50%, too light. Forthis difference between the real and the nominal you have no intrinsic value; you have not so much as paper, you have nothing. It is the legal tender, with the knowledge that it can easily be repassed for the same value, that makes 3 pence worth of silver pass for a 6 pence* [Neste justo instante, na Inglaterra, até mesmo o dinheiro de prata é convertido compulsoriamente em meio de pagamento legal por uma parcela de seu valor; essa parcela é a diferença entre seu peso real e seu valor nominal. Grande parte das peças de um xelim e de seis *pence* em circulação, devido ao desgaste provocado pelo uso, tornou-se 5, 10, 20% e algumas peças de 6 *pence* até 50% mais leves. Para cobrir essa diferença entre valor *real* e valor *nominal* não se dispõe de nenhum valor inerente; não se tem nem mesmo papel, não se tem nada. O que se tem é a força legal de pagamento, aliada à consciência de que facilmente se pode passar adiante uma peça de prata no valor de 3 *pence* pelo mesmo valor com que se repassa uma peça de 6 *pence*].

⁴⁷ George Berkeley, *The Querist, Containing Several Queries, Proposed to the Consideration of the Public*, cit., p. 3: "Se a denominação da moeda fosse mantida depois que seu metal tivesse trilhado o caminho de toda a carne, a circulação do comércio não se manteria apesar disso?".

próprio ingressaria como moeda no processo de circulação, ou seja, uma quantidade determinada por seu valor quando estão dados os valores de troca das mercadorias e a velocidade de suas metamorfoses. Notas com a denominação de cinco libras esterlinas só poderiam circular em quantidade cinco vezes menor do que notas com a denominação de uma libra esterlina e, se todos os pagamentos fossem feitos em notas de um xelim, teriam de circular 20 vezes mais notas de xelins do que de libras esterlinas. Se a moeda de ouro fosse representada por notas de diferentes denominações, como notas de cinco libras esterlinas, de uma libra esterlina, notas de 10 xelins, a quantidade desses diferentes tipos de signos do valor não seria determinada pela quantidade de ouro necessária para a circulação total, mas pela quantidade de ouro necessária para o âmbito da circulação de cada tipo específico. Se 14 milhões de libras esterlinas (esse é o valor assumido pela legislação bancária inglesa, não para a moeda, mas para o dinheiro creditício) fossem o nível abaixo do qual a circulação de um país nunca desceria, poderiam circular 14 milhões de notas de papel, cada uma delas sendo o signo de valor para uma libra esterlina. Se o valor do ouro aumentasse ou diminuísse por ter aumentado ou diminuído o tempo de trabalho requerido para sua produção, permanecendo igual o valor de troca da mesma massa de mercadorias, a quantidade de notas de libras esterlinas circulantes aumentaria ou diminuiria na razão inversa da variação de valor do ouro. Se o ouro fosse substituído por prata como medida dos valores, se a proporção de valor do ouro para a prata fosse de 1:15, se no futuro cada nota representasse a mesma quantidade de prata que antes representava de ouro, teriam de circular dali por diante 210 milhões de notas de libra esterlina em vez de 14 milhões. Portanto, a quantidade de notas de papel é determinada pela quantidade de dinheiro-ouro que elas representam na circulação, e, como elas são apenas signos do valor na medida em que o representam, seu valor é determinado simplesmente por sua *quantidade*. Portanto, ao passo que a quantidade do ouro em circulação depende dos preços das mercadorias, o valor das notas de papel em circulação depende, por sua vez, exclusivamente de sua quantidade.

A intervenção do Estado, que emite o papel-moeda com curso forçado – e estamos tratando somente desse tipo de papel-moeda –, parece revogar a lei econômica. O Estado, que, no preço monetário, apenas deu um nome de batismo a determinado peso de ouro e na cunhagem da moeda apenas imprimiu seu selo no ouro, parece agora transformar papel em ouro pela magia de seu selo. Dado que as notas de papel têm curso forçado, ninguém pode impedi-lo de forçar para dentro da circulação a quantidade que quiser de notas e imprimir-lhes os nomes monetários que desejar, como uma libra esterlina, cinco libras esterlinas, vinte libras esterlinas. Uma vez que as notas estejam em circulação, é impossível retirá-las dela, dado que os marcos fronteiriços inibem seu curso e, *fora* da circulação, elas perdem todo o seu valor, tanto o valor de uso quanto o valor de troca. Separadas de sua existência funcional, elas se transformam em pedaços de papel sem valor. No entanto, o poder do Estado é pura aparência. Ele pode até lançar qualquer quantidade de notas de papel com quaisquer nomes monetários para dentro da circulação, mas seu controle cessa com esse ato maquinal. Engolfado pela circulação, o signo do valor ou o papel-moeda fica sujeito às leis que lhe são imanentes.

Se 14 milhões de libras esterlinas fossem a soma do ouro requerido para a circulação de mercadorias e se o Estado pusesse em circulação 210 milhões de notas, cada uma delas com o nome de uma libra esterlina, esses 210 milhões seriam transformados em representantes de ouro no montante de 14 milhões de libras esterlinas. Seria como se o Estado tivesse nomeado as notas de libras esterlinas em representantes de um metal 15 vezes menos valioso ou de uma fração de peso 15 vezes mais leve de ouro que antes. Nada teria mudado na denominação do padrão dos preços, que naturalmente decorre de convenção, quer ela ocorra diretamente pela alteração do padrão monetário, quer ela ocorra indiretamente pela multiplicação das notas de papel numa quantidade requerida para um novo padrão mais baixo. Como o nome "libra esterlina" passaria a indicar uma quantidade de ouro 15 vezes menor, todos os preços das mercadorias ficariam 15 vezes mais elevados e então os 210 milhões de notas de uma libra esterlina de fato seriam tão necessários quanto eram antes os 14 milhões. Na mesma medida em que se teria multiplicado a soma total dos signos do valor, também teria diminuído a quantidade de ouro que cada um deles representa. O aumento dos preços seria apenas a reação do processo de circulação que equipara à força os signos do valor à quantidade de ouro, em cujo lugar eles alegam circular.

Na história das falsificações inglesas e francesas de dinheiro promovidas pelos respectivos governos, constatamos repetidamente que os preços não subiram na mesma proporção em que a moeda de prata fora falsificada. Isso se deu simplesmente porque a proporção em que a moeda foi multiplicada não correspondeu à proporção em que ela fora falsificada, isto é, pelo fato de não ter sido emitida a massa correspondente à composição metálica mais baixa, os valores de troca das mercadorias deveriam dali por diante ser estimados com base nela enquanto medida dos valores e realizados por meio de moedas correspondentes a essa unidade de medida mais baixa. Isso resolve a dificuldade não solucionada no duelo entre Locke e Lowndes. A proporção em que o signo do valor – quer se trate de papel, quer se trate de ouro e prata falsificados – representa os pesos de ouro e de prata calculados de acordo com o preço monetário não depende do material que lhe é próprio, mas da quantidade em circulação. A dificuldade para compreender essa proporção tem origem no fato de que o dinheiro, nas duas funções, como medida dos valores e como meio de circulação, está submetido não só a leis inversas, mas também a leis que aparentemente contradizem o caráter antagônico das duas funções. Quanto à sua função* como medida dos valores, em que o dinheiro serve só de moeda de conta e o ouro só como ouro ideal, tudo depende da matéria natural. Estimados em prata ou como preços da prata, os valores de troca naturalmente têm um aspecto bem diferente do que estimados em ouro ou como preços de ouro. Inversamente, em sua função como meio de circulação, em que o dinheiro não é só imaginário, mas tem de existir como objeto real ao lado das demais mercadorias, sua matéria se torna indiferente, ao passo que tudo depende de sua quantidade. Quanto à unidade de medida, é decisivo se se trata de uma libra de ouro, de prata ou de cobre, ao passo que a simples quantidade faz da moeda a realização correspondente de cada uma dessas unidades de medida qualquer que seja a matéria que lhe é própria. Porém contrasta com o senso comum dizer que, no caso do dinheiro meramente idealizado, tudo depende de sua substância material e, no caso da moeda palpavelmente existente, tudo depende de uma relação numérica ideal.

Portanto, o aumento ou a redução dos preços das mercadorias concomitante ao aumento ou à redução da massa de notas de papel – isto onde as notas de papel constituem o meio de circulação exclusivo – não passa de uma validação, efetuada à força pelo processo da circulação, da lei maquinalmente violada a partir de fora, a saber, que a quantidade de ouro em circulação é determinada pelos preços das mercadorias e a quantidade de signos do valor em circulação é determinada pela quantidade das moedas de ouro que eles representam na circulação. Em contrapartida, qualquer massa de notas de papel, em consequência disso, é absorvida e como que digerida pelo processo da circulação porque o signo do valor, não importando com que título de ouro ele ingresse na circulação, é prensado no interior dela até se tornar signo da quantidade de ouro que poderia circular em seu lugar.

Na circulação dos signos do valor, todas as leis da circulação real de dinheiro aparecem invertidas e viradas de cabeça para baixo. Ao passo que o ouro circula por ter valor, o papel tem valor por circular. Ao passo que, dado o valor de troca das mercadorias, a quantidade do ouro em circulação depende do valor que lhe é próprio, o valor do papel depende de sua quantidade em circulação. Ao passo que a quantidade do ouro em circulação aumenta ou diminui concomitantemente ao aumento ou à diminuição dos preços das mercadorias, os preços das mercadorias parecem aumentar ou diminuir concomitantemente à variação na quantidade do papel em circulação. Ao passo que a circulação das mercadorias só consegue absorver determinada quantidade de moeda-ouro e, em consequência, o movimento de contração e expansão alternadas do dinheiro circulante se apresenta como lei necessária, o papel-moeda parece ingressar na circulação em qualquer extensão. Ao passo que o Estado falsifica a moeda de ouro e de prata, atrapalhando,

---

* Corrigido no exemplar manuscrito; na edição de 1859, falta "Quanto à sua função". (N. E. A.)

por conseguinte, sua função como meio de circulação, caso ele emita a moeda nem que seja apenas $^{1}/_{100}$ de grão abaixo de seu teor nominal, ele efetua uma operação perfeitamente correta ao emitir notas de papel sem valor que nada têm do metal, a não ser o nome monetário. Ao passo que a moeda de ouro representa manifestamente apenas o valor das mercadorias, na medida em que esse valor é estimado em ouro ou apresentado como preço, o signo do valor parece representar diretamente o valor da mercadoria. Em consequência disso, é compreensível porque os observadores que estudaram os fenômenos da circulação de dinheiro unilateralmente com base na circulação de papel-moeda com curso forçado necessariamente desconheceram todas as leis imanentes da circulação de dinheiro. De fato, essas leis aparecem não só invertidas na circulação dos signos do valor, mas apagadas, dado que o papel-moeda, quando emitido na quantidade correta, efetua movimentos que não lhe são peculiares como signo do valor, pois seu movimento peculiar, em vez de descender diretamente da metamorfose das mercadorias, origina-se da violação de sua proporção correta em relação ao ouro.

3) Dinheiro

Distinguindo-se da moeda, o *dinheiro*, que é o resultado do processo de circulação na forma M–D–M, constitui o ponto de partida do processo de circulação na forma D–M–D, isto é, a troca de dinheiro por mercadoria visando à troca de mercadoria por dinheiro. Na forma M–D–M, é a mercadoria, na forma D–M–D, é o dinheiro que constitui o ponto de partida e o ponto de chegada do movimento. Na primeira forma, o dinheiro intermedeia a troca de mercadorias, na última, é a mercadoria que intermedeia o devir do dinheiro à condição de dinheiro. O dinheiro, que na primeira forma aparece como simples meio, aparece na última como fim último da circulação, enquanto a mercadoria, que na primeira forma aparece como fim último, aparece na segunda como simples meio. Dado que o próprio dinheiro já é resultado da circulação M–D–M, na forma D–M–D o resultado da circulação aparece concomitantemente como seu ponto de partida. Enquanto em M–D–M o metabolismo constitui o conteúdo do processo, o conteúdo real do segundo processo D–M–D é formado pela existência formal da própria mercadoria que resultou desse primeiro processo.

Na forma M–D–M, os dois extremos são mercadorias de mesma grandeza de valor, mas, ao mesmo tempo, de valores de uso qualitativamente diferentes. Sua troca M–M é metabolismo real. Na forma D–M–D, em contraposição, os dois extremos são ouro e, ao mesmo tempo, ouro da mesma grandeza de valor. Trocar ouro por mercadoria visando trocar mercadoria por ouro ou, se examinarmos o resultado D–D, trocar ouro por ouro, parece sem sentido. Porém, se traduzirmos D–M–D para a fórmula *"comprar* para *vender"*, o que significa tão somente trocar ouro por ouro por meio de um movimento intermediador, reconhecemos de imediato a forma dominante da produção burguesa. Na prática, contudo, não se compra para vender, mas se compra barato para vender mais caro. Dinheiro é trocado por mercadoria para voltar a trocar mercadoria por uma quantidade maior de dinheiro, de modo que os extremos D e D são quantitativamente diferentes, mesmo que não o sejam qualitativamente. Tal diferença quantitativa pressupõe *a troca de não equivalentes*, ao passo que mercadoria e dinheiro como tais são apenas formas opostas da própria mercadoria e, portanto, diferentes modos de existência da mesma grandeza de valor. Portanto, o ciclo D–M–D abriga, sob as formas "dinheiro" e "mercadoria", relações mais desenvolvidas de produção e, no interior da circulação simples, é apenas reflexo de um movimento superior. Por conseguinte, temos de desenvolver o dinheiro em distinção ao meio de circulação a partir da forma imediata da circulação de mercadorias M–D–M.

Ouro, isto é, a mercadoria específica que serve de medida dos valores e de meio de circulação, torna-se *dinheiro* sem qualquer intervenção da sociedade. Na Inglaterra, onde a prata não é medida dos valores nem meio de circulação dominante, ela não se torna dinheiro, exatamente do mesmo modo que, na Holanda, o ouro deixou de ser dinheiro assim que foi destronado como medida de valor. Portanto, uma mercadoria primeiro se torna dinheiro como unidade de medida de valor e meio de circulação, ou a unidade de medida de valor e meio de circulação é dinheiro. Porém, sendo essa unidade, o ouro possui, por seu turno, existência autônoma e distinta de sua existência nas duas funções. Como medida dos valores, ele é apenas dinheiro ideal e ouro ideal; como simples meio de circulação, ele é dinheiro simbólico e ouro simbólico; mas, em sua simples corporalidade metálica, o ouro é dinheiro ou o dinheiro é ouro real.

Consideremos por um momento a mercadoria "ouro" em repouso, que é dinheiro em sua relação com as demais mercadorias. Todas as mercadorias representam em seus preços determinada soma de ouro, sendo, portanto, apenas ouro representado ou dinheiro representado, *representantes do ouro*, do mesmo modo que, ao inverso, no signo do valor, o dinheiro apareceu como simples representante dos preços das mercadorias[48]. Assim, dado que todas as mercadorias são apenas dinheiro representado, o dinheiro é a única mercadoria real. Em contraposição às mercadorias, que apenas representam a existência autônoma do valor de troca, do trabalho social geral, da riqueza abstrata, o ouro é *a existência material da riqueza abstrata*. Pelo lado do valor de uso, cada mercadoria expressa apenas um momento da riqueza material mediante sua relação com uma necessidade específica, apenas um aspecto isolado da riqueza.

---

[48] "*Non solo i metalli ricchi son segni delle cose* [...], *ma vicendevolmente le cose* [...] *sono segni dell'oro e dell'argento*" [Não só os metais preciosos são signos das coisas [...], mas inversamente as coisas são [...] signos do ouro e da prata] (Antonio Genovesi, "Lezioni di Economia Civile" (1765), em Pietro Custodi, *Scrittori classici italiani economia politica*, v. VIII, Milão, 1803, p. 281).

Porém, o dinheiro satisfaz toda e qualquer necessidade na medida em que é convertível no objeto de toda e qualquer necessidade. O valor de uso que lhe é próprio foi realizado na série infinita dos valores de uso que constituem seu equivalente. Em sua solidez metálica, está encerrada toda a riqueza material inscrita no mundo das mercadorias. Portanto, se os preços das mercadorias representam o equivalente geral ou a riqueza abstrata, isto é, o ouro, o valor de uso do ouro representa os valores de uso de todas as mercadorias. O ouro é, *por conseguinte, o representante material da riqueza material*. Ele é o "*précis de toutes les choses*" [a suma de todas as coisas] (Boisguillebert), o compêndio da riqueza social. Ao mesmo tempo, ele é, por sua forma, a encarnação imediata do trabalho geral e, por seu conteúdo, a quintessência de todo trabalho real. Ele é a riqueza universal como indivíduo[49]. Em sua forma como mediador da circulação, ele sofreu todo tipo de injustiça, foi cerceado e até banalizado como mero pedaço de papel simbólico. Como dinheiro, é devolvida a ele sua glória áurea. Da condição de servo ele passa a ser senhor[50]. Da simples condição de servente ele passa a ser o deus das mercadorias[51].

---

[49] William Petty: ouro e prata são "*universal wealth*" [riqueza universal] ("Political Arithmetick, or a Discourse Concerning the Extent and Value of Lands, People, Buildings...", em *Several Essays in Political Arithmetick*, Londres, 1699, p. 242).

[50] Edward Misselden, *Free Trade or the Means to Make Trade Florish. Wherein, the Causes of the Decay of Trade in this Kingdome, are Discouvered: and the Remedies also to Remove the Same are Represented* (Londres, 1622), p. 7. "A matéria do comércio é a *merchandize* [mercadoria comercial]: *which merchants from the end of trade have stiled commodities* [que os comerciantes por razões comerciais chamaram de mercadorias de uso]. A matéria artificial do comércio é dinheiro, que recebeu o título *of sinewes of warre and of state* [de nervo da guerra e do Estado]. Embora na natureza e no tempo o dinheiro seja posterior à *merchandize, yet for as much as it is now in use has become the chiefe* [contudo, na medida em que agora está em uso, tornou-se a coisa principal]". Ele compara mercadoria e dinheiro "aos dois filhos do velho Jacó, que impôs a mão direita ao mais novo e a esquerda ao mais velho" (ibidem).
Pierre Le Pesant de Boisguillebert, *Dissertation sur la nature de la richesse, de l'argent et des tributs où l'on decouvre la fausse idée qui règne dans le monde à l'égard de ces trois articles* (Ebendort), p. 395, 399: "*Voilà donc l'esclave du commerce devenu son maître.* [...] *La misère des peuples ne vient que de ce qu'on a fait un maître, ou plutôt un tyran de ce qui était un esclave*" [Portanto, aqui o escravo do comércio se tornou seu senhor. [...] A miséria dos povos advém unicamente do fato de se ter convertido alguém que era escravo em senhor, ou melhor, em tirano].

[51] Ibidem, p. 395: "*On a fait une idole de ces métaux (l'or et l'argent) et laissant la l'objet et l'intention pour lesquels ils avaient été appelés dans le commerce, savoir pour y servir de gages dans l'échange et la tradition réciproque, on les a presque quittés de ce service pour en former des divinités, auxquelles on a sacrifié et sacrifie toujours plus de biens et de besoins précieux et même d'hommes, que jamais l'aveugle antiquité n'en immola a ces fausses divinités etc.*" [Esses metais (ouro e prata) foram convertidos em ídolo e, abandonando a finalidade e a intenção com que tinham sido convocados para o comércio, a saber, para servir de garantia na troca e na transferência recíproca, eles praticamente foram liberados desse serviço para serem convertidos em *divindades*, às quais foram e ainda são sacrificados

a. Entesouramento

Primeiro o ouro como dinheiro se dissociou do meio de circulação pelo fato de a mercadoria interromper o processo de sua metamorfose e persistir em sua crisálida de ouro. Isso acontece sempre que a venda não se converte em compra. Portanto, autonomização do ouro como dinheiro é, antes de tudo, expressão sensível da desagregação do processo de circulação ou da metamorfose da mercadoria em dois atos separados, que subsistem indiferentes lado a lado. A própria moeda se converte em dinheiro assim que seu curso é interrompido. Na mão do vendedor que a embolsa em troca de uma mercadoria, ela é dinheiro, e não moeda; assim que ela sai de sua mão, ela volta a ser moeda. Cada qual é vendedor da mercadoria unilateral que ele produz, mas comprador de todas as outras mercadorias de que ele necessita para a existência social. Enquanto a sua atuação como vendedor depende do tempo de trabalho que sua mercadoria requer para sua produção, sua atuação como comprador é condicionada pela renovação permanente das necessidades vitais. Para poder comprar sem vender, ele deve ter vendido sem comprar. De fato, a circulação M–D–M é apenas a unidade processadora da venda e da compra, na medida em que é concomitantemente o processo permanente de sua separação. Para que o dinheiro flua permanentemente como moeda, a moeda tem de coagular permanentemente como dinheiro. A circulação permanente da moeda é condicionada pela permanente imobilização de porções maiores ou menores dela, em fundos de reserva monetária que surgem em toda parte no interior da circulação tanto quanto a condicionam, em fundos de reserva, cuja formação, distribuição, dissolução e nova formação variam constantemente, cuja existência desaparece permanentemente, cujo desaparecimento está permanentemente presente. Adam Smith expressou essa incessante transformação da moeda em dinheiro e do dinheiro em moeda da seguinte maneira: todo possuidor de mercadorias deve ter de reserva, ao lado da mercadoria específica que ele vende, certa soma da mercadoria geral com a qual ele compra. Vimos que, na circulação M–D–M, o segundo membro D–M se fragmenta em uma série de compras que não se efetuam de uma só vez, mas sucessivamente no tempo, de tal modo que uma porção de D circula como moeda, enquanto a outra repousa como dinheiro. Nesse caso, o dinheiro de fato é apenas *moeda suspensa* e os componentes individuais da massa monetária circulante sempre aparecem variando, ora nesta, ora naquela forma. Por conseguinte, essa primeira transformação do meio de circulação em dinheiro representa apenas um fator técnico de circulação do dinheiro[52].

---

mais bens e necessidades importantes, assim como mais pessoas, que a Antiguidade cega jamais sacrificou às suas falsas divindades etc.].

[52] Boisguillebert fareja, na primeira imobilização do *perpetuum mobile*, isto é, da negação de sua existência funcional como meio de circulação, de imediato, sua autonomização em relação às mercadorias. Ele diz que o dinheiro deve estar *"dans un mouvement*

A primeira forma natural-espontânea da riqueza é a do supérfluo ou do excedente, a parte do produto que não é requerida diretamente como valor de uso, ou também a posse de produtos cujo valor de uso sai da esfera das necessidades imediatas. Ao examinar a passagem da mercadoria para dinheiro, vimos que, no estágio não desenvolvido da produção, esse supérfluo ou excedente dos produtos constitui a esfera propriamente dita da troca de mercadorias. Produtos excessivos se tornam produtos permutáveis ou mercadorias. A forma adequada de existência desse supérfluo é o ouro e a prata, a primeira forma em que a riqueza é fixada como riqueza social abstrata. As mercadorias não só podem ser guardadas na forma de ouro ou prata, isto é, no material do dinheiro, mas ouro e prata são riqueza em forma conservada. Todo valor de uso serve como tal, na medida em que é consumido, isto é, aniquilado. Porém o valor de uso do ouro como dinheiro é ser portador do valor de troca, é ser, como matéria-prima amorfa, materialidade do tempo de trabalho geral. Como metal amorfo, o valor de troca possui uma forma imperecível. Ouro ou prata imobilizados dessa maneira como dinheiro constituem o *tesouro*. No caso de povos que têm uma circulação puramente metálica, como é o dos [povos] antigos, a formação do entesouramento se manifesta como um processo universal que vai do indivíduo até o Estado que guarda o tesouro público. Nos tempos mais antigos, na Ásia e no Egito, esses tesouros sob a guarda de reis e sacerdotes aparecem mais como atestados de seu poder. Na Grécia e em Roma, passa a ser política formar tesouros públicos como forma de excedente sempre assegurada e sempre de prontidão. A transferência rápida de tais tesouros de um país para outro por obra de conquistadores e seu derramamento parcial e repentino na circulação constituem uma das peculiaridades da economia antiga.

Como *tempo de trabalho objetivado*, o ouro avalia a própria grandeza de valor, e, por ser materialidade do tempo de trabalho *geral*, o processo da circulação avalia sua efetividade constante como valor de troca. Pelo simples fato de o possuidor de mercadorias poder segurar a mercadoria em sua forma como valor de troca ou o próprio valor de troca como mercadoria, a troca das mercadorias torna-se o motivo próprio da circulação, visando recebê-las de volta na forma transformada do ouro. A metamorfose da mercadoria M–D ocorre em função de sua metamorfose, para transformá-la de riqueza natural específica em riqueza social geral. Em vez

---

continuel, ce qui ne peut être que tant qu'il est meuble, mais sitôt qu'il devient immeuble tout est perdu" [em permanente movimento, o que ele só consegue enquanto for móvel, e, assim que se torna imóvel, tudo está perdido] ("Le détail de la France", cit., p. 213). O que ele não percebe é que esse ficar imóvel é condição de seu movimento. O que ele de fato quer é que o valor de troca das mercadorias [*anotação no exemplar manuscrito:* isso quer dizer, a forma-valor das mercadorias] se manifeste como forma meramente evanescente de seu metabolismo, mas jamais se consolide como fim em si.

O dinheiro ou a circulação simples

da variação de matéria, é a variação de forma que se torna fim em si. De simples forma, o valor de troca se converte em conteúdo do movimento. A mercadoria só se mantém como riqueza, como mercadoria só na medida em que se mantém dentro da esfera da circulação, e ela só se mantém nesse estado fluido na medida em que se ossifica em prata e ouro. Ela permanece em fluxo como cristal do processo de circulação. Ouro e prata, por sua vez, só se fixam como dinheiro na medida em que não são meio de circulação. *Como não meios de circulação eles se convertem em dinheiro**. Portanto, retirar a mercadoria da circulação na forma de ouro é o único modo de mantê-la permanentemente dentro da circulação.

O possuidor de mercadorias pode receber de volta da circulação como dinheiro somente o que ele coloca nela como mercadoria. A venda constante, o lançar contínuo de mercadorias em circulação, é, por conseguinte, a primeira condição do entesouramento do ponto de vista da circulação de mercadorias. Em contrapartida, o dinheiro desaparece permanentemente como meio de circulação no próprio processo da circulação na medida em que ele sempre se realiza em valores de uso e se dissolve em satisfações transitórias. Portanto, ele tem de ser arrebatado do fluxo voraz da circulação ou a mercadoria tem de ser segurada em sua primeira metamorfose, sendo impedida de cumprir sua função como meio de compra. O possuidor de mercadorias que assim se tornou um entesourador tem de vender o máximo possível e comprar o mínimo possível, como já ensinou o velho Catão: *patrem familias vendacem, non emacem esse* [o patriarca tem de ser ávido por vender, e não louco por comprar]. Do mesmo modo que a laboriosidade é a condição positiva do entesouramento, a austeridade é sua condição negativa. Quanto menos o equivalente da mercadoria for retirado da circulação em forma de mercadorias ou valores de uso específicos, tanto mais ele é retirado dela na forma de dinheiro ou valor de troca[53]. Portanto, a apropriação da riqueza em sua forma geral condiciona a renúncia à riqueza em sua realidade material. Por conseguinte, o impulso vital do entesouramento é a *avareza*, que não precisa da mercadoria como valor de uso, mas do valor de troca como mercadoria. Para se apoderar do supérfluo em sua forma geral, as necessidades específicas precisam ser tratadas como luxo e supérfluo. Assim, no ano de 1593, as cortes fizeram uma representação a Filipe II, na qual consta, entre outras coisas, o seguinte: "As cortes de Valladolid do ano de 1586 rogaram à Vossa Majestade que não mais permitisse a importação no reino de velas, artigos de vidro, bijuterias, facas e coisas similares que

---

* Sublinhado no exemplar manuscrito; na edição de 1859, não está grifado. (N. E. A.)
[53] "Quanto mais cresce a reserva em [forma de] mercadorias, tanto mais diminui a que existe como tesouro (*in treasure*)" (Edward Misselden, *Free Trade or the Means to Make Trade Florish. Wherein, the Causes of the Decay of Trade in this Kingdome, are Discouvered: and the Remedies also to Remove the Same are Represented*, cit., p. 23).

vêm do exterior para trocar por ouro, essas coisas tão inúteis para a vida humana, como se os espanhóis fossem *índios*"*.

O entesourador despreza os prazeres mundanos, temporais e transitórios, para ir ao encalço do tesouro eterno, que não é roído pelas traças nem carcomido pela ferrugem, que é celestial por inteiro e terreno por inteiro. No escrito citado, Misselden diz:

> A causa remota geral de nossa falta de ouro é o grande excesso deste reino no consumo de mercadorias de países estrangeiros, que comprovam ser para nós *discommodities* [mercadorias inúteis] em vez de *commodities* [mercadorias úteis], que subtraem tanto de nosso tesouro quanto, se não fosse assim, poderia ser importado em lugar desses brinquedos (*toys*). Consumimos entre nós um excesso demasiado grande de vinhos da Espanha, da França, da Renânia, do Levante; passas de uva da Espanha, de Corinto, do Levante, *lawns* (tipo de tecido fino de linho) e *cambrics* [cambraias] de Hainaut, artigos de seda da Itália, açúcar e tabaco das Índias Ocidentais, especiarias das Índias Orientais, tudo coisas de que não temos *necessidade absoluta* e, não obstante, elas são compradas com ouro sólido.[54]

Na forma de ouro e prata, a riqueza é imperecível, tanto porque o valor de troca existe no material indestrutível quanto principalmente porque ouro e prata são impedidos de se converter, como meio de circulação, na mera forma-dinheiro desvanecente da mercadoria. Portanto, o conteúdo perecível é sacrificado à forma imperecível.

> Se o dinheiro for tomado por meio de impostos de alguém que o dissipa comendo e bebendo e dado a alguém que o usa no melhoramento do país, na pesca, nas minas, nas manufaturas ou mesmo em roupas, sempre haverá uma vantagem para a sociedade, pois nem mesmo roupas são tão perecíveis quanto refeições e bebidas. Se for usado para fazer móveis, a vantagem é tanto maior e ainda maior para construir casas etc., sendo a maior de todas quando ouro e prata são trazidos para dentro do país, porque essas são as únicas coisas não perecíveis, sendo valorizadas como riqueza em todos os tempos e em todos os lugares; tudo o mais não passa de riqueza *pro hic et nunc* [para aqui e agora].[55]

Arrancar o dinheiro do fluxo da circulação e resgatá-lo do metabolismo social é algo que se mostra também exteriormente no *ato de enterrar*, de modo que a riqueza social como tesouro subterrâneo imperecível é posta em uma relação privada totalmente secreta com o possuidor de mercadorias. O doutor Bernier, que passou algum tempo em Delhi, na corte de Aurangzeb, conta como os comerciantes enterram seu dinheiro secreta e profundamente, mas em especial os pagãos não islâmicos que dominavam quase todo o comércio

---

* Juan y Guarinos Sempéré, *Considérations sur les causes de la grandeur et de la décadence de la Monarchie Espagnole*, v. I (Paris, 1826), p. 275-6. (N. E. A.)
[54] Ibidem, p. 11-3 *passim*.
[55] William Petty, "Political Arithmetic, or a Discourse Concerning the Extent and Value of Lands, People, Buildings...", cit., p. 196.

O dinheiro ou a circulação simples

e o dinheiro, "enredados como estão na crença de que o ouro e a prata que escondem durante sua vida lhes servirão no outro mundo após sua morte"[56].

A propósito, na medida em que seu ascetismo está aliado à laboriosidade enérgica, o entesourador é, em termos de religião, essencialmente protestante e, ademais, puritano.

> Não se pode negar que comprar e vender são atividades necessárias, que não se pode dispensar, podendo ser praticadas de forma cristã, particularmente no tocante às coisas necessárias e honrosas. Porque também os patriarcas, por exemplo, venderam e compraram gado, lã, cereais, manteiga, leite e outros bens. São dádivas de Deus que ele concede da terra e reparte entre os seres humanos. O comércio exterior, entretanto, aquele que traz mercadorias de Calcutá e da Índia e outros lugares estrangeiros, como preciosa seda, ourivesaria e especiarias, que somente servem de ostentação e não têm utilidade, sugando o dinheiro do país e das pessoas, não deveria ser permitido se tivéssemos governo e príncipes. Mas a esse respeito não quero escrever agora, porque acredito que por fim, quando não tivermos mais dinheiro, iremos largá-lo por nós próprios, inclusive joias e comilanças. De qualquer forma, escrever e doutrinar de nada adiantará, até que a necessidade e a penúria nos forcem.[57]

---

[56] François Bernier, *Voyages contenant la description des états du Grand Mogol, de l'Indoustan, du Royaume de Cachemire etc.*, v. 1 (Paris, 1830), p. 312-4.

[57] Doutor Martinho Lutero, *Bücher vom Kaufhandel und Wucher*, 1524. Na mesma passagem, Lutero diz (p. 4-5): "Deus rejeitou a nós alemães a ponto de termos de entregar nosso ouro e nossa prata a países estrangeiros, enriquecendo o mundo todo e permanecendo nós próprios mendigos. A Inglaterra certamente teria menos ouro se a Alemanha lhe deixasse seu tecido, e o rei de Portugal também teria menos se o deixássemos ficar com suas especiarias. Calcule quanto dinheiro é levado para fora da Alemanha durante uma feira de Frankfurt, sem qualquer necessidade. É de se admirar que ainda reste um centavo na Alemanha. Frankfurt é o ralo da prata e do ouro, pelo qual se escoa da Alemanha tudo o que entre nós brota e cresce, se cunha e se forja. Se o ralo fosse fechado, não se haveria de ouvir agora as queixas de que só há dívidas e falta de dinheiro por toda parte, de que todas as regiões e cidades estão sobrecarregadas pelos juros e pela usura. Mas deixa para lá, é assim mesmo: nós alemães temos de continuar alemães, não desistiremos enquanto não formos obrigados!" [Martinho Lutero, "Comércio e usura", em Martinho Lutero, *Obras selecionadas*, v. 5: *Ética* (trad. De Walter O. Schlupp e Ilson Kayser. São Leopoldo, Sinodal/ Porto Alegre, Concórdia, 1995), p. 377-8].
No escrito já citado, Misselden quer pelo menos manter o ouro e a prata no âmbito da cristandade: "O dinheiro é reduzido pelo comércio que vai além da cristandade, ou seja, com a Turquia, Pérsia e Índias Orientais. Esses ramos comerciais são levados a cabo em sua maior parte com dinheiro à vista, mas de maneira bem diferente do que os ramos comerciais da cristandade em si mesmos. Pois, embora no âmbito da cristandade o comércio seja feito com dinheiro à vista, o dinheiro fica continuamente encerrado dentro de seus limites. Então de fato há fluxo e contrafluxo, maré alta e maré baixa do dinheiro no comércio feito no âmbito da cristandade, pois ora ele é mais abundante em uma parte, ora mais escasso em outra, caso um país tenha falta e outro tenha excesso: ele vem e vai e roda no âmbito da cristandade, mas permanece sempre dentro da linha que a delimita. Porém o dinheiro com que se faz comércio fora da cristandade com os países

Em tempos de estremecimento do metabolismo social, enterrar dinheiro como tesouro é algo que ocorre até mesmo na sociedade burguesa desenvolvida. O laço social em sua forma compacta – para o possuidor de mercadorias esse laço consiste na mercadoria, e a existência adequada da mercadoria é dinheiro – fica a salvo do movimento social. O *nervus rerum* [nervo das coisas] da sociedade é sepultado ao lado do corpo do qual ele é o nervo.

O tesouro seria, então, apenas metal inútil, sua alma monetária teria fugido dele e ele restaria como cinza incinerada da circulação, como seu *caput mortuum* [resíduo químico], caso ele não estivesse em tensão permanente com ela. Por sua qualidade, o dinheiro ou o valor de troca autonomizado é existência da riqueza abstrata; porém, em contrapartida, toda soma dada de dinheiro é uma grandeza de valor quantitativamente limitada. O limite quantitativo do valor de troca contradiz sua generalidade qualitativa e o entesourador percebe o limite como barreira que, de fato, se converte simultaneamente em barreiras qualitativas ou converte o tesouro em representante meramente limitado da riqueza material. Como vimos, o dinheiro, enquanto equivalente geral, é representado, no plano imediato, em uma equação, na qual ele próprio constitui um dos lados, sendo o outro formado pela série infinita das mercadorias. Depende da grandeza do valor de troca até que ponto ele se realiza aproximativamente a essa série infinita, isto é, [até que ponto ele] corresponde ao seu conceito como valor de troca. O movimento do valor de troca como valor de troca, como autômato, de modo geral só pode ser este: ir além de seu limite quantitativo. Porém, quando se ultrapassa o limite quantitativo do tesouro, cria-se uma barreira que novamente tem de ser superada. O que aparece como barreira não é um limite determinado do tesouro, mas todo o seu limite. Portanto, o entesouramento não possui limite imanente, nenhuma medida em si mesmo, mas é um processo interminável, que em cada um de seus resultados encontra um motivo para o seu começo. Se o tesouro só se multiplica quando é conservado, ele também só se conserva quando é multiplicado.

O dinheiro não é só *um* objeto da avidez por enriquecimento; ele é *o* seu objeto. Ela [a avidez] é essencialmente *auri sacra fames* [maldita fome de ouro]*. Em distinção à avidez pela riqueza natural específica ou por valores de uso como roupas, joias, rebanhos etc., a avidez por enriquecimento só é possível no momento em que a riqueza geral como tal foi individualizada em um objeto específico e, em consequência, pode ser retida como mercadoria individual. Portanto, o dinheiro aparece tanto como objeto quanto como

---

anteriormente citados é gasto definitivamente e não retorna mais" (Edward Misselden, *Free Trade or the Means to Make Trade Florish. Wherein, the Causes of the Decay of Trade in this Kingdome, are Discovered: and the Remedies also to Remove the Same are Represented*, cit., p. 19-20).

* Virgílio, *Eneida*, livro III (trad. de Tassilo Orpheu Spalding, São Paulo, Nova Cultural, 2003), p. 67. (N. T.)

O dinheiro ou a circulação simples

fonte da avidez por enriquecimento⁵⁸. O que de fato está na base disso é que o valor de troca como tal e, desse modo, sua multiplicação se torna um fim. A avareza retém o tesouro, não permitindo que o dinheiro se torne meio de circulação, mas a ganância por ouro conserva sua alma monetária, sua tensão permanente com a circulação.

Então, a atividade pela qual se constitui o tesouro é, de um lado, a de retirar o dinheiro da circulação pela venda permanentemente repetida e, de outro lado, a do simples armazenamento, a de *acumular*. De fato, é apenas na esfera da circulação simples, mais precisamente na forma do entesouramento, que ocorre a acumulação da riqueza como tal, ao passo que, como veremos mais adiante, as demais assim chamadas formas da acumulação só são tidas como acumulação por mau uso do termo, apenas mediante reminiscência da acumulação simples de dinheiro. Todas as outras mercadorias são acumuladas como valores de uso, e, nesse caso, o modo de sua acumulação é determinado pela peculiaridade de seu valor de uso. O armazenamento de cereais, por exemplo, exige instalações específicas. Acumular ovelhas me transforma em pastor, acumular escravos e terras torna necessárias relações de senhorio e servidão etc. A constituição de uma reserva de riqueza específica requer processos específicos, distintos do simples ato de acumular propriamente dito, e desenvolve aspectos específicos da individualidade. Ou a riqueza na forma de mercadorias é acumulada como valor de troca e, nesse caso, a acumulação aparece como uma operação comercial ou especificamente econômica. Seu sujeito se torna comerciante de cereais, comerciante de gado etc. Ouro e prata são dinheiro não mediante alguma atividade do indivíduo que os acumula, mas como cristais do processo de circulação que se desenrola sem a sua intervenção. A única coisa que ele tem de fazer é guardar esses cristais e acumulá-los peça por peça, uma atividade totalmente destituída de conteúdo, que, se fosse aplicada a todas as outras mercadorias, as desvalorizaria⁵⁹.

---

⁵⁸ "*A nummo prima origo avaritiae* [...] *haec paulatim exarsit rabie quadam, non iam avaritia, sed fames auris*" [Mas o dinheiro é a origem da avareza. [...] Aqui, aos poucos se inflama uma espécie de insanidade, que já não é avareza, mas fome de ouro] (Plínio, *Historia naturalis*, livro XXXIII, cap. III, seção 14).

⁵⁹ Portanto, Horácio não entende nada da filosofia do entesouramento quando diz (*Sátiras*, livro II, sátira III ["O estoico", em Horácio, *Sátiras*, trad. Antonio Luis Seabra e João Batista Melo e Souza, São Paulo, Edipro, 2011, p. 96-7]):

Siquis emat citharas,
emptas comportat in unum,
Nec studio citharae nec musae deditus ulli;
Si scalpra et formas non sutor; nautica vela
Aversus mercaturis; delirus et amens.
Undique dicatur merito.
Qui discrepat istis,
Qui nummos aurumque recondit, nescius uti

Karl Marx – Para a crítica da economia política

Nosso entesourador aparece como mártir do valor de troca, santo asceta no píncaro de sua coluna de metal. Tudo o que lhe interessa é a riqueza em sua forma social e, justamente por isso, ele a enterra, ocultando-a da sociedade. Ele exige a mercadoria em uma forma sempre apta a circular e, justamente por isso, ele a retira da circulação. Ele é entusiasta do valor de troca e, justamente por isso, ele nada troca. A forma fluida da riqueza e seu petrefacto, o elixir da vida e a pedra filosofal, confundem-se em uma louca assombração alquímica. Em sua imaginária sede irrestrita de fruição, ele renuncia a toda e qualquer fruição. Por querer satisfazer todas as necessidades sociais, ele mal apenas satisfaz as necessidades naturais. Ao reter a riqueza em sua corporalidade metálica, ele a faz evaporar como simples quimera. De fato, porém, a acumulação de dinheiro em função do dinheiro é a forma bárbara da produção em função da produção, isto é, o desenvolvimento das forças produtivas do trabalho social para além dos limites das necessidades tradicionais. Quanto menos desenvolvida a produção de mercadorias, tanto mais importante é a primeira autonomização do valor de troca como dinheiro, o entesouramento, que, por conseguinte, desempenha um papel importante para os povos antigos, na Ásia até os dias atuais, e entre os povos agrícolas modernos, em que o valor de troca ainda não tomou conta de todas as relações de produção. Logo em seguida examinaremos a função especificamente econômica do entesouramento no âmbito da própria circulação metálica, mas antes disso ainda faremos menção de outra forma do entesouramento.

Compositis metuensque velut contingere sacrum?
[Mas se alguém junta cítaras compradas,
Sem as tanger, ou dar-se a Musa alguma.
Se um outro formas e trinchetes merca,
Sem ser sapateiro, ou compra velas
Ao mar, e ao trato oposto, em toda parte
Com razão se dirá demente ou louco:
Em que difere destes o que esconde,
Ouro, moedas, e o seu uso ignora,
Ou pôr-lhe a mão, como em sagrado, teme?]

O senhor Senior entende mais do assunto: "*L'argent paraît être la seule chose dont le désir est universel, et il en est ainsi parce que l'argent est une* richesse abstraite *et parce que les hommes, en le possédant peuvent satisfaire à tous leurs besoins, de quelque nature qu'ils soient*" [O dinheiro parece ser a única coisa pela qual o anseio é generalizado, e isto porque o dinheiro é uma *riqueza abstrata* e porque quando as pessoas o possuem conseguem satisfazer todas as suas necessidades, não importa de que tipo sejam] (Nassau William Senior, *Principes fondamentaux de l'économie politique*, trad. pelo Conde Jean Arrivabene, Paris, 1836, p. 221). Ou Henry Storch: "Como o dinheiro representa todas as outras riquezas, basta acumulá-lo para obter todos os tipos de riqueza que existem no mundo" (*Cours d'économie politique ou exposition des principes qui determinent la prosperite des nations*, cit., v. II, p. 135).

O dinheiro ou a circulação simples

Abstraindo totalmente de suas propriedades estéticas, as mercadorias de prata e de ouro, na medida em que o material de que são feitas é o material do dinheiro, podem ser convertidas em dinheiro, do mesmo modo que dinheiro-ouro ou barras de ouro podem ser convertidos nelas. Pelo fato de ouro e prata serem o material da riqueza abstrata, a maior ostentação de riqueza consiste em sua utilização como valores de uso concretos, e, enquanto, em certos estágios da produção, o possuidor de mercadorias esconde o seu tesouro, ele é impelido a aparecer como *rico hombre* [homem rico] aos demais possuidores de mercadorias em toda parte em que isso pode acontecer com segurança. Ele recobre a si e sua casa de ouro[60]. Na Ásia, principalmente na Índia, onde o entesouramento não aparece como função subordinada do mecanismo da produção total, como na economia burguesa, mas é retido nessa forma em função da riqueza como fim último, mercadorias de ouro e de prata são propriamente apenas forma estética dos tesouros. Na Inglaterra medieval, as mercadorias de ouro e de prata eram consideradas legalmente simples forma do tesouro, dado que seu valor pouco aumentava pela adição de trabalho bruto. Sua finalidade era voltarem a ser lançadas em circulação e sua pureza era prescrita da mesma forma como a da própria moeda. O uso crescente de ouro e prata em forma de objetos de luxo com o crescimento da riqueza é uma coisa tão simples que os antigos tinham total clareza a respeito dela[61], ao passo que os economistas modernos levantaram a tese equivocada de que o uso de mercadorias de prata e de ouro não aumenta na proporção do crescimento da riqueza, mas só na proporção da queda do valor dos metais preciosos. É por isso que suas demonstrações de resto exatas sobre a utilização do ouro californiano e australiano sempre apresentam uma falha, porque, em sua imaginação, o consumo majorado do ouro como matéria bruta não é justificado pela correspondente queda em seu valor. De 1810 a 1830, em consequência da luta das colônias americanas contra a Espanha* e a interrupção dos trabalhos de mineração pelas revoluções, a média anual da produção de metais preciosos diminuiu para menos da metade. A redução da moeda circulante na Europa foi de quase $1/_6$, quando se compara 1829 com 1809. Portanto, embora a quantidade da produção tivesse diminuído e os custos de produção aumentado, se é que se tenham alterado, o consumo

---

[60] O quanto o *inner man* [homem interior] do indivíduo da mercadoria permanece inalterado, inclusive onde ele se tornou civilizado e capitalista, é comprovado, por exemplo, pelo representante londrino de uma casa bancária cosmopolita, que pendurou na parede, emoldurada em vidro, uma nota bancária de 100 mil libras esterlinas como brasão adequado da família. O ponto alto disso é o olhar zombeteiramente altivo e desdenhoso da nota para a circulação.

[61] Ver a passagem de Xenofonte citada adiante [na nota 102].

* Na guerra de independência das colônias espanholas na América de 1810 a 1826, a maior parte dos países da América Latina se libertou do domínio espanhol. (N. E. A.)

dos metais preciosos como artigos de luxo, não obstante, cresceu extraordinariamente, na Inglaterra já durante a guerra, no continente desde o tratado de paz de Paris. Ele aumentou com o crescimento da riqueza geral[62]. Pode-se estatuir a lei universal de que a transformação de dinheiro de ouro e prata em artigos de luxo prepondera em tempos de paz, mas sua reconversão em barras ou mesmo moeda apenas em tempos conturbados[63]. A importância da proporção do tesouro de ouro e prata, existente na forma de artigos de luxo, e do metal precioso, que serve de dinheiro, pode ser depreendida do fato de que, segundo Jacob, em 1829, a proporção na Inglaterra era de 2 para 1, mas, em toda a Europa e na América, existia ¼ a mais de metal precioso em forma de artigos de luxo que em forma de dinheiro.

Vimos que a circulação do dinheiro é apenas a manifestação da metamorfose das mercadorias ou da variação de formas em que se efetua o metabolismo social. Em consequência da variação da soma de preços das mercadorias em circulação ou do volume de suas metamorfoses simultâneas, de um lado, e da respectiva velocidade de sua variação de formas, de outro lado, a quantidade total do ouro em circulação teve de se expandir ou contrair permanentemente, o que só é possível sob a condição de que haja sempre uma relação variável entre a quantidade total do dinheiro que se encontra em um país e a quantidade do dinheiro que se encontra em circulação. Essa condição é cumprida pelo entesouramento. Se caem os preços ou se aumenta a velocidade da circulação, as reservas de tesouro absorvem a parte do dinheiro separada da circulação; se aumentam os preços ou se diminui a velocidade da circulação, os tesouros se abrem e refluem em parte para dentro da circulação. A imobilização do dinheiro circulante em forma de tesouro e o derramamento dos tesouros na circulação constituem um movimento oscilatório em permanente variação, no qual a predominância de uma ou da outra direção é determinada exclusivamente pelas oscilações da circulação de mercadorias. Os tesouros aparecem, assim, como canais de suprimento e esgotamento do dinheiro circulante, de modo que sempre só circula como moeda a quantidade de dinheiro condicionada pelas necessidades imediatas da própria circulação. Se o volume da circulação total se expande repentinamente e predomina a unidade fluida de venda e compra, mas de tal

---

[62] William Jacob, *An Historical Inquiry into the Production and Consumption of the Precious Metals*, cit., cap. XXV-XXVI.

[63] "*In times of great agitation and insecurity, especially during internal commotions or invasions, gold and silver articles are rapidly converted into money; whilst during periods of tranquillity and prosperity, money is converted into plate and jewellery*" [Em tempos de grande agitação e insegurança, especialmente durante rebeliões e invasões, artigos de ouro e prata são rapidamente transformados em dinheiro, enquanto, em períodos de tranquilidade e bem-estar, o dinheiro é transformado em talheres de prata e ornamentos] (ibidem, p. 357).

O dinheiro ou a circulação simples

maneira que a soma total dos preços a serem realizados cresce mais rapidamente que a velocidade da circulação do dinheiro, os tesouros se esvaziam a olhos vistos; assim que o movimento total é interrompido de maneira não habitual ou a separação de venda e compra se consolida, o meio de circulação se petrifica em dinheiro em proporções que chamam a atenção e as reservas de tesouro se enchem muito acima de seu nível médio. Em países com circulação puramente metálica ou estágio de produção subdesenvolvido, os tesouros estão infinitamente fragmentados e espalhados por toda a superfície do país, enquanto, nos países desenvolvidos ao estilo burguês, eles ficam concentrados nos reservatórios dos bancos. O tesouro não deve ser confundido com a reserva monetária, a qual constitui, ela própria, um componente da quantidade total de dinheiro que se encontra sempre em circulação, ao passo que a relação ativa entre tesouro e meio de circulação presume a baixa ou a alta daquela quantidade total. Como vimos, artigos de ouro e prata igualmente constituem tanto um canal de esgotamento dos metais preciosos quanto uma fonte latente de suprimento. Em tempos normais, somente a primeira função se reveste de importância para a economia da circulação metálica[64].

---

[64] Na passagem a seguir, Xenofonte desenvolve o dinheiro em sua determinidade formal específica como dinheiro e tesouro: "ὥστε ἐν μόνῳ τούτῳ ὧν ἐγὼ οἶδα ἔργων οὐδὲ φθονεῖ οὐδεὶς τοῖς ἐπισκευαζομένοις. [...] ἀργυρῖτις δὲ ὅσῳ ἂν πλείων φαίνηται καὶ ἀργύριον πλέον γίγνηται, τοσούτῳ πλείονες ἐπὶ τὸ ἔργον τοῦτο ἔρχονται. καὶ γὰρ δὴ ἔπιπλα μέν, ἐπειδὰν ἱκανά τις κτήσηται τῇ οἰκίᾳ, οὐ μάλα ἔτι προσωνοῦνται· ἀργύριον δὲ οὐδείς πω οὕτω πολὺ ἐκτήσατο ὥστε μηκέτι προσδεῖσθαι· ἀλλ' ἤν τισι γένηται παμπληθές, τὸ περιττεῦον κατορύττοντες οὐδὲν ἧττον ἥδονται ἢ χρώμενοι αὐτῷ. καὶ μὴν ὅταν γε εὖ πράττωσιν αἱ πόλεις, ἰσχυρῶς οἱ ἄνθρωποι ἀργυρίου δέονται. οἱ μὲν γὰρ ἄνδρες ἀμφὶ ὅπλα τε καλὰ καὶ ἵππους ἀγαθοὺς [τε] καὶ οἰκίας καὶ κατασκευὰς μεγαλοπρεπεῖς βούλονται δαπανᾶν, αἱ δὲ γυναῖκες εἰς ἐσθῆτα πολυτελῆ καὶ χρυσοῦν κόσμον τρέπονται. ὅταν τε αὖ νοσήσωσιν αἱ πόλεις ἢ ἀφορίαις καρπῶν ἢ πολέμῳ, ἔτι καὶ πολὺ μᾶλλον, ἀργοῦ τῆς γῆς γιγνομένης, καὶ εἰς ἐπιτήδεια καὶ εἰς ἐπικούρους νομίσματος δέονται" [Nesse único ramo de atividade de que tenho conhecimento, ninguém provoca a inveja dos outros que se ocupam dele. [...] Pois, quanto mais abundantes se mostram as minas de prata e quanto maior a quantidade de prata extraída delas, tanto mais gente elas atraem para esse trabalho. Quando já se adquiriram utensílios suficientes para a economia doméstica, pouco mais se comprará; contudo, ninguém possui tanta prata que não deseje ter ainda mais, e, quando alguém a tem em profusão, enterra o excesso, e sua alegria por causa disso não é menor do que seria se a utilizasse. Pois, quando as cidades florescem, as pessoas necessitam especialmente de prata. Pois os homens querem comprar, além de belas armas, também bons cavalos, casas e instalações magníficas, e as mulheres desejam todo tipo de vestimentas e adornos de ouro. Porém, quando as cidades padecem de necessidade devido à quebra de colheita ou guerra, necessita-se de dinheiro, em consequência da infertilidade do solo, para a compra de meios de subsistência ou para contratar tropas de reforço] (Xenofonte, *De vectigalibus*, cap. IV). No livro I, cap. 9, de *A política*, Aristóteles desenvolve os dois movimentos da circulação M–D–M e D–M–D, contrapondo-os sob as designações de "ciência econômica" e "crematística" [ciência

b. Meio de pagamento

As duas formas em que até agora o dinheiro se diferenciou do meio de circulação foram a da *moeda suspensa* e a do *tesouro*. A primeira forma refletiu na transformação passageira da moeda em dinheiro, que o segundo membro de M–D–M, a compra D–M, tem de se fragmentar em uma série sucessiva de compras dentro de uma esfera determinada da circulação. O entesouramento, por sua vez, baseia-se simplesmente no isolamento do ato M–D que não prosseguiu para D–M ou foi apenas desenvolvimento autônomo da primeira metamorfose da mercadoria, o dinheiro, desenvolvido como existência exteriorizada de todas as mercadorias em contraposição ao meio de circulação enquanto existência da mercadoria em sua forma em constante alienação. Reserva monetária e tesouro eram apenas dinheiro como não meio de circulação, mas não meio de circulação apenas porque eles não circulavam. Na determinação em que agora estamos examinando o dinheiro, este circula ou ingressa na circulação, só que não na função de meio de circulação. Como meio de circulação o dinheiro sempre foi meio de compra; agora ele se torna não meio de compra.

Assim que o dinheiro se desenvolveu, mediante o entesouramento, como existência da riqueza social abstrata e representante material da riqueza material, ele adquire, nessa sua determinidade como dinheiro, funções peculiares no interior do processo de circulação. Quando o dinheiro circula como simples meio de circulação e, por isso, como meio de compra, está pressuposto que mercadoria e dinheiro se confrontam ao mesmo tempo e, portanto, a mesma grandeza de valor está duplamente presente, em um dos polos como mercadoria em poder do vendedor, no outro polo como dinheiro em poder do comprador. Essa existência simultânea dos dois equivalentes em polos opostos e sua troca simultânea de posição ou sua alienação recíproca pressupõem, por sua vez, que vendedor e comprador se relacionam entre si apenas como possuidores de equivalentes disponíveis. Entretanto, o processo da metamorfose das mercadorias, que gera as diferentes determinidades formais do dinheiro, também metamorfoseia os possuidores de mercadorias ou modifica os caracteres sociais em que aparecem um para o outro. No processo da metamorfose da mercadoria, o guardador da mercadoria troca tantas vezes de pele quanto a mercadoria se transforma ou o dinheiro surge em novas formas. Assim, originalmente os possuidores de mercadorias se defrontavam apenas como possuidores de mercadorias, em seguida um deles se tornou vendedor e o outro comprador, depois cada um deles alternadamente comprador e vendedor, então entesouradores e, por fim, pessoas

---

de enriquecer] [nas traduções em português, a passagem se encontra em: livro I, cap. III, §§ 15 a 23, trad. Nestor Silveira Chaves, São Paulo, Lafonte, 2017]. As duas formas são contrapostas pelos tragediógrafos gregos, principalmente por Eurípides, como δίκη [direito, justiça] e κέρδος [ganho, proveito próprio].

O dinheiro ou a circulação simples

ricas. Assim sendo, os possuidores de mercadorias não saem do processo da circulação os mesmos que ingressaram nele. De fato, as diferentes determinidades formais que o dinheiro adquire no processo da circulação são apenas a variação cristalizada da forma das próprias mercadorias, a qual, por sua vez, é apenas expressão concreta e objetiva das relações sociais variáveis em que os possuidores de mercadorias efetuam seu metabolismo. No processo da circulação, originam-se novas relações de intercâmbio e, como portadores dessas relações modificadas, os possuidores de mercadorias adquirem novas características econômicas. Na circulação interna, o dinheiro se idealiza e, enquanto simples papel, cumpre, como representante do ouro, a função de dinheiro; o mesmo processo confere ao comprador ou vendedor que ingressa nela como simples representante de dinheiro ou mercadoria, isto é, como representante do dinheiro futuro ou da mercadoria futura, a efetivação do vendedor ou comprador real.

Todas as determinidades formais nas quais o ouro se desenvolve como dinheiro não passam de desdobramento das determinações contidas na metamorfose das mercadorias, que, porém, na circulação simples do dinheiro, na aparição do dinheiro como moeda ou no movimento M–D–M enquanto unidade processadora, não foram expelidas para a forma autônoma ou então apareceram como simples possibilidades, como, por exemplo, na interrupção da metamorfose da mercadoria. Vimos que, no processo M–D, a mercadoria enquanto valor de uso real e valor de troca ideal se relacionou com o dinheiro como valor de troca real e valor de uso apenas ideal. O vendedor, na medida em que vendeu a mercadoria como valor de uso, realizou seu valor de troca e o valor de uso do dinheiro. Inversamente, o comprador, na medida em que vendeu o dinheiro como valor de troca, realizou seu valor de uso e o preço da mercadoria. De modo correspondente, ocorreu a troca de posição de mercadoria e dinheiro.

O processo vivo desse antagonismo de dupla polaridade é cindido mais uma vez em sua realização. O vendedor vende a mercadoria realmente e ele próprio realiza seu preço, em um primeiro momento, apenas no plano ideal. Ele a vendeu pelo preço que lhe era próprio, que, porém, só será realizado em um prazo fixado para mais tarde. O comprador compra como representante de dinheiro futuro, ao passo que o vendedor vende como possuidor de mercadoria presente. Da parte do vendedor a mercadoria é realmente vendida como valor de uso, sem que seja realmente realizada como preço; da parte do comprador o dinheiro é realmente realizado no valor de uso da mercadoria, sem que tenha sido realmente vendido como valor de troca. Aqui o dinheiro é representado simbolicamente pelo próprio comprador, em vez de sê-lo pelo signo do valor, como era antes. Porém, do mesmo modo que antes o simbolismo universal do signo do valor oferecia a garantia e o curso forçado imposto pelo Estado, agora o simbolismo pessoal do comprador acarreta contratos privados legalmente exigíveis entre os possuidores de mercadorias.

Inversamente, no processo D-M, o dinheiro pode ser alienado como meio efetivo de compra e o preço da mercadoria pode ser realizado antes que o valor de uso do dinheiro seja realizado ou que a mercadoria seja vendida. Isso ocorre, por exemplo, na forma cotidiana dos pré-pagamentos. Ou na forma pela qual o governo inglês compra ópio dos *ryots* [camponeses ou agricultores indianos] na Índia ou comerciantes estrangeiros residentes na Rússia compram grande parte dos produtos agrícolas russos. Nesses casos, no entanto, o dinheiro funciona apenas na forma já conhecida do meio de compra e, em consequência, não adquire nenhuma determinidade formal nova[65]. Por conseguinte, não nos deteremos no último caso, mas observaremos, com referência ao formato transformado, em que os dois processos, D–M e M–D, entram em cena, que a diferença meramente suposta entre compra e venda, que é como ela aparece de imediato na circulação, se converte agora em uma diferença efetiva, na medida em que em uma das formas está presente apenas a mercadoria, na outra apenas o dinheiro, mas em ambas só a extremidade da qual parte a iniciativa. Ademais, as duas formas têm de comum que, em ambas, o equivalente único está presente só na vontade comum do comprador e do vendedor, uma vontade que amarra os dois e adquire certas formas legais.

Vendedor e comprador passam a ser credor e devedor. O possuidor de mercadorias na forma de guardião do tesouro desempenhava um papel mais cômico, mas ele passa a ser aterrorizante, concebendo não a si mesmo, mas seu próximo como existência de determinada soma de dinheiro e não fazendo de si mesmo, mas dele, um mártir do valor de troca. De crente ele passa a ser credor, vindo da religião, ele cai na jurisprudência.

"*I stay here on my bond!*" [Faço questão de meu acordo!]*

Portanto, na forma M–D modificada, em que a mercadoria está presente e o dinheiro é apenas representado, o dinheiro funciona primeiramente como medida dos valores. O valor de troca da mercadoria é estimado em dinheiro como sua medida, mas, como valor de troca contratualmente medido, o preço existe não só na cabeça do vendedor, mas simultaneamente também como medida da obrigação do comprador. Depois, o dinheiro funciona aqui como meio de compra, embora projete apenas a sombra de sua existência futura. Pois ele tira a mercadoria de seu lugar, da mão do vendedor, e a coloca na do comprador. Chegado o prazo de cumprimento do contrato, o dinheiro ingressa na circulação, pois troca de posição e passa da mão do

---

[65] O capital naturalmente também é antecipado na forma de dinheiro, e o dinheiro adiantado pode até ser capital adiantado, mas esse aspecto não aparece no horizonte da circulação simples.

* Dito de Shylock na comédia *O mercador de Veneza*, de Shakespeare, ato IV, cena I. (N. E. A.)

comprador passado para a do vendedor passado. Porém ele não ingressa na circulação como meio de circulação ou meio de compra. Assim, ele funcionou antes de estar presente e ele aparece depois de ter deixado de funcionar como tal. Ele ingressa na circulação mais como o único equivalente adequado da mercadoria, como existência absoluta do valor de troca, como última palavra do processo de troca, em suma, como dinheiro, mais precisamente como dinheiro na função bem determinada de *meio de pagamento universal*. Nessa função de meio de pagamento, o dinheiro aparece como a mercadoria absoluta, só que dentro da própria circulação e não fora dela, como é o caso do tesouro. A diferença entre meio de compra e meio de pagamento se faz sentir de maneira bastante desagradável nas épocas de crises comerciais*.

Originalmente, a transformação do produto em dinheiro aparece na circulação apenas como necessidade individual do possuidor de mercadorias, na medida em que para ele seu produto não constitui valor de uso, mas só se tornará tal mediante sua alienação. Porém, para pagar no prazo contratual, ele precisa ter vendido mercadoria antes disso. Por conseguinte, de modo totalmente independente de suas necessidades individuais, a venda se transformou para ele em necessidade social por meio do movimento do processo de circulação. Como comprador passado de uma mercadoria, ele forçosamente se torna vendedor de outra mercadoria, para receber o dinheiro não como meio de compra, mas como meio de pagamento, como a forma absoluta do valor de troca. A transformação de mercadoria em dinheiro como ato conclusivo ou a primeira metamorfose da mercadoria como fim em si, que no entesouramento pareceu ser capricho do possuidor de mercadorias, passou a ser uma função econômica. O motivo e o conteúdo da venda para pagar é conteúdo que se origina da forma do próprio processo de circulação.

Nessa forma da venda, a mercadoria efetua sua mudança de posição: ela circula, enquanto posterga sua primeira metamorfose, sua transformação em dinheiro. Do lado do comprador, em contraposição, é efetuada a segunda metamorfose, isto é, dinheiro é reconvertido em mercadoria, antes que a primeira metamorfose tenha sido efetuada, isto é, mercadoria tenha sido convertida em dinheiro. Em termos de tempo, portanto, a primeira metamorfose aparece depois da segunda. E, desse modo, o dinheiro, que é a forma da mercadoria em sua primeira metamorfose, adquire uma nova determinidade formal. O dinheiro ou o desenvolvimento autônomo do valor de troca não é mais forma intermediadora da circulação de mercadorias, mas seu resultado.

Não é preciso demonstrar pormenorizadamente que essas *vendas a prazo*, em que os dois polos da venda existem temporalmente separados, decorrem de modo natural-espontâneo da circulação simples de mercadorias.

---

* Nota de Marx no exemplar manuscrito: Diferença entre meio de compra e meio de pagamento enfatizada por Lutero. (N. E. A.)

Primeiramente, o desenvolvimento da circulação leva a que se repita a atuação recíproca dos mesmos possuidores de mercadorias como vendedor e comprador um para o outro. O aparecimento reiterado não permanece meramente casual, mas a mercadoria, por exemplo, é encomendada para um prazo futuro, no qual ela deverá ser fornecida e paga. Nesse caso, a venda é efetuada em termos ideais, isto é, juridicamente, sem que mercadoria e dinheiro apareçam corporalmente. Nesse caso, as duas formas do dinheiro como meio de circulação e como meio de pagamento ainda coincidem, primeiro, na medida em que mercadoria e dinheiro trocam simultaneamente de lugar, segundo, porque o dinheiro não compra a mercadoria, mas realiza o preço da mercadoria vendida anteriormente. Ademais, a natureza de uma série de valores de uso acarreta que eles realmente sejam vendidos não com a entrega efetiva da mercadoria, mas apenas mediante sua cessão por certo tempo. Por exemplo, quando o uso de uma casa é vendido por um mês, o valor de uso da casa só é fornecido depois de decorrido o mês, embora ela tenha mudado de mãos no início do mês. Como, nesse caso, a cedência fática do valor de uso e sua alienação efetiva divergem no tempo, a realização de seu preço igualmente acontece depois de sua mudança de lugar. Porém, por fim, a diferença de duração e época em que as diferentes mercadorias são produzidas ocasiona que um deles apareça como vendedor enquanto o outro ainda não pode aparecer como comprador, e, na reiteração frequente de compra e venda entre os mesmos possuidores de mercadorias, os dois fatores da venda divergem, correspondendo às condições de produção de suas mercadorias. Assim surge entre os possuidores de mercadorias uma relação de credor e devedor que, de fato, constitui a base natural-espontânea do sistema de crédito, mas que já pode estar plenamente desenvolvida antes que este exista. Entretanto, está claro que com a plena formação do sistema de crédito e, portanto, da produção burguesa em geral, a função do dinheiro como meio de pagamento se expandiria à custa de sua função como meio de compra e ainda mais como elemento do entesouramento. Na Inglaterra, por exemplo, o dinheiro como moeda foi relegado quase exclusivamente à esfera do comércio a varejo e do pequeno comércio entre produtores e consumidores, ao passo que como meio de pagamento ele domina a esfera das grandes transações comerciais[66].

---

[66] A despeito de sua presunção doutrinária de formular definições, o senhor Macleod ignora de tal modo as relações econômicas mais elementares que ele faz o dinheiro em geral se originar de sua forma mais desenvolvida, ou seja, da de meio de pagamento. Ele diz, entre outras coisas: como as pessoas nem sempre necessitam simultaneamente de seus serviços recíprocos, nem os necessitam na mesma grandeza de valor, *"there would remain over a certain difference or amount of service due from the first to the second-debt"* [restaria certa diferença ou montante do serviço a ser pago do primeiro ao segundo – dívida]. O possuidor dessa dívida necessita dos serviços de outro, que não necessita

O dinheiro ou a circulação simples

Como meio de pagamento universal, o dinheiro se torna a *mercadoria universal* dos contratos – em um primeiro momento, apenas no interior da esfera da circulação de mercadorias[67]. Contudo, com seu desenvolvimento nessa função, todas as outras formas de pagamento se reduzem gradativamente a pagamentos em dinheiro. O grau de desenvolvimento do dinheiro como meio exclusivo de pagamento indica o grau em que o valor de troca se apoderou da produção em toda a sua profundidade e amplitude[68].

Em primeiro lugar, a massa do dinheiro que circula como meio de pagamento é determinada pela quantia total dos pagamentos, isto é, pela soma de preços das mercadorias vendidas, não das mercadorias a serem vendidas, como é o caso na circulação simples do dinheiro. Contudo, a soma assim determinada é modificada de duas maneiras: primeiro, pela velocidade com que a mesma peça de dinheiro repete a mesma função ou com que a massa dos pagamentos se apresenta como cadeia de processamento de pagamentos. A paga B, em seguida B paga C e assim por diante. A velocidade com que a mesma peça de dinheiro repete sua função como meio de pagamento depende, de um lado, do

---

de imediato dos seus e *"transfers to the third the debt due to him from the first. Evidence of debts changes so hands-currency.* […] *When a person received an obligation expressed by metallic currency, he is able to command the services not only of the original debtor, but of the whole of the industrious community"* [transfere para o terceiro a dívida que o primeiro tem com ele. A nota promissória passa assim de mão em mão – meio de circulação. […] Quando alguém recebe um título de dívida expresso em dinheiro metálico, ele pode dispor não só dos serviços do devedor original, mas também dos serviços de toda a comunidade trabalhadora] (Henry Dunning Macleod, *Theory and Practice of Banking: With the Elementary Principles of Currency; Prices; Credit; and Exchanges*, v. I, Londres, 1855, cap. 1, p. 23-4 e 29).

[67] Samuel Bailey, *Money and its Vicissitudes in Value. As They Affect National Industry and Pecuniary Contracts: With a Postcript on Joint-Stock Banks*, cit., p. 3: *"Money is the general commodity of contracts, or that in which the majority of bargains about property, to be completed at a future time, are made"* [Dinheiro é a mercadoria geral dos contratos ou aquela em que é realizada a maioria dos negócios de propriedade a ser cumprida em data posterior].

[68] Nassau William Senior, *Principes fondamentaux de l'économie politique*, cit., p. 221, diz: "Como o valor de todas as coisas varia em determinado espaço de tempo, toma-se como meio de pagamento o objeto cujo valor varia menos, que por mais tempo preserva uma capacidade média dada de comprar coisas. Desse modo, o dinheiro se torna expressão ou representante dos valores". É o inverso. Pelo fato de ouro, prata etc. se terem tornado dinheiro, isto é, existência do valor de troca autonomizado, eles passam a ser meio de pagamento universal. Onde está presente a consideração, mencionada pelo senhor Senior, da duração da grandeza de valor do dinheiro, isto é, em períodos em que o dinheiro se impõe, por força das circunstâncias, como meio de pagamento universal, é descoberta justamente também a flutuação na grandeza de valor do dinheiro. Um período desses foi, na Inglaterra, o da rainha Elisabeth, e foi em seu tempo que Lorde Burleigh e Sir Thomas Smith, levando em consideração a evidente depreciação dos metais preciosos, conseguiram aprovar uma lei parlamentar que obrigou as universidades de Oxford e Cambridge a investirem um terço de suas rendas fundiárias em trigo e cevada.

encadeamento das relações entre credor e devedor por meio dos possuidores de mercadorias, de modo que o mesmo possuidor de mercadorias é credor em relação a um, devedor em relação ao outro etc.; depende, de outro lado, do intervalo de tempo que separa os diferentes prazos de pagamento. Essa cadeia de pagamentos ou de primeiras metamorfoses posteriores das mercadorias é qualitativamente diferente da cadeia das metamorfoses que se apresenta no curso do dinheiro como meio de circulação. Essa cadeia de metamorfoses não só aparece em sucessão temporal, mas *passa a existir* nela. A mercadoria se converte em dinheiro e depois novamente em mercadoria, capacitando, assim, a outra mercadoria a se converter em dinheiro etc., ou o vendedor se torna comprador e, por essa via, outro possuidor de mercadorias se torna vendedor. Essa concatenação surge casualmente no processo da própria troca de mercadorias, porém o fato de o dinheiro com que A pagou B ser passado adiante como pagamento de B a C, de C a D etc., e isto em intervalos de tempo que se sucedem rapidamente – nessa concatenação exterior vem à tona apenas uma concatenação social já existente. O mesmo dinheiro não passa por diferentes mãos por atuar como meio de pagamento, mas circula como meio de pagamento porque os diferentes atores já se deram as mãos. Portanto, a velocidade com que o dinheiro circula como meio de pagamento indica uma inserção muito mais profunda dos indivíduos no processo da circulação do que é indicado pela velocidade com que o dinheiro circula como moeda ou como meio de compra.

A soma dos preços de compras e vendas simultâneas, que, em consequência, ocorrem lado a lado no espaço, constitui o limite para a reposição da massa monetária por meio de velocidade da circulação. Essa barreira já não se aplica ao dinheiro que funciona como meio de pagamento. Quando os pagamentos a serem realizados simultaneamente se concentram em um só lugar, o que só ocorre esponteneamente nos grandes centros da circulação de mercadorias, os pagamentos se compensam como grandezas negativas e positivas, na medida em que A tem de pagar B e, ao mesmo tempo, tem a receber o pagamento de C etc. Por conseguinte, a soma de dinheiro requerida como meio de pagamento será determinada não pela soma de preços dos pagamentos a serem realizados simultaneamente, mas pela maior ou menor concentração deles e pela grandeza do balanço que resta após sua anulação recíproca como grandezas negativas e positivas. Mecanismos próprios para essas compensações surgem sem que haja qualquer desenvolvimento do sistema de crédito, como na Roma antiga. Porém, o estudo deles não é pertinente nesse ponto, do mesmo modo que o dos prazos gerais de pagamento que se estabelecem em toda parte em determinados círculos da sociedade. Deve-se observar aqui que a influência específica que esses prazos exercem sobre as flutuações periódicas da quantidade de dinheiro em circulação só foi estudada cientificamente em tempos bem recentes.

Na medida em que os pagamentos se compensam como grandezas positivas e negativas, não ocorre nenhuma intervenção de dinheiro real. Ele

O dinheiro ou a circulação simples

se desenvolve aqui apenas em sua forma, como medida dos valores, de um lado, no preço da mercadoria, de outro, na grandeza das obrigações recíprocas. Nesse caso, portanto, o valor de troca não adquire nenhuma existência autônoma além de sua existência ideal, nem sequer a existência como signo do valor; ou o dinheiro se torna tão somente moeda de conta ideal. Portanto, a função do dinheiro como meio de pagamento implica a contradição de que, por um lado, enquanto os pagamentos se compensam, ele apenas atua idealmente como medida e, por outro lado, enquanto o pagamento efetivamente tem de ser realizado, ele ingressa na circulação não como meio de circulação evanescente, mas como existência latente do equivalente geral, como a mercadoria absoluta, em uma palavra, como dinheiro. Por conseguinte, desenvolvida a cadeia dos pagamentos e um sistema artificial de compensação desses pagamentos, o dinheiro, por ocasião de perturbações que interrompem violentamente o fluxo dos pagamentos e atrapalham o mecanismo de sua compensação, repentinamente se converte de sua forma gasosa imaginária como medida dos valores em dinheiro sólido ou meio de pagamento. Portanto, em estados de produção burguesa desenvolvida, em que o possuidor de mercadorias há muito já se tornou capitalista, já conhece o seu Adam Smith e sorri condescendente para a superstição de que só ouro e prata seriam dinheiro ou que o dinheiro em geral seria a mercadoria absoluta em distinção a outras mercadorias, o dinheiro subitamente reaparece, não como meio de circulação, mas como a única forma adequada do valor de troca, como a única riqueza, bem do jeito que o entesourador a concebe. Sendo tal existência exclusiva da riqueza, ele não se revela, como ocorre, por exemplo, no sistema monetário, na desvalorização e falta de valor meramente imaginárias, mas na desvalorização e falta de valor efetivas de toda a riqueza material. Esse é o momento específico das crises do mercado mundial chamado crise monetária. O *summum bonum* [bem supremo] pelo qual se clama em tais momentos como a única riqueza é o dinheiro, dinheiro em espécie, e, ao lado dele, todas as outras mercadorias, justamente por serem valores de uso, se mostram sem utilidade, aparecem como bugiganga, brinquedo, ou, como diz o nosso doutor Martinho Lutero, como simples joias e comilanças. Essa reversão súbita do sistema creditício em sistema monetário adiciona o susto teórico ao pânico prático e os agentes da circulação tremem diante do mistério indevassável de suas próprias relações[69].

---

[69] Boisguillebert, desejando impedir que as relações burguesas de produção adotem uma atitude agressiva contra os próprios burgueses, manifesta preferência pelas formas em que o dinheiro aparece de modo apenas ideal ou apenas evanescente. É o caso mais antigo do meio de circulação. É o caso do meio de pagamento. O que ele, uma vez mais, não vê é a reversão súbita da forma ideal do dinheiro em sua realidade exterior, que o dinheiro sólido já está contido, de modo latente, na medida dos valores apenas ideada. Segundo ele, o fato de o dinheiro ser simples forma das próprias mercadorias

Os pagamentos, por seu turno, tornam necessário um fundo de reserva, uma acumulação de dinheiro como meio de pagamento. A formação desse fundo de reserva não aparece mais do mesmo modo que se apresentou no entesouramento, ou seja, como atividade exterior à própria circulação, nem do mesmo modo que na reserva monetária, como acúmulo meramente técnico da moeda, mas o dinheiro tem de ser acumulado gradativamente para estar disponível em prazos futuros bem determinados de pagamento. Portanto, ao passo que a forma abstrata do entesouramento, que é tido como enriquecimento, diminui com o desenvolvimento da produção burguesa, esse entesouramento requerido imediatamente pelo processo de troca cresce, ou melhor, uma parte dos tesouros que se formam de modo geral na esfera da circulação de mercadorias é absorvida como fundo de reserva de meios de pagamento. Quanto mais desenvolvida for a produção burguesa, tanto mais esses fundos de reserva serão limitados ao mínimo necessário. Em seu escrito sobre a redução da taxa de juros[70], Locke proporciona interessantes conclusões sobre a grandeza desses fundos de reserva em seu tempo. Depreende-se daí como era significativa a parte de todo o dinheiro em circulação absorvida pelas reservas para meios de pagamento na Inglaterra, exatamente em uma época em que o sistema bancário começou a se desenvolver.

A lei da quantidade do dinheiro em circulação, como resultou da análise da circulação simples do dinheiro, é modificada essencialmente pela circulação do meio de pagamento. Dada a velocidade de circulação do dinheiro, seja como meio de circulação, seja como meio de pagamento, a soma total do dinheiro em circulação em dado intervalo de tempo será determinada pela soma total dos preços a serem realizados das mercadorias [mais] a soma total dos pagamentos que vencem na mesma época, subtraídos os pagamentos que se anulam reciprocamente mediante compensação. Isso não afeta nem de leve a lei geral de que a massa do dinheiro circulante depende dos preços das mercadorias, já que o próprio montante dos pagamentos é determinado pelos preços estipulados em contrato. Porém evidencia-se de modo contundente que, mesmo quando se pressupõe como constante a velocidade de circulação e a economia dos pagamentos, a soma de preços das massas de mercadorias que circulam em determinado período, como, por exemplo, um dia, de modo nenhum coincide com a massa do dinheiro em circulação no mesmo dia, pois circula uma massa de mercadorias, cujo preço só futuramente será realizado em dinheiro, e circula uma massa de

---

mostra-se no comércio atacadista, no qual o intercâmbio acontece sem intervenção do dinheiro, depois que *"les marchandises sont appreciées"* [as mercadorias são precificadas] ("Le detail de la France, 1967", cit., p. 210).

[70] John Locke, "Some Considerations of the Consequences of the Lowering of Interest, and Raising the Value of Money. In a Letter Sent to a Member of Parliament" (1691), cit., p. 17-8.

dinheiro, cujas mercadorias correspondentes há muito saíram da circulação. Essa última massa mesma dependerá do tamanho da soma de valores dos pagamentos que vencem no mesmo dia, embora tenham sido contratados em períodos bem diferentes.

Vimos que a variação no valor do ouro e da prata não afeta sua função como medida dos valores ou moeda de conta. Contudo, essa variação adquire importância decisiva para o dinheiro como tesouro, pois, com o aumento ou a redução do valor do ouro e da prata, aumenta ou diminui a grandeza de valor do tesouro de ouro e de prata. Isso é ainda mais importante para o dinheiro como meio de pagamento. O pagamento só acontece posteriormente à venda da mercadoria ou o dinheiro atua em dois intervalos de tempo diferentes em duas funções diferentes: primeiro como medida dos valores, depois como medição do meio de pagamento correspondente. Se, nesse meio-tempo, variar o valor dos metais preciosos ou se variar o tempo de trabalho requerido para sua produção, a mesma quantidade de ouro ou prata, no momento em que aparecer como meio de pagamento, valerá mais ou menos do que no tempo em que servia de medida dos valores ou em que foi firmado o contrato. A função de uma mercadoria específica, a exemplo de ouro e prata, como dinheiro ou como valor de troca autonomizado, entra aqui em colisão com sua natureza como mercadoria específica, cuja grandeza de valor depende da variação de seus custos de produção. A grande revolução social provocada pela queda do valor dos metais preciosos na Europa é fato tão conhecido quanto a revolução inversa causada, em uma época inicial da república romana antiga, pelo aumento no valor do cobre, com base no qual os plebeus haviam contraído suas dívidas. Sem continuar examinando a influência das oscilações do valor dos metais preciosos sobre o sistema da economia burguesa, já neste ponto resulta que a redução no valor dos metais preciosos favorece os devedores em detrimento dos credores, ao passo que um aumento em seu valor favorece inversamente os credores em detrimento dos devedores.

c. O dinheiro mundial

Ouro se torna dinheiro distinguindo-se da moeda só quando se retira da circulação como tesouro, depois de ingressar nela como não meio de circulação e, por fim, romper as barreiras da circulação interna para funcionar como equivalente geral no mundo das mercadorias. Assim, ele se torna *dinheiro mundial*.

Do mesmo modo que as medidas universais de peso dos metais preciosos serviram originalmente de medidas de valor, no interior do mercado mundial, os nomes de conta do dinheiro voltam a ser transformados nos nomes de peso correspondentes. Do mesmo modo que o metal bruto (*aes rude*) amorfo constituiu a forma original do meio de circulação e a própria forma monetária originalmente foi apenas signo oficial do peso contido na peça de metal, o metal precioso como moeda mundial volta a despir a efígie e o cunho e retorna à forma indiferente da barra ou, quando moedas nacionais, como os imperiais russos, os táleres mexicanos e os soberanos ingleses, circulam no exterior, sua denominação se torna indiferente e unicamente seu teor é válido. Por fim, como dinheiro internacional, os metais preciosos voltam a cumprir a função original de meios de troca, que, como a própria troca de mercadorias, não se originou no interior das sociedades de cunho natural-espontâneo, mas nos pontos de contato entre diferentes sociedades. Portanto, na condição de dinheiro mundial, o dinheiro recobra sua primeira forma natural-espontânea. Deixando a circulação interna, ele despe novamente as formas específicas que brotaram do desenvolvimento do processo de intercâmbio dentro daquela esfera específica, suas formas locais como padrão de preços, moeda, moeda divisionária e signo do valor.

Vimos que, na circulação interna de um país, uma só mercadoria serve de medida dos valores. Como, porém, essa função é exercida em um país pelo ouro e no outro pela prata, no mercado mundial vigora uma medida dupla dos valores e o dinheiro duplica sua existência também em todas as outras funções. A conversão dos valores das mercadorias de preços em ouro para preços em prata e vice-versa é determinada, em cada caso, pelo valor relativo dos dois metais, que varia permanentemente e cuja fixação, em consequência, aparece como um processo permanente. Os possuidores de mercadorias de cada esfera da circulação interna são forçados a usar ouro e prata alternadamente para a circulação exterior e, assim, trocar o metal que vigora no interior do país como dinheiro pelo metal de que se necessita no exterior como dinheiro. Portanto, toda nação utiliza os dois metais, ouro e prata, como dinheiro mundial.

Na circulação internacional de mercadorias, ouro e prata não aparecem como meio de circulação, mas como *meio de troca universal*. Porém o meio de troca universal só funciona nas duas formas desenvolvidas do *meio de compra* e do *meio de pagamento*, cuja relação, no entanto, se inverte no mercado mundial. Na esfera da circulação interna, o dinheiro atuava exclusivamente como meio de compra, na medida em que era moeda, mediador da unidade processadora M–D–M ou na medida em que representava apenas a forma evanescente do valor de troca na troca incessante de lugar das mercadorias. No mercado mundial é o inverso. Ouro e prata aparecem nele como meio de compra, quando o metabolismo é unilateral e, por conseguinte, compra e venda divergem. O comércio de fronteira em Kiachta*, por exemplo, é, de fato

---

*   O acordo de comércio e de fronteira de Kiachta, firmado entre a Rússia e a China em 21 de outubro de 1727, ampliou consideravelmente o comércio entre os dois países, principalmente na forma de comércio de troca. (N. E. A.)

O dinheiro ou a circulação simples

e por contrato, comércio de troca direta, no qual a prata é apenas medida de valor. A guerra de 1857-1858* dispôs os chineses a vender sem comprar. Nesse caso, a prata apareceu repentinamente como meio de compra. Levando em conta o teor do acordo firmado, os russos processaram peças de cinco francos franceses em artigos brutos de prata que serviram de meio de troca. A prata funciona continuamente como meio de compra entre a Europa e a América de um lado, e a Ásia de outro, onde ela se deposita como tesouro. Ademais, os metais preciosos funcionam como meio de compra internacional, assim que o equilíbrio tradicional do metabolismo entre duas nações é repentinamente abalado, em que, por exemplo, a quebra de colheita obriga uma delas a comprar de modo fora do comum. Por fim, os metais preciosos são meio de compra internacional em poder dos países produtores de ouro e prata, onde eles são diretamente produto e mercadoria, não a forma transformada da mercadoria. Quanto mais se desenvolve o intercâmbio de mercadorias entre diferentes esferas de circulação nacional, tanto mais se desenvolve a função do dinheiro mundial como *meio de pagamento* para compensação dos balanços internacionais.

Do mesmo modo que a circulação interna, também a circulação internacional requer uma quantidade sempre crescente de ouro e prata. Por conseguinte, uma parte dos tesouros acumulados serve, em cada povo, de fundo de reserva do dinheiro mundial, que ora se esvazia, ora volta a encher-se, de acordo com as oscilações do intercâmbio de mercadorias[71]. Além dos movimentos específicos, em que ele flui de um lado para outro entre as esferas da circulação nacional**, o dinheiro mundial possui um movimento universal, cujos pontos de partida se situam nas fontes de produção, a partir das quais os fluxos de ouro e prata se difundem em diferentes direções no mercado mundial. Enquanto mercadorias, ouro e prata ingressam aqui na circulação mundial e, enquanto equivalentes na proporção do tempo de trabalho neles contido, são trocados por equivalentes em mercadorias, antes de caírem dentro das esferas de circulação interna. Por conseguinte, aparecem aí como uma grandeza de valor dada. Por conseguinte, toda redução ou todo aumento nos custos de sua produção afetam regularmente seu valor relativo

---

* A Segunda Guerra do Ópio (1857-1858) foi travada pela Inglaterra e pela França contra a China em busca de novos privilégios e com a intenção de transformar a China em um país dependente e semicolonizado. A guerra terminou com a derrota da China e com o acordo de pilhagem de Tientsin. (N. E. A.)

[71] "*Il danaro ammassato supplisce a quella somma, che per essere attualmente in circolazione, per l'eventuale promiscuità de' commerci si allontana e sorte dalla sfera della circolazione medesima*" [O dinheiro acumulado é adicionado à soma, que, para estar efetivamente em circulação e à altura das possibilidades do comércio, se afasta *e abandona a própria esfera da circulação*] (G. R. Carli, nota sobre Pietro Verri, "Meditazioni sulla Economia Politica", v. XV, p. 192, em Pietro Custodi, *Scrittori classici Italiani di Economia Politica*, cit.).

** Corrigido no exemplar manuscrito; na edição de 1859: internacional. (N. E. A.)

no mercado mundial, que, em contraposição, é perfeitamente independente do grau em que diferentes esferas de circulação nacional engolem ouro ou prata. A porção do fluxo metálico que é captada em cada esfera específica do mundo das mercadorias em parte ingressa diretamente na circulação interna de dinheiro para reposição das moedas metálicas desgastadas pelo uso, em parte é represada nas diferentes reservas do tesouro de moeda, meio de pagamento e dinheiro mundial, em parte é transformada em artigos de luxo, enquanto o restante acaba tornando-se tesouro puro e simples. Em um estágio avançado da produção burguesa, a formação dos tesouros é reduzida ao mínimo requerido pelos diferentes processos da circulação para que o seu mecanismo funcione desimpedidamente. Nesse caso, apenas a riqueza em repouso se torna tesouro como tal – caso não se trate de forma momentânea de um excedente no balanço de pagamentos, o resultado de um metabolismo interrompido e, por isso, imobilização da mercadoria em sua primeira metamorfose.

Como ouro e prata enquanto dinheiro são, de acordo com o seu conceito, mercadoria universal, eles adquirem enquanto dinheiro mundial a forma de existência correspondente à mercadoria universal. Na proporção em que todos os produtos são vendidos em troca deles, eles se convertem na forma transformada de todas as mercadorias e, por conseguinte, a mercadoria universalmente alienável. Enquanto materialidade do tempo de trabalho geral, eles são realizados na medida em que o metabolismo do trabalho real abarca a superfície terrena. Eles se tornam equivalente geral no grau em que se desenvolve a série dos equivalentes específicos que constituem sua esfera de intercâmbio. Pelo fato de que, na circulação mundial, as mercadorias desdobram universalmente o valor de troca que lhes é próprio, sua forma transformada em ouro e prata aparece como dinheiro mundial. Portanto, enquanto as nações de possuidores de mercadorias remodelam o ouro em dinheiro adequado por meio de sua indústria universal e seu comércio geral, sua indústria e seu comércio aparecem como meros meios de retirar do mercado mundial o dinheiro na forma de ouro e prata. Por conseguinte, ouro e prata enquanto dinheiro mundial são produtos da circulação geral de mercadorias tanto quanto meios de expandir suas esferas. Do mesmo modo que a química cresceu às costas dos alquimistas que quiseram fazer ouro, também brotam às costas dos possuidores de mercadorias que correm atrás da forma mágica da mercadoria as fontes da indústria e do comércio mundiais. Ouro e prata ajudam a criar o mercado mundial por anteciparem sua existência em seu conceito de dinheiro. Esse seu efeito mágico de modo nenhum está limitado à infância da sociedade burguesa, mas necessariamente brota do modo distorcido como os agentes do mundo das mercadorias veem o próprio trabalho social. Prova disso é a influência extraordinária exercida sobre o comércio mundial pela descoberta de novos países auríferos em meados do século XIX.

O dinheiro ou a circulação simples

Do mesmo modo que o dinheiro evolui para dinheiro mundial, o possuidor de mercadorias evolui para a condição de cosmopolita. Originalmente a relação cosmopolita das pessoas entre si se restringe à sua relação como possuidores de mercadorias. A mercadoria em si e para si está acima de toda barreira religiosa, política, nacional e linguística. Sua linguagem universal é o preço e sua comunidade é o dinheiro. Porém com o desenvolvimento do dinheiro mundial em oposição à moeda nacional desenvolve-se o cosmopolitismo do possuidor de mercadorias como crença da razão prática em oposição aos tradicionais preconceitos religiosos, nacionalistas e outros que inibem o metabolismo da humanidade. O ouro que aporta na Inglaterra em forma de *eagles* [águias] norte-americanas se converte em soberano, três dias depois circula em Paris como napoleão, algumas semanas mais tarde é redescoberto como ducado em Veneza. O fato de esse ouro sempre reter o mesmo valor deixa claro ao possuidor de mercadorias que a nacionalidade "is but the guinea's stamp" [é apenas o cunho do guinéu]. A ideia sublime na qual se dissolve o mundo inteiro é a de um mercado – a do *mercado mundial*[72].

4) Os metais preciosos

O processo de produção burguês se apodera primeiramente da circulação metálica como um órgão que já vem pronto, que de fato vai sendo remodelado aos poucos, mas que sempre preserva sua estrutura básica. A pergunta por que o ouro e a prata servem de material do dinheiro, em vez de outras mercadorias, extrapola o limite do sistema burguês. Por conseguinte, apresentamos apenas sumariamente os pontos de vista mais essenciais.

Como o próprio tempo de trabalho geral admite apenas diferenças quantitativas, o objeto destinado a ser sua encarnação específica deve ser capaz de representar diferenças puramente quantitativas, de modo a pressupor a mesmidade, a uniformidade da qualidade. Essa é a primeira condição para a função de uma mercadoria como medida de valor. Se eu avalio, por exemplo, todas as mercadorias em bois, couros, cereal etc., de fato tenho de medi-las em bois médios ideais, couro médio ideal, já que um boi é qualitativamente

---

[72] Geminiano Montanari, "Della Moneta", em Pietro Custodi, *Scrittori classici italiani di economia politica*, v. III (parte antiga, Milão, 1683), p. 40: "È cosi fattamente diffusa per tutto il globo terrestre la comunicazione de' popoli insieme, che può quasi dirsi esser il mondo tutto divenuto una sola città in cui si fa perpetua fiera d'ogni mercanzia, e dove ogni uomo di tutto ciò che la terra, gli animali e l'umana industria altrove producono, può mediante il danaro stando in sua casa provvedersi e godere. Maravigliosa invenzione" [A conexão entre todos os povos se expandiu de tal maneira sobre todo o globo terrestre que praticamente se pode dizer que o mundo inteiro se tornou uma única cidade, na qual reina a feira permanente de todas as mercadorias e cada qual, sentado em sua casa, pode adquirir e desfrutar, por intermédio do dinheiro, de tudo o que a terra, os animais e o esforço humano produziram em outro lugar. Maravilhosa invenção!].

distinto de outro, um cereal de outro, um couro, de outro. Em contraposição, ouro e prata, como corpos simples, sempre são iguais a si mesmos e, em consequência, quantidades iguais deles representam valores da mesma grandeza[73]. A outra condição, que decorre diretamente da função de representar diferenças puramente quantitativas, para que a mercadoria sirva de equivalente geral, é a possibilidade de cortá-la em quaisquer partes e de remontá-la de tal maneira que a moeda de conta também possa ser representada sensivelmente. Ouro e prata possuem essas propriedades em grau superlativo.

Como meio de circulação, o ouro e a prata têm vantagem em relação a outras mercadorias porque seu grande peso específico, que representa um peso relativamente alto em um espaço reduzido, corresponde a seu peso econômico específico, que abarca um tempo de trabalho relativamente longo, isto é, porque reune um alto valor de troca em um pequeno volume. Desse modo, estão asseguradas a facilidade de transporte, de transferência de uma mão para a outra e de um país para outro e a faculdade de aparecer e desaparecer com a mesma rapidez – em suma, a mobilidade material, o *sine qua non* da mercadoria que deve servir de *perpetuum mobile* do processo de circulação.

O alto valor específico dos metais preciosos, a durabilidade, a indestrutibilidade relativa, a inoxidabilidade em contato com o ar, e, no caso do ouro especialmente, sua indissolubilidade em ácidos, exceto na água-régia, todas essas propriedades naturais fazem dos metais preciosos o material natural do entesouramento. Pedro Mártir de Anglería, que parece ter sido um grande apreciador do chocolate, observa, por conseguinte, a respeito dos sacos de cacau que constituem uma das espécies de dinheiro mexicano: "*O felicem monetam, quae suavem utilemque praebet humano generi potum, et a tartarea peste avaritiae suos immunes servat possessores, quod suffodi aut diu servari nequeat*" [Ó afortunado dinheiro, que fornece ao gênero humano uma bebida suave e nutritiva, preservando, assim, seus inocentes possuidores da praga infernal da avareza, por não poder ser enterrado nem guardado por muito tempo] (*De orbe novo*)*.

A grande importância dos metais em geral no âmbito do processo de produção imediato está relacionada com sua função como instrumentos de produção. Abstraindo de sua raridade, a grande maleabilidade do ouro

---

[73] "*I metalli han questo di proprio e singolare che in essi soli tutte le ragioni si riducono ad una che e la loro quantità, non avendo ricevuto dalla natura diversa qualità ne nell' interna loro constituzione ne nell' externa forma e fattura*" [Os metais têm de próprio e singular que, exclusivamente neles, todas as relações são reduzidas a uma, a saber, sua quantidade, de que eles não receberam da natureza nenhuma qualidade diferente, nem quanto à estrutura interna, nem quanto à forma e ao processamento exteriores] (Ferdinandi Galiani, "Della Moneta", cit., p. 126-7).

* Marx extraiu a citação "De orbe novo" (dec. 5, cap. 4), de Pedro Mártir de Anglería, citado na obra *History of the Conquest of Mexico: With a Preliminary View of the Ancient Mexican Civilization, and the Life of the Conqueror, Hernando Cortez*, v. 1, de William Hickling Prescott (5. ed., Londres, v. 1-2), p. 123. (N. E. A.)

e da prata, quando comparados com o ferro e até com o cobre (no estado temperado em que os antigos o usavam), torna-os imprestáveis para essa utilização e, por conseguinte, priva-os em grande medida da propriedade em que se baseava de modo geral o valor de uso dos metais. Eles são tão inúteis no interior do processo de produção imediato quanto parecem indispensáveis como meio de subsistência, como objetos do consumo. Por conseguinte, qualquer quantidade deles pode ingressar no processo social de circulação sem prejudicar os processos da produção e consumo imediatos. Seu valor de uso individual não entra em conflito com sua função econômica. Em contrapartida, ouro e prata não são só objetos supérfluos em termos negativos, isto é, objetos dispensáveis, mas suas propriedades estéticas os tornam a matéria natural da suntuosidade, do adorno, do esplendor, das necessidades domingueiras, em suma, a forma positiva da opulência e da riqueza. Eles aparecem de certo modo como luz maciça que é desenterrada do submundo, na medida em que a prata reflete todos os raios de luz com seu matiz original, enquanto o ouro só reflete a potência máxima da cor, o vermelho. Ora, o senso para a cor é a forma mais popular do senso estético em geral. O nexo etimológico entre os nomes dos metais preciosos e as relações de cor foi demonstrado por Jacob Grimm para as diferentes línguas indo-germânicas. (Ver sua *História da língua alemã*.)

Por fim, a capacidade do ouro e da prata de serem convertidos da forma de moeda na forma de barra, da forma de barra na forma de artigos de luxo e vice-versa e sua vantagem em relação a outras mercadorias de não terem sido proscritos para determinadas formas de uso dadas de uma vez por todas fazem deles o material natural do dinheiro que tem de passar permanentemente de uma determinidade formal para a outra.

A natureza não produz dinheiro, nem banqueiros, nem câmbio de moedas. Porém, como a produção burguesa tem de cristalizar a riqueza como fetiche na forma de um objeto individual, ouro e prata são sua encarnação correspondente. Ouro e prata não são dinheiro por sua natureza, mas dinheiro é por sua natureza ouro e prata. Por um lado, o cristal de prata ou de ouro do dinheiro não só é produto do processo de circulação, mas é de fato seu único produto em repouso. Por outro lado, ouro e prata são produtos naturais prontos, e eles são as duas coisas no plano imediato, sem estarem separados por nenhuma forma. O produto geral do processo social ou o próprio processo social como produto constitui um produto especial da natureza, um metal que se encontra nas entranhas da terra e pode ser extraído delas[74].

---

[74] No ano de 760, pobres emigraram em massa para lavar a areia aurífera do fundo do rio ao sul de Praga, e três homens conseguiam extrair um marco de ouro em um dia. Em consequência disso, a afluência aos *"diggings"* [garimpos] e a quantidade de braços retirados da agricultura foi tão grande que, no ano seguinte, o país foi castigado pela fome. Ver M. George Körner, *Eine Philologisch-historische Abhandlung von dem Alterthume*

Vimos que ouro e prata não conseguem atender à exigência feita a eles de serem uma grandeza de valor invariável. Entretanto, eles possuem, como Aristóteles já observou, uma grandeza de valor mais permanente do que a média das demais mercadorias. Desconsiderando o efeito geral de uma valorização ou depreciação dos metais preciosos, as oscilações da proporção de valor entre ouro e prata se revestem de especial importância, já que ambos servem paralelamente no mercado mundial de matéria do dinheiro. As razões puramente econômicas dessa variação de valor – conquistas e outras revoluções políticas, que exerceram grande influência sobre o valor dos metais no mundo antigo, têm um efeito apenas local e efêmero – devem ser deduzidas da variação do tempo de trabalho requerido para a produção desses metais. O tempo requerido dependerá de sua raridade natural relativa, bem como da maior ou menor dificuldade oferecida para sua apropriação em estado metálico puro. O ouro de fato foi o primeiro metal descoberto pelo ser humano. Por um lado, a própria natureza o oferece em forma cristalina sólida, individualizada, sem ligação química com outros corpos ou, como dizem os alquimistas, em estado virginal; por outro lado, a própria natureza assume o trabalho da tecnologia nos grandes garimpos de ouro dos rios. Da parte do ser humano se requer, portanto, o trabalho mais rudimentar de extração do ouro, seja do fundo do rio, seja do solo inundado, ao passo que a exposição da prata pressupõe trabalho de mineração e, de modo geral, um desenvolvimento relativamente grande da técnica. Por conseguinte, apesar de a prata ser menos rara, seu valor original é relativamente maior que o do ouro. A asseveração de Estrabão de que, em certa tribo de árabes, 10 libras de ouro eram trocadas por 1 libra de ferro e 2 libras de ouro por 1 libra de prata, de modo nenhum parece inverossímil. Porém, na medida em que as forças produtivas do trabalho social se desenvolveram e, em consequência, o produto do trabalho simples encareceu em relação ao do trabalho complexo, na medida em que a crosta terrestre foi perfurada em mais lugares e secaram as fontes originais de ouro de sua superfície, o valor da prata caiu em relação ao valor do ouro. Em determinado estágio do desenvolvimento da tecnologia e dos meios de comunicação, a descoberta de novos países fornecedores de ouro e prata acabaria por pesar na balança. Na Ásia antiga, a relação entre o ouro e a prata era de 6 para 1 ou de 8 para 1, esta última vigorando na China e no Japão ainda no início do século XIX; 10 para 1 era a relação na época de Xenofonte, a qual pode ser vista como a relação média na média Antiguidade. A exploração das minas de prata espanholas por Cartago e, mais tarde, por Roma teve, na Antiguidade, um efeito parecido ao da descoberta das minas americanas na Europa moderna. Para a época imperial romana,

---

des böhmischen Bergwerks, und von einigen daher stammenden bergenzenten Wörtern und Redarten, deren sich die Bergleute vornehmlich in dem meissnischen Obererzgebirge noch jetzo gebrauchen, Schneeberg, 1758, p. 37 e seg.

O dinheiro ou a circulação simples

pode-se tomar a relação de 15 ou 16 para 1 como cifra média, embora com frequência nos deparemos com uma depreciação maior da prata em Roma. O mesmo movimento, iniciando com a depreciação relativa do ouro e terminando com a queda do valor da prata, repete-se na época seguinte, que se estende da Idade Média até os tempos mais recentes. A exemplo da época de Xenofonte, a relação média na Idade Média era de 10 para 1 e, em decorrência da descoberta das minas americanas, chega a 15 ou 16 para 1. A descoberta das minas de ouro australianas, californianas e colombianas torna provável uma nova queda no valor do ouro[75].

C. Teorias sobre os meios de circulação e o dinheiro

No momento em que, nos séculos XVI e XVII, na infância da sociedade burguesa moderna, uma avidez generalizada por ouro lançou povos e príncipes em cruzadas ultramarinas ao encalço do Santo Graal de ouro*, os primeiros intérpretes do mundo moderno, os autores do sistema monetário, do qual o sistema mercantil é apenas uma variante, proclamaram o ouro e a prata, isto é, o dinheiro, como a única riqueza. Eles formularam corretamente a vocação da sociedade burguesa como sendo fazer dinheiro, ou seja, do ponto de vista da circulação simples de mercadorias, juntar o tesouro eterno que nem

---

[75] Até agora as descobertas australianas etc. ainda não afetaram a relação de valor entre o ouro e a prata. As afirmações contrárias de Michel Chevalier têm exatamente o mesmo valor que o socialismo desse ex-sansimonista. De fato, as cotações da prata no mercado de Londres comprovam que, de 1850 a 1858, o preço médio da prata em ouro não chegou a ser 3% mais alto do que durante o período de 1830-1850. Porém esse aumento se explica simplesmente pela demanda de prata na Ásia. Durante 1852-1858, o preço da prata varia, em cada um dos anos e meses, *só* com essa *demanda*, e de modo nenhum com o aporte de ouro vindo das fontes novas que tinham sido descobertas. Segue um panorama dos preços da prata em ouro no mercado de Londres:

Preço da prata por onça:

Ano	Março	Julho	Novembro
1852	601/8 *pence*	601/4 *pence*	617/8 *pence*
1853	613/8 "	611/2 "	617/8 "
1854	617/8 "	613/4 "	611/2 "
1855	607/8 "	611/2 "	617/8 "
1856	60 "	611/4 "	611/8 "
1857	613/4 "	615/8 "	611/2 "
1858	615/8 "		

* Nota no exemplar manuscrito: "Ouro é uma coisa maravilhosa! Quem o possui é senhor de tudo que deseja. Com o ouro se podem levar as almas ao paraíso" (Colombo, em carta escrita na Jamaica, 1503). (N. E. A.)

as traças nem a ferrugem corroem. A resposta dada ao sistema monetário não é que uma tonelada de ferro ao preço de 3 libras esterlinas constitui uma grandeza de valor igual a 3 libras esterlinas de ouro. Não se trata aqui da grandeza do valor de troca, mas de sua forma adequada. No momento em que o sistema monetário e mercantil distingue o comércio mundial e os ramos específicos do trabalho nacional que desembocam diretamente no comércio mundial como as únicas fontes verdadeiras de riqueza ou dinheiro, é de se ponderar que, naquela época, a maior parte da produção nacional ainda se movia em formas feudais e servia de fonte imediata de subsistência do próprio produtor. Grande parte dos produtos não se transformava em mercadorias e, em consequência, em dinheiro, nem sequer ingressava no metabolismo social geral, não aparecendo, por conseguinte, como objetivação do trabalho abstrato geral e não constituindo de fato nenhuma riqueza burguesa. O dinheiro como finalidade da circulação é o valor de troca ou a riqueza abstrata, não algum elemento material da riqueza enquanto finalidade determinante e motivo impulsionador da produção. Como correspondia ao limiar da produção burguesa, aqueles profetas não reconhecidos se ativeram à forma consistente, palpável e resplandecente do valor de troca, à sua forma de mercadoria geral em contraposição a todas as mercadorias específicas. A esfera econômica propriamente burguesa daquela época era a esfera da circulação das mercadorias. Do ponto de vista dessa esfera elementar, eles julgaram, portanto, todo o processo complicado da produção burguesa e confundiram dinheiro com capital. A luta interminável dos economistas modernos contra o sistema monetário e mercantil advém, em grande parte, do fato de que esse sistema conta de forma ingênua e brutal o segredo da produção burguesa, sua dominação pelo valor de troca. Apesar de o fazer em função de uma utilização equivocada, Ricardo observa em algum lugar que, inclusive em tempos de fome, se importa o cereal, não porque a nação passa fome, mas porque o cerealista faz dinheiro com isso. Portanto, a economia política falha em sua crítica do sistema monetário e mercantil ao hostilizar esse sistema como mera ilusão, apenas como teoria falsa, e não o reconhecer como forma bárbara de seu pressuposto fundamental. Ademais, esse sistema não tem só um direito histórico, mas, no interior de certas esferas da economia moderna, também tem cidadania plena. Em todos os estágios do processo burguês de produção, em que a riqueza assume a forma elementar da mercadoria, o valor de troca assume a forma elementar do dinheiro, e, em todas as fases do processo de produção, a riqueza reiteradamente recai por um instante na forma elementar geral da mercadoria. Nem mesmo na economia burguesa mais desenvolvida, as funções específicas do ouro e da prata como dinheiro em distinção à sua função como meio de circulação e em contraposição a todas as mercadorias restantes são abolidas, mas apenas limitadas; logo, o sistema monetário e mercantil mantém seu direito. O fato católico de que ouro e

O dinheiro ou a circulação simples

prata se confrontam, enquanto encarnação imediata do trabalho social e, por conseguinte, enquanto existência da riqueza abstrata, com as demais mercadorias profanas naturalmente ofende o *point d'honneur* [a questão de honra] protestante da economia burguesa, que, por medo dos preconceitos do sistema monetário, perdeu por muito tempo a capacidade de julgar os fenômenos da circulação de dinheiro, como mostrará a exposição a seguir.

Em contraposição ao sistema monetário e mercantil, que só tomou conhecimento do dinheiro em sua determinidade formal como produto cristalizado da circulação, foi bem apropriado que a economia clássica o tenha concebido primeiramente em sua forma fluida, como forma do valor de troca que era gerada no interior da própria metamorfose das mercadorias e que voltava a desaparecer. Por conseguinte, como a circulação de mercadorias é concebida exclusivamente na forma de M–D–M e esta, por sua vez, exclusivamente na determinidade da unidade processadora de venda e compra, o dinheiro é afirmado em sua determinidade formal como meio de circulação contra sua determinidade formal como dinheiro. Se o próprio meio de circulação é isolado em sua função de moeda, ele se transforma, como vimos, em signo do valor. A economia clássica, porém, como se defrontou primeiramente com a circulação metálica enquanto forma predominante da circulação, concebe o dinheiro metálico como moeda, a moeda metálica como simples signo do valor. Em correspondência à lei da circulação do signo do valor, é proposta, assim, a tese de que os preços das mercadorias dependem da massa de dinheiro em circulação, e não a tese inversa de que a massa do dinheiro em circulação depende dos preços das mercadorias. Encontramos essa visão mais ou menos claramente insinuada em economistas italianos do século XVII, ora aprovada, ora rejeitada por *Locke*, resolutamente desenvolvida pelo *Spectator* (no número de 19 de outubro de 1711), por *Montesquieu* e *Hume*. Como *Hume* é de longe o representante mais importante dessa teoria no século XVIII, inauguremos com ele o nosso panorama.

Sob determinados pressupostos, um aumento ou uma redução da quantidade seja do dinheiro metálico em circulação seja do signo do valor em circulação, parece ter um efeito *uniforme* sobre os preços das mercadorias. Se aumenta ou diminui o *valor* do ouro ou da prata com que são estimados os valores de troca das mercadorias como preços, aumentam ou diminuem os *preços* porque sua medida de valor se modificou e circulam mais ou menos ouro e prata como moeda, porque os preços aumentaram ou diminuíram. Porém, o fenômeno visível é a alteração dos preços, permanecendo invariável o valor de troca das mercadorias com quantidade aumentada ou reduzida de meios de circulação. Em contrapartida, se a quantidade do signo do valor em circulação ultrapassar seu nível necessário ou ficar abaixo dele, esses meios serão reduzidos à força ao mesmo nível mediante redução ou aumento dos preços das mercadorias. Nos dois casos, o mesmo efeito parece ter sido produzido pela mesma causa, e é a essa aparência que *Hume se apegou*.

Toda investigação científica sobre a relação entre a quantidade do meio de circulação e o movimento de preços das mercadorias tem de pressupor como dado o valor do material-dinheiro. Hume, em contraposição, analisa exclusivamente épocas de revolução no valor dos próprios metais preciosos e, portanto, revoluções na medida dos valores. O aumento dos preços das mercadorias concomitantemente ao aumento da quantidade de dinheiro metálico a partir da descoberta das minas americanas constitui o pano de fundo histórico de sua teoria, assim como a polêmica contra o sistema monetário e mercantil lhe forneceu o motivo prático. O aporte dos metais preciosos pode ser naturalmente incrementado permanecendo invariáveis seus custos de produção. Em contrapartida, a redução de seu valor, isto é, do tempo de trabalho requerido para sua produção, só aparecerá, em um primeiro momento, no incremento de seu aporte. Portanto, assim disseram mais tarde alunos de Hume, o valor reduzido dos metais preciosos aparece na massa crescente dos meios de circulação e a massa crescente dos meios de circulação se mostra no aumento dos preços das mercadorias. Porém o que aumenta de fato é apenas o preço das mercadorias exportadas que são trocadas por ouro e prata enquanto mercadorias e não enquanto meios de circulação. Assim, o preço daquelas mercadorias que foram estimadas em ouro e prata de valor reduzido aumenta em relação às restantes mercadorias, cujo valor de troca continua a ser estimado em ouro ou prata, segundo o padrão de seus antigos custos de produção. Essa estimativa dupla dos valores de troca das mercadorias no mesmo país naturalmente só pode ser temporária, e os preços do ouro ou da prata precisam compensar-se nas proporções determinadas pelos próprios valores de troca, de modo que os valores de troca de todas as mercadorias acabem sendo estimados de acordo com o novo valor do material-dinheiro. Este não é o lugar para analisar a evolução desse processo nem o modo como, em geral, o valor de troca das mercadorias se impõe no âmbito dessas oscilações dos preços de mercado. No entanto, novas investigações críticas sobre o movimento dos preços das mercadorias no século XVI comprovaram com contundência que essa compensação é muito gradativa em épocas menos avançadas da produção burguesa e se distribui por longos períodos, e, em todo caso, não acompanha o ritmo de aumento da quantidade de dinheiro vivo circulante[76]. Totalmente impertinentes são a relações que os alunos de Hume gostam de estabelecer com o aumento dos preços na Roma antiga em decorrência da conquista da Macedônia, do Egito e da Ásia Menor. A transferência violenta, repentina e peculiar ao mundo antigo, de tesouros de dinheiro acumulados de um país para o outro e a redução temporária dos custos de produção dos metais preciosos para um determinado país mediante

---

[76] Aliás, Hume chega a admitir esse caráter gradativo, embora ele não corresponda ao seu princípio. Ver David Hume, *Essays and Treatises on Several Subjects*, v. I (Londres, 1777), p. 300.

O dinheiro ou a circulação simples

o simples processo da pilhagem não afetam as leis imanentes da circulação de dinheiro, do mesmo modo que, por exemplo, a distribuição gratuita de cereal egípcio e siciliano em Roma não atinge a lei geral que regula o preço do cereal. O material requerido para a observação detalhada da circulação do dinheiro, a saber, de um lado, o histórico verificado dos preços das mercadorias, de outro, a estatística oficial e contínua da expansão e contração do meio circulante, do afluxo e escoamento dos metais preciosos etc., um material que, de modo geral, só surgiria com o sistema bancário totalmente desenvolvido, faltava a Hume tanto quanto aos demais autores do século XVIII. A teoria da circulação de Hume se resume às seguintes sentenças: 1. Os preços das mercadorias em um país são determinados pela massa de dinheiro que nele se encontra (dinheiro real ou simbólico). 2. O dinheiro em circulação em um país representa todas as mercadorias que nele se encontram. Na medida em que aumenta a quantidade dos representantes, isto é, do dinheiro, há maiores ou menores quantidades da coisa representada para cada representante. 3. Se a quantidade das mercadorias aumenta, seu preço diminui ou o valor do dinheiro aumenta. Se a quantidade de dinheiro aumenta, ocorre o inverso: aumenta o preço das mercadorias e diminui o valor do dinheiro[77]. Hume diz:

> O encarecimento de todas as coisas em consequência do excesso de dinheiro constitui uma desvantagem para todo o comércio vigente, ao permitir que os países mais pobres comprem por preços mais baixos que os ricos em todos os mercados estrangeiros.[78]
> Se analisarmos uma nação isoladamente, não haverá nenhum efeito, nem bom nem ruim, se houver muita ou pouca moeda para calcular ou representar as mercadorias, do mesmo modo que o balanço de um negociante não seria alterado, caso se empregasse, na contabilidade, a maneira arábica de calcular, que requer poucos algarismos, em vez da romana, que necessita de uma quantidade maior. Pois a maior quantidade de dinheiro, igual aos algarismos de cálculo romanos, é bem mais incômoda e exige mais esforço tanto para a conservação quanto para o transporte.[79]

Para provar alguma coisa, Hume deveria ter mostrado que, em *dado* sistema de algarismos de cálculo, a massa dos algarismos não depende da grandeza do valor numérico, mas o inverso: a grandeza do valor numérico depende da massa dos caracteres empregados. É bem correto dizer que não há vantagem em estimar ou "contar" os valores das mercadorias em ouro ou prata de valor reduzido e, por conseguinte, os povos, deparando-se com o aumento da soma de valores das mercadorias em circulação, sempre acharam mais cômodo contar em prata que em cobre, e em ouro que em

---

[77] Ver Sir James Steuart, *An Inquiry into the Principles of Political Oeconomy, Being an Essay on the Science of Domestic Policy in Free Nations*, v. I, cit., p. 394-400.
[78] David Hume, *Essays and Treatises on Several Subjects*, cit., p. 300.
[79] Ibidem, p. 303.

prata. Na medida em que ficaram mais ricos, eles transformaram os metais menos valiosos em moeda subsidiária e os valiosos em dinheiro. Em contrapartida, Hume esquece que, para contar os valores em ouro e prata, nem ouro nem prata precisam estar "disponíveis". Para ele, moeda de conta e meio de circulação coincidem e ambos são moeda (*coin*). Pelo fato de uma alteração de valor na medida dos valores ou nos metais preciosos que funcionam como moeda de conta fazer aumentarem ou diminuírem os preços das mercadorias e, portanto, também a massa do dinheiro em circulação, permanecendo constante a velocidade da circulação, Hume conclui que o aumento ou a redução dos preços das mercadorias depende da quantidade do dinheiro em circulação. O fechamento das minas europeias permitiu a Hume ver que, nos séculos XVI e XVII, não só aumentou a quantidade de ouro e prata, mas também se reduziram os custos de sua produção. Nos séculos XVI e XVII, os preços das mercadorias aumentaram na Europa com a massa de ouro e prata importados da América; portanto, os preços das mercadorias são determinados, em cada país, pela massa de ouro e prata que nele se encontra. Essa foi a primeira "consequência necessária"[80] de Hume. Nos séculos XVI e XVII, os preços não aumentaram uniformemente com o aumento da quantidade dos metais preciosos; transcorreu mais de meio século até que aparecesse *alguma* variação nos preços das mercadorias e, inclusive então, ainda demorou bastante tempo até que os valores de troca das mercadorias passassem a ser estimados de modo geral em conformidade com o valor reduzido do ouro e da prata, ou seja, até que a revolução tomasse conta dos preços gerais das mercadorias. Portanto, conclui Hume – que, em contradição frontal com os princípios de sua filosofia, converte acriticamente em sentenças gerais fatos unilateralmente observados –, o preço das mercadorias ou o valor do dinheiro não é determinado pela massa absoluta do dinheiro que se encontra em um país, mas antes pela quantidade de ouro e prata que efetivamente ingressa na circulação, mas, no final das contas, todo o ouro e toda a prata que se encontram em um país têm de ser absorvidos pela circulação como moeda[81]. Está claro que, se ouro e prata

---

[80] Ibidem, p. 303.
[81] "*It is evident, that the prices do not so much depend on the absolute quantity of commodities, and that of money, which are in a nation, as on that of the commodities, which can or may come to market, and of the money which circulates. If the coin be locked up in chests, it is the same thing with regard to prices, as if it were annihilated; if the commodities be hoarded in magazines and granaries, a like effect follows. As the money and commodities in these cases, never meet, they cannot affect each other. The whole (of prices) at last reaches a just proportion with the new quantity of specie which is in the kingdom*" [Está claro que os preços não dependem tanto da quantidade absoluta das mercadorias e da de dinheiro disponíveis em um país quanto da quantidade de mercadorias que vem ou pode vir para o mercado e do dinheiro que está em circulação. Quando o dinheiro em moedas é trancado em cofres, para os preços isso é como se ele tivesse sido destruído; quando as mercadorias

O dinheiro ou a circulação simples

possuem um valor próprio, desconsiderando as demais leis da circulação, só determinada quantidade de ouro e prata pode circular como equivalente de uma soma dada de valores de mercadorias. Logo, se toda quantidade de ouro e prata que casualmente se encontra em algum país tem de ingressar como meio de circulação no intercâmbio de mercadorias sem consideração da soma dos valores de mercadorias, então ouro e prata não possuem valor imanente e, por conseguinte, de fato não são mercadorias reais. Essa é a terceira "consequência necessária" de Hume. Ele faz ingressar no processo da circulação mercadorias sem preço e ouro e prata sem valor. É por isso que ele nunca fala de valor das mercadorias e de valor do ouro, mas sempre só de sua quantidade correlativa. Locke já tinha dito que ouro e prata teriam um valor meramente imaginário ou convencional; a primeira forma brutal de oposição à afirmação do sistema monetário de que exclusivamente ouro e prata têm valor verdadeiro. O fato de a existência de ouro e prata como dinheiro se originar meramente de sua função no processo social de troca é explicado no sentido de que eles devem o seu valor e, em consequência, a sua* grandeza de valor a uma função social**. Portanto, ouro e prata são coisas sem valor, mas, no interior do processo de circulação, eles recebem uma grandeza de valor fictícia como *representantes das mercadorias*. O processo não os transforma em dinheiro, mas em valor. Esse seu valor é determinado pela proporção entre sua própria massa e a massa das mercadorias, em que as duas massas devem coincidir. Portanto, enquanto Hume faz ouro e prata ingressarem como não mercadorias no mundo das mercadorias, assim que eles aparecem na determinidade formal da moeda ele os transforma inversamente em simples mercadorias que se trocam com outras mercadorias mediante o simples comércio de troca. Então, se o mundo das mercadorias consistisse em uma única mercadoria, como, por exemplo, um milhão de alqueires de cereal, seria muito simples imaginar que um alqueire seja trocado por duas onças de ouro, caso haja dois milhões de onças de ouro e por 20 onças de ouro, caso haja 20 milhões de onças de ouro, ou seja, se o preço da mercadoria e o valor do dinheiro aumentam ou diminuem em relação inversa à quantidade de dinheiro disponível***. Porém, o mundo das mercadorias consiste em uma quantidade infinita de valores de uso, cujo valor relativo de modo nenhum é determinado por sua quantidade relativa.

---

      são acumuladas em armazéns e celeiros, o efeito é o mesmo. Dado que, nesses casos, o dinheiro e as mercadorias nunca se encontram, eles tampouco podem ter algum efeito recíproco. A totalidade (dos preços) acaba chegando *a uma proporção correta com a quantidade de dinheiro metálico que há no reino*] (ibidem, p. 303, 307-8).

*   Inserido no exemplar manuscrito; na edição de 1859, falta "sua". (N. E. A.)

** Nota no exemplar manuscrito: Ver *Law* e *Franklin* sobre o valor excedente que ouro e prata receberiam a partir da função como dinheiro. Também *Forbonnais*. (N. E. A.)

*** Nota no exemplar manuscrito: Essa ficção consta literalmente em Montesquieu. (N. E. A.)

Portanto, como Hume concebe essa troca entre a massa das mercadorias e a massa do ouro? Ele se contenta com a concepção sem noção e opaca de que toda mercadoria enquanto parte alíquota da massa total de mercadorias é trocada por uma parte alíquota correspondente da massa do ouro. Está extinto, portanto, o movimento processador das mercadorias que brota do antagonismo nelas contido entre valor de troca e valor de uso, que aparece na circulação do dinheiro e se cristaliza nas diferentes determinidades formais do último, e o seu lugar é ocupado pela equiparação mecânica imaginária de massa do peso dos metais preciosos que se encontram em um país e da massa de mercadorias simultaneamente disponível.

Sir James Steuart inicia sua investigação sobre moeda e dinheiro com uma crítica minuciosa de Hume e Montesquieu[82]. Ele de fato é o primeiro a levantar a pergunta: a quantidade do dinheiro em circulação é determinada pelos preços das mercadorias ou os preços das mercadorias são determinados pela quantidade do dinheiro em circulação? Embora sua exposição seja encoberta por uma visão fantasiosa da medida dos valores, pela apresentação oscilante do valor de troca em geral e por reminiscências do sistema mercantil, ele descobre as determinidades formais essenciais do dinheiro e as leis gerais de circulação do dinheiro por não colocar mecanicamente as mercadorias de um lado e o dinheiro do outro, mas por de fato desenvolver as diferentes funções a partir dos diferentes fatores da troca de mercadorias.

> O uso de dinheiro para a circulação interna pode ser resumido sob dois pontos principais: pagamento do que se deve, compra do que se precisa; as duas coisas juntas constituem a demanda por dinheiro vivo (*ready money demands*). [...] A condição do comércio, da manufatura, da maneira de viver e dos gastos tradicionais dos habitantes, tomados em seu conjunto, regula e determina a massa da demanda por dinheiro vivo, isto é, a massa das vendas. Para operacionalizar essa multiplicidade dos pagamentos é necessário certa proporção de dinheiro. Essa proporção, por sua vez, pode aumentar ou diminuir, dependendo das circunstâncias, embora a quantidade das vendas permaneça a mesma. [...] Em todo caso, a circulação de um país consegue absorver apenas certa quantidade de dinheiro.[83]

O preço de mercado da mercadoria é determinado pela operação complexa de demanda e concorrência (*demand and competition*), que são totalmente independentes da massa de ouro e prata existente em um país. O que acontece com o ouro e a prata que não são requeridos como moeda? Eles são acumulados como tesouro ou processados como material de artigos de luxo. Se a massa de ouro e prata cair a nível abaixo do requerido para a circulação, eles serão substituídos por dinheiro simbólico ou outros expedientes. Se um câmbio favorável de moeda resultar em excesso de dinheiro no país e, ao mesmo tempo, suspender a demanda por seu

---

[82] Sir James Steuart, *An Inquiry into the Principles of Political Oeconomy, Being an Essay on the Science of Domestic Policy in Free Nations*, v. I, cit., p. 394 e seg.
[83] Ibidem, v. II, p. 377-9 *passim*.

O dinheiro ou a circulação simples

envio ao exterior, com frequência ele vai parar dentro de caixas, onde se torna tão inútil como se jazesse nas minas.[84]

A segunda lei descoberta por *Steuart* é o refluxo da circulação baseada no crédito ao seu ponto de partida. Por fim, ele desenvolve os efeitos produzidos pela diversidade da taxa de juros nos diferentes países sobre a exportação e a importação internacional dos metais preciosos. Indicamos aqui as duas últimas determinações somente em função da completude, já que elas estão muito distantes do tema que estamos tratando, que é o da circulação simples[85].

---

[84] Ibidem, p. 379-80 *passim.*
[85] "*The additional coin will be locked up, or converted into plate.* [...] *As for the paper money, as soon as it has served the first purpose of supplying the demand of him who borrowed it, it will return upon the debtor in it and become realised.* [...] *Let the specie of a country, therefore, be augmented or diminished in ever so great a proportion, commodities will still rise and fall according to the principles of demand and competition, and these will constantly depend upon the inclinations of those who have property or any kind of equivalent whatsoever to give, but never upon the quantity of coin they are possessed of.* [...] *Let it (a saber, die quantity of specie in a country) be ever so low, while there is real property of any denomination in the country, and a competition to consume in those who posses it, prices will be high, by the means of harter, symbolical money, mutual prestations and* a thousand *other inventions.* [...] *If this country has a communication with other nations, there must be a proportion between the prices of many kinds of merchandize there and elsewhere, and a sudden augmentation or diminution of the specie, supposing it could of itself operate the effects of raising or sinking prices, would be restrained in its operation by foreign competition*" [As moedas adicionais serão trancadas em cofres ou transformadas em talheres de prata. [...] Quanto ao papel-moeda, ele regressará ao devedor e será realizado assim que tiver cumprido sua primeira finalidade, que é satisfazer a necessidade de quem o tomou emprestado. [...] Por mais que o dinheiro metálico de um país seja multiplicado ou reduzido, a quantidade de mercadorias aumentará ou diminuirá de acordo com os princípios da demanda e da concorrência, e estas dependerão permanentemente das inclinações daqueles que tiverem propriedade ou algum tipo de valor para dar em troca, mas jamais da quantidade de moedas que possuem. [...] Por menor que ela seja (a saber, a quantidade de dinheiro metálico em um país), enquanto houver propriedade efetiva de alguma espécie no país e uma concorrência de consumo entre os que a possuem, os preços serão altos mediante o comércio de troca, dinheiro simbólico, pagamentos recíprocos e *milhares* de outras invenções. [...] Se esse país fizer negócios com outras nações, deverá haver uma proporção entre os preços de todo o tipo de mercadorias nele e em outro lugar, e o súbito aumento ou a súbita redução da quantidade de dinheiro metálico, presumindo que eles poderiam *por si sós* causar o efeito da elevação ou redução de preços, seriam *limitados* pela concorrência estrangeira em seu efeito] (ibidem, v. I, p. 400-1). "*The circulation of every country must be in proportion to the industry of the inhabitants producing the commodities which come to market.... If the coin of a country, therefore, falls below the proportion of the produce of industry offered to sale, inventions, like symbolical money, will be fallen upon, to provide for an equivalent for it. But if the specie be found above the proportion of industry, it will have no effect in raising prices, nor will it enter into circulation:* it will be hoarded up in treasures. [...] *Whatsoever be the quantity of money in a nation, in correspondence with the rest of the world, there never can remain,* in circulation, *but the quantity nearly proportional to the consumption of the rich and to the labour and industry of the poor inhabitants*"

Dinheiro simbólico ou dinheiro creditício – Steuart ainda não diferencia essas duas formas do dinheiro – podem substituir os metais preciosos como meio de compra ou meio de pagamento na circulação interna, mas não no mercado mundial. Por conseguinte, as notas de papel são o dinheiro da sociedade (*money of the society*), ao passo que ouro e prata são o dinheiro do mundo (*money of the world*)[86].

Uma característica bem particular das nações de desenvolvimento "histórico", no sentido da escola histórica do direito*, é esquecer constantemente a própria história. Por conseguinte, embora a polêmica em torno da relação entre os preços das mercadorias e a quantidade dos meios de circulação tenha agitado continuamente o Parlamento durante esse meio século e tenha gerado milhares de panfletos extensos e curtos na Inglaterra, Steuart permaneceu um "cachorro morto" em grau ainda maior do que Spinoza pareceu ser para Moses Mendelssohn na época de Lessing. Até MacLaren, o mais recente

---

[A circulação de cada país tem de ser adequada à atividade industrial de seus habitantes, que produzem as mercadorias que são lançadas no mercado. […] Quando o dinheiro físico de um país cair a uma proporção abaixo da referente aos preços da atividade industrial posta à venda, haverá recurso a invenções como o dinheiro simbólico para criar um equivalente. Porém, quando se evidencia que o dinheiro metálico se encontra em proporção acima da referente à atividade industrial, isso não tem o efeito de elevar os preços nem o faz ingressar na circulação: *ele será acumulado em tesouros*. […] Por maior que seja a quantidade de dinheiro em um país em relação ao restante do mundo, jamais poderá permanecer *em circulação* mais do que a quantidade que seja mais ou menos proporcional ao consumo de seus habitantes ricos e ao trabalho e à atividade industrial de seus habitantes pobres], e essa proporção não é determinada "*by the quantity of money actually in the country*" [pela quantidade de dinheiro que de fato se encontra no país] (ibidem, p. 407-8 *passim*). "*All nations will endeavour to throw their ready money, not necessary for their own circulation, into that country where the interest of money is high with respect to their own*" [Todos os países se empenharão em lançar seu dinheiro vivo, que não é necessário para a própria circulação, no país em que o juro do dinheiro é alto em relação ao seu] (ibidem, v. II, p. 5). "*The richest nation in Europe may be the poorest in circulating specie*" [O país mais rico da Europa pode ser o mais pobre em dinheiro metálico circulante] (ibidem, v. II, p. 6). [Complemento no exemplar manuscrito:] – Ver a polêmica de Arthur Young contra Steuart.

[86] Ibidem, v. II, p. 370. Louis Blanc transformou o "*money of the society*", que significa simplesmente dinheiro interno, nacional, em dinheiro socialista, o que não significa absolutamente nada, e, de modo coerente, converteu Jean Law em socialista. (Ver seu primeiro volume da história da Revolução Francesa.)

* Tendência reacionária da ciência histórica e do direito, que surgiu na Alemanha no final do século XVIII e se voltou contra as ideias burguesas democráticas da Revolução Francesa. Marx faz uma caracterização dessa tendência em seus artigos *Das philosophische Manifest der historischen Rechtsschule* [O manifesto filosófico da Escola Histórica do Direito] e *Zur Kritik der Hegelschen Rechtsphilosophie. Einleitung* (MEW, v. 1, p. 78-85 e 378-91) [ed. bras.: "Crítica da filosofia do direito de Hegel – Introdução", em *Crítica da filosofia do direito de Hegel*, trad. Rubens Enderle e Leonardo de Deus, São Paulo, Boitempo, 2005]. (N. E. A.)

O dinheiro ou a circulação simples

historiador da *"currency"* [meio de circulação], transforma Adam Smith no inventor da teoria de Steuart e Ricardo no inventor da teoria de Hume[87]. Enquanto Ricardo refinou a teoria de Hume, Adam Smith registrou os resultados das pesquisas de Steuart como fatos passados e enterrados. *Adam Smith* aplicou o seu dito de sabedoria escocês, qual seja, "se vocês ganharem um pouco muitas vezes, fica fácil ganhar muito, mas o difícil mesmo é ganhar esse pouco", também à riqueza intelectual e, em consequência, ocultou com meticulosa escrupulosidade as fontes às quais ele deve o pouco do qual ele de fato faz muito. Não foi só uma vez que ele preferiu evitar o ponto alto da questão em pauta, nos casos em que uma formulação mais precisa o teria obrigado a acertar contas com os seus predecessores. É o que sucede na teoria do dinheiro. Ele acolhe tacitamente a teoria de Steuart, ao relatar que o ouro e a prata que se encontram em um país são em parte empregados como moeda, em parte acumulados como fundos de reserva para comerciantes em países sem bancos e como reserva bancária em países com circulação creditícia, em parte eles servem de tesouro para compensação de pagamentos internacionais, em parte eles são processados para serem artigos de luxo. Ele descarta tacitamente a questão da quantidade da moeda em circulação, tratando o dinheiro de modo totalmente equivocado como simples mercadoria*. Seu vulgarizador, o insípido *J. B. Say*, que os franceses nomearam *prince de la science* [príncipe da ciência] – ao estilo de Johann Christoph Gottsched, que nomeou o seu barão de Schönaich Homero, e de Pietro Aretino, que nomeou a si mesmo *terror principum* [terror dos príncipes] e *lux mundi* [luz do mundo] –, com grande gravidade adestrou como dogma esse lapso nem tão ingênuo de Adam Smith[88]. Aliás, a tensão polêmica contra as ilusões do sistema mercantil impediu Adam Smith de conceber objetivamente os fenômenos da circulação metálica, ao passo que suas noções do dinheiro creditício são originais e profundas. Do mesmo modo que nas teorias da petrificação do século XVIII

---

[87] James MacLaren, cit., p. 43 e seg. O patriotismo induziu um autor alemão falecido prematuramente (Gustav Julius) ao equívoco de recorrer ao velho Büsch como autoridade contra a escola ricardiana. Büsch traduziu o inglês genial de Steuart para o baixo alemão de Hamburgo e descaracterizou o original sempre que pôde.

* Nota no exemplar manuscrito: Isso não é bem exato. Pelo contrário, em algumas passagens, ele expressa a lei corretamente. (N. E. A.)

[88] Portanto, a diferença entre *"currency"* e *"money"*, isto é, entre meio de circulação e dinheiro, não se encontra em *Wealth of Nations* [Riqueza das nações]. Deixando-se iludir pela aparente imparcialidade de Adam Smith, que conhecia Hume e Steuart perfeitamente bem, o sincero MacLaren observa: *"The theory of the dependence of prices on the extent of the currency bad not as yet, attracted attention; and Doctor Smith, like Mr. Locke, considers metallic money nothing but a commodity"* [Até agora, a teoria de que os preços dependem da quantidade dos meios de circulação ainda não atraiu a atenção; e, do mesmo modo que o senhor Locke, o doutor Smith considera que o dinheiro de metal não passa de uma mercadoria] (ibidem, p. 44).

sempre consegue passar uma correnteza funda que se origina da consideração crítica ou apologética da tradição bíblica do dilúvio, esconde-se por trás de todas as teorias do dinheiro do século XVIII uma luta secreta contra o sistema monetário, o fantasma que havia vigiado o berço da economia burguesa e continuava lançando sua sombra sobre a legislação.

As pesquisas sobre o sistema monetário foram diretamente incentivadas, no século XIX, muito mais pelos fenômenos da circulação de notas bancárias que pelos fenômenos da circulação metálica. Recorreu-se a esta tão somente para descobrir as leis daquela. A suspensão dos pagamentos em dinheiro vivo pelo banco da Inglaterra a partir de 1797, o posterior aumento no preço de muitas mercadorias, a queda do preço monetário do ouro abaixo de seu preço de mercado e a depreciação das notas bancárias especialmente a partir de 1809 forneceram os ensejos práticos imediatos de uma disputa entre partidos no Parlamento e de um torneio teórico fora dele, ambos igualmente renhidos. O pano de fundo histórico do debate foi a história do papel-moeda no século XVIII, o fiasco do banco de Law*, a depreciação das notas bancárias provinciais das colônias inglesas na América do Norte do início até meados do século XVIII, que andou de mãos dadas com a crescente quantidade do signo do valor; mais tarde, então, o papel-moeda (*continental bills*) imposto por lei pelo governo central norte-americano durante a guerra de independência e, por fim, o experimento dos *assignats* franceses, levado a cabo em escala ainda maior. A maioria dos autores ingleses daquela época confunde a circulação de notas bancárias, que é determinada por leis bem diferentes, com a circulação de signos do valor ou de papéis do Estado com curso forçado e, enquanto dizem explicar os fenômenos dessa circulação forçada a partir das leis da circulação metálica, eles de fato fazem o inverso: abstraem as leis desta dos fenômenos daquela. Omitiremos aqui todos os numerosos autores do período de 1800 a 1809 e nos voltaremos de imediato para Ricardo, tanto porque ele resume seus predecessores e formula suas visões com mais precisão quanto porque o formato que ele imprimiu à teoria do dinheiro rege até este momento a legislação bancária inglesa. A exemplo de seus predecessores, Ricardo vê a circulação de notas bancárias ou de dinheiro creditício e a circulação de simples signos do valor como uma coisa só. O que o ocupou predominantemente foi a depreciação do papel-moeda e

---

* O banqueiro e economista inglês John Law tentou pôr em prática sua ideia totalmente absurda de que o Estado poderia aumentar a riqueza de um país mediante a emissão de notas bancárias sem lastro. Em 1716, ele fundou um banco privado em Paris, que, no final de 1718, foi transformado em banco estatal. O banco de Law emitiu notas de papel sem limites e, ao mesmo tempo, recolheu o dinheiro metálico. Disso resultou uma fraude na bolsa de valores e uma especulação sem precedentes, até que em 1720 o banco quebrou e o "sistema" de Law faliu completamente, obrigando Law a fugir do país. (N. E. A.)

O dinheiro ou a circulação simples

o concomitante aumento dos preços das mercadorias. O que as minas norte-americanas representaram para Hume as impressoras de cédulas de papel na Threadneedle Street* representaram para Ricardo, e, em certa passagem, ele próprio identifica expressamente esses dois agentes. Seus primeiros escritos, em que se ocupa apenas da questão do dinheiro, situam-se no período da polêmica mais acirrada entre o Banco da Inglaterra, apoiado pelos ministros e pelo partido da guerra, e seus adversários, em torno dos quais se agruparam a oposição parlamentar, os *whigs* e o partido da paz. Esses escritos apareceram como precursores diretos do famoso relatório do Comitê de Bullion de 1810, no qual foram aceitos os pareceres de Ricardo[89]. A particularidade de que Ricardo e seus adeptos, que declaram o dinheiro simples signo do valor, são chamados de bullionistas (homens do ouro em barras) não advém só do nome desse comitê, mas também do conteúdo da própria teoria. Em suas obras sobre economia política, Ricardo reiterou esses pareceres e os aprimorou, mas em lugar nenhum examinou o sistema monetário como tal, como fez com o valor de troca, o lucro, a renda etc.

Em um primeiro momento, Ricardo determina o valor do ouro e da prata, bem como o de todas as outras mercadorias, pela quantidade do tempo de trabalho objetivado neles[90]. Neles, como mercadorias de dado valor, são medidos os valores das outras mercadorias[91]. A quantidade dos meios de circulação em um país é, pois, determinada pelo valor da unidade de medida do dinheiro, de um lado, e pela soma dos valores de troca das mercadorias, de outro lado. Essa quantidade é modificada pela economia na maneira de pagar[92]. Assim, encontrando-se determinada a quantidade em que o dinheiro de dado valor pode circular e como seu valor no interior da circulação só aparece em sua quantidade, simples signos de seu valor podem substituí-lo na circulação, quando emitidos na proporção determinada por seu valor,

---

* Rua de Londres em que se encontra o Banco da Inglaterra. (N. E. A.)

[89] David Ricardo, *The High Price of Bullion, a Proof of the Depreciation of Banknotes* (4. ed., Londres, 1811). (A primeira edição foi publicada em 1809.) Ver também: *Reply to Mr. Bosanquet's Practical Observations on the Report of the Bullion Committee* (Londres, 1811).

[90] Idem, *On the Principles of Political Economy and Taxation* (3. ed., Londres, 1821), p. 77: "O valor dos metais preciosos depende, no fim das contas, como o de todas as outras mercadorias, da quantidade total de trabalho necessário para obtê-los e lançá-los no mercado".

[91] Ibidem, p. 77, 180-1.

[92] Ibidem, p. 421: "A quantidade de dinheiro que pode ser empregada em um país depende de seu valor. Se houvesse só ouro circulando, seria necessário quinze vezes menos dele do que se só a prata fosse empregada". Ver também idem, *Proposals for an Economical and Secure Currency; With Observations on the Profits of the Bank of England, as They Regard the Public and the Proprietors of Bank Stock* (2. ed., Londres, 1816), p. 8, em que ele diz: "A quantidade das notas em circulação depende do montante requerido para a circulação do país, e este é regulado pelo valor da unidade de medida do dinheiro, pela quantia dos pagamentos e pela economia em sua realização".

mais precisamente, "o dinheiro circulante se encontra em seu estado mais pleno quando consiste exclusivamente de papel-moeda, mas de papel-moeda equivalente ao ouro que ele alega representar"[93].

Portanto, até aqui, pressupondo o valor do dinheiro como dado, Ricardo determina a quantidade dos meios de circulação pelos preços das mercadorias, e o dinheiro enquanto signo do valor significa para ele o signo de determinada quantidade de ouro, e não, como em Hume, um representante sem valor das mercadorias.

Quando interrompe de repente o andar parelho de sua exposição e adota o parecer inverso, Ricardo se volta de imediato para a circulação internacional dos metais preciosos e, desse modo, complica o problema, introduzindo pontos de vista estranhos a ele. Acompanhando o íntimo de suas ideias, vamos pôr de lado, em um primeiro momento, todos os pontos de incidência artificiais e, em consequência, transladar as minas de ouro e prata para o interior dos países em que os metais preciosos circulam como dinheiro. A única tese que decorre da explicitação feita até aqui por Ricardo é que, no caso de um valor dado do ouro, a quantidade de dinheiro em circulação se encontra determinada pelos preços das mercadorias. Portanto, em dado momento, a massa do ouro que circula em um país é simplesmente determinada pelo valor de troca das mercadorias em circulação. Suponhamos, então, que a soma desses valores de troca tenha diminuído, seja porque são produzidas menos mercadorias pelos antigos valores de troca, seja porque, em consequência de um aumento da força produtiva do trabalho, a mesma massa de mercadorias obtém um valor de troca reduzido. Ou suponhamos inversamente que a soma dos valores de troca aumente porque a massa das mercadorias aumenta, permanecendo constantes os custos de produção, ou porque o valor, seja da mesma massa de mercadorias, seja de uma massa menor de mercadorias, aumente em consequência da redução da força produtiva do trabalho. O que acontece, nos dois casos, com a quantidade *dada* do metal em circulação? Se o ouro só é dinheiro porque circula como meio de circulação, se ele é obrigado a perseverar na circulação, como ocorre com o papel-moeda emitido pelo Estado com curso forçado (e é isso que Ricardo tem em mente), então, no primeiro caso, a quantidade de dinheiro circulante ficaria inflada em relação ao valor de troca do metal e, no segundo caso, ficaria abaixo de seu nível normal. Portanto, embora dotado de valor próprio, no primeiro caso o ouro se tornaria um signo de metal de valor de troca mais baixo que o que lhe é próprio, no segundo caso o signo de um metal de valor mais alto. Enquanto signo do valor, ele estaria no primeiro caso abaixo e no segundo caso acima de seu valor real (novamente uma abstração do papel-moeda com curso forçado). No primeiro caso, seria como se as mercadorias fossem estimadas em metal de valor mais baixo que

---

[93] Idem, *Principles of Political Economy and Taxation*, cit., p. 432-3.

o do ouro e no segundo caso, como se fossem estimadas em metal de valor mais alto que o do ouro. Em consequência, no primeiro caso, os preços das mercadorias aumentariam, e no segundo, diminuiriam. Nos dois casos, o movimento dos preços das mercadorias, seu aumento ou sua redução, seria efeito da expansão ou contração relativas* da massa do ouro em circulação acima ou abaixo do nível que corresponde ao valor que lhe é próprio, isto é, da quantidade normal determinada pela relação entre seu próprio valor e o valor destinado às mercadorias em circulação.

O mesmo processo ocorreria se a soma dos preços das mercadorias em circulação permanecesse inalterada, mas a massa do ouro em circulação viesse a estar abaixo ou acima do nível correto; o primeiro caso, se a moeda de ouro desgastada pela circulação não fosse substituída por uma correspondente nova produção das minas, o segundo caso, se o novo aporte das minas tivesse extrapolado as necessidades da circulação. Nos dois casos, está pressuposto que os custos de produção do ouro ou seu valor permaneçam inalterados.

Resumindo: o dinheiro em circulação se encontra no nível normal quando sua quantidade, em relação a um valor de troca dado das mercadorias, é determinada por seu valor metálico. Ele infla acima, o ouro cai abaixo de seu valor metálico e os preços das mercadorias aumentam porque diminui a soma dos valores de troca da massa das mercadorias ou porque aumenta o aporte de ouro das minas. Ele se contrai abaixo de seu nível correto, o ouro aumenta acima de seu valor metálico e os preços das mercadorias diminuem porque aumenta a soma dos valores de troca da massa das mercadorias ou o aporte de ouro das minas não repõe a massa do ouro desgastado. Nos dois casos, o ouro circulante é signo de um valor maior ou menor que aquele que ele efetivamente contém. Ele pode tornar-se um signo valorizado ou depreciado de si mesmo. Assim que as mercadorias tivessem sido estimadas nesse novo valor do dinheiro e os preços gerais das mercadorias tivessem aumentado ou diminuído de modo correspondente, a quantidade do ouro em circulação voltaria a corresponder às necessidades da circulação (uma consequência que Ricardo enfatiza com especial satisfação), mas entraria em contradição com os custos de produção dos metais preciosos e, por conseguinte, com sua relação enquanto mercadoria com as demais mercadorias. De acordo com a teoria ricardiana dos valores de troca em geral, o aumento do ouro acima de seu valor de troca, isto é, do valor determinado pelo tempo de trabalho contido nele, ocasionaria um aumento da produção de ouro até que seu aporte intensificado voltasse a reduzi-lo à sua correta grandeza de valor. Inversamente, uma redução do ouro abaixo de seu valor ocasionaria uma diminuição de sua produção até que ele voltasse a atingir sua correta grandeza de valor. Mediante esses movimentos inversos, a contradição entre o valor metálico

---

* Inserido no exemplar manuscrito; na edição de 1859, falta o termo "relativas". (N. E. A.)

do ouro e seu valor como meio de circulação se resolveria, o nível correto da massa de ouro circulante se estabeleceria e o nível dos preços das mercadorias voltaria a corresponder à medida dos valores. Essas flutuações no valor do ouro em circulação afetariam da mesma forma o ouro em forma de barras, dado que, segundo esse pressuposto, todo ouro que não é usado como artigo de luxo está em circulação. Como o próprio ouro, seja como moeda, seja como barra, pode tornar-se signo de maior ou menor valor metálico do que o que lhe é próprio, conclui-se que, por exemplo, notas bancárias conversíveis circulantes tenham o mesmo destino. Embora as notas bancárias sejam convertíveis e, portanto, seu valor real corresponda ao seu valor nominal, a massa total do dinheiro em circulação, ouro e notas (*the aggregate currency consisting of metal and of convertible notes* [o meio circulante agregado que consiste em metal e notas convertíveis]), pode ser valorizada ou depreciada, dependendo de sua quantidade total, pelas razões antes explicitadas, subir a nível superior ou cair a nível inferior ao determinado pelo valor de troca das mercadorias em circulação e pelo valor metálico do ouro. A partir desse ponto de vista, papel-moeda não convertível possui em relação ao papel-moeda convertível a única vantagem de poder ser duplamente depreciado. Ele pode cair a um valor inferior ao do metal que ele alega representar por ser emitido em quantidades demasiado grandes ou ele pode cair porque o metal por ele representado caiu um valor inferior a seu próprio valor. Essa depreciação, não do papel em relação ao ouro, mas do ouro e do papel juntos ou da massa total dos meios de circulação de um país, é uma das principais invenções de Ricardo, da qual Lorde Overstone e cia. fizeram uso próprio e que foi convertida em princípio fundamental da lei dos bancos de 1844 e 1845, proposta por Sir Robert Peel.

O que se pretendia provar é que o preço das mercadorias ou o valor do ouro depende da massa do ouro em circulação. No entanto, a prova consiste em pressupor o ponto a ser provado, ou seja, que toda quantidade do metal precioso que serve de dinheiro, não importando qual seja sua relação com seu valor intrínseco, tem de se tornar meio de circulação, moeda e, assim, signo do valor das mercadorias em circulação, não importando qual seja a soma total de seu valor. Em outras palavras, a prova consiste na abstração de todas as outras funções que o dinheiro [cumpre]* além de sua função como meio de circulação. Quando se encontra sob forte pressão, como em sua polêmica com Bosanquet, Ricardo se refugia na asserção dogmática, inteiramente dominado pelo fenômeno do signo de valor depreciado por sua quantidade[94].

---

* Corrigido no exemplar manuscrito; na edição de 1859: "de todas as determinidades formais que o dinheiro possui além de sua forma como meio de circulação". (N. E. A.)

[94] David Ricardo, *Reply to Mr. Bosanquet's Practical Observations on the Report of the Bullion Committee*, cit., p. 49: "*That commodities would rise or fall in price, in proportion to the increase or diminution of money*, I assume as a fact which is incontrovertible" [*Pressuponho como*

O dinheiro ou a circulação simples

Ora, se Ricardo tivesse proposto essa teoria em termos abstratos, a exemplo do que fizemos, sem recorrer a relações concretas e a pontos incidentais que o desviam da própria questão em pauta, sua vacuidade apareceria de modo contundente. Porém ele dá uma coloração *internacional* a todo o desenvolvimento. Mas será fácil demonstrar que a aparente grandeza do critério nada muda na pequenez das ideias básicas.

Portanto, a tese era esta: a quantidade do dinheiro metálico circulante é normal quando é determinada pela soma do valor das mercadorias em circulação estimadas em seu valor metálico. Expresso em termos internacionais, isso quer dizer: em condições normais da circulação, cada país possui uma massa de dinheiro que corresponde à sua riqueza e à sua indústria. O dinheiro circula em um valor correspondente ao seu valor real ou aos seus custos de produção; isto é, ele tem o mesmo valor *em todos os países*[95]. Por conseguinte, jamais dinheiro seria exportado ou importado de um país para outro[96]. Haveria, então, um equilíbrio entre as *currencies* (a massa total do dinheiro circulante) dos diferentes países. O nível correto* da *currency* nacional passa a ser expresso como equilíbrio internacional das *currencies*, e isso quer dizer simplesmente que a nacionalidade nada muda na lei econômica geral. Voltamos ao mesmo ponto fatal em que nos encontrávamos antes. Como se dá a desordem do nível correto? Isso agora significa: como se desordena o equilíbrio internacional das *currencies*? Ou: como o dinheiro deixa de ter o mesmo valor em todos os países? Ou, finalmente, como ele deixa de ter, em cada país, o valor que lhe é próprio? Do mesmo modo que anteriormente o nível correto foi desordenado porque a massa do ouro em circulação aumentou ou diminuiu, permanecendo igual a soma do valor das mercadorias, ou porque a quantidade do dinheiro em circulação permaneceu a mesma, enquanto os valores de troca das mercadorias aumentavam ou diminuíam, agora o nível internacional determinado pelo valor do próprio metal se desordena porque a massa do ouro que se encontra em um país cresce em consequência de novas minas do metal nele descobertas[97] ou porque a soma dos valores de troca das mercadorias em circulação em um país específico aumentou ou diminuiu. Do mesmo modo que anteriormente a produção de metais preciosos se reduzia ou crescia, dependendo da necessidade de contrair

---

fato incontestável que as mercadorias aumentam ou diminuem de preço em relação ao aumento ou à diminuição da quantidade do dinheiro].

[95] Idem, *The High Price of Bullion, a Proof of the Depreciation of Banknotes*, cit., p. 4: "*Money would have the* same value *in all countries*" [O dinheiro teria o *mesmo valor* em todos os países]. Em sua economia política, Ricardo modificou essa frase, mas não de uma maneira que importa aqui.

[96] Ibidem, p. 3-4.

* Inserido no exemplar manuscrito; na edição de 1859, falta "correto". (N. E. A.)

[97] Ibidem, p. 4.

ou expandir a *currency* e de reduzir ou elevar os preços das mercadorias de maneira correspondente, agora a exportação e a importação de um país para outro têm o mesmo efeito. Em um país no qual os preços tivessem aumentado e o valor do ouro, em consequência da circulação inflada, tivesse caído abaixo de seu valor metálico, o ouro seria depreciado em relação ao de outros países, logo os preços das mercadorias teriam aumentado em comparação com os de outros países. Portanto, ouro seria exportado e mercadorias exportadas. No caso inverso, ocorreria o inverso. Do mesmo modo que anteriormente a produção de ouro perdurava até que fosse restaurada a relação correta de valor entre metal e mercadoria, agora a importação ou a exportação de ouro e, com elas, o aumento e a diminuição dos preços das mercadorias perdurariam até que fosse restaurado o equilíbrio entre as *currencies* internacionais. Do mesmo modo que, no primeiro caso, a produção do ouro só aumentou ou diminuiu porque o ouro se encontrava acima ou abaixo de seu valor, a migração internacional do ouro só ocorreria por essa razão. Do mesmo modo que, no primeiro caso, toda alteração em sua produção afetaria a quantidade do metal circulante e, desse modo [os] preços, isso ocorreria agora com a importação e a exportação internacionais. Assim que se tivesse instaurado o valor relativo entre ouro e mercadoria ou a quantidade normal dos meios de circulação, deixariam de ocorrer, no primeiro caso, a continuidade da produção e, no segundo caso, a exportação ou a importação, exceto para repor a moeda desgastada e para consumo da indústria do luxo. Disso se conclui "que a tentação de exportar ouro em troca de mercadorias, isto é, uma balança comercial desfavorável, sempre só poderá decorrer de uma quantidade excessiva de meios de circulação"[98]. Seria sempre só a desvalorização ou a sobrevalorização do metal em consequência da expansão ou da contração da massa dos meios de circulação acima ou abaixo de seu nível correto que causaria sua importação ou exportação[99]. Ademais, resultaria isto: dado que, no primeiro caso, a produção do ouro é apenas aumentada ou reduzida, no segundo caso, o ouro é apenas importado ou exportado, porque sua quantidade está acima ou abaixo de seu nível correto, porque ele está valorizado acima ou depreciado abaixo de seu valor metálico e, portanto, os preços das mercadorias estão muito altos ou muito baixos, cada um desses movimentos serve de corretivo[100], na medida em que, mediante expansão ou contração do dinheiro circulante, reconduz os preços ao seu verdadeiro nível.

---

[98] *"An unfavourable balance of trade never arises but from a redundant currency"* [Uma balança comercial desfavorável só pode resultar de uma superabundância de meios de circulação] (ibidem, p. 11-2).
[99] *"The exportation of the coin is caused by its cheapness, and is not the effect, but the cause of an unfavourable balance"* [A exportação do dinheiro sólido é provocada por seu barateamento e não é o efeito, mas a causa de uma balança desfavorável] (ibidem, p. 14).
[100] Ibidem, p. 17.

O dinheiro ou a circulação simples

No primeiro caso, trata-se do nível entre valor do ouro e valor das mercadorias e, no segundo caso, do nível internacional das *currencies*. Em outras palavras: o dinheiro circula nos diferentes países somente na medida em que circula como moeda em cada país. O dinheiro é apenas moeda, e, por conseguinte, a quantidade de ouro que se encontra em um país tem de ingressar na circulação, podendo, portanto, enquanto signo do valor de si mesmo subir acima ou cair abaixo de seu valor. Desse modo, tomando o desvio que passa por essa complicação internacional, conseguimos retornar sãos e salvos ao simples dogma que constitui o ponto de partida.

Alguns exemplos evidenciarão como Ricardo força a formulação* dos fenômenos reais de acordo com o sentido de sua teoria abstrata. Ele afirma, por exemplo, que, em tempos de más colheitas, frequentes na Inglaterra durante o período de 1800 a 1820, o ouro seria exportado, não porque haveria demanda por cereal e o ouro é dinheiro, ou seja, meio de compra e meio de pagamento sempre efetivo** no mercado mundial, mas porque o valor do ouro teria sido depreciado em relação às demais mercadorias, logo, a *currency* do país em que ocorre a má colheita teria sido depreciada em relação às demais *currencies* nacionais. Pois, pelo fato de a má colheita ter reduzido a massa das mercadorias em circulação, a quantidade dada de dinheiro circulante teria excedido seu nível normal e, em consequência, todos os preços das mercadorias teriam aumentado[101]. Na contramão dessa interpretação paradoxal,

---

* Na edição de 1859: "força a constatação [...] de acordo com". (N. E. A.)
** Corrigido no exemplar manuscrito; na edição de 1859: "atuantes". (N. E. A.)
[101] Ibidem, p. 74-5: "*England, in consequence of a bad harvest, would come under the case of a country having been deprived of a part of its commodities, and, therefore, requiring a diminished amount of circulating medium. The currency which was before equal to the payments would now become superabundant and relatively cheap in proportion of her diminished production. The exportation of this sum, therefore, would restore the value of the currency to the value of the currencies of other countries*" [Em consequência de uma má colheita, a Inglaterra ficaria na situação de um país que teve uma parte de suas mercadorias roubada e, por isso, necessita de um montante reduzido de meio circulante. Os meios de circulação que antes igualavam os pagamentos se teriam tornado excedentes e relativamente baratos em relação à sua produção reduzida. Por isso, a exportação dessa soma recomporia o valor do meio de circulação em relação ao valor dos meios de circulação de outros países]. A confusão que ele faz entre dinheiro e mercadoria e entre dinheiro e moeda é risível na seguinte frase: "*If we can suppose that after an unfavourable harvest, when England has occasion for an unusual importation of corn, an other nation is possessed of a superabundance of that article, but has no wants for any commodity whatever, it would unquestionably follow that such a nation would not export its corn in exchange for commodities: but neither would it export corn for money, as that is a commodity which no nation ever wants absolutely, but relatively*" [Suponhamos que, após uma colheita desfavorável, a Inglaterra tenha oportunidade de realizar uma importação extraordinária de cereal e outro país tenha excesso daqueles artigos, mas não tem necessidade de adquirir nenhuma mercadoria, daí indubitavelmente decorreria que esse país não exportaria seu cereal em troca de mercadorias; mas *ele tampouco exportaria o cereal em troca de dinheiro,*

foi demonstrado estatisticamente que, desde 1793 até a época mais recente, no caso de más colheitas na Inglaterra, a quantidade dos meios de circulação existente não influo além da conta, mas se tornou insuficiente e, por conseguinte, circulou e teve de circular mais dinheiro que antes[102].

Ricardo também afirma que, na época do bloqueio continental de Napoleão e dos decretos ingleses relativos ao bloqueio, os ingleses exportaram ouro em vez de mercadoria para o continente porque seu dinheiro estaria depreciado em relação ao dinheiro dos países continentais e, por conseguinte, o preço de suas mercadorias estaria relativamente alto e, assim, seria uma especulação comercial vantajosa exportar ouro em vez de mercadorias. Segundo ele, a Inglaterra era o mercado em que as mercadorias estavam caras e o dinheiro barato, ao passo que, no continente, as mercadorias estavam baratas e o dinheiro caro. Um autor inglês diz:

> O fato foi o preço ruinosamente baixo de nossos produtos fabricados e dos produtos coloniais sob o efeito do sistema continental durante os últimos seis anos de guerra. Os preços do açúcar e do café, por exemplo, foram estimados em ouro quatro ou cinco vezes mais altos no continente do que foram os mesmos preços estimados na Inglaterra em notas bancárias. Foi no período em que os químicos franceses descobriram o açúcar de beterraba e substituíram o café pela chicória, ao passo que arrendatários ingleses concomitantemente faziam experimentos de engorda dos bois com xarope e melaço, em que a Inglaterra tomou posse de Helgoland para construir ali um depósito de mercadorias para facilitar o contrabando para o norte da Europa e em que as espécies mais leves das fabricações britânicas tentavam encontrar sua rota até a Alemanha passando pela Turquia. [...] Quase todas as mercadorias do mundo podiam ser encontradas em nossos armazéns e ficaram imobilizadas ali mesmo, a não ser quando uma pequena quantidade era resgatada mediante uma licença francesa, pela qual comerciantes de Hamburgo e Amsterdam tinham pagado a Napoleão uma soma de 40-50 mil libras esterlinas. Deviam ser comerciantes bem estranhos esses que pagaram tais somas pela liberdade de levar uma carga de mercadorias de um mercado caro para um mercado barato. Qual era a alternativa clara para um comerciante? Ou comprar café por 6 *pence* em notas bancárias e enviá-lo para um lugar em que pudesse vender a libra diretamente por 3 ou 4 xelins em ouro ou comprar ouro com notas bancárias a 5 libras esterlinas a onça e enviá-lo para um lugar em que fosse estimado em 3 libras esterlinas, 17 xelins e 10½ *pence*. Portanto, é de mau gosto dizer que se remetia

---

dado que essa é uma mercadoria de que nenhum país necessitará de modo absoluto, mas relativo] (ibidem, p. 75). Em seu poema épico, Pushkin jamais permite que o pai de seu protagonista compreenda que mercadoria é dinheiro. Porém os russos sempre compreenderam que dinheiro é mercadoria, como fica comprovado não só pela importação de grão inglesa de 1838 até 1842, mas por toda sua história comercial.

[102] Ver Thomas Tooke, *A History of Prices, and of the State of the Circulation, from 1839 to 1847 Inclusive* (Londres, 1848); e James Wilson, *Capital, Currency and Banking* (Londres, 1847). (Este último livro consiste na impressão de uma série de artigos publicados em 1844, 1845 e 1847 no *London Economist*.)

ouro em vez de café como operação mercantil preferível. [...] Não havia, naquela época, outro país do mundo além da Inglaterra, no qual se podia obter uma quantidade tão grande de mercadorias desejáveis. Bonaparte sempre examinava minuciosamente a tabela de preços correntes na Inglaterra. Enquanto conseguia constatar que, na Inglaterra, o ouro estava caro e o café barato, ele se mostrava satisfeito com o efeito de seu sistema continental.[103]

Precisamente no período em que Ricardo propôs pela primeira vez sua teoria do dinheiro e o comitê de Bullion a incorporou em seu relatório parlamentar, a saber, no ano de 1810, ocorreu uma queda ruinosa nos preços de todas as mercadorias inglesas em comparação com os anos de 1808 e 1809, ao passo que o ouro* aumentou relativamente de valor. Os produtos agrícolas constituíram exceção, porque sua importação de fora se deparou com obstáculos e sua massa existente no país fora dizimada por más colheitas[104]. Ricardo desconheceu de maneira tão completa o papel dos metais preciosos como meio de pagamento internacional que, em sua declaração diante do Comitê da Câmara dos Lordes (1819), pôde dizer: *"That drains for exportation would cease altogether so soon as cash payments should be resumed, and the currency be restored to its metallic level"* [Que o escoamento de ouro para a exportação cessaria por completo assim que fossem retomados os pagamentos em moeda corrente e a circulação do dinheiro fosse reconduzida ao seu nível metálico].

Ele morreu bem a tempo, um pouco antes da irrupção da crise de 1825, que desmentiu sua profecia. O período em que incide a atividade literária de Ricardo foi bem pouco adequado para observar a função dos metais preciosos enquanto dinheiro mundial. Antes da introdução do sistema continental, a balança comercial sempre foi favorável à Inglaterra e, durante esse período, as transações com o continente europeu eram demasiado insignificantes para afetar o câmbio inglês. As remessas de dinheiro foram principalmente de natureza política e Ricardo parece ter ignorado completamente o papel que as verbas de subsídios desempenharam na exportação inglesa de ouro[105].

Dentre os contemporâneos de Ricardo que constituíram a escola para os princípios de sua economia política *James Mill* é o mais importante. Ele tentou expor a teoria do dinheiro de Ricardo com base na circulação metálica simples, sem as impertinentes complicações internacionais, atrás das quais Ricardo esconde a precariedade de sua visão das coisas, e sem considerações

---

[103] James Deacon Hume, *Letters on the Cornlaws, and on the Rights of the Working Classes* (Londres, 1834), p. 29-31.
* Corrigido no exemplar manuscrito; na edição de 1859: "dinheiro". (N. E. A.)
[104] Thomas Tooke, *A History of Prices, and of the State of the Circulation, from 1839 to 1847 Inclusive*, cit., p. 110.
[105] Ver William Blake, *Observations on the Effects Produced by the Expenditure of Government during the Restriction of Cash Payments*, cit.

polêmicas sobre as operações do Banco da Inglaterra. Suas teses principais são as seguintes[106]:

> O valor do dinheiro é igual à proporção em que ele é trocado por outros artigos ou igual à quantidade de dinheiro que se dá em troca de certa quantidade de outras coisas. Essa proporção é determinada pela quantidade total do dinheiro que se encontra em um país. Supondo, de um lado, todas as mercadorias de um país e, do outro, todo o seu dinheiro, é evidente que, na troca dos dois lados, o valor do dinheiro, isto é, a quantidade de mercadorias pela qual ele é trocado, depende inteiramente de sua quantidade. O caso é exatamente o mesmo no transcurso real das coisas. A massa total das mercadorias de um país não se troca de uma só vez pela massa total do dinheiro, mas as mercadorias se trocam em porções, e com frequência em porções bem pequenas, em diversas épocas no decurso do ano. A mesma peça de dinheiro que hoje serviu para essa troca amanhã pode servir para outra. Uma parte do dinheiro é aplicada em uma quantidade maior de atos de troca, outra parte dele em uma quantidade ínfima, uma terceira parte é acumulada e não serve para nenhuma troca. Sob essas variações haverá uma média, baseada na quantidade de atos de troca nos quais cada peça de ouro teria sido usada se cada uma delas realizasse a mesma quantidade de atos de troca. Fixemos esse número médio arbitrariamente, por exemplo, em 10. Tendo cada peça de dinheiro existente no país servido para realizar 10 compras, é como se a massa total das peças de dinheiro se tivesse decuplicado e cada uma delas tivesse servido apenas para uma única compra. Nesse caso, o valor de todas as mercadorias é igual a 10 vezes o valor do dinheiro etc. Se inversamente, em vez de cada peça de dinheiro servir para 10 compras no ano, a massa total do dinheiro fosse decuplicada e cada peça de dinheiro efetuasse apenas uma troca, está claro que cada aumento dessa massa causaria uma redução proporcional do valor de cada uma das peças de ouro tomada para si. Por se supor que a massa de todas as mercadorias pelas quais o dinheiro pode ser trocado permanece a mesma, o valor da massa total do dinheiro não ficou maior do que era antes, após o aumento de sua quantidade. Supondo o aumento de um décimo, o valor de cada parte alíquota da massa total, por exemplo, uma onça, deve ter sido reduzido em um décimo. Portanto, qualquer que seja o grau de redução ou aumento da massa total do dinheiro, se a quantidade das outras coisas permanecer a mesma, essa massa total e cada uma de suas partes experimentam reciprocamente uma redução ou um aumento proporcional. Está claro que essa tese constitui uma verdade absoluta. Sempre que o valor do dinheiro tiver experimentado um aumento ou uma diminuição e sempre que a quantidade das mercadorias pelas quais ele pôde ser trocado e o movimento da circulação permanecerem os mesmos, essa variação deverá ter tido como causa um aumento ou uma redução proporcional do dinheiro e não poderá ser atribuída a nenhuma outra causa. Se a massa das mercadorias diminui enquanto a quantidade do dinheiro permanece a mesma, é como se a soma total do dinheiro tivesse aumentado e vice-versa. Variações parecidas são resultado de cada variação no movimento da circulação. Cada aumento na quantidade das

---

[106] James Mill, *Elements of Political Economy* (Londres, 1821). No texto, traduzido a partir da tradução francesa de J. T. Parisot (Paris, 1823).

O dinheiro ou a circulação simples

circulações produz o mesmo efeito produzido pelo aumento total do dinheiro; uma redução daquela quantidade produz de imediato o efeito inverso. [...] Se uma parte da produção anual nem chega a ser trocada, como aquela que os próprios produtores consomem, essa parte não entra no cálculo. Como ela não é trocada por dinheiro, é como se ela nem sequer existisse em relação ao dinheiro. [...] Sempre que o aumento e a redução do dinheiro podem acontecer livremente, a quantidade total dele que se encontra no país é regulada pelo valor dos metais preciosos. [...] Porém ouro e prata são mercadorias, cujo valor é determinado, como o das demais mercadorias, por seus custos de produção, pela quantidade de trabalho contida nelas.[107]

Toda a perspicácia de Mill se dissolve em uma série de suposições tão arbitrárias quanto de mau gosto. Ele quer provar que o preço das mercadorias ou o valor do dinheiro é determinado "pela quantidade total do dinheiro existente em um país". *Supondo* que a massa e o valor de troca das mercadorias em circulação permaneçam os mesmos, assim como a velocidade da circulação e o valor dos metais preciosos determinado pelos custos de sua produção, e *supondo*, ao mesmo tempo, que, não obstante, a quantidade do dinheiro metálico *circulante* aumenta ou diminui em relação à massa de dinheiro *existente* no país, então de fato fica "evidente" que se supôs aquilo que se pretendeu provar. Aliás, Mill incorre no mesmo erro que Hume cometeu: fazer circular valores de uso e não mercadorias com um valor de troca dado e, por isso, sua tese fica errada, mesmo que concedamos todas as suas "suposições". A velocidade da circulação pode até permanecer a mesma, bem como o valor dos metais preciosos e também a *quantidade* das mercadorias em circulação, e, ainda assim, com a variação de seu valor de troca pode ser requerida para sua circulação ora uma massa maior, ora uma massa menor de dinheiro. Mill percebe o fato de que uma parte do dinheiro existente no país circula, enquanto a outra estagna. Recorrendo a um cálculo sumamente cômico da média, ele *supõe* que, embora na realidade as coisas pareçam ser diferentes, todo o dinheiro que se encontra em um país na verdade está em circulação. Suponha que 10 milhões de táleres de prata circulem duas vezes durante um ano em um país, 20 milhões poderiam circular se cada táler realizasse apenas uma compra. E, se a soma total de todas as formas de prata que se encontram em um país perfizer 100 milhões de táleres, pode-se supor que os 100 milhões poderiam circular se cada peça de dinheiro efetuasse uma compra a cada cinco anos. Também se poderia supor que todo o dinheiro do mundo circula em Hampstead, mas que cada parte alíquota dele, em vez de efetuar três circulações por ano, efetua uma circulação a cada 3 milhões de anos. Uma das suposições é tão importante quanto a outra para a determinação da relação entre soma dos preços das mercadorias e quantidade dos meios de circulação. Mill sente que, para ele, é de importância decisiva

---

[107] Ibidem, p. 128-6 *passim*.

juntar diretamente as mercadorias, não com a quantidade de dinheiro que se encontra em circulação, mas como a reserva total do dinheiro que existe a cada momento em um país. Ele admite que a massa total das mercadorias de um país não é trocada "de uma só vez" pela massa total do dinheiro, mas diferentes porções de mercadorias são trocadas por diferentes porções de dinheiro em diferentes épocas do ano. Para eliminar essa desproporção, ele *supõe* que ela não existe. A propósito, toda essa concepção da confrontação direta de mercadorias e dinheiro e sua troca direta é abstraída do movimento das compras e vendas simples ou da função do dinheiro como meio de compra. Já no movimento do dinheiro como meio de pagamento, desaparece essa manifestação concomitante de mercadoria e dinheiro.

As crises comerciais ao longo do século XIX, principalmente as grandes crises de 1825 e 1836, não levaram a um aprimoramento da teoria ricardiana do dinheiro, mas de fato a um reaproveitamento dela. O conflito entre todos os elementos do processo de produção burguês já não apareceu como relações entre fenômenos econômicos isolados, como, no caso de Hume, a depreciação dos metais preciosos nos séculos XVI e XVII ou, no de Ricardo, a depreciação do papel-moeda durante o século XVIII e início do século XIX, mas nas grandes borrascas do mercado mundial, cuja origem e repulsão foram buscadas na mais superficial e mais abstrata esfera desse processo, a esfera da circulação de dinheiro. O pressuposto propriamente teórico do qual parte a escola desses artistas da meteorologia econômica é constituído unicamente pelo dogma de que Ricardo descobriu as leis da circulação puramente metálica. A única coisa que ainda precisaram fazer foi submeter a essas leis a circulação do crédito ou das notas bancárias.

O fenômeno mais geral e mais evidente das crises comerciais é a queda brusca e geral dos preços das mercadorias, na sequência de uma alta mais longa e geral desses preços. A queda mais generalizada dos preços das mercadorias pode ser expressa como aumento do valor relativo do dinheiro em comparação com todas as mercadorias e a alta geral dos preços, inversamente como queda do valor relativo do dinheiro. Nos dois modos de expressão, o fenômeno é enunciado, mas não explicado. Pode-se propor a tarefa de explicar o aumento periódico geral dos preços, alternando-se com sua queda geral, ou então formular a mesma tarefa da seguinte maneira: explicar a queda e a alta periódica do valor relativo do dinheiro em comparação com o das mercadorias; o fraseado diferente deixa a tarefa tão inalterada quanto o faria sua tradução da língua alemã para a língua inglesa. A teoria ricardiana do dinheiro veio muito a calhar porque confere a uma tautologia a aparência de uma relação causal. De onde provém a queda periódica geral dos preços das mercadorias? Do aumento periódico do valor relativo do dinheiro. De onde provém inversamente o aumento periódico geral dos preços das mercadorias? Da queda periódica do valor relativo do dinheiro. Seria igualmente correto dizer que o aumento periódico ou a queda periódica dos preços advém de sua

O dinheiro ou a circulação simples

queda periódica e de seu aumento periódico. A própria tarefa foi posta sob o pressuposto de que o valor imanente do dinheiro, isto é, seu valor determinado pelos custos de produção dos metais preciosos, permanece *inalterado*. Caso a tautologia queira ser mais que tautologia, ela está baseada no desconhecimento dos conceitos mais elementares. Se o valor de troca de A medido em B diminui, sabemos que isso pode advir tanto de uma diminuição do valor de A quanto de um aumento do valor de B. E vice-versa, quando o valor de troca de A medido em B aumenta. Uma vez admitida a transformação da tautologia em uma relação causal, tudo o mais resulta com facilidade. O aumento dos preços das mercadorias se origina da queda do valor do dinheiro, mas, como sabemos de Ricardo, a queda do valor do dinheiro decorre da circulação inflada, isto é, do fato de que a massa do dinheiro em circulação sobe acima do nível determinado por seu valor imanente e pelos valores imanentes das mercadorias. E inversamente a queda geral dos preços das mercadorias se origina do aumento do valor do dinheiro acima de seu valor imanente, em consequência de uma circulação abaixo de capacidade. Portanto, os preços aumentam ou diminuem periodicamente porque periodicamente circula dinheiro demais ou de menos. Ora, se ficar demonstrado que o aumento dos preços coincidiu com uma circulação reduzida de dinheiro e que a queda dos preços coincidiu com uma circulação aumentada, ainda assim se pode afirmar que a quantidade do dinheiro circulante foi aumentada ou reduzida, não de modo absoluto, mas de modo relativo, em consequência de alguma redução ou de algum aumento, mesmo que estatisticamente indemonstrável, da massa das mercadorias em circulação. Vimos, então, que, segundo Ricardo, essas flutuações gerais dos preços também têm de ocorrer no caso de uma circulação puramente metálica, que elas, no entanto, se compensam mediante sua alternância, na medida em que, por exemplo, a circulação abaixo de sua plena capacidade provoca queda dos preços das mercadorias, a queda dos preços das mercadorias provoca exportação das mercadorias para o exterior, essa exportação, por sua vez, provoca o fluxo de dinheiro para dentro do país, esse fluxo de dinheiro, por sua vez, provoca o aumento dos preços das mercadorias. O inverso ocorre no caso de uma circulação excessiva, durante a qual se importam mercadorias e se exporta dinheiro. Como, porém, apesar dessas flutuações gerais originadas da natureza da própria circulação metálica ricardiana, sua forma mais virulenta e violenta, sua forma de crise, faz parte dos períodos do sistema creditício desenvolvido, fica claro como a luz do sol que a emissão de notas bancárias não é regulada exatamente de acordo com as leis da circulação metálica. O remédio da circulação metálica consiste na importação e na exportação dos metais preciosos, que ingressam de imediato na circulação como moeda e assim fazem os preços das mercadorias caírem ou subirem mediante seu fluxo para dentro ou para fora do país. O mesmo efeito sobre os preços das mercadorias precisa ser agora produzido artificialmente pelos bancos mediante emulação das leis da circulação do metal. Se ouro flui do exterior para dentro do país, essa é a prova de que a circulação está abaixo de sua capacidade plena, o valor do dinheiro está alto demais e os preços das mercadorias baixos demais, logo notas bancárias têm de ser lançadas na circulação na proporção do ouro recém-importado. Inversamente elas precisam ser retiradas da circulação na proporção em que o ouro flui para fora do país. Em outras palavras, a emissão das notas bancárias tem de ser regulada segundo a importação e a exportação dos metais preciosos ou segundo o câmbio. O falso pressuposto de Ricardo de que ouro* é apenas moeda e que, por conseguinte, todo o ouro importado aumenta a quantidade de dinheiro circulante e, por isso, faz os preços aumentarem, que todo ouro exportado reduz a quantidade de moeda e, por isso, faz os preços caírem, esse pressuposto teórico converte-se aqui *no experimento prático de fazer circular tanta moeda quanto houver ouro em cada caso*. O Lorde *Overstone* (banqueiro Jones Loyd), o coronel Torrens, Norman, Clay, Arbuthnot e inumeráveis outros autores, conhecidos na Inglaterra pelo nome da escola do *"currency principle"* [lei da circulação do dinheiro], não só proclamaram essa doutrina, mas, pela via das leis bancárias de 1844 e 1845 do Sir Robert Peel, fizeram dela a base da legislação bancária inglesa e escocesa vigente. Seu vergonhoso fiasco, tanto teórico quanto prático, após experimentos em escala nacional, só poderá ser exposto na teoria do crédito[108]. Mas isso basta para ver como

---

* Corrigido no exemplar manuscrito; na edição de 1859: "dinheiro". (N. E. A.)
[108] Alguns meses antes da irrupção da crise geral do comércio de 1857, reuniu-se um Comitê da Câmara dos Comuns para investigar os efeitos das leis bancárias de 1844 e 1845. O Lorde Overstone, o teórico que gestou essas leis, desfez-se em fanfarronices diante do Comitê: *"By strict and prompt adherence to the principles of the act of 1844, everything has passed off with regularity and ease; the monetary system is safe and unshaken, the prosperity of the country is undisputed, the public confidence in the wisdom of the act of 1844 is daily gaining strength; and if the committee wish for further practical illustration of the soundness of the principles on which it rests, or of the beneficial results which it has assured, the true and sufficient answer to the committee is, look around you; look at the present state of trade of the country, look at the contentment of the people; look at the wealth and prosperity which pervades every class of the community; and then, having done so, the committee may be fairly called upon to decide whether they will interfere with the continuance of an act under which these results have been developed"* [Mediante estrita e pronta observância dos princípios dessa lei de 1844, tudo transcorreu com regularidade e facilidade; o sistema monetário está seguro e inabalado, a prosperidade do pais é inconteste, a confiança pública na lei de 1844 fica a cada dia mais forte. Se o Comitê desejar provas práticas adicionais da sanidade dos princípios nos quais se baseia essa lei e das consequências benéficas que ela assegurou, só há uma resposta verdadeira e suficiente: olhem em volta; observem o atual estado dos negócios em nosso país, contemplem a satisfação do povo; observem a riqueza e a prosperidade de todas as classes da sociedade; e, feito isso, o Comitê estará em condições de decidir se vai querer impedir a continuidade de uma lei pela qual tais sucessos foram alcançados]. Foi isso que a Overstone trombeteou no dia 14 de julho de 1857; no dia 12 de novembro do mesmo ano, o ministério teve de tomar para si a responsabilidade de suspender a lei milagrosa de 1844.

a teoria de Ricardo, que isola o dinheiro em sua forma fluida como meio de circulação, termina por atribuir ao aumento e à diminuição dos metais preciosos uma incidência absoluta na economia burguesa, a um ponto jamais sonhado pela superstição do sistema monetário. Desse modo, Ricardo, que declara o papel-moeda a forma mais perfeita do dinheiro, tornou-se o profeta dos bullionistas.

Assim, depois que a teoria de Hume, ou a oposição abstrata ao sistema monetário, foi desenvolvida até as últimas consequências, a concepção concreta que Steuart tinha do dinheiro finalmente recebeu de Thomas Tooke[109] o reconhecimento a que tinha direito. Tooke não deriva seus princípios de uma teoria qualquer, mas de análise conscienciosa da história dos preços das mercadorias de 1793 a 1856. Na primeira edição de sua história dos preços, publicada em 1823, Tooke ainda está inteiramente tomado pela teoria ricardiana e se esforça debalde para harmonizar os fatos com essa teoria. Seu panfleto *On the Currency* [Sobre o meio de circulação], que veio a público após a crise de 1825, poderia até ser encarado como primeira proposição coerente dos pareceres postos em vigor mais tarde por Overstone. Contudo, a continuação de suas pesquisas sobre a história dos preços das mercadorias forçou-o a assumir a noção de que aquela conexão direta entre preços e quantidade de meios de circulação, como pressuposta pela teoria, é uma simples quimera, que a expansão e a contração dos meios de circulação, permanecendo igual o valor dos metais preciosos, sempre é efeito e nunca causa das flutuações de preços, que a circulação de dinheiro em geral é apenas um movimento secundário e que, no processo real de produção, o dinheiro adquire ainda outras determinidades formais bem diferentes do que a de meio de circulação. Suas investigações detalhadas pertencem a uma esfera diferente daquela da circulação metálica simples e, por conseguinte, ainda não podem ser abordadas aqui, bem como as investigações de *Wilson* e *Fullarton* que integram a mesma corrente[110]. Todos esses escritores não concebem o dinheiro unilateralmente, mas em seus diferentes fatores, só que o fazem apenas materialmente, sem nenhuma conexão viva, seja entre esses fatores, seja com o sistema global das categorias econômicas. Por conseguinte, eles confundem *dinheiro* em distinção a *meio de circulação* erroneamente com *capital* ou até com mercadoria, embora, em

---

[109] Tooke desconhecia totalmente o escrito de Steuart, como se depreende de sua *History of Prices from 1839 to 1847* (Londres, 1848), na qual ele sintetiza a história das teorias do dinheiro.

[110] O escrito mais importante de Tooke, além da *History of Prices*, editado por seu colaborador Newmarch em seis volumes, é *An Inquiry into the Currency Principle: the Connection of the Currency with Prices, and the Expediency of a Separation of Issue from Banking*, cit.. Já citamos o escrito de Wilson. Por fim, ainda é preciso mencionar John Fullarton, *On the Regulation of Currencies: Being an Examination of the Principles, on which it is Proposed to Restrict, within Certain Fixed Limits, the Future Issues on Credit of the Bank of England, and of the Other Banking Establishments Throughout the Country* (2. ed., Londres, 1845).

contrapartida, sejam forçados a ocasionalmente demarcar sua diferença em relação a ambos[111]. Por exemplo, quando ouro é remetido ao exterior, de fato é remetido capital ao exterior, mas a mesma coisa acontece quando ferro, algodão, cereal, em suma, toda e qualquer mercadoria é exportada. Ambos são capital e, por conseguinte, não se diferenciam como capital, mas como dinheiro e mercadoria. Portanto, o papel do ouro como meio de troca internacional não se origina de sua determinidade formal como capital, mas de sua função específica como dinheiro. Igualmente quando ouro ou, em seu lugar, notas bancárias funcionam como meio de pagamento no comércio interno, eles são, ao mesmo tempo, capital. Porém o capital na forma de mercadoria não poderia ocupar o seu lugar, como mostram, por exemplo, as crises de modo bem palpável. Portanto, é a diferença entre o ouro como dinheiro e a mercadoria, e não sua existência como capital, que faz dele meio de pagamento. Mesmo quando capital é exportado diretamente como capital, para, por exemplo, emprestar determinada soma de valor a juros no exterior, depende de conjunturas se ele será exportado na forma de mercadoria ou na forma de ouro; se ele for exportado na última forma, isso acontecerá por

---

[111] "Deve-se diferenciar entre dinheiro como mercadoria, *isto é*, capital, e dinheiro como meio de circulação" (Thomas Tooke, *An Inquiry into the Currency Principle; the Connection of the Currency With Prices, and the Expediency of a Separation of Issue from Banking*, cit., p. 10). "*Gold and silver may be counted upon to realise on their arrival nearly the exact sum required to be provided* [...] *gold and silver possess an infinite advantage over all other description of merchandize* [...] *from the circumstance of being universally in use as money.* [...] *It is not in tea, coffee, sugar or indigo that debts, whether foreign or domestic, are usually contracted to be paid, but in coin; and the remittance, therefore, either in the identical coin designated, or in bullion which can be promptly turned into that coin through the mint or market of the country to which it is sent, must always afford to the remitter, the most certain, immediate, and accurate means of affecting this object, without risk of disappointment from the failure of demand or fluctuation of price*" [Pode-se estar certo de que ouro e prata, em seu aporte, realizam quase exatamente a soma necessária. [...] Ouro e prata possuem uma vantagem infinita em comparação com todas as outras espécies de mercadorias [...], pela circunstância de que eles estão universalmente em uso como dinheiro. [...] As dívidas, tanto as internas quanto as externas, devem ser costumeiramente pagas de acordo com o contrato, não com chá, café, açúcar ou índigo, mas com moedas; e a remessa de dinheiro, seja precisamente em moeda cunhada ou em barras que podem ser imediatamente transformadas naquela moeda pela Casa da Moeda ou pelo mercado do país para o qual são remetidas, deve sempre oferecer ao remetente os meios mais seguros, mais imediatos e mais precisos para alcançar essa finalidade sem risco de fracassar por causa de falta de demanda ou flutuação do preço] (John Fullarton, *On the Regulation of Currencies: Being an Examination of the Principles, on which it is Proposed to Restrict, within Certain Fixed Limits, the Future Issues on Credit of the Bank of England, and of the Other Banking Establishments Throughout the Country*, cit., p. 132-3). "*Any other article might in quantity or kind be beyond the usual demand of the country to which it is sent*" [Cada outro artigo (além de ouro e prata) pode estar, em termos de quantidade e tipo, fora da demanda habitual do país para o qual é remetido] (ibidem, p. 10).

causa da determinidade formal específica dos metais preciosos como dinheiro perante a mercadoria. De modo geral, aqueles autores não examinam o dinheiro primeiro em sua forma abstrata, como ele é desenvolvido no âmbito da circulação simples de mercadorias e brota da relação das próprias mercadorias em processo. Por isso, eles claudicam permanentemente de um lado para outro entre as determinidades formais abstratas que o dinheiro recebe em contraposição à mercadoria e as determinidades dele em que se ocultam relações mais concretas, como capital, renda e similares[112].

---

[112] A transformação do dinheiro em capital será examinada no capítulo 3, que trata do capital e conclui esta primeira seção.

PARA A CRÍTICA DA ECONOMIA POLÍTICA
TEXTO ORIGINAL [*URTEXT*]

{CAPÍTULO II
O dinheiro}

{2. O dinheiro como meio de pagamento}

[...] adquire. Toda especificidade da relação entre ambos é apagada (trata-se, na relação, apenas do valor de troca como tal; do produto geral da circulação social), bem como todas as relações políticas, patriarcais e demais decorrentes da especificidade dessa relação. Ambos se inter-relacionam como pessoas sociais abstratas que representam uma diante da outra apenas o valor de troca como tal. O dinheiro se tornou o único *nexus rerum* [conector das coisas] entre eles, dinheiro *sans phrase* [sem mais]. O camponês já não se confronta com o dono de terras como camponês com seu produto agrícola e seu trabalho agrícola, mas como possuidor de dinheiro; isso porque, mediante a venda, o valor de uso imediato foi alienado e assumiu uma forma indiferente pela mediação do processo social. Em contrapartida, o proprietário de terras não se encontra mais em relação com ele como o indivíduo inábil que produz sob condições de vida específicas, mas como um indivíduo, cujo produto, o valor de troca autonomizado, o equivalente universal, o dinheiro, não se diferencia do produto de nenhum outro. Desse modo, desaparece a aparência cômoda que envolvia a transação em sua forma anterior.

A monarquia absoluta, ela própria já produto do desenvolvimento da riqueza burguesa até um estágio incompatível com as antigas relações feudais, necessita – em correspondência ao poder universal uniforme que tem de ser capaz de exercer sobre todos os pontos da periferia – do *equivalente universal* como alavanca desse poder, necessita da riqueza em sua forma sempre pronta para entrar em ação, na qual ela é independente de relações locais, naturais e individuais específicas. Ela necessita da riqueza na forma do dinheiro. Um sistema de produtos e fornecimentos *in natura*, correspondendo ao seu próprio caráter específico, também confere à sua utilização um caráter específico. Tão somente o dinheiro pode ser convertido imediatamente em todo e qualquer valor de uso específico. Por conseguinte, a monarquia absoluta opera na transformação do dinheiro em meio universal de pagamento. Este só pode ser imposto pela circulação forçada, que faz os produtos circularem abaixo de seu valor. Para ela, a conversão de todos os impostos em impostos na forma de dinheiro é questão de vida e morte. Em consequência, em um estágio mais antigo, a transformação de produtos em produtos na forma de dinheiro equivalia a desvencilhar-se da mesma quantidade de relações pessoais de dependência, equivalia a vitórias da sociedade burguesa, que com dinheiro vivo comprava sua liberdade de amarras que a inibiam – um processo que, em contrapartida, aparece para a visão do romantismo como substituição dos *laços* coloridos da humanidade por relações monetárias duras e ríspidas –; enquanto isso, em uma época de ascensão da monarquia absoluta, cuja arte financeira consiste na conversão forçada das mercadorias em dinheiro, ocorre, em contrapartida, que o próprio dinheiro é atacado pelos economistas burgueses como riqueza imaginária, à qual a riqueza natural é sacrificada à força. Por conseguinte, ao passo que Petty, de fato, celebra o dinheiro enquanto matéria do entesouramento apenas como o impulso enérgico de enriquecimento da jovem sociedade burguesa na Inglaterra, Boisguillebert denuncia, sob Luís XIV, o dinheiro como a maldição universal que faz secar o desenvolvimento das reais fontes de produção da riqueza, cujo destronamento é o único meio de restaurar em seu direito o mundo das mercadorias, sua riqueza real e sua fruição universal. Ele ainda não tinha como compreender que a mesma arte financeira obscura que lançava humanos e mercadorias na mesma retorta alquímica para obter ouro fazia evaporar, ao mesmo tempo, todas as relações e ilusões que inibiam o modo de produção burguês, para receber em troca, enquanto resíduo, relações monetárias simples, relações comuns de valor de troca.

> No período feudal, o pagamento em dinheiro vivo não era o único nexo entre um ser humano e o outro. O mais baixo não se referia ao mais alto exclusivamente como comprador e vendedor, mas em muitos sentidos, como soldado e capitão, como súdito leal e senhor etc. Com o triunfo final do dinheiro instaurou-se um tempo modificado.[1]

O dinheiro é propriedade "impessoal". Na forma de dinheiro, posso carregar comigo no bolso o poder social universal e o nexo social universal, a substância social. O dinheiro entrega o poder social como objeto na mão da pessoa física que como tal exerce esse poder. O próprio nexo social, o metabolismo social, aparece no dinheiro como algo totalmente exterior que não tem relação individual com o seu possuidor e que, por isso, igualmente faz o poder exercido por ele aparecer como algo totalmente casual, exterior a ele.

Sem antecipar ainda mais, o seguinte fica claro: o sistema de crédito difunde extraordinariamente as compras a prazo. Na mesma proporção em que o sistema creditício se desenvolve e, portanto, a produção baseada no valor de troca, aumenta a importância do papel que o dinheiro desempenha como meio de pagamento em comparação com o papel que ele desempenha como meio de

---

[1] Thomas Carlyle, *On Chartism* (Londres, 1840), p. 58

{O dinheiro}

circulação, como agente da compra e venda. Em países com modo de produção moderno e desenvolvido, logo, com um sistema creditício desenvolvido, o dinheiro de fato figura como moeda quase exclusivamente no comércio de varejo e no pequeno comércio entre produtores e consumidores, ao passo que na esfera das grandes transações comerciais ele aparece quase exclusivamente na forma do *meio universal de pagamento*. Na medida em que os pagamentos são compensados, o dinheiro aparece como forma evanescente, como mera medida ideal, imaginária, grandezas de valor trocadas. Sua intervenção física se limita a saldar balanços relativamente insignificantes[2]. O desenvolvimento do dinheiro como meio universal de pagamento anda de mãos dadas com o desenvolvimento de uma circulação superior, mediada, curvada sobre si mesma, já submetida ao controle social, na qual foi

---

[2] O sr. Slater (da firma Morrison, Dillon & Co, cujas transações estão entre as maiores da metrópole) diz: "*To prove how little of real money enters into the operations of trade*" [Para provar como é pequena a quantidade de dinheiro real que ingressa nas relações comerciais] ele faz uma "*analysis of a continuous course of commercial transactions, extending over several millions yearly, and which may be considered as a fair example of the general trade of the country. The proportions of receipts and payments are reduced to the scale of 1.000.000 l. only, during the year 1856, and are as under, viz.:*" [análise de um fluxo contínuo de transações comerciais que comporta vários milhões anualmente e que pode ser considerado um bom exemplo do comércio geral do país. As proporções de recebimentos e pagamentos são reduzidas à escala de 1.000.000 libras esterlinas, somente durante o ano de 1856, e são as seguintes:]

Receipts [Recebimentos]		*Payments* [Pagamentos]	
	£		
In bankers' drafts and mercantile bills of exchange, payable after date [Saques bancários e letras de câmbio mercantis pagáveis após a data]	533.596	*Bills of exchange payable after date* [Letras de câmbio pagáveis após a data]	302.674
In cheques of bankers etc. payable on demand [Cheques de banqueiros etc. pagáveis sob demanda]	357.715	*Cheques on London bankers* [Cheques a banqueiros de Londres]	663.672
In country banknotes [Notas bancárias do país]	9.627		
Bank of Inglaterra notes [Notas do Banco da Inglaterra]	68.554	*Bank of Inglaterra notes* [Notas do Banco da Inglaterra]	22.743
Gold [Ouro]	28.089	*Gold* [Ouro]	9.427
Silver and copper [Prata e cobre]	1.486	*Silver and copper* [Prata e cobre]	1.484
Post-office orders [Ordens de pagamento por correio]	933		
	£1.000.000		£1.000.000."

(*Report from the Select Committee on the Bankacts* etc. [Relatório do Comitê Seleto sobre os atos bancários etc.], 1º jul. 1858, p. LXXI.)

suprimida a importância exclusiva que ela possui com base na circulação metálica simples, por exemplo, para o entesouramento propriamente dito. Mas, se devido a abalos repentinos do crédito for interrompido o fluxo das compensações dos pagamentos, o mecanismo dos pagamentos, repentinamente o dinheiro será exigido como meio universal de pagamento e será exigido que a riqueza exista em duplicidade em toda a sua dimensão, ora como mercadoria, ora como dinheiro, de tal modo que esses dois modos de existência coincidam. Nesses momentos de crise, o dinheiro aparece como a riqueza exclusiva que se manifesta como tal, não como, por exemplo, no sistema monetário, na depreciação meramente imaginária, mas na depreciação ativa de toda a riqueza real. Diante do mundo das mercadorias, o valor só existe ainda em sua forma exclusiva adequada como dinheiro. O desenvolvimento ulterior desse fator não cabe aqui. Mas o que cabe aqui é que, em momentos de crises monetárias propriamente ditas, surge uma contradição imanente ao desenvolvimento do dinheiro como meio universal de pagamento. Não é como medida que o dinheiro é exigido em tais crises, pois como tal sua presença física é indiferente; tampouco o é como moeda, pois ele não figura como moeda nos pagamentos; mas ele o é como valor de troca autonomizado, como equivalente substancialmente presente, como materialidade da riqueza abstrata, em suma, inteiramente na forma em que ele é objeto do entesouramento propriamente dito, como dinheiro. Seu desenvolvimento como meio universal de pagamento abriga a contradição de que o valor de troca assumiu formas independentes de seu modo de existência como dinheiro e, em contrapartida, seu modo de existência como dinheiro é posto justamente como definitivo e como o único adequado.

No caso do dinheiro como meio de pagamento, em consequência da compensação dos pagamentos, de sua autoanulação como grandezas positivas e negativas, ele pode aparecer como forma meramente ideal das mercadorias, como ocorre no caso em que ele é medida e no modo em que ele funciona na precificação. A colisão advém do fato de que, contrariamente ao combinado e à suposição geral do comércio moderno, sempre que o mecanismo dessas compensações e o sistema de crédito no qual ele se baseia parcialmente sofrem alguma perturbação, espera-se que ele repentinamente esteja presente e seja prestado em sua forma real.

A lei que determina a massa do dinheiro em circulação passa a ser complementada pelo preço total das mercadorias em circulação: pelo preço total dos pagamentos que vencem em determinada época e por sua economia.

Vimos que a variação no valor do ouro e da prata não afeta sua função como medida dos valores, como dinheiro de conta. Em contraposição, essa variação de valor se torna decisivamente importante para o dinheiro em sua função como meio de pagamento. O que deve ser pago é determinada quantidade de ouro ou prata, na qual foi objetivado, na época em que foi firmado o contrato, determinado valor, isto é, determinado tempo de trabalho. Porém, a exemplo

{*O dinheiro*}

de todas as outras mercadorias, ouro e prata variam sua grandeza de valor de acordo com o tempo de trabalho requerido para sua produção, eles diminuem ou aumentam do mesmo modo que este diminui ou aumenta. Por conseguinte, já que a realização da venda pelo comprador só acontece temporalmente depois da alienação da mercadoria vendida, é possível que as mesmas quantidades de ouro ou prata contenham valores diferentes, maiores ou menores, do que no tempo em que foi firmado o contrato. Sua qualidade específica de ser, enquanto dinheiro, um equivalente universal sempre realizado e sempre realizável, de ser sempre permutável por todas as mercadorias na proporção de seu valor, essa qualidade ouro e prata adquirem independentemente da variação de sua grandeza de valor. Porém esta está *potentialiter* [potencialmente] submetida às mesmas flutuações a que está qualquer outra mercadoria. Portanto, se o pagamento será prestado em um equivalente real, isto é, a grandeza de valor originalmente visada, depende de o tempo de trabalho requerido para a produção de determinada quantidade de ouro ou prata ter ou não continuado o mesmo. A natureza do dinheiro, enquanto encarnado em uma mercadoria específica, entraria aqui em colisão com sua função como valor de troca autonomizado. São de conhecimento geral as grandes revoluções acarretadas, por exemplo, nos séculos XVI e XVII, pela queda do valor dos metais preciosos em todas as relações econômicas ou, de modo similar, só que em escala menor, na antiga república romana, pelo aumento do valor do cobre, com base no qual os plebeus tinham contraído suas dívidas, entre o período [do primeiro denário de prata em 485 *ab urbe condita* (desde a fundação da cidade)] e o início da segunda guerra púnica. A exposição da influência do aumento ou da queda do valor dos metais preciosos, da matéria do dinheiro, sobre as relações econômicas, pressupõe o desenvolvimento dessas mesmas relações e não pode, portanto, ser feita já neste ponto. O que resulta por si só é que a queda no valor dos metais preciosos, isto é, do dinheiro, sempre favorece o pagador em detrimento de quem recebe o pagamento; ocorre o inverso no caso de um aumento de seu valor.

A total objetificação, exteriorização do metabolismo social com base nos valores de troca, aparece de modo contundente na dependência que todas as relações sociais têm dos custos de produção das formas metálicas naturais, as quais são absolutamente irrelevantes como instrumentos de produção, como agentes de geração da riqueza.

3) O dinheiro com meio internacional de pagamento e compra, como moeda mundial

O dinheiro é *mercadoria universal* já por ser a forma universal que toda mercadoria específica assume de modo ideal ou real.

Na condição de tesouro e meio universal de pagamento, o dinheiro se torna o meio universal de troca do mercado mundial, a mercadoria universal, de acordo não só com o conceito, mas também com o modo de existência. A forma nacional específica que ele adquire em sua função como moeda é despida em sua existência como dinheiro. Como tal ele é cosmopolita[3]. Na medida em que pela intervenção do ouro e da prata – enquanto valores de uso da necessidade de enriquecimento, enquanto riqueza abstrata, independente de necessidades específicas – puder ocorrer um metabolismo social, até no caso de apenas uma nação ter necessidade imediata dos valores de uso da outra, ouro e prata se tornarão agentes extraordinariamente eficazes de criação do mercado mundial, de expansão do metabolismo social para além de todas as diferenças locais, religiosas, políticas, de raça. Já entre os antigos o entesouramento por parte do Estado como fundo de reserva vigora principalmente como meio de pagamento internacional, como equivalente pronto para o uso em casos de quebra de colheita e como fonte de subsídios na guerra. (Xenofonte*.) O importante papel desempenhado pela prata americana enquanto meio de aglutinação entre a América, de onde ela migra como mercadoria para a Europa, para de lá ser exportada como meio de troca para a Ásia, especialmente para a Índia, depositando-se ali, em grande parte, na forma de tesouro, foi o fato, cuja observação deu início à batalha científica sobre o sistema monetário, levando ao conflito entre a Companhia das Índias Orientais e a proibição de exportação de dinheiro vigente na Inglaterra. (Ver *Misselden*.) Na medida em que servem de mero meio de troca nesse comércio internacional, ouro e prata de fato cumprem a função de moeda, mas de moedas que foram despidas de seu cunho e, quer existam em forma de moeda, quer em forma de barra, são avaliadas somente por seu peso metálico, não só representando valor, mas, ao mesmo tempo, sendo valor. Porém, igualmente é uma das observações que se impuseram desde a infância da sociedade burguesa que, nessa determinação como *moeda mundial*, ouro e prata de modo nenhum necessariamente completam o movimento circular de uma moeda propriamente dita, mas podem continuar a se relacionar unilateralmente, um lado como compradores e o outro como vendedores. Daí o papel extraordinariamente importante desempenhado pela descoberta de novos países produtores de ouro e prata na história do desenvolvimento do mercado mundial tanto em sua amplitude quanto em sua profundidade. Sendo o valor de uso que eles produzem imediatamente mercadoria universal, ele lhes impõe, em contrapartida, associada a essa possibilidade devida à sua natureza abstrata, de imediato também a necessidade do comércio baseado no valor de troca.

Do mesmo modo que, num âmbito nacional dado da sociedade burguesa, o desenvolvimento do dinheiro como meio de pagamento se equipara

---

[3] Esse caráter cosmopolita do dinheiro chamou a atenção dos antigos: "De que pátria, de que tribo ele é? Ele é *rico*" [Ateneu, *Deipnosofistas*, livro IV, 49].

* Xenofonte, *De Vectigalibus*, cap. IV, 9. (N. E.)

{*O dinheiro*}

ao desenvolvimento das relações de produção em geral, o dinheiro também se desenvolve em sua determinação como meio internacional de pagamento. Porém, a exemplo do que ocorre naqueles âmbitos mais estreitos, também nesse âmbito mais geral sua importância só aparece de modo contundente em tempos de perturbação do mecanismo das compensações de pagamentos. O dinheiro nessa determinação se desenvolveu de tal maneira desde 1825 – o aumento naturalmente ocorre no mesmo ritmo da expansão e intensidade do comércio internacional – que os mais importantes economistas da época precedente, como David Ricardo, ainda não tinham noção do volume de dinheiro vivo que pode ser requerido como meio internacional de pagamento para uma nação, por exemplo, a Inglaterra. Ao passo que para o valor de troca na forma de qualquer outra mercadoria permanece o pressuposto da necessidade específica do valor de uso específico em que ele está encarnado, para ouro e prata enquanto riqueza abstrata não existe tal barreira. À semelhança do homem nobre com o qual sonha o poeta, o dinheiro paga com o que é, não com o que faz. A possibilidade da função como meio de compra e meio de pagamento naturalmente está sempre latente nele. Como existência em repouso, assegurada, do equivalente universal em que constitui tesouro, ele não é limitado em país nenhum pela necessidade de seu uso como meio de circulação, pelo volume requerido como meio de circulação, tampouco por alguma necessidade de seu uso imediato. O valor de uso, ele próprio abstrato e puramente social, que ele extrai de sua função como meio de circulação, volta a aparecer como um aspecto específico de seu uso como *equivalente universal*, como um aspecto específico da matéria da riqueza abstrata em geral. De seu valor de uso específico como metal e, por conseguinte, como matéria-prima para a manufatura, decorre a totalidade das diferentes funções que ele pode cumprir alternadamente no interior do metabolismo social ou na execução das quais ele próprio assume formas diferentes, como moeda, barra etc., apresentando-se, assim, como tantos valores de uso que se dissolvem nas diferentes formas em que ele, enquanto existência abstrata e, por isso, adequada do valor de troca, confronta sua existência em uma mercadoria específica.

Devemos compreender o dinheiro aqui apenas em suas determinações formais abstratas. As leis que regulam a repartição dos metais preciosos no mercado mundial presumem as relações econômicas em sua forma mais concreta possível, o que está adiante do ponto em que nos encontramos. Isso vale para toda a circulação do dinheiro, que ele cumpre como capital, e não como mercadoria universal ou equivalente universal.

No mercado mundial, o dinheiro sempre é *valor realizado*. É em sua materialidade imediata, como peso de metal precioso, que ele é grandeza de valor. Como moeda, seu valor de uso coincide com o seu uso como simples meio de circulação e, por conseguinte, pode ser substituído por um mero símbolo. Como moeda mundial ele de fato é desmonetizado. A exterioridade e autonomização do nexo social no dinheiro em comparação com os indivíduos em suas relações individuais ressalta no ouro e na prata enquanto *moeda mundial* (como moeda ainda tinha caráter nacional). (O dinheiro aparece aqui de fato como sua coletividade efetivamente existente fora deles.) E o que os primeiros proclamadores da economia política na Itália celebram é justamente essa bela invenção que possibilita um metabolismo geral da sociedade, sem que eles se toquem individualmente. Como moeda, o dinheiro possui um caráter nacional, local. Ouro e prata, para que sirvam de meio internacional de troca, precisam ser refundidos ou, caso existam em forma cunhada, essa forma é indiferente, sendo a moeda reduzida puramente ao seu peso. No mais desenvolvido dos sistemas internacionais de troca, ouro e prata voltam a aparecer exatamente na forma que assumiam no comércio primitivo. A exemplo da própria troca, ouro e prata não aparecem originalmente como meio de troca dentro do âmbito estreito de uma coletividade social, mas onde esta termina, em sua fronteira, nos poucos pontos em que ela tem contato com coletividades estrangeiras. Postos nesses termos, eles aparecem como mercadoria enquanto tal, a mercadoria universal, que adquire em todos os lugares seu caráter como riqueza. De acordo com essa determinação formal, eles valem o mesmo em todos os lugares. Assim, eles são o representante *material* da riqueza *universal*. Por conseguinte, no sistema mercantil, ouro e prata valem como medida do poder das diferentes coletividades. "Assim que os *precious metals* [metais preciosos] se tornam *objects of commerce, an universal equivalent for everything* [objetos de comércio, um equivalente universal para tudo], eles também se tornam *measure of power between nations* [medida do poder entre nações]." Daí o sistema mercantil. (*Steuart*.)

A determinação do dinheiro de servir simultaneamente como meio de troca e meio de pagamento *internacionais* não constitui de fato uma determinação nova, que fosse se somar à determinação de ser dinheiro em geral, equivalente universal – e, por isso, tanto tesouro quanto meio de pagamento. Na determinação do equivalente universal está contida a determinação conceitual como mercadoria universal, na forma da qual o dinheiro de fato pela primeira vez se realiza como moeda mundial. É primeiramente como meio de pagamento e meio de troca internacionais que ouro e prata em geral (como já foi mencionado) aparecem como dinheiro, e é dessa sua manifestação que é abstraído seu conceito de mercadoria universal. A limitação nacional, política, que o dinheiro adquire formalmente de modo geral como medida (mediante a estipulação da unidade de medida e subdivisão dessa unidade) e que, na moeda, também pode estender-se ao conteúdo, na medida em que os signos de valor emitidos pelo Estado substituem o metal real, é historicamente posterior à forma em que o dinheiro aparece como mercadoria universal, como moeda mundial. Mas por quê? Porque aqui ele aparece, de modo geral, em sua forma concreta como dinheiro. Ser medida e ser meio de circulação são suas funções, em cujo cumprimento só mais tarde ele assume formas específicas

{O dinheiro}

de existência mediante autonomização posterior dessas funções. Tome-se 1) *a moeda*: originalmente ela não passa de determinada porção de peso de ouro; o cunho se acrescenta como garantia, denominador do peso, e, sendo assim, ainda não muda nada; o cunho, que é a *façon*, isto é, o indicador do valor – signo autonomizado, símbolo dele – passa a ser, mediante o mecanismo da própria circulação, substância em vez de forma; nesse ponto, ocorre a intervenção do Estado, já que esse signo precisa ser garantido pelo Estado, que é o poder autonomizado da sociedade. De fato, porém, é como dinheiro, como ouro e prata, que o dinheiro atua na circulação; ser moeda é primeiramente simples função dele. Nessa função, ele se particulariza e pode se sublimar em puro signo de valor, já que como tal necessita de reconhecimento legal e legalmente coercível. 2) *Medida*. As unidades de medida do dinheiro e suas subdivisões são, de fato, simples porções de seu peso enquanto metal; como dinheiro, ele possui a mesma unidade tanto de medida quanto de peso. A única diferença é que, assim que o valor nominal dessas peças de metal cunhadas, correspondentes às subdivisões de peso, começa a se separar do valor real, as subdivisões de ouro e prata como ouro e prata que servem de medida são separadas de suas subdivisões que servem de medida como dinheiro; com o resultado de que determinadas partes de peso do metal, na medida em que funcionam como medidas de valor, obtêm seus próprios nomes nessa função. Ora, no comércio mundial, ouro e prata são apreciados meramente por seu peso – sem que seu cunho seja levado em consideração; isto é, abstrai-se deles enquanto moeda. No comércio internacional, eles aparecem inteiramente na forma ou ausência de forma em que aparecem originalmente e, onde servem de meio de troca, servem, como também o faziam originalmente na circulação interna, sempre concomitantemente como contravalor, preço realizado, equivalente real. Onde eles servem assim de moeda, de simples meio de troca, servem concomitantemente, de representante valioso do valor. Porém, suas demais funções são as mesmas, nas quais servem, de modo geral, de dinheiro, na forma do tesouro (quer este seja concebido, segundo sua matéria, como reserva assegurada de mantimentos para o futuro ou como riqueza em geral), ou de meio de pagamento universal, independente das necessidades imediatas de quem efetua as trocas, que satisfaz apenas sua necessidade geral ou também sua ausência de necessidade. Como equivalente adequado em repouso, que pode ser retido fora da circulação por não ser um objeto de necessidade determinada, o dinheiro é reserva, asseguração de mantimentos para o futuro em geral: ele é a forma em que o não necessitado possui a riqueza, isto é, em que é possuída parte da riqueza que não é requerida de imediato como valor de uso etc. Ele é tanto asseguração de necessidades futuras quanto a forma de riqueza que transcende a necessidade.

Portanto, de fato, a forma do dinheiro como meio de troca e meio de pagamento internacionais não é uma forma *especial* dele, mas apenas uma aplicação dele como dinheiro; trata-se das funções do dinheiro, em que ele funciona da maneira que mais chama a atenção em sua forma simples e, ao mesmo tempo, concreta como dinheiro, como unidade de medida e meio de circulação e como nem uma nem outra. Trata-se da forma mais originária do dinheiro. Ela aparece como *especial* apenas ao lado da *particularização* que ela pode assumir na assim chamada circulação interna, como medida e moeda.

Nesse caráter, ouro e prata desempenham papéis importantes na criação do mercado mundial. Foi o caso da circulação da prata americana do Ocidente para o Oriente, do vínculo metálico entre a América e a Europa, de um lado, entre América e Ásia, Europa e Ásia, de outro, desde o início da Era Moderna... Como moeda mundial, o dinheiro é essencialmente indiferente à sua forma como meio de circulação, ao passo que seu material é tudo. Ele não aparece em função da troca do excesso, mas para saldar o excesso no processo global da troca internacional. Aqui, a forma coincide diretamente com sua função de ser *mercadoria*, como a mercadoria acessível em todos os lugares, como *mercadoria universal*.

É indiferente se o dinheiro circular dessa maneira com cunho ou sem cunho. Os *Mexican dollars* [dólares mexicanos] e os *imperials of Russia* [imperiais da Rússia] são simples formas do produto das minas sul-americanas e russas. Do mesmo modo serve o *sovereign* [soberano] inglês, porque ele não paga *seignorage* [senhoriagem]. (*Tooke*.)

Qual é a relação do ouro e da prata com os seus produtores imediatos, nos países em que eles são produtos imediatos, reificação de um modo específico de trabalho? Na mão deles, eles são produzidos diretamente como mercadoria, isto é, como valor de uso que não tem valor de uso para o seu produtor, mas só se torna tal para este por meio de sua alienação, quando é lançado na circulação. Ele pode estar primeiramente como tesouro em seu poder, já que não é produto da circulação, não por ter sido retirado dela, mas por ainda não ter ingressado nela. Ele precisa primeiro ser trocado, na proporção do tempo de trabalho nele contido, por outras mercadorias, ao lado das quais, no entanto, ele existe como mercadoria *especial*. Em contrapartida, porém, por ser tido simultaneamente como produto do trabalho geral, como personificação deste, o que ele não é como produto imediato, ele coloca seus produtores na posição privilegiada de atuar de imediato como comprador e não como vendedor. Para apossar-se dele como dinheiro, ele precisa aliená-lo como produto imediato, só que, ao mesmo tempo, ele não precisa da mediação de que necessita o produtor de qualquer outra mercadoria. Ele é vendedor até na forma do comprador. A ilusão de poder puxá-lo pelas orelhas diretamente de dentro da terra ou de leitos de rios como riqueza universal e, como tal, riqueza que satisfaz todas as necessidades, mostra-se, por exemplo, ingenuamente na seguinte anedota:

> *In the year 760 the poor people turned out in numbers to wash gold from the river sands south of Prague, and 3 men were able in the day to extract a mark (half a pound) of gold;*

{*O dinheiro*}

and so great was the consequent rush to "the diggings", that in the next year the country was visited by famine.[4]

O dinheiro transmitido como ouro, na forma de prata, [ele] pode voltar a ser cunhado em toda parte como meio de circulação.

"*Money has the quality of being always exchangeable for what it measures*" [Dinheiro possui a qualidade de ser sempre permutável por aquilo que ele mede][5]. "*Money can always buy other commodities, whereas, other commodities cannot always buy gold*" [Dinheiro sempre pode comprar outras mercadorias, ao passo que outras mercadorias nem sempre podem comprar ouro]. "*There must be a very considerable amount of the precious metals applicable and applied as the most convenient mode of adjustment of internacional balances*" [É preciso que haja uma quantidade muito considerável de metais preciosos aplicável e aplicada como a maneira mais conveniente de ajuste dos balanços internacionais][6]. Foi principalmente como dinheiro internacional que, no século XVI, no período infantil da sociedade burguesa, ouro e prata atraíram o interesse exclusivo dos países e da economia política incipiente. O papel específico que ouro e prata desempenham no comércio internacional voltou a ficar claro e é novamente reconhecido pelos economistas desde as grandes evasões de ouro e as crises de 1825, 1839, 1847, 1857. Nesse caso, [eles foram] meio de pagamento internacional absoluto, exclusivo, como valor existente para si, equivalente universal. O valor tem de ser transmitido *in specie* [em espécie], não pode ser transmitido em nenhuma outra forma de *merchandise* [mercadoria]. "*Gold and silver* [...] *may be counted upon to realise on their arrival nearly the exact sum required to be provided* [...] *gold and silver possess an infinite advantage over all other descriptions of merchandise for such occasions, from the circumstance of their being universally in use as* money. [Pode-se contar com ouro e prata [...] para realizar, em sua chegada, a quantia quase exata que precisava ser provida. [...] Ouro e prata possuem uma vantagem infinita em relação a todas as outras descrições de mercadorias para tais ocasiões, começando pela circunstância de serem universalmente usados como *dinheiro*.]

(Portanto, Fullarton vê aqui que o valor é transmitido em ouro e prata na forma de dinheiro, e não de mercadorias; que isso é uma função específica deles enquanto *dinheiro*, sendo que ele, por conseguinte, não tem razão em dizer que eles são transmitidos enquanto *capital*, já introduzindo, assim,

---

[4] M. George Körner, *Abhandlung von dem Alterthume des böhmischen Bergwerks* (Schneeberg, 1758). ["No ano de 760, o povo pobre saiu em grande quantidade para lavar ouro nos areais do rio ao sul de Praga, e três homens eram capazes de extrair um marco (meia libra) de ouro por dia; e a consequente corrida 'aos garimpos' foi tão grande que, no ano seguinte, o país foi assolado pela fome".]

[5] *Bosanquet*.

[6] *Thomas Tooke*.

relações não pertinentes. Capital também pode ser transmitido na forma de arroz etc., *twist* [retrós] etc.)

> It is not in tea, coffee, sugar, or indigo that debts, whether foreign or domestic, are usually contracted to be paid, but in coin; and a remittance, therefore, either in the identical coin designated, or in bullion which can be promptly turned into that coin through the Mint or Market of the country to which it is sent, must always afford to the remitter the most certain, immediate, and accurate means of effecting his object, without risk of disappointment from the failure of demand or fluctuation of price.[7]

"*Any other article* [Qualquer outro artigo]" (no qual o que importa é o valor de uso específico, que não é dinheiro) "*might in quantity or kind be beyond the usual demand in the country to which it is sent* [pode, em termos de quantidade ou espécie, estar fora da demanda usual no país para o qual é enviado]"[8].

A resistência dos economistas a reconhecer o dinheiro nessa determinação é um resquício da antiga polêmica contra o sistema monetário.

A determinação do dinheiro como meio de compra e meio de pagamento internacionais universais de modo nenhum é nova. Pelo contrário, é a mesma na universalidade do fenômeno, que corresponde à universalidade de seu conceito; é o modo mais adequado de existência dele, no qual ele de fato opera como a *mercadoria universal*.

Segundo as diferentes funções que o dinheiro cumpre, a mesma peça de dinheiro pode trocar de lugar. Hoje ele pode ser moeda e amanhã, sem mudar sua forma exterior de existência, pode ser dinheiro, isto é, equivalente em repouso. Ouro e prata, enquanto existência concreta do dinheiro, diferenciam-se essencialmente por essa via do signo de valor pelo qual podem ser representados na circulação interna: moedas de ouro e prata podem ser refundidas em barras e, desse modo, adquirir sua forma indiferente em relação ao seu caráter local enquanto moeda, ou, quando transformadas, enquanto moeda, em dinheiro, servir apenas de peso metálico. Desse modo, eles podem vir a ser matéria-prima de artigos de luxo ou acumulados como tesouro ou migrar para o exterior como meio de pagamento internacional, onde novamente estarão aptos a ser convertidos na forma de moeda nacional, de qualquer moeda nacional. Eles

---

[7] John Fullarton, *On the Regulation of Currencies: Being an Examination of the Principles, on which it is Proposed to Restrict, within Certain Fixed Limits, the Future Issues on Credit of the Bank of England, and of the Other Banking Establishments Throughout the Country* (2. ed., Londres, 1845), p. 132-3. ["Não é em chá, café, açúcar ou índigo que as dívidas, sejam elas estrangeiras ou domésticas, costumam ser contratadas para serem pagas, mas em *moeda*; por isso, a remessa, seja na moeda idêntica designada ou em ouro/prata que pode ser prontamente transformado nessa moeda pela Casa da Moeda ou pelo mercado do país para o qual ela é enviada, sempre demanda do remetente os meios mais seguros, imediatos e acurados de efetivar seu objeto, sem correr o risco de desapontar devido à falta de demanda ou flutuação do preço".]

[8] Thomas Tooke, *An Inquiry into the Currency Principle; the Connection of the Currency: with Prices, and the Expediency of a Separation of Issue from Banking* (2. ed., Londres, 1844).

{*O dinheiro*}

conservam seu valor em cada uma dessas formas. No caso do signo de valor isso não acontece. Ele só é signo onde vale como tal e só vale como tal onde o poder do Estado o avaliza. Em consequência, ele é proscrito para a circulação e não pode reincidir na forma indiferente, em que ele próprio sempre é valor e, na medida do possível, pode assumir igualmente qualquer cunho nacional ou, indiferente a este, servir, em seu modo imediato de existência, de meio de troca e material do entesouramento ou ainda ser convertido em mercadoria. Ele não é proscrito para nenhuma dessas formas, mas assume cada uma delas, dependendo das condições oferecidas pela necessidade ou pela tendência do processo de circulação. Porém, na medida em que não é processado, enquanto mercadoria específica, em objetos de luxo, ele se encontra, sobretudo em relação à circulação, não só a interna, mas também a circulação mundial, ao mesmo tempo, em uma forma autônoma que se contrapõe à sua absorção por elas. A moeda, isolada como tal, isto é, como simples signo de valor, só existe pela circulação e na circulação. Quando ela própria é acumulada, ela só pode ser acumulada como moeda, visto que seu poder cessa na fronteira do país. Além das formas do entesouramento oriundas do processo da própria circulação e que são propriamente apenas seus pontos de repouso, a saber, a reserva de moeda destinada para a circulação ou a reserva para pagamentos a serem feitos na própria moeda nacional, não se pode, neste caso, falar de nenhum tipo de entesouramento e tampouco, portanto, do entesouramento propriamente dito, dado que, enquanto signo de valor, à moeda falta-lhe o elemento essencial do entesouramento, o de ser riqueza, independentemente do contexto social determinado, porque, além de sua função social, ele é existência imediata do próprio valor, e não simplesmente valor simbólico. Em consequência, as leis que condicionam o signo de valor para que seja tal signo não condicionam o dinheiro metálico, visto que ele não foi proscrito para a função da moeda.

Além disso, está claro que o entesouramento, isto é, a retirada de dinheiro da circulação e sua acumulação em certos pontos, possui múltiplas formas: acumulação temporária, que decorre do simples fato da separação entre venda e compra, isto é, do mecanismo imediato da simples circulação mesma; acumulação do mesmo tipo que decorre da função do dinheiro como meio de pagamento; por fim, entesouramento propriamente dito, que quer segurar e guardar o dinheiro como riqueza abstrata ou então só como excedente da riqueza disponível para além da necessidade imediata e como garantia do futuro ou dificultação do congestionamento involuntário da circulação. As últimas formas, nas quais a autonomização, a existência adequada do valor de troca, só é mais contemplada em sua forma diretamente objetal – como ouro –, estão desaparecendo mais e mais na sociedade burguesa. Em contraposição, as outras formas do entesouramento, as que provêm do mecanismo da própria circulação, sendo condições de cumprimento de suas funções, alcançam um desenvolvimento maior, embora assumam forma distinta, a ser analisada no sistema bancário. Porém, com base na circulação metálica simples, mostra-se que as diferentes determinações em que o dinheiro funciona ou em que o processo da circulação, o metabolismo social, sedimenta ouro e prata em espécie em formas tão diferentes de tesouro em repouso, ainda que a porção do dinheiro que existe como tal tesouro modifique constantemente seus elementos, [ainda que] na superfície da sociedade ocorra uma troca constante entre as porções de dinheiro que cumprem esta ou aquela função, passando dos tesouros para a circulação nacional ou internacional, ou sendo absorvidas da circulação pelos *reservoirs* [reservatórios] do tesouro ou transformadas em artigos de luxo, não obstante [mostra-se que] a função do dinheiro como meio de circulação nunca é limitada por essas sedimentações. Exportação ou importação de dinheiro esvaziam ou enchem alternadamente esses diferentes *reservoirs*, algo que também resulta do aumento ou da redução dos preços globais na circulação interna, sem que a massa requerida para a própria circulação seja pressionada para além de sua medida pelo excesso de ouro e prata nem caia abaixo de sua medida. O que não é requerido como meio de circulação é expelido como tesouro; do mesmo modo que o tesouro é absorvido pela circulação assim que requerido. Por conseguinte, no caso dos povos [que se valem] da circulação puramente metálica, o entesouramento também se manifesta nas diferentes formas em que o indivíduo e o Estado protegem seu tesouro nacional. Na sociedade burguesa, esse processo é reduzido aos requisitos do processo global da produção e assume outras formas. Ele aparece como negócio específico, requerido pela divisão do trabalho no processo global da produção, o que, nas condições mais simplórias, é implementado em parte como negócio de todos os entes privados, em parte como negócio de Estado. Contudo, a base continua a mesma: o dinheiro funciona permanentemente nas diferentes funções evoluídas e até nas puramente ilusórias. Essa análise da circulação puramente metálica é importante especialmente porque todas as especulações dos economistas sobre formas mais elevadas e mais mediadas de circulação dependem da noção da circulação metálica simples. Entende-se 1) que, quando falamos de aumento ou redução de ouro e prata, sempre está pressuposto que seu *valor* permanece o mesmo, isto é, que o tempo de trabalho requerido para sua produção não mudou. A redução ou o aumento de sua grandeza de valor em decorrência da redução ou do aumento do tempo de trabalho requerido para sua produção de modo nenhum representa uma peculiaridade que os diferencie das demais mercadorias, por mais que isso possa afetar sua função como meio de pagamento. 2) Os motivos – além da redução e do aumento dos preços ou da necessidade de comprar mercadorias daqueles que não necessitam de nenhuma mercadoria em troca (como ocorre em tempos de fome, subsídios de guerra) – pelos quais os tesouros se abrem e voltam a se encher, ou seja, a operação da taxa de juros, não pode ser analisada neste ponto, em que o dinheiro é visto só como dinheiro, e não como forma do capital. Portanto, com base na circulação metálica simples e no comércio geral baseado em dinheiro vivo, a massa de ouro e prata disponível em um país sempre deve ser e sempre será maior que

{O dinheiro}

a massa de ouro e prata que circula como moeda, embora a proporção entre a porção de dinheiro que funciona como dinheiro e a que funciona como moeda vá variar em termos de quantidade e a mesma peça de dinheiro vá poder cumprir alternadamente uma função ou outra, exatamente do mesmo modo que as porções que servem para a circulação nacional e internacional variam em termos de quantidade e se substituem em termos de qualidade. Porém a massa de ouro e prata é *reservoir* permanente, canal de drenagem tanto quanto canal de alimentação de ambas as correntes da circulação, sendo canal de drenagem naturalmente por ser canal de alimentação.

Como valor de troca, toda mercadoria é divisível a bel-prazer, por mais indivisível que possa ser seu valor de uso, como, por exemplo, o de uma casa. Em seu preço, ela existe enquanto tal valor de troca divisível: isto é, enquanto valor avaliado em dinheiro. Assim, ela pode ser vendida a bel-prazer, parcela por parcela, em troca de dinheiro. Embora seja imóvel e indivisível, a mercadoria pode, assim, ser lançada em parcelas na circulação, mediante títulos de propriedade sobre suas parcelas. Desse modo, o dinheiro tem o efeito de dissolver a propriedade imóvel, indivisível. "Dinheiro: meio de cortar a propriedade em inúmeros fragmentos e consumi-la porção por porção por meio da troca[9]." Sem dinheiro, haveria uma massa de objetos impermutáveis, invendáveis, porque só mediante o dinheiro adquirem existência independente da natureza de seu valor de uso e das relações deste. "Quando as coisas imóveis e imutáveis passaram a ser comercializadas entre os homens, assim como as coisas móveis e mutáveis, o dinheiro passou a ser usado como regra e medida (*square*) por meio da qual essas coisas eram estimadas e valorizadas[10]." "*The introduction of money which buys all things* [...] *brings in the necessity of legal alienation*" [A introdução do dinheiro que compra todas as coisas [...] traz consigo a necessidade da alienação legal] (*sc. of feudal estates* [isto é, de propriedades feudais])[11].

De fato, todas as determinações em que o dinheiro aparece como medida de valor, meio de circulação e dinheiro como tal expressam apenas as diferentes relações em que os indivíduos participam da produção global ou

---

[9] John Francis Bray, *Labour's Wrongs and Labour's Remedy; Or, The Age of Might and the Age of Right* (Leeds, 1839).

[10] Edward Misselden, *Free Trade or the Means to Make Trade Florish. Wherein, the Causes of the Decay of Trade in this Kingdome, are Discouvered: and the Remedies also to Remove the Same are Represented* (Londres, 1622).

[11] John Dalrymple, *An Essay towards a General History of Feudal Property in Gr. Brit.* (4. ed., Londres, 1759), p. 124.

se relacionam com sua própria produção enquanto produção social. Porém essas relações dos indivíduos entre si aparecem como *relações sociais* das coisas.

Em 1593, as cortes expuseram o seguinte a Filipe II: "*Les Cortès de Valladolid de l'an '48, supplièrent V. M. de ne plus permettre l'entrée dans le royaume des bougies, verres, bijouteries, couteaux, et autres choses semblables qui y venaient du dehors, pour échanger ces articles si inutiles a la vie humaine, contre de l'or, comme si les Espagnols étaient des Indiens*" [As cortes de Valladolid do ano de 1586 rogaram a Vossa Majestade que não mais permitisse a importação no reino de velas, artigos de vidro, bijuterias, facas e coisas similares que vêm do exterior *para trocar por ouro* essas coisas tão inúteis para a vida humana, *como se os espanhóis fossem índios*].[12]

Todos *cachent et enfouient leur argent bien secretement et bien profondement* [esconderm e enterram seu dinheiro bem secreta e bem profundamente], mas especialmente os *gentils* (não islâmicos), *qui sont presque seuls les maîtres du négoce et de l'argent, infatués qu'ils sont de cette croyance, que l'or et l'argent qu'ils cachent dans leur vie, leur servira après la mort* [que dominam quase sozinhos o comércio e o dinheiro, enredados como estão na crença de que o ouro e a prata que escondem durante sua vida lhes servirá no outro mundo após sua morte].[13] (Na corte de Aurangzeb.) *Illi unum consilium habent et virtutem et potestatem suam bestiae tradunt* [Estes têm um mesmo propósito e oferecem à besta o poder e a autoridade que possuem]. *Et ne quis possit emere aut vendere, nisi qui habet characterem aut nomen bestiae, aut numerum nominis ejus* [Para que ninguém possa comprar ou vender, senão aquele que tem a marca ou o nome da besta ou o número de seu nome].[14]

O efeito grande e final do comércio não é a riqueza em geral, mas preferencialmente profusão de prata e ouro [...], que não são perecíveis nem tão mutáveis quanto outras mercadorias, mas riqueza em todas as épocas e em todos os lugares. (Portanto, sua imperecibilidade não consiste só na imperecibilidade de seu material, mas no fato de sempre permanecerem *riqueza*, isto é, sempre persistirem na determinação formal do valor de troca.) Profusão de vinho, cereal, aves, carne etc. são riquezas, mas *hic et nunc* [aqui e agora] (dependendo de seu valor de uso específico). Por conseguinte, a produção das mercadorias ou a prática do comércio que proveem uma região com ouro e prata é mais vantajosa que todas as outras.[15]

Só ouro e prata não são *perecíveis* (nunca deixam de ser valor de troca), mas são avaliados *como riqueza* em todos os tempos e em todos os lugares; (A utilidade de valores de uso específicos é temporal e localmente determinada, como as próprias

---

[12] Sempéré.
[13] François Bernier, *Voyages contenant la description des états du Grand Mogol, de l'Indoustan, du Royaume de Cachemire etc.*, v. 1 (Paris, 1830), p. 314.
[14] *Apocalipse* [17,13 e 13,17]. Vulgata.
[15] William Petty, *Polit[ical] Arith[metick]* (Londres, 1699), p. 178-9.

{*O dinheiro*}

necessidades que eles satisfazem) tudo o mais é apenas riqueza *pro hic et nunc* [para o aqui e o agora].[16]

A riqueza de cada nação consiste principalmente de sua parcela no comércio exterior com o mercado mundial (*the whole commercial world*), mais do que do comércio doméstico, mais do que do comércio interno com produtos comestíveis, bebidas e roupas, que aportam pouco ouro e pouca prata, pouca *riqueza universal* (*universal wealth*).[17]

Assim como ouro e prata em si são a riqueza universal, sua posse aparece como produto da circulação mundial, não da circulação limitada por contextos ético*-naturais imediatos.

Poderia chamar a atenção que Petty, que diz que a terra é a mãe e o trabalho o pai da riqueza, que ensina a divisão do trabalho e, em geral, visualiza, de modo genial e ousado, em toda parte o processo de produção em vez do produto individual, neste ponto, não obstante, pareça estar inteiramente enredado na linguagem e no modo de representação do sistema monetário. Porém não se deve esquecer que, de acordo com o seu pressuposto, como de acordo com o pressuposto burguês em geral, ouro e prata constituem apenas a forma adequada do equivalente, o qual sempre só pode ser apropriado mediante a venda de mercadorias e, portanto, mediante *trabalho*. Exercer a produção pela produção, isto é, desenvolver as forças produtivas da riqueza sem considerar as barreiras da carência ou da fruição imediatas, é expresso por Petty assim: produzir e trocar não em função de fruições passageiras, nas quais todas as mercadorias se dissolvem, mas em função de ouro e prata. O que Petty expressa e, ao mesmo tempo, incita aqui é o impulso enérgico, inescrupuloso, universal do enriquecimento da nação inglesa no século XVII.

Primeira inversão do dinheiro: de meio se converte em fim e degrada as demais mercadorias: "A matéria natural do comércio é a mercadoria (*merchandize*). [...] A matéria artificial do comércio é dinheiro. Embora na natureza e no tempo, ele venha após a mercadoria, no modo como ele é usado agora (em sua atual aplicação), ele se tornou o líder (*chief*)". Assim *Misselden*, um comerciante londrino, em seu escrito *Free Trade or the Meanes to make Trade florish* [Livre comércio ou os meios para fazer o comércio florescer][18], compara a mudança de hierarquia entre dinheiro e mercadorias com o destino

---

[16] Ibidem, p. 196.
[17] Ibidem, p. 242.
* No manuscrito consta *"ethische"*, ético, mas é provável que Marx tenha escrito errado a palavra *"ethnisch"*, étnico. (N. E.)
[18] Edward Misselden, *Free Trade or the Means to Make Trade Florish. Wherein, the Causes of the Decay of Trade in this Kingdome, are Discouvered: and the Remedies also to Remove the Same are Represented*, cit., p. 7.

dos dois filhos do velho Jacó, que pôs sua mão direita sobre o mais novo e a esquerda sobre o mais velho[19].

A oposição entre dinheiro como tesouro e as mercadorias, cujo valor de troca perece no cumprimento de sua finalidade como valores de uso:

> A causa remota geral de nossa falta de ouro é o grande excesso deste reino no consumo de mercadorias de países estrangeiros, que comprovam ser para nós *discommodities* [artigos inúteis] em vez de *commodities* [artigos úteis], que subtraem tanto de nosso tesouro quanto, se não fosse assim, poderia ser importado em lugar desses brinquedos (*toys*). Consumimos entre nós um excesso demasiado grande de vinhos da Espanha, da França, da Renânia, do Levante; passas de uva da Espanha, de Corinto, do Levante, *lawns* (tipo de tecido fino de linho) e *cambrics* [cambraias] de Hainaut, artigos de seda da Itália, açúcar e tabaco das Índias Ocidentais, especiarias das Índias Orientais, tudo coisas de que não temos *necessidade absoluta* e, não obstante, elas são compradas com ouro sólido. [...] O velho Catão já disse: *Patrem familias vendacem, non emacem esse oportet* [o patriarca tem de ser ávido por vender, e não louco por comprar].[20]
> Quanto mais cresce a reserva de mercadorias, tanto mais diminui a reserva existente como tesouro (*in treasure*).[21]

Sobre a circulação que não retorna no mercado mundial, especialmente no comércio com a Ásia:

> O dinheiro é reduzido pelo comércio que vai além da cristandade, ou seja, com a Turquia, Pérsia e Índias Orientais. Esses ramos comerciais são mantidos em sua maior parte com dinheiro à vista, mas de maneira bem diferente do que os ramos comerciais da cristandade entre si. Pois, embora, no âmbito da cristandade, o comércio seja feito com dinheiro à vista, o dinheiro fica continuamente encerrado dentro de seus limites. Então de fato há fluxo e contrafluxo, maré alta e maré baixa do dinheiro no comércio feito no âmbito da cristandade, pois ora ele é mais abundante em uma parte, mais escasso em outra, caso um país tenha falta e outro tenha excesso: ele vem e vai e roda no âmbito da cristandade, mas permanece sempre dentro da linha que a delimita. Porém, o dinheiro com que se faz comércio fora da cristandade com os países anteriormente citados é gasto definitivamente (*issued*) e não retorna mais.[22]

Em termos parecidos com os de Misselden, lamenta-se também o mais antigo economista político alemão, o doutor Martinho Lutero:

> Não se pode negar que comprar e vender são atividades necessárias, as quais não se pode dispensar, podendo ser praticadas de forma cristã, particularmente no tocante às coisas necessárias e honrosas. Porque também os patriarcas, por exemplo, venderam e compraram gado, lã, cereais, manteiga, leite e outros

---

[19] Ibidem.
[20] Ibidem, p. 11-3.
[21] Ibidem, p. 23.
[22] Ibidem, p. 19-20.

{O dinheiro}

bens. São dádivas de Deus que ele concede da terra e reparte entre os seres humanos. O comércio exterior, entretanto, aquele que traz mercadorias de Calcutá e da Índia e outros lugares estrangeiros, como preciosa seda, ourivesaria e especiarias, que somente servem de ostentação e não têm utilidade, sugando o dinheiro do país e das pessoas, não deveria ser permitido se tivéssemos um governo e príncipes. Mas a esse respeito não quero escrever agora, porque acredito que por fim, quando não tivermos mais dinheiro, iremos largá-lo por nós próprios, inclusive joias e comilanças. De qualquer forma, escrever e doutrinar de nada adiantará, até que a necessidade e a penúria nos forcem. Deus rejeitou a nós alemães a ponto de termos de entregar nosso ouro e nossa prata a países estrangeiros, enriquecendo o mundo todo e permanecendo mendigos nós próprios. A Inglaterra certamente teria menos ouro se a Alemanha lhe deixasse seu tecido, e o rei de Portugal também teria menos se o deixássemos ficar com suas especiarias. Calcule quanto dinheiro é levado para fora da Alemanha durante uma feira de Frankfurt, sem qualquer necessidade. É de se admirar que ainda reste um centavo na Alemanha. Frankfurt é o ralo da prata e do ouro, pelo qual se escoa da Alemanha tudo que entre nós brota e cresce, se cunha e se forja. Se o ralo fosse fechado, não se haveriam de ouvir agora as queixas de que só há dívidas e falta de dinheiro por toda parte, de que todas as regiões e cidades estão sobrecarregadas pelos juros e pela usura. Mas deixa para lá, é assim mesmo: nós alemães temos de continuar alemães, não desistiremos enquanto não formos obrigados![23]

Boisguillebert, que assume em relação à economia francesa exatamente a mesma posição de importância que Petty detém em relação à inglesa, a de adversário ferrenho do sistema monetário, ataca o dinheiro nas diferentes formas em que ele aparece como *valor exclusivo* diante das demais mercadorias, como *meio de pagamento* (para ele, especialmente no caso dos impostos) e como *tesouro*. (A existência específica do valor no dinheiro aparece como ausência relativa de valor, degradação das demais mercadorias.)

As passagens citadas de Boisguillebert são todas de seus escritos reunidos na edição de Eugène Daire, *Economistes financiers du 18ème siècle* [Economistas financeiros do século XVIII], v. I, (Paris, 1843).

> *Comme l'or et l'argent ne sont et n'ont jamais été une richesse en eux-mêmes, ne valent que par relation, et qu'autant qu'ils peuvent procurer les choses nécessaires à la vie, auxquelles ils servent seulement de gage et d'appréciation, il est indifférent d'en avoir plus ou moins, pourvu qu'ils puissent produire les mêmes effets.*[24]

---

[23] *Livros sobre o comércio e a usura* (1524). [Martinho Lutero, "Comércio e usura", em *Obras selecionadas*, v. 5: *Ética* (trad. Walter O. Schlupp e Ilson Kayser, São Leopoldo, Sinodal; Porto Alegre, Concórdia, 1995), p. 377-8.]

[24] Pierre Le Pesant de Boisguillebert, "Le détail de la France", 1697, em Eugène Daire (org.), *Economistes financiers du XVIII siècle*, v. I (parte I, cap. VII, Paris, 1843), p. 178. ["Como o ouro e a prata não são nem jamais foram riqueza em si mesmos, eles só têm valor pela relação, e, na medida em que podem obter as coisas necessárias à vida, para as quais eles servem somente de aferição e precificação, é indiferente ter mais ou menos deles, desde que produzam os mesmos efeitos".]

A quantidade de dinheiro não afeta a riqueza nacional "pourvu qu'il y en ait assez pour maintenir les prix contractés *par les denrées nécessaires a la vie*" [desde que haja o suficiente para manter os preços contratados dos bens de consumo necessários à vida]²⁵. (Boisguillebert enuncia aqui, portanto, a lei de que a massa do meio circulante é determinada pelos preços, e não o inverso.) No grande comércio, evidencia-se que o dinheiro é simples forma da própria mercadoria, pois nele a troca acontece sem a intervenção do dinheiro, depois que as *"marchandises sont appreciées"* [mercadorias são precificadas]; *"l'argent n'est que le* moyen *et* l'acheminement, *ou lieu que les denrées utiles a la vie sont* la fin et le but" [o dinheiro é apenas o *meio* e o *encaminhamento*, enquanto os bens de consumo úteis à vida são *o fim e a meta*]²⁶. O dinheiro deve ser somente meio de circulação, ele sempre deve estar *em movimento*; ele jamais deve se tornar um tesouro, um *immeuble* [imóvel]: ele deve estar *"dans un mouvement continuel, ce qui ne peut être que tant qu'il est* meuble [...]; *mais sitôt qu'il devient* immeuble [...] *tout est perdu*" [em movimento contínuo, o que só pode ser enquanto ele for *móvel* [...]; mas, assim que ele se torna *imóvel* [...], tudo está perdido]²⁷. Em contraposição à ciência financeira, para a qual o *dinheiro* era o objeto único: "la science financière *n'est que la connaissance approfondie des intérêts de l'agriculture et du commerc*e" [a ciência financeira não é senão o conhecimento aprofundado dos interesses da agricultura e do comércio]²⁸. Boisguillebert apenas olha para o teor material da riqueza, a fruição, o valor de uso: *"la véritable richesse [...] jouissance entière, non seulement des besoins de la vie, mais même de tout le superflu et de tout ce qui peut faire plaisir à la sensualité"* [a verdadeira riqueza [...] fruição completa, não somente das necessidades de vida, mas até de todo o supérfluo e de tudo o que dá prazer aos sentidos]²⁹.

> *On a fait une* idole *de ces métaux (or et argent), et laissant là l'objet et l'intention pour lesquels ils avaient été appeles dans le commerce, savoir pour y servir de gages dans l'échange et la tradition réciproque, on les a presque quittés de ce service pour en former des* divinités, *auxquelles on a sacrifié et sacrifie toujours plus de biens et de besoins précieux et même d'*hommes, *que jamais l'aveugle antiquité n'en immola à ces fausses divinités qui ont si long temps formé tout le culte et toute la religion de la plus grande partie des peuples.*³⁰

---

²⁵ Idem, "Le détail de la France", 1697, em Eugène Daire (org.), *Economistes financiers du XVIII siècle*, v. I (parte II, cap. XVIII, cit.), p. 209.
²⁶ Ibidem, p. 210.
²⁷ Idem, "Le détail de la France", 1697, em Eugène Daire (org.), *Economistes financiers du XVIII siècle*, v. I (parte II, cap. XIX, cit.), p. 213.
²⁸ Idem, "Le détail de la France", 1697, em Eugène Daire (org.), *Economistes financiers du XVIII siècle*, v. I (parte III, cap. VIII, cit.), p. 241.
²⁹ Idem, *Dissertation sur la nature de la richesse, de l'argent et des tributs où l'on découvre la fausse idée qui règne dans le monde à l'égard de ces trois articles* (Ebendort), p. 403
³⁰ Ibidem, p. 395. ["Fez-se um *ídolo* desses metais (ouro e prata) e, deixando de lado o objeto e a intenção com que foram chamados para o comércio, a saber, para servir de aferição na troca e entrega recíprocas, eles foram praticamente demitidos desse serviço

{O dinheiro}

La misère des peuples ne vient que de ce qu'on a fait un maître, ou plutôt un tyran, de ce qui était un esclave. [A miséria dos povos advém unicamente do fato de se ter convertido alguém que era escravo em senhor, ou melhor, em tirano.][31]

É preciso romper essa *"usurpation"* [usurpação] e *"rétablir les choses dans leur état naturel"* [repor as coisas em seu estado natural][32]. Com a busca abstrata de enriquecimento *"l'équivalence où il (l'argent) doit être avec toutes les autres denrées, pour être prêt d'en former l'échange à tout moment, a aussitôt reçu une grande atteinte"* [a equivalência em que ele (o dinheiro) deveria estar com todos os outros bens de consumo, por estar pronto para compor a troca a todo momento, também obteve um grande êxito][33].

Voilà donc l'esclave du commerce devenu son maître [...] cette facilité qu'offre l'argent pour servir tous les crimes lui fait redoubles ses appointements à proportion que la corruption s'empare des cœurs; et il est certain que presque tous les forfaits seraient bannis d'un état, si l'on en pouvait faire autant de fatal métal.[34]

A depreciação das mercadorias para transformá-las em dinheiro (vendê-las abaixo de seu valor) é a causa de toda a *misère* [miséria][35]. É nesse sentido que ele diz: *"l'argent est devenu le bourreau de toutes choses"* [o dinheiro se tornou o carrasco de todas as coisas][36]. Ele compara os artifícios financeiros para fazer dinheiro com o *"alambic qui a fait évaporer une quantité effroyable de biens et de denrées pour faire ce fatal précis"* [alambique que fez evaporar uma quantidade assustadora de bens e de gêneros de consumo para fazer essa síntese fatal][37]. Mediante a depreciação dos metais preciosos *"les denrêes mêmes seront rétablies dans leur juste valeur"* [os próprios gêneros de consumo serão repostos em seu valor justo][38]; *"l'argent [...] déclare la guérre a tout le genre humain"* [o dinheiro [...] declara guerra a todo o gênero humano][39]. (Igualmente Plínio, Hist[ória] nat[ural], livro XXXIII, cap. II.)

---

para dar forma a *divindades*, às quais se sacrificaram e se sacrificam sempre muitos bens e necessidades preciosos e até *seres humanos*, mais do que a Antiguidade cega jamais imolou às suas falsas divindades que por tanto tempo constituíram todo o culto e toda a religião da grande maioria dos povos".]

[31] Ibidem.
[32] Ibidem.
[33] Ibidem, p. 399.
[34] Ibidem. ["Eis o escravo do comércio se tornando seu senhor [...] essa facilidade que o dinheiro oferece de servir para todos os crimes o faz duplicar seus ordenados na medida em que a corrupção toma conta dos corações; e é certo que quase todos os malfeitos seriam banidos de um Estado, caso se pudesse fazer o mesmo tanto de metal fatal".]
[35] Ver ibidem, cap. V.
[36] Ibidem, p. 413.
[37] Ibidem, p. 419.
[38] Ibidem, p. 422.
[39] Ibidem, p. 417-8.

Em contraposição:
Dinheiro como moeda mundial:

> *E così fattamente diffusa per tutto il globo terrestre la comunicazione de'popoli insieme, che può quasi dirsi esser il mondo tutto divenuto una sola città in cui si fa perpetua fiera d'ogni mercanzia, e dove ogni uomo di tutto ciò che la terra, gli animali e l'umana industria altrove producono, può mediante il danaro stando in sua casa provedersi e godere. Maravigliosa invenzione!*[40]

"ἐστὶν δὲ ποδαπὸς τὸ γένος οὗτος; πλούσιος" [de que pátria, de que tribo ele é? Ele é *rico*][41].

Demétrio de Faleros diz sobre a extração de ouro das minas: "ἐλπιζούσης τῆς πλεονεξίας ἀνάξειν ἐκ τῶν μυχῶν τῆς γῆς αὐτὸν τὸν Πλούτωνα" [a ganância espera extrair das profundezas da terra o próprio deus Pluto][42].

"*Sed a nummo prima origo avaritiae.* [...] *Haec paulatim exarsit rabie quadam, non iam avaritia, sed fames auri*" [Mas é o dinheiro a origem da avareza. [...] Aqui aos poucos se inflama uma espécie de insanidade, que já não é mais avareza, mas fome de ouro][43].

> Οὐδὲν γὰρ ἀνθρώποισιν οἷον ἄργυρος
> κακὸν νόμισμ' ἔβλαστε. τοῦτο καὶ πόλεις
> πορθεῖ, τόδ' ἄνδρας ἐξανίστησιν δόμων:
> τόδ' ἐκδιδάσκει καὶ παραλλάσσει φρένας
> χρηστὰς πρὸς αἰσχρὰ [πράγματ' ἵστασθαι βροτῶν:
> πανουργίας δ' ἔδειξεν] ἀνθρώποις ἔχειν
> καὶ *παντὸς ἔργου* δυσσέβειαν εἰδέναι.[44]
> [Nunca entre os humanos brotou
> algo pior que o dinheiro; até cidades
> ele arrasa, afasta os homens de seus lares,
> pois doutrina e transvia personalidades
> honradas a ter vergonhosas [práticas, manchando-se de sangue,
> infunde ardis] aos humanos,
> e lhes dá a conhecer *todo tipo de impiedade.*]*

---

[40] Geminiano Montanari, "Della Moneta", em Pietro Custodi, *Scrittori classici italiani di economia politica*, v. III, (parte antiga, Milão, 1683), p. 40. ["A comunicação entre todos os povos se expandiu de tal maneira sobre todo o globo terrestre que praticamente se pode dizer que o mundo inteiro se tornou uma única cidade, na qual reina a feira permanente de todas as mercadorias e cada qual, sentado em sua casa, pode prover-se e desfrutar, por intermédio do dinheiro, de tudo o que a terra, os animais e o esforço humano produziram em outro lugar. Invenção maravilhosa!".]
[41] Ateneu, *Deipnosofistas*, livro IV, 49.
[42] Ibidem, livro VI, 23.
[43] Plínio, *História natural*, livro XXXIII, cap. III, [seção] XIV.
[44] Sófocles, *Antígone*, versos 295-302.
* Compare Sófocles, "Antígona", em *A trilogia tebana* (9. ed., trad. Mario da Gama Kury, Rio de Janeiro, Jorge Zahar, 2001, versos 344-350). (N. T.)

{O dinheiro}

O dinheiro como a riqueza puramente abstrata – na qual se apaga todo valor de uso específico e, portanto, também toda relação individual entre possuidor e mercadoria – também passaria a pertencer ao indivíduo como pessoa abstrata, relacionando-se de modo totalmente estranho e exterior com a sua individualidade. Ao mesmo tempo, porém, ele lhe confere o poder universal como seu poder privado. Essa contradição, em Shakespeare *for instance* [por exemplo]:

Gold? yellow, glittering, precious gold? [...] *Thus much of this, will make black, white; foul, fair;* *Wrong, right; base, noble; old, young; coward, valiant.* *Ha, you gods! Why this? What this, you gods? Why this?* *Will lug your priests and servants from your sides;* *Pluck stout men's pillows from below their heads:* *This yellow slave* *Will knit and break religions; bless th'accurs'd;* *Make the hoar leprosy ador'd; place thieves,* *And give them title, knee, and approbation,* *With senators on the bench: this is it,* *That makes the wappen'd widow wed again;* *She, whom the spital-house and ulcerous sores* *Would cast the gorge at, this embalms and spices* *To th' April day again. Come, damned earth,* *Thou common whore of mankind.* [Ouro? Amarelo, precioso e brilhante? [...] Um pouco disto faz preto, branco; todo errado, certo; Nobre, o vil; moço, o velho; bravo, o fraco. Ah, deuses, por que isto? Pois se isto De si afasta servo e sacerdote, Mata o homem sério, tirando-lhe o fôlego. Este crápula amarelo Erige e mata a fé. Ao vil dá bênção, Faz a lepra adorada, e os ladrões Nobres notáveis, reverenciados, Iguais aos senadores. Isto aqui É que recasa a viúva enrugada: Às doentes e ulceradas que são Vistas com nojo, isto aqui perfuma Qual um dia de abril. Sim, terra maldita, Puta da humanidade, que traz luta Entre as ralés do mundo [...]. (Shakespeare, *Tímon de Atenas*, [Ato IV, Cena III].*)	O que se entrega em troca de tudo e em troca do que tudo se entrega aparece como o meio universal de corrupção e prostituição. (Parecido em *Pluto* de Aristófanes.) *Illi unum consilium habent et virtutem et potestatem suam bestiae tradunt.* *Et ne quis possit emere aut vendere, nisi qui habet characterem aut nomen bestiae, aut numerum nominis ejus.* [Estes têm um mesmo propósito e oferecem à besta o poder e a autoridade que possuem. Para que ninguém possa comprar ou vender, senão aquele que tem a marca ou o nome da besta ou o número de seu nome.] (Apocalipse**)

---

*   William Shakespeare, *Tímon de Atenas* (trad. Barbara Heliodora, Rio de Janeiro, Lacerda, 2003), p. 100-1. (N. T.)
**   *Apocalipse* 17,13 e 13,17. (N. T.)

4) Os metais preciosos como portadores da relação monetária

O processo de produção burguês se apodera primeiramente da circulação metálica como um órgão entregue pronto que gradativamente até vai sendo remodelado, mas sempre preserva sua construção básica. Por isso, a questão referente à razão pela qual ouro e prata servem de material do dinheiro em vez de outras mercadorias se situa além das fronteiras do sistema burguês. Por conseguinte, ressaltamos de modo bem sumário apenas os pontos de vista mais essenciais. A resposta é simples: as propriedades naturais específicas dos metais preciosos, isto é, suas propriedades como valores de uso, correspondem às funções econômicas que os capacitam, acima de todas as outras mercadorias, a serem portadores das funções monetárias.

Como o próprio tempo de trabalho, o objeto que deve servir como sua encarnação específica deve ser apto a representar as diferenças puramente quantitativas, de modo que se pressupõe a mesmidade, a uniformidade da qualidade. Essa é a primeira condição da função da mercadoria como medidor de valor. Se aprecio, por exemplo, todas as mercadorias em reses, peles, cereais etc., de fato tenho de medi-las em reses médias ideais, peles médias ideais, cereais médios ideais, visto que qualitativamente uma rês é diferente da outra, um cereal é diferente do outro, uma pele é diferente da outra, ocorre uma diferença no valor de uso de exemplares da mesma espécie. Esse requisito da indiferenciação qualitativa, independentemente de tempo e lugar, e, por conseguinte, de igualdade no caso de igual quantidade, é o primeiro requisito nesse sentido. O segundo, igualmente oriundo da necessidade de representar a diferença meramente quantitativa, é a grande divisibilidade e a recomponibilidade das partes, de modo que o equivalente possa ser seccionado conforme a grandeza do valor da mercadoria, sem que, por essa via, seu valor de uso fique prejudicado. Ouro e prata podem ser representados como corpos simples, nos quais ocorre meramente a divisão quantitativa, redutível ao mesmo refinamento. A mesmidade da qualidade. Igualmente divisível e recomponível. Do ouro até se pode dizer que é o metal mais antigo que se conhece, o primeiro metal a ser descoberto. Nos grandes garimpos de ouro dos rios, a própria natureza assume o trabalho qualificado, requerendo, assim, somente um trabalho bem bruto da parte humana para encontrar o ouro, dispensando ciência ou instrumentos desenvolvidos de produção. *"The precious metals uniform in their physical qualities, so that equal quantities of it should be so far identical as to present no ground for preferring the one to the other. This is not the case with equal numbers of cattle and equal quantities of grain* [Os metais preciosos são uniformes em suas qualidades físicas, de modo que quantidades iguais deles deveriam ser tão idênticas que não oferecessem razão para preferir um ao outro. Esse não é o caso de quantidades iguais de gado e quantidades iguais de grãos]". Do mesmo modo, o ouro se encontra em estado mais puro do que todos os outros metais; de forma sólida, cristalina,

{*O dinheiro*}

isolada: "separado dos corpos habitualmente disponíveis", raramente ligado com outros, exceto a prata. Ouro "isolado, individualizado":

> *Gold differs remarkably from the other metals, with a very few exceptions, in the fact, that it is found in nature in its* metallic state [os outros metais em minerais (na estrutura química deles)]. *Iron and copper, tin, lead, and silver are ordinarily discovered in chemical combinations with oxygen, sulphur, arsenic, or carbon; and the few exceptional occurrences of these metals in an uncombined, or, as it was formerly called,* virgin *state, are to be cited rather as mineralogical curiosities than as common productions. Gold, however, is always found native or metallic.* [...] *Again gold, from the circumstance of its having been formed in those rocks which are most exposed to atmospheric action is found in the debris of the mountains;* [...] os *fragments* dessas *rocks broken off,* [...] *borne by floods into the valleys, and rolled into pebbles by the constant action of flowing water.* [...] O ouro se sedimentou devido ao seu peso específico. Encontra-se, assim, em leitos de rios e em terra alagada. Ouro de rio foi o primeiro ouro a ser encontrado. (Garimpo de rio aprendido das minas.) [...] *Gold most frequently occurs pure, or, at all events, so nearly so that its metallic nature can be at once recognized,* tanto em rios quanto nos *quartz veins.* [...] *Rivers are, indeed, great natural* cradles, *sweeping off all the lighter and finer particles at once, the heavier ones either sticking against natural impediments, or being left wherever the current slackens its force or velocity* [...] *In almost all, perhaps in all the countries of Europe, Africa, and Asia, greater or smaller quantities of gold have from early times been washed by simple contrivances from the auriferous deposits etc.**

Lavar ouro e garimpar ouro são trabalhos bem simples, ao passo que *mining* [minerar] (portanto, também *gold mining* [minerar ouro]) *is an art re-*

---

* "O ouro difere notavelmente dos outros metais, com raras exceções, pelo fato de ser encontrado na natureza em seu *estado metálico* [os outros metais em minerais (na estrutura química deles)]. Ferro e cobre, estanho, chumbo e prata costumam ser descobertos em compostos químicos com oxigênio, enxofre, arsênico ou carbono; e as poucas ocorrências excepcionais desses metais em um estado não composto ou, como se chamava antes, em estado *virgem*, devem ser citadas mais como curiosidades mineralógicas que como produções comuns. O ouro, no entanto, sempre é encontrado em forma nativa ou metálica. [...] O ouro, por sua vez, pela circunstância de ter sido formado nas rochas mais expostas à ação da atmosfera, é encontrado nos escombros das montanhas; [...] os fragmentos dessas rochas se despedaçaram, [...] arrastados pelas inundações para dentro dos vales e rolaram até virar seixos pela ação constante da água corrente. [...] O ouro se sedimentou devido ao seu peso específico. Encontra-se, assim, em leitos de rios e em terra alagada. Ouro de rio foi o primeiro ouro a ser encontrado. (Garimpo de rio aprendido das minas.) [...] Na maioria das vezes, o ouro ocorre puro ou, em todos os casos, tão puro que sua natureza metálica pode ser reconhecida de cara, tanto em rios quanto nos veios de quartzo. [...] Os rios são, de fato, grandes *berços* naturais, varrendo todas as partículas mais leves e mais finas de uma só vez, enquanto as mais pesadas aderem a impedimentos naturais ou são deixadas onde quer que a corrente diminua sua força ou velocidade. [...] Em quase todos, talvez até em todos os países da Europa, África e Ásia, maiores ou menores quantidades de ouro foram garimpadas desde tempos antigos mediante expedientes simples de dentro dos depósitos auríferos etc.". (N. T.)

quiring the employment of capital [é uma arte que requer o emprego de capital] e mais *collateral sciences* e *arts* [ciências e artes colaterais] do que qualquer outra indústria. {A lavagem de minério é providenciada pela natureza.}

O valor de troca como tal pressupõe substância comum e todas as diferenças reduzidas a meras diferenças quantitativas. Na função do dinheiro como medida, primeiramente todos os valores são reduzidos a meras quantidades diferentes da mercadoria que serve de medida. É o que ocorre com os metais preciosos que aparecem assim como substância natural do valor de troca como tal. "*I metalli han questo di proprio e singolare che in essi soli tutte la ragioni si riducono ad una che è la loro quantità, non avendo ricevuto dalla natura diversa qualità, nè nell' interna loro costituzione nè nell' esterna forma e fattura* [Os metais têm isto como próprio e singular: só neles todas as razões se reduzem a uma que é a sua quantidade, não tendo recebido qualidades diferentes da natureza, nem em sua constituição interna nem em sua forma e feitura externas]"[45]. (Sameness of quality *in all parts of the world; admit of minute division and exact apportionment* [*Mesma qualidade* em todas as partes do mundo; admite divisão minúscula e parcelamento exato.]) Essa diferença meramente quantitativa é tão importante para o dinheiro como meio de circulação quanto para o dinheiro como meio de pagamento, dado que ele não possui individualidade, não é uma peça individual de dinheiro, mas o importante é que da mesma matéria se devolve meramente uma quantidade igual, e não a *mesma* peça: "*Money is returned in* kind only; *which fact distinguishes this agent from all other machinery* [...] *indicates the nature of its service* – *clearly proves the singleness of its office* [O dinheiro é devolvido *somente em espécie*; esse fato distingue esse agente de todo o outro maquinário [...] indica a natureza de seu serviço – prova claramente a singularidade de seu ofício]"[46].

A diferença das funções para quais o ouro serve, seja a de mercadoria universal, seja a de moeda, a de matéria-prima de artigos de luxo, a de matéria da acumulação etc., permite-lhes representar sensivelmente a variação das determinidades formais do dinheiro. [A essa diferença] corresponde que ouro e prata sempre podem, mediante nova fusão, voltar a ser reduzidos ao seu estado puramente metálico e, do mesmo modo, a partir desse estado, reduzidos a qualquer dos outros estados, e, portanto, que ouro e prata não são como as outras mercadorias, que estão restritas a determinadas formas de uso que lhes são dadas. Eles podem passar da forma de barra para a forma de moeda etc. e o inverso, sem perder seu valor como matéria-prima, sem pôr em risco os processos da produção e do consumo.

A vantagem de ouro e prata como *meio de circulação* em relação a outras mercadorias é que ao seu *grande* peso específico natural – o fato de representar

---

[45] Ferdinando Galiani, "Della Moneta", em Pietro Custodi, *Scrittori classici Italiani di Economia Politica*, v. III (parte moderna, Milão, 1803), p. 126-7.

[46] George Opdyke, *A Treatise on Political Economy* (Nova York, 1851), p. 267.

{O dinheiro}

um peso relativamente grande em um espaço pequeno – corresponde um peso econômico específico, o fato de abranger (objetivar) relativamente muito tempo de trabalho, isto é, um grande valor de troca, em um espaço pequeno. É claro que este último aspecto tem a ver com sua ocorrência relativamente rara enquanto objetos naturais. Devido a isso, a facilidade do transporte, do repasse etc. Em suma, facilidade da circulação real, o que naturalmente é a primeira condição para sua função econômica como meio de circulação.

Por fim, como existência em repouso do valor, como matéria do entesouramento, sua indestrutibilidade relativa; sua duração perene, inoxidabilidade em contato com o ar ("o tesouro que não é corroído nem pelas traças nem pela ferrugem"*), difícil fusibilidade; no caso do ouro, especialmente sua indissolubilidade em ácidos, exceto no cloro livre (na água-régia, uma mistura de ácido nítrico com ácido clorídrico). Por fim, como ponto alto é preciso ressaltar as *propriedades estéticas* do ouro e da prata, que os transformam em representações diretas da opulência, do adorno, do esplendor, das necessidades domingueiras natural-espontâneas, representações da riqueza como tal. Vividez das cores, maleabilidade, aptidão para serem processados por ferramentas, tanto para glorificação quanto para serem postos a serviço dos demais objetos. Ouro e prata aparecem, de certo modo, como luz maciça, que é escavada de dentro do próprio submundo. Abstraindo da raridade, a grande ductilidade do ouro e da prata os torna impróprios para serem usados em instrumentos de produção quando comparados com o ferro e até com o cobre (na forma enrijecida com que os antigos o usavam...). Porém o valor de uso dos metais depende em grande medida de seu papel no processo de produção imediato. Ouro e prata estão excluídos dele, assim como, de modo geral, não são objetos indispensáveis de uso. "O dinheiro deve ter um valor (de uso) direto, mas que esteja fundado em um *besoin factice* [uma necessidade fática]. Sua matéria não pode ser indispensável para a existência humana, porque toda a quantidade que é usada como moeda (em geral, como dinheiro, [que] também é acumulada na forma de tesouro) não pode ser empregada individualmente, tem de circular sempre."[47] (A parte que é acumulada como tesouro tampouco pode ser empregada "individualmente", visto que acumulação consiste em conservá-la intacta.) Esse é, portanto, um dos aspectos, segundo o qual a natureza do valor de uso de ouro e prata é ser algo *dispensável*, não ingressar nem na satisfação da carência imediata como objeto de consumo nem como agente no processo de produção imediato. Trata-se, pois, do aspecto em que o valor de uso do dinheiro não pode colidir com sua função de tesouro ou de meio de circulação, [em que] a necessidade que se tem dele como valor de uso individual [não pode colidir] com a necessidade

---

* Ver *Evangelho de Mateus*, cap. 6:20 e *Evangelho de Lucas*, cap. 12:33. (N. T.)

[47] Henry Storch, *Cours d'économie politique ou exposition des principes qui determinent la prosperite des nations*. Com notas de J. B. Say, v. I-IV (Paris, 1823, v. II), p. 113-4.

que se tem dele, oriunda da circulação, da própria sociedade, como dinheiro em qualquer uma de suas determinações. Esse é apenas o aspecto negativo.

Polemizando contra o dinheiro, Pedro Mártir, que parece ter sido um grande amigo do chocolate, diz, por conseguinte, a respeito dos *bags of cacao* [sacos de cacau] que, entre outras coisas, também serviam de dinheiro entre os mexicanos (*De orbe novo*): "*O felicem monetam, quae suavem utilemque praebet humano generi potum, et a tartarea peste avaritiae suos immunes servat possessores, quod suffodi aut diu servari nequeat* [Ó afortunado dinheiro, que fornece ao gênero humano uma bebida suave e nutritiva, preservando, assim, seus inocentes possuidores da praga infernal da avareza, por não poder ser enterrado nem guardado por muito tempo]".

Em contrapartida, ouro e prata não são só coisas negativamente supérfluas, isto é, objetos dispensáveis, mas suas propriedades estéticas, que os convertem no material de luxo, adorno, esplendor, fazem-nos ser formas positivas da opulência ou meios de satisfação de necessidades que transcendem o cotidiano e a necessidade natural pura e simples. Por conseguinte, eles têm valor de uso em si, abstraindo de sua função como dinheiro. Porém, do mesmo modo que são representantes naturais de relações meramente quantitativas – por causa da mesmidade de sua qualidade –, eles também são, em seu uso individual, representantes naturais imediatos da opulência e, por essa razão, da riqueza como tal, tanto devido a suas propriedades estéticas quanto por causa da careza.

Maleabilidade é uma das propriedades que tornam ouro e prata aptos para serem material de adorno. Ofuscam os olhos. O valor de troca é primeiramente o excesso de valores de uso necessários destinado à troca. Esse excesso é trocado pelo supérfluo como tal, isto é, pelo que transcende o âmbito da carência imediata; pelo domingueiro em oposição ao cotidiano. O valor de uso como tal expressa primeiramente a relação do indivíduo com a natureza; o valor de troca *ao lado* do valor de uso expressa seu comando sobre os valores de uso de outros, sua relação social: ele próprio originário como o valor do uso domingueiro que transcende a necessidade imediata.

A cor *branca* da prata, que reflete todos os raios de luz com seu matiz original; a cor *rubro-amarela* do ouro, que anula todos os raios coloridos da luz matizada que incidem nele, refletindo apenas a cor vermelha. Incluir aqui o que anteriormente foi dito sobre os países produtores de minérios.

{Em sua *História da língua alemã*, Grimm mostra a conexão dos nomes do ouro e da prata com a cor.}

Vimos que ouro e prata não preenchem a exigência que lhes é feita enquanto valor de troca autonomizado, como dinheiro que possui existência imediata, a saber, a de ser uma *grandeza de valor* invariável. Nesse ponto, sua natureza de mercadoria específica entra em conflito com sua função como dinheiro. Entretanto, eles possuem (como já percebe Aristóteles) uma grandeza de valor mais permanente que a média das demais mercadorias. Para a

{*O dinheiro*}

circulação metálica como tal, abstraindo do efeito universal de uma valorização ou depreciação dos metais preciosos sobre todas as relações econômicas, revestem-se de especial importância as oscilações da relação de valor entre ouro e prata, já que eles permanentemente servem de matéria do dinheiro lado a lado no mesmo país ou em países diferentes. As razões puramente econômicas dessas variações sucessivas – conquistas e outras revoluções políticas, que exerceram grande influência sobre o valor relativo dos metais preciosos no mundo antigo, transcendem a análise meramente econômica – devem ser reduzidas à variação do tempo de trabalho requerido para a produção de quantidades iguais desses metais. Esse mesmo tempo de trabalho dependerá, de um lado, das quantidades relativas em que se encontram na natureza, de outro, da maior ou menor dificuldade oferecida por sua apropriação em estado puramente metálico. Do que foi dito anteriormente já resulta que o ouro, cujo achado como ouro de rio ou ouro arrastado por inundações não requereu mineração nem composição química ou mecânica, foi descoberto antes da prata e, por longo tempo, apesar de sua maior raridade absoluta, permaneceu relativamente depreciado em relação à prata. Por conseguinte, a asseveração de Estrabão, de que em uma tribo árabe 10 libras de ouro eram trocadas por 1 libra de ferro e 2 libras de ouro por 1 libra de prata, de modo nenhum parece inverossímil. Em contrapartida, está claro que, na proporção em que a força produtiva do trabalho social se desenvolve, a tecnologia, e, portanto, o trabalho simples, se torna cara, enquanto concomitantemente as fontes originais, superficiais, de ouro se esgotam e a crosta da terra precisa ser escavada de modo mais universal, a ocorrência relativamente mais rara ou mais frequente dos dois metais incidirá essencialmente sobre a produtividade do trabalho, e o ouro ficará valorizado em relação à prata. (Mas o que determina seu valor relativo nunca é a proporção quantitativa absoluta em que ambos ocorrem na natureza, mesmo que isso, na maioria das vezes, seja um fator essencial para o tempo de trabalho necessário para sua produção, mas é esse mesmo tempo de trabalho que determina o seu valor relativo. Por conseguinte, embora, segundo a Académie des Sciences de Paris [1840], a proporção de prata para ouro deva ser estimada em 52 por 1, sua proporção de valor foi de apenas 15 por 1.)

Dado um determinado desenvolvimento da força produtiva do trabalho social e, portanto, quanto mais indiferentes se tornarem, por um lado, os obstáculos químicos ou mecânicos a serem relativamente superados e quanto maior for, por outro lado, a distância relativa em que se encontram os países produtores de ouro ou prata, pesará cada vez mais decisivamente no prato da balança a descoberta alternativa de novos depósitos de ouro ou prata, e o ouro tem em relação à prata a chance de ser descoberto não só em minas, mas também em terras alagadas. Por conseguinte, é muito provável que haja novamente um movimento inverso na proporção de valor, a saber, uma queda no valor do ouro em relação ao da prata. A inauguração de minas de prata depende do progresso da técnica e da civilização geral. Quando estes estiverem dados, todas as variações se decidirão na descoberta de ricos depósitos de prata ou ouro. De modo global, constatamos a repetição do mesmo movimento na variação da proporção de valor entre ouro e prata. Os dois primeiros movimentos começam pela depreciação relativa do ouro e terminam com sua valorização. O último movimento começa com sua valorização e parece rumar para sua proporção original menor de valor em relação à prata. Na Ásia antiga, a proporção de ouro para prata era de 6 por 1 ou 8 por 1 (no Código de Manu é ainda mais baixa) (na China e no Japão, a última proporção ainda no início do século XIX); 10 por 1 era a proporção na época de Xenofonte e pode ser considerada como a proporção média no período intermediário da Antiguidade. No período romano tardio – as minas de prata espanholas descobertas por Cartago desempenharam na Antiguidade mais ou menos o mesmo papel que o descobrimento da América no período recente –, havia aproximadamente a mesma proporção que após a descoberta da América, ou seja, 14 ou 15 por 1, embora encontremos uma depreciação maior da prata em Roma.

Para a Idade Média, pode ser fixada novamente a proporção média que havia na época de Xenofonte: 10 por 1; embora justamente nela as discrepâncias locais sejam extraordinariamente grandes. A proporção média nos séculos que se seguiram ao descobrimento da América foi de 15 por 1 ou 18 por 1. As novas descobertas de ouro tornam provável que a proporção volte a ser reduzida para 10 por 1 ou 8 por 1; em todo caso, há um movimento inverso na proporção de valor ao que havia desde o século XVI. O aprofundamento nessa questão específica ainda não é apropriado aqui.

5) O aparecimento da lei de apropriação na circulação simples

As relações econômicas dos indivíduos que são sujeitos da troca devem ser formuladas aqui como aparecem no processo de troca exposto até o momento, sem referência a relações de produção mais desenvolvidas. As determinações formais de cunho econômico constituem justamente a determinidade em que entram em relação mútua (em que se defrontam).

"*Le travailleur a un droit exclusif sur la valeur résultant de son travail*" [O trabalhador detém um direito exclusivo sobre o valor resultante de seu trabalho][48].

Primeiramente, os sujeitos do processo de troca aparecem como *proprietários* de mercadorias. Dado que, com base na circulação simples, só existe um método pelo qual alguém *se torna* proprietário de uma mercadoria, a saber, por meio de um novo equivalente, aparece a propriedade da mercadoria que

---

[48] Cherbuliez, *Riche ou pauvre* (Paris, 1841), p. 48

{*O dinheiro*}

antecede a troca, isto é, a propriedade da mercadoria que não foi apropriada por intermédio da circulação, a propriedade da mercadoria que ainda está por ingressar na circulação, oriunda diretamente do trabalho de seu possuidor, e [aparece] o trabalho como o modo originário da apropriação. A mercadoria como valor de troca é apenas produto, *trabalho objetivado*. Nessa condição, ela é primeiramente objetalidade daquele que tem seu trabalho nela representado; [ela é] sua existência objetal, por ele próprio gerada para outros. A produção das mercadorias não faz parte do processo simples de troca, do modo como ele se desdobra nas diferentes fases da circulação. As mercadorias são, antes, pressupostas como valores de uso prontos. Elas precisam estar disponíveis antes que se inicie a troca, simultaneamente, como na compra e venda, ou, pelo menos, assim que a transação for consumada, como na forma da circulação, em que o dinheiro vale como meio de pagamento. Simultaneamente ou não, elas sempre ingressam na circulação como disponíveis. *Por conseguinte, o processo de surgimento das mercadorias e, portanto, também seu processo originário de apropriação estão situados além da circulação*. Porém, como um equivalente alheio só pode ser apropriado por intermédio da circulação e, portanto, da alienação do equivalente próprio, estão necessariamente pressupostos o trabalho próprio como processo de apropriação originário e a circulação, de fato, apenas como troca mútua de trabalho que se encarnou em múltiplos produtos.

Portanto, trabalho e propriedade do resultado do trabalho próprio aparecem como o pressuposto básico, sem o qual a apropriação secundária por meio da circulação não ocorreria. *Propriedade baseada no trabalho próprio* constitui, no âmbito da circulação, a *base da apropriação de trabalho alheio*. De fato, quando analisamos atentamente o processo de circulação, há o pressuposto de que os agentes da troca apareçam como proprietários de valores de troca, isto é, de quantidades de tempo de trabalho materializado em valores de uso. *Como eles se tornaram proprietários dessas mercadorias* constitui um processo que se desenrola pelas costas da circulação simples e que se terá extinguido antes que esta comece. A propriedade privada é pressuposto da circulação, mas o próprio processo de apropriação não se mostra, não aparece no âmbito da circulação, sendo, antes, pressuposto nela. Na circulação mesma, no processo de troca, do modo como este vem à superfície da sociedade burguesa, cada qual só dá na medida em que toma e só toma na medida em que dá. Para fazer uma coisa ou outra ele precisa *ter*. O procedimento pelo qual ele se colocou na condição de ter não constitui nenhuma das fases da própria circulação. Somente como proprietários privados de valores de troca, seja na forma de mercadoria, seja na forma de dinheiro, [eles] são sujeitos da circulação. O modo como eles se tornaram proprietários privados, isto é, como *se apropriaram de trabalho objetivado*, é uma circunstância que, de modo geral, não parece incidir na análise da circulação simples. Entretanto, a mercadoria é, em contrapartida, o pressuposto da circulação. E, como, a partir da posição da circulação, mercadorias alheias e, portanto, *trabalho alheio* só podem ser apropriados por meio da alienação do trabalho próprio, *o processo de apropriação da mercadoria* que antecede a circulação *necessariamente aparece*, a partir dessa sua posição, *como apropriação por meio de trabalho*. Dado que *a mercadoria enquanto valor de troca é apenas trabalho objetivado*, mas, a partir da posição da circulação, que é apenas movimento do valor de troca, trabalho alheio objetivado não pode ser apropriado, a não ser pela troca de um equivalente, *a mercadoria de fato não é senão objetivação do trabalho próprio*, e, como este último efetivamente constitui o processo fático de apropriação de produtos naturais, a mercadoria aparece igualmente como título legal de propriedade. A *circulação* se limita a mostrar como essa apropriação imediata *transforma, pela mediação de uma operação social, a propriedade do trabalho próprio em propriedade do trabalho social*.

Por conseguinte, todos os economistas modernos enunciam o trabalho próprio como o título original de propriedade, seja em termos mais econômicos, seja em termos mais jurídicos, e *a propriedade do resultado do trabalho próprio como o pressuposto básico da sociedade burguesa*[49]. O próprio pressuposto está baseado no *pressuposto do valor de troca como a totalidade das relações econômicas que regem as relações de produção e de comércio*, sendo, portanto, ele próprio um *produto* histórico da sociedade burguesa, da sociedade do valor de troca desenvolvido. Em contrapartida, dado que da análise das relações econômicas mais concretas do que as expostas pela circulação simples parecem resultar leis contraditórias, todos os economistas clássicos, incluindo Ricardo, gostam da *noção oriunda da própria sociedade burguesa* de aceitar como válida toda lei universal, mas banir sua realidade estrita para os tempos áureos, quando ainda *não existia propriedade*, como que para um período anterior àquele em que a economia caiu em pecado, por exemplo, Boisguillebert. Assim, *chegaríamos ao curioso resultado de que a verdade da lei de apropriação da sociedade burguesa teria de ser deslocada para um tempo* em que *essa mesma sociedade ainda não existia* e a lei fundamental da propriedade para o tempo da ausência de propriedade. Essa ilusão é translúcida. A produção original está baseada em coletividades primitivas, dentro das quais a troca privada aparece apenas como exceção de cunho muito superficial e colateral. Porém, imediatamente após a dissolução histórica dessas coletividades, instauram-se relações de dominação e servidão, relações de violência, que se encontram em contradição gritante com a brandura da circulação de mercadorias e das relações que lhe correspondem. Porém, como quer que seja, o processo da circulação, do modo como aparece *na superfície* da sociedade, não possui outro modo de apropriação, e, se da investigação decorrerem *contradições*, *elas terão de ser derivadas do desenvolvimento do próprio valor de troca, a exemplo dessa lei da apropriação originária pelo trabalho*.

---

[49] Cherbuliez: ver nota anterior. Ver também Adam Smith.

{*O dinheiro*}

Pressuposta a lei da apropriação pelo trabalho próprio, tratando-se de uma lei que se origina da análise da própria circulação*, e não de um pressuposto arbitrário, franqueia-se automaticamente na circulação um império da liberdade e da igualdade burguesas, fundado sobre essa lei.

Enquanto a apropriação de mercadorias pelo trabalho próprio se apresenta como a primeira necessidade, a segunda é o processo social, pelo qual esse produto é posto como valor de troca e como tal tem de ser novamente transformado em valor de uso para os indivíduos. Após a [lei da] apropriação por meio de trabalho ou da objetivação do trabalho, *a próxima lei* a aparecer é a *de sua venda ou a de sua transformação em forma social*. A circulação é o movimento em que o produto próprio é posto como valor de troca (dinheiro), isto é, como produto social, e o produto social como produto próprio (valor de uso individual, objeto de consumo individual).

Novamente fica claro:

Outro pressuposto da troca que afeta a totalidade do movimento é este: seus sujeitos produzem subsumidos à divisão do trabalho social. Pois as mercadorias a serem trocadas entre si de fato não passam de trabalho objetivado em diferentes valores de uso e, portanto, objetivado de modos diferentes; elas na verdade são apenas a existência objetal da divisão do trabalho, objetivação de trabalhos qualitativamente distintos, que correspondem a sistemas distintos de necessidades. Quando eu produzo *mercadorias*, o pressuposto é que meu produto tenha valor de uso, mas não para mim, não sendo diretamente meio de subsistência (no sentido mais amplo possível) para mim, mas é para mim diretamente valor de troca; ele só se torna meio de subsistência depois que tiver assumido no dinheiro a forma de produto social geral e, então, puder ser realizado em toda e qualquer forma de trabalho alheio, qualitativamente diferente. Por conseguinte, eu só produzo para mim na medida em que produzo para a sociedade, em que cada membro, por sua vez, trabalha para mim em outra esfera.

Ademais, está claro que o pressuposto de que os agentes da troca produzem valores de troca presume não só a divisão do trabalho em geral mas também uma forma especificamente desenvolvida dessa divisão. Por exemplo, no Peru, o trabalho também era dividido; o mesmo nas pequenas coletividades indianas autossuficientes (*self supporting*). Porém trata-se de uma divisão do trabalho que não só não estava baseada no valor de troca, mas também que pressupõe inversamente uma produção mais ou menos diretamente comunitária. O pressuposto básico de que os sujeitos da circulação produziram valores de troca, produtos que estão imediatamente sob a determinidade social do valor de troca, e, portanto, também produziram subsumidos a uma

---

* A página termina aqui e há uma nota de rodapé na qual se lê "Adam Smith", mas ela não está referida no corpo do texto. (N. E.)

divisão do trabalho de determinado formato histórico, abrange uma massa de pressupostos que não advêm da vontade do indivíduo nem de sua naturalidade imediata, mas de condições e relações históricas, pelas quais o indivíduo já se encontra *socialmente* determinado, ou seja, determinado pela sociedade; do mesmo modo, esse pressuposto abrange relações que se apresentam em outras relações de produção dos indivíduos, diferentes das relações simples com que se defrontam na circulação. O agente da troca produziu mercadorias e fez isso para produtores de mercadorias. Isso inclui, por um lado, o seguinte: ele produziu como indivíduo privado independente, por iniciativa própria, determinado unicamente por sua necessidade e suas aptidões, de si e para si – não como membro de uma coletividade natural primitiva, nem como indivíduo que participa diretamente da produção na condição de indivíduo social – e, por conseguinte, ele não se relaciona com seu produto como fonte imediata de existência. Por outro lado, porém, ele produziu *valor de troca*, um produto que só se torna produto para ele por meio de determinado processo social, por meio de uma metamorfose determinada. Portanto, ele já produziu em um contexto, sob condições de produção e relações de comércio que vieram a existir por meio de um processo histórico, mas que para ele têm a aparência de uma necessidade natural. Assim, a independência da produção individual é complementada por uma dependência social, que encontra sua expressão correspondente na divisão do trabalho.

O próprio *caráter privado* da produção do indivíduo que produz valores de troca aparece como produto histórico – *seu isolamento, sua autonomização pontual no âmbito da produção* é condicionada por uma divisão do trabalho que, por sua vez, repousa sobre toda uma série de condições econômicas, pelas quais o indivíduo é condicionado de todos os lados em sua interconexão com outros e no modo de existência que lhe é próprio.

Um arrendatário inglês e um camponês francês encontram-se na mesma relação econômica, na medida em que a mercadoria que eles vendem consiste em produtos da terra. Só que o camponês vende apenas o pequeno excedente da produção de sua família. A porção principal é consumida por ele próprio, que, portanto, não encara a maior parte de seu produto como valor de troca, mas como valor de uso, como meio imediato de subsistência. O arrendatário inglês, em contraposição, depende completamente da venda de seu produto e, portanto, deste enquanto mercadoria e, logo, do valor de uso social de seu produto. Portanto, toda a extensão de sua produção está tomada pelo valor de troca e é determinada por ele. Está claro agora que se requer um desenvolvimento sumamente diferenciado das forças produtivas do trabalho, a divisão delas, relações diferenciadas entre os indivíduos no âmbito da produção, para que, por exemplo, o cereal seja produzido como simples valor de troca e, portanto, ingresse inteiramente na circulação; [está claro] quais são os processos econômicos que se requer para transformar um camponês francês em um arrendatário inglês. Em seu desenvolvimento

{*O dinheiro*}

do valor de troca, Adam Smith ainda comete o erro de registrar a forma não desenvolvida do valor de troca, na qual ele só aparece como excedente em relação ao valor de uso gerado para a subsistência do próprio produtor, como sua forma adequada, ao passo que ele é apenas uma das formas de sua ocorrência histórica dentro de um sistema de produção ainda não tomado por ele como forma universal. Porém, na sociedade burguesa, ele tem de ser apreendido como a forma dominante, de modo a desaparecer *toda relação imediata entre os produtores e seus produtos* como valores de uso; *todos os produtos são produtos de comércio*. Tomemos um trabalhador em uma fábrica moderna, por exemplo, uma fábrica de tecido de chita. Se não tivesse produzido nenhum valor de troca, ele não teria produzido absolutamente nada, já que ele não pode encostar o seu dedo em nenhum valor de uso e dizer: este é meu produto. Quanto mais multifacetado se tornar o sistema das necessidades sociais e quanto mais unilateral se tornar a produção do indivíduo, isto é, com o desenvolvimento da divisão social do trabalho, tanto mais *decisiva* se tornará a confecção do produto como valor de troca ou *o caráter do produto como valor de troca*.

Uma análise da forma específica da divisão do trabalho, das condições de produção em que ela se baseia, das relações econômicas dos membros da sociedade em que essas condições se diluem, mostraria que, para que o valor de troca aflore à superfície como ponto de partida simples, é preciso pressupor o sistema inteiro da produção burguesa e o processo de troca, do modo em que ele se desdobra na circulação simples, *como o metabolismo social simples, que, no entanto, abrange toda a produção e todo o consumo*. [Dessa análise] também resultaria que já se pressupõem *outras* relações de produção mais complexas e mais ou menos colidentes com a liberdade e a independência dos indivíduos, com as relações econômicas deles, para que se defrontem, no processo de circulação, como *produtores privados livres nas relações simples de compra e venda*, para que figurem nele como seus sujeitos independentes. *Porém, do ponto de vista da circulação simples, essas relações estão obliteradas.* Quando se analisa a circulação simples em si mesma, a divisão do trabalho aparece nela de fato apenas no resultado, em seu pressuposto de que os sujeitos da troca produzem mercadorias diferentes que correspondem a necessidades diferentes e de que cada qual depende da produção de todos e todos de sua produção, na medida em que se complementam mutuamente, e de que assim o produto de cada indivíduo é meio que leva à participação na produção social em geral por intermédio do processo de circulação, no montante da grandeza de valor que ele possui.

O produto é valor de troca, *trabalho geral objetivado*, ainda que, no plano imediato, seja apenas a objetivação do trabalho privado independente feito pelo indivíduo.

O fato de a mercadoria precisar primeiro ser alienada, a obrigatoriedade para o indivíduo de que seu produto imediato não seja produto para ele, mas só se torne tal produto no processo social de produção e *tenha de* assumir essa forma universal e, não obstante, exterior; o fato de o produto do trabalho específico ter de se comprovar socialmente como objetivação do trabalho *geral*, assumindo a forma da coisa – do *dinheiro* – que é exclusivamente pressuposta como objetalidade imediata do trabalho geral – e isso de tal maneira que, por meio desse *very process* [mesmo processo], esse trabalho social geral seja posto como coisa exterior, como dinheiro –, essas determinações constituem a mola propulsora, a pulsação da própria circulação. Por conseguinte, as relações sociais decorrentes desse processo resultam diretamente da análise da circulação simples e não se situam atrás dela, como no caso das relações econômicas contidas na divisão do trabalho.

De que maneira o indivíduo valida seu trabalho privado como trabalho geral e seu produto como produto social geral? Pelo conteúdo específico de seu trabalho, seu valor de uso específico, que é objeto da necessidade de outro indivíduo, de tal modo que este último entrega seu produto em troca dele como equivalente. {Só examinaremos mais adiante o ponto [referente ao fato de] que este tem de assumir a forma do dinheiro, de que essa transformação da mercadoria em dinheiro constitui um fator essencial da circulação simples.} Portanto, pela via de que seu trabalho constitui uma especificidade na totalidade do trabalho social, um ramo que o complementa especificamente. Assim que o trabalho possuir um conteúdo determinado pelo contexto social – trata-se da determinidade e da pressuposição materiais –, ele será considerado trabalho geral. A forma da generalidade do trabalho se confirma por meio de sua realidade como membro de uma totalidade de trabalhos, como modo de existência específico do trabalho social.

Os indivíduos se defrontam apenas como proprietários de valores de troca, como indivíduos que proporcionaram a si mesmos uma existência objetiva recíproca por meio de seu produto, a mercadoria. Sem essa mediação objetiva, eles não têm relação entre si do ponto de vista do metabolismo social que ocorre na circulação. Eles só existem objetivamente uns para os outros, o que apenas é mais desenvolvido na relação monetária, na qual a própria coletividade aparece como uma coisa exterior e, por isso, contingente defronte de todos. O fato de o contexto social, que se manifesta pela colisão dos indivíduos independentes, aparecer simultaneamente como necessidade objetiva e como um vínculo exterior defronte deles representa *justamente a sua independência*, para a qual a existência social de fato é necessidade, sendo, no entanto, apenas *um meio e, portanto, aparecendo para os próprios indivíduos como algo exterior e, no dinheiro, até como uma coisa palpável*. Eles produzem na sociedade e para a sociedade, como [indivíduos] sociais; porém, ao mesmo tempo, isso aparece como simples meio de objetivar sua individualidade. Como eles não estão subsumidos sob uma coletividade natural-espontânea nem, em contrapartida, subsumem a coletividade como membros conscientes dela, esta tem de existir defronte deles, sujeitos independentes que se defrontam

{O dinheiro}

com ela, como uma coisa igualmente independente, exterior, contingente. Essa é justamente a condição para que eles, enquanto pessoas privadas independentes, simultaneamente estejam dentro de um contexto social.

Portanto, como, no processo simples de troca, na circulação, a divisão do trabalho {no que podem ser sintetizadas as condições sociais de produção, sob as quais os indivíduos produzem valores de troca} só aparece como 1) não produção dos meios imediatos de subsistência pelo próprio indivíduo, por meio de seu trabalho direto, 2) existência do trabalho social geral enquanto totalidade natural-espontânea que se decompõe em um perímetro de especificidades, de modo que os sujeitos da circulação possuem mercadorias que se complementam e cada uma delas satisfaz uma faceta da necessidade social global do indivíduo, enquanto estão obliteradas as próprias relações econômicas que resultam dessa determinada divisão do trabalho; na explicitação do valor de troca, não continuamos a explicitar a divisão do trabalho, mas apenas a admitimos como fato idêntico ao do valor de troca, o qual, na verdade, apenas expressa em forma atuante, como especificação do trabalho, o que é expresso de forma objetal pelo valor de uso diferenciado das mercadorias – e sem estas não haveria troca nem valor de troca. De fato, Adam Smith, como antes dele outros economistas, Petty, Boisguillebert, os italianos, não procedeu diferente ao enunciar a divisão do trabalho como correlativa com o valor de troca. Mas foi Steuart que, antes de todos eles, concebeu a divisão do trabalho e a produção de valores de troca como idênticas e, distinguindo-se de maneira louvável de outros economistas, compreendeu isso como uma forma de produção social e de metabolismo social mediada por um processo histórico específico. O que Adam Smith diz sobre a força produtiva da divisão do trabalho constitui um ponto de vista totalmente estranho, que não cabe neste lugar nem no lugar em que ele o posicionou, e, além disso, com referência a um estágio bem determinado de desenvolvimento da manufatura, de modo algum se coaduna com o moderno sistema fabril em geral. A divisão do trabalho de que estamos tratando aqui é a divisão natural-espontânea e *livre* dentro da totalidade da sociedade que se mostra como produção de valores de troca; não [estamos tratando] da divisão do trabalho dentro de uma fábrica (de sua análise e combinação dentro de um ramo isolado de produção, mas da divisão social dos próprios ramos de produção, que surge como que sem a colaboração dos indivíduos). A divisão do trabalho dentro da sociedade corresponderia ao princípio da divisão do trabalho dentro de uma fábrica no sistema egípcio, mais do que no sistema moderno. A repulsão mútua entre trabalho social e trabalho livre, independentes entre si e vinculados em uma totalidade e unidade apenas pela necessidade imanente (não como naquela divisão feita pela análise consciente e pela combinação consciente do que foi analisado), refere-se a coisas completamente diferentes, determinadas por leis de desenvolvimento completamente diferentes, por mais que certa forma desta corresponda a certa forma daquela. Muito menos Adam Smith concebeu a divisão do trabalho naquela forma simples, em que ela é apenas a forma ativa do valor de troca, tampouco na outra forma em que ela constitui determinada força produtiva do trabalho, mas a concebeu naquela forma em que os próprios antagonismos econômicos da produção – as determinidades sociais qualitativas subsumidas sob as quais os indivíduos se defrontam como capitalista e trabalhador assalariado, capitalista industrial e rentista, arrendatário e arrendador de terras etc. – são concebidos como as formas econômicas de determinado modo da divisão do trabalho.

Quando o indivíduo produz seus meios de subsistência imediatos, como ocorre, por exemplo, na expressiva maioria dos países em que perduram as relações agrícolas natural-espontâneas, sua produção não possui caráter social e seu trabalho não é social. Quando o indivíduo produz como indivíduo privado – pois *essa sua posição de modo nenhum é produto da natureza, mas resultado refinado* de um processo social –, seu caráter social se evidencia no fato de ele ser determinado, quanto ao conteúdo de seu trabalho, pelo contexto social e só trabalhar como membro dessa sociedade, isto é, pelas necessidades de todos os outros – e, portanto, ele apresenta dependência social –, mas ele próprio escolhe à vontade este ou aquele trabalho; sua relação específica com o trabalho específico não é socialmente determinada; sua vontade naturalmente é determinada por seus talentos naturais, suas propensões, pelas condições naturais da produção em que ele se encontra inserido etc.; de modo que, de fato, a especialização do trabalho, sua decomposição social em uma totalidade de ramos específicos, aparece pelo lado do indivíduo de maneira tal que sua especificidade intelectual e natural confere a si mesma o formato de uma especificidade social. Da natureza que lhe é própria e dos pressupostos específicos dela decorre para o indivíduo a especificidade de seu trabalho – primeiramente objetivação dele –, que, no entanto, simultaneamente está ciente de ser validação de um sistema específico de necessidades e a realização de um ramo específico da atividade social. A divisão do trabalho assim concebida como reprodução social da individualidade específica, que, desse modo, constitui, ao mesmo tempo, um elo no desenvolvimento total da humanidade e concomitantemente capacita o indivíduo, por intermédio de sua atividade específica, para a fruição da produção geral, para a fruição social universal – essa concepção, nos termos em que resulta do ponto de vista da circulação simples, que constitui, portanto, confirmação da liberdade dos indivíduos em vez de sua anulação, ainda é a concepção corriqueira na economia burguesa.

A diferença natural dos indivíduos e de suas necessidades constitui o motivo para sua integração social como agentes de troca. *D'abord* [De início], eles se defrontam, no ato da troca, como pessoas que se reconhecem reciprocamente como proprietárias, como pessoas, cujas vontades impregnam suas mercadorias; e [, nesse ato], a apropriação recíproca mediante alienação recíproca só tem lugar por meio de sua vontade comum e, portanto, essencialmente por

{*O dinheiro*}

intermédio do contrato. Nesse momento, entra o aspecto jurídico da pessoa e da liberdade nele contido. Por conseguinte, no direito romano, o *servus* é corretamente definido como aquele que não pode adquirir por meio da troca. Ademais: na consciência dos sujeitos que trocam está disposto que, na transação, cada um deles é fim em si apenas para si; que cada um deles é apenas meio para o outro; por fim, que a reciprocidade, segundo a qual cada um deles é simultaneamente meio e fim, mais precisamente, só alcançará o próprio fim na medida em que for meio para o outro e só será meio na medida em que alcançar seu fim – que essa reciprocidade é um *fact* [fato] necessário, pressuposto como condição natural da troca, mas que ela, [enquanto] tal, é indiferente para ambos os sujeitos da troca e só é do interesse do sujeito na medida em que for de *seu* interesse. Isto é, o interesse coletivo, que aparece como conteúdo do ato global de troca, efetivamente se encontra na consciência das duas partes, mas, enquanto tal, não constitui motivo, mas existe, por assim dizer, às costas dos interesses individuais refletidos em si mesmos. Se quiser, o sujeito também pode ter a consciência edificante de que a satisfação de seu interesse individual inescrupuloso constitui precisamente a realização do interesse individual superado, ou seja, do interesse geral. A partir do próprio ato de troca, cada um dos sujeitos, enquanto fim último de todo o processo, retorna para dentro de si mesmo enquanto sujeito abrangente. Desse modo, portanto, está realizada a liberdade completa do sujeito. Transação voluntária; sem violência de nenhuma das partes; tornar-se meio para o outro somente como meio para si mesmo ou fim em si; em suma, a consciência de que o interesse geral ou coletivo é precisamente apenas a universalidade do interesse egoísta.

Assim, sendo a circulação, em todos os seus aspectos, uma realização da liberdade individual, se seu processo for examinado como tal – pois as relações da liberdade não dizem respeito diretamente às determinações formais econômicas da troca, mas referem ou se à sua forma jurídica ou dizem respeito ao conteúdo, aos valores de uso ou às necessidades como tais –, isto é, se [o processo da circulação] for examinado em suas determinações formais econômicas, ele é a plena realização da igualdade social. Enquanto sujeitos da circulação, eles são primeiramente *agentes de troca*, e o fato de cada um deles estar posto nessa determinação e, portanto, na mesma determinação, perfaz justamente sua determinação social. Eles de fato só se deparam como valores de troca subjetivados, isto é, como equivalentes vivos, como [sujeitos] de igual valor. Enquanto tais, eles não são só iguais: nem sequer ocorre uma variação entre eles. Eles só se defrontam como possuidores de valores de troca e necessitados de troca, como agentes do mesmo trabalho social indiferente e geral. Mais exatamente, eles trocam entre si valores de troca de igual grandeza, pois está pressuposto que sejam trocados equivalentes. A igualdade do que cada um dá e toma é, nesse ponto, fator explícito do próprio processo. Do mesmo modo que [eles] se defrontam como sujeitos da troca, eles se validam no ato dessa troca. Enquanto tal, esse ato é apenas a referida validação. Eles são postos como agentes de troca e, portanto, como iguais, e suas mercadorias (objetos) como equivalentes. Eles só trocam sua existência objetal enquanto existência igualmente valiosa. Eles próprios valem a mesma coisa e se validam no ato da troca como equivalentes e indiferentes um em relação ao outro. Os equivalentes constituem a objetivação de um dos sujeitos para o outro; isto é, eles próprios valem a mesma coisa e se validam no ato da troca como equivalentes e indiferentes um para o outro. Na troca, os sujeitos são equivalentes um para o outro somente por meio dos equivalentes e se validam como tais por meio da troca da objetalidade em que um existe para o outro. Dado que existem um para o outro apenas como sujeitos da equivalência, enquanto equivalentes, eles são, ao mesmo tempo, indiferentes um em relação ao outro. O que de resto os diferencia não lhes diz respeito. Sua especificidade individual não ingressa no processo. A diferença material nos valores de uso de suas mercadorias é apagada na existência ideal da mercadoria como preço e, na medida em que essa diferença material é motivo da troca, eles são reciprocamente necessidade (cada um representa a necessidade do outro) e necessidade satisfeita meramente pela mesma quantidade de tempo de trabalho. Essa diferença natural é a base de sua igualdade social, pondo-os como sujeitos da troca. Se a necessidade de A fosse a mesma que a de B e se a mercadoria de A satisfizesse a mesma necessidade que a de B, não haveria nenhuma relação entre eles, na medida em que se fala de relações econômicas (do ponto de vista de sua produção). A satisfação recíproca de suas necessidades por intermédio da diferença material de seu trabalho e de sua mercadoria converte sua igualdade em uma relação social preenchida e seu trabalho específico em um modo de existência específico do trabalho social em geral.

Na medida em que o dinheiro ingressa, ele está muito distante de revogar essa relação de igualdade, pois de fato é expressão real desta. Em primeiro lugar, na medida em que funciona o dinheiro como elemento que estabelece o preço, como medida, sua função é precisamente pôr as mercadorias como qualitativamente idênticas também quanto à forma, expressar sua substância social idêntica, na qual ocorre apenas a diferença quantitativa. Então, na circulação, a mercadoria de cada um de fato aparece como a mesma coisa [que a mercadoria do outro]; adquire a mesma forma social do meio de circulação; no qual toda a especificidade do produto é apagada e o proprietário de cada mercadoria se torna proprietário da mercadoria palpavelmente subjetivada de validade universal. Aqui vale, em sentido próprio, que o dinheiro *non olet* [não tem cheiro]. Absolutamente não é possível perceber no táler que alguém tem na mão se ele realizou o preço de esterco ou de seda, e, enquanto o táler funcionar como táler, toda a diferença individual estará apagada na mão de seu possuidor. Porém esse apagamento é universal, já que todas as mercadorias assumem a forma da moeda. Em determinado momento, a circulação não só torna um igual ao outro, mas os torna os mesmos, e seu

{*O dinheiro*}

movimento consiste em que cada um deles alternadamente, considerando a função social, ocupa o lugar do outro. Ora, na circulação, os agentes da troca até se defrontam qualitativamente como comprador e vendedor, como mercadoria e dinheiro, mas eles trocam de posição, e o processo consiste tanto em pôr como desiguais quanto em revogar o pôr como desiguais, de modo que este último aparece apenas formalmente. O comprador passa a ser vendedor, o vendedor passa a ser comprador, e cada um deles só pode se tornar comprador como vendedor. A diferença formal persiste para todos os sujeitos da circulação simultaneamente, enquanto metamorfoses sociais pelas quais [eles] têm de passar. Além disso, a mercadoria enquanto preço é idealmente tão dinheiro quanto o dinheiro com que se defronta. No próprio dinheiro circulante, de tal modo que ora aparece em uma mão, ora na outra, sendo indiferente a esse aparecimento, a igualdade está posta objetivamente e a diferença como apenas formal. Cada um aparece como possuidor do meio de circulação diante do outro, ele próprio como dinheiro, na medida em que se considera o processo da troca. A diferença natural específica que residia na mercadoria foi apagada e é constantemente apagada pela circulação.

Se examinarmos, de modo geral, a relação social dos indivíduos no âmbito de seu processo econômico, temos de ater-nos simplesmente às determinações formais desse processo mesmo. Porém não existe nenhuma diferença na circulação, exceto entre mercadoria e dinheiro, e a circulação é igualmente o constante desaparecimento da diferença. A igualdade aparece aqui como produto social, como, de modo geral, valor de troca é existência social.

Dado que o dinheiro é tão somente realização do valor de troca e o sistema desenvolvido de valor de troca é sistema monetário, o sistema monetário de fato só pode ser a realização desse sistema de igualdade e liberdade.

No valor de uso da mercadoria está contido o aspecto individual específico da produção (trabalho) para o agente da troca; porém, em sua mercadoria enquanto valor de troca, todas as mercadorias têm valor uniforme, enquanto objetivação do trabalho pura e simplesmente social, indiferenciado; seus proprietários, enquanto condignos, são funcionários paritários do processo social.

Já foi mostrado que o dinheiro, quando aparece em sua terceira função, enquanto material universal dos contratos, enquanto meio de pagamento geral, anula todas as diferenças específicas em termos de desempenho, igualando-os. Todos são postos como iguais diante do dinheiro, mas o dinheiro constitui apenas o contexto social objetivado que lhes é próprio. Enquanto matéria da acumulação e do entesouramento, pode parecer, em um primeiro momento, que a igualdade foi revogada, na medida em que surge a possibilidade de que um indivíduo enriqueça mais, adquira mais títulos sobre a produção geral que outro. Só que ninguém consegue subtrair dinheiro às custas do outro. Ele só pode tomar na forma do dinheiro o que dá na forma de mercadoria. Um deles desfruta do conteúdo da riqueza, o outro se apossa de sua forma universal. Se um deles empobrece e o outro enriquece, isso se deve à sua arbitrariedade, austeridade, industriosidade, moral etc. e de modo nenhum decorre das relações econômicas, das relações comerciais, em que os indivíduos se defrontam na circulação. Nem mesmo herança e relações jurídicas desse tipo, que podem prolongar desigualdades surgidas dessa maneira, prejudicam a igualdade social. Se a relação originária do indivíduo A não estiver em contradição com ditas relações, essa contradição certamente não poderá ser produzida pelo fato de o indivíduo A ocupar o lugar do indivíduo B, perenizando-a. Trata-se muito mais de fazer valer a lei social para além do limite natural da vida; uma consolidação dela contra a ação contingente da natureza, cuja incidência como tal seria muito mais uma revogação da liberdade do indivíduo. Ademais, dado que, nessa relação, o indivíduo é apenas a individuação do dinheiro, ele é, como tal, tão imortal quanto o próprio dinheiro. Por fim, a atividade de entesouramento constitui uma idiossincrasia religiosa, heroica, um fanatismo da ascese que não passa por herança natural como o sangue. Dado que só se trocam equivalentes, o herdeiro tem de lançar o dinheiro novamente em circulação, para realizá-lo como fruição. Se ele não fizer isso, ele simplesmente continuará a ser um membro útil para a sociedade e não tomará dela mais do que lhe dá. Porém a natureza das coisas acarreta que, nesse caso, o desperdício, como diz Steuart, como *"leveller* [nivelador]* agradável"*, volta a compensar a desigualdade, de modo que esta aparece apenas como algo efêmero.

Por conseguinte, o processo do valor de troca desenvolvido na circulação não só respeita a liberdade e a igualdade, mas estas são produtos dele; ele é sua base real. Como ideias puras, elas são expressões idealizadas de seus diferentes fatores; tendo sido desenvolvidas em relações jurídicas, políticas e sociais, elas só são reproduzidas em outras potências. Isso também se confirmou historicamente. A trindade de propriedade, liberdade e igualdade não só foi formulada teoricamente sobre essa base pela primeira vez pelos economistas italianos, ingleses e franceses dos séculos XVII e XVIII, mas ela também só veio a se tornar realidade na moderna sociedade burguesa. O mundo antigo que não tinha o valor de troca como base da produção e, pelo contrário, sucumbiu devido ao seu desenvolvimento, produziu uma liberdade e igualdade de teor totalmente oposto e essencialmente apenas local. Em contrapartida, o fato de que, no mundo antigo, pelo menos no círculo dos livres, se desenvolveram os fatores da circulação simples explica por que, em Roma e especialmente na Roma imperial, cuja história é justamente a história da dissolução da coletividade antiga, tiveram de ser desenvolvidas as determinações da pessoa jurídica e do sujeito do processo de troca, teve de ser elaborado o direito da sociedade burguesa segundo suas determinações essenciais, e validado, sobretudo em confronto com a Idade Média, como o direito da sociedade industrial em surgimento.

Daí resulta, por conseguinte, o erro daqueles socialistas, principalmente dos franceses, que quiseram demonstrar o socialismo como realização das ideias

{*O dinheiro*}

burguesas, que, mesmo que não tenham sido descobertas pela Revolução Francesa, foram por ela historicamente postas em circulação, e se esfalfam tentando provar que *originalmente* (no tempo) ou segundo seu conceito (em sua forma adequada) o valor de troca seria um sistema de liberdade e igualdade de todos, mas que teria sido falsificado pelo dinheiro, pelo capital etc. Ou que até então a história teria feito apenas ensaios malogrados de executar essas ideias na forma que corresponde à sua verdade e que agora, a exemplo de Proudhon, pretendem ter descoberto uma panaceia pela qual a história autêntica dessas relações seria fornecida para substituir sua história falsificada. O sistema do valor de troca e, mais ainda, o sistema monetário de fato são o sistema da liberdade e da igualdade. Porém as contradições que aparecem em um desenvolvimento mais profundo são contradições imanentes, complicações da propriedade, da liberdade e da igualdade mesmas; que ocasionalmente revertem em seu oposto. É tão piedoso quanto simplório desejar que, por exemplo, o valor de troca não deva evoluir da forma de mercadoria e dinheiro para a forma do capital ou que o trabalho que produz valor de troca não deva avançar para o trabalho assalariado. O que diferencia esses socialistas dos apologistas burgueses é, de um lado, o senso para as contradições do sistema e, de outro, o utopismo, ou seja, não compreender a diferença necessária entre o formato real e o formato ideal da sociedade burguesa e, por conseguinte, assumir o empreendimento supérfluo de querer voltar a realizar a expressão ideal, a projeção luminosa transfigurada e refletida pela própria realidade.

A essa concepção se contrapõe, de outro lado, a prova insossa de que os protestos contra a intuição apoiada nessa análise da circulação simples de fato são mera aparência, assim que avançamos para estágios mais concretos do processo de produção, quando descemos da superfície mais para o fundo. De fato, por meio da *abstração* da forma específica das esferas mais desenvolvidas do processo social de produção, das relações econômicas mais desenvolvidas, se afirma e se demonstra que todas as relações econômicas não passam de outros nomes para as relações de sempre da troca simples, da troca de mercadorias e das determinações correspondentes a elas da propriedade, da liberdade e da igualdade. Portanto, do empirismo, por exemplo, assume-se que, ao lado do dinheiro e da mercadoria, continuam existindo relações de valor de troca na forma do capital, dos juros, da renda fundiária, do salário pelo trabalho etc. Mediante o processo de uma abstração muito barata, que omite aleatoriamente ora esse, ora aquele aspecto da relação específica, esta é reduzida às determinações abstratas da circulação simples e assim fica *demonstrado* que as relações econômicas em que se encontram os indivíduos naquelas esferas mais desenvolvidas do processo de produção são apenas as relações da circulação simples etc. Foi desse jeito que o senhor Bastiat fez a soldadura de sua teodiceia econômica, as *Harmonies économiques* [Harmonias econômicas]. Em contraposição à economia clássica de Steuart, de Smith, de Ricardo, que é vigorosa o suficiente para expor inescrupulosamente as relações de produção em sua forma pura, esse floreio afetado e impotente é afirmado como progresso. Entretanto, Bastiat não é o inventor dessa visão harmônica, mas a tomou emprestada do norte-americano Carey. Este, cuja concepção tinha como pano de fundo histórico efetivo apenas o Novo Mundo, do qual ele era membro, provou, em suas obras bastante volumosas de sua época inicial, a "harmonia" econômica, que em toda parte ainda era redução às determinações abstratas do processo simples de troca, da seguinte maneira: ele faz essas relações simples serem distorcidas em toda parte, de um lado, pelo Estado e, de outro, pela interferência da Inglaterra no mercado mundial. *Em si* as harmonias estão aí. Porém, nos países não americanos, elas são falsificadas pelo Estado e na própria América, pela forma mais desenvolvida em que essas relações ocorrem, por sua realidade de mercado mundial, pela forma Inglaterra[50]. O único meio que Carey acaba encontrando para produzir essas harmonias é pedir ajuda ao *diabolus* [diabo] por ele denunciado, ao Estado, para que se poste como anjo da guarda no portal do paraíso harmônico – a saber, na forma dos funcionários da alfândega. Entretanto, por ser um pesquisador e não um beletrista como Bastiat, ele foi forçado a avançar em sua última obra. O desenvolvimento da América nos últimos dezoito anos desferiu um golpe em sua visão harmônica, na medida em que ele passou a ver a distorção das "harmonias" "naturais", às quais ele continuava se apegando, não mais só na interferência externa do Estado, mas também no – comércio! Esse de fato é um resultado digno de admiração: celebrar o valor de troca como base da produção harmônica e, em seguida, fazer que seja anulado em suas leis imanentes pela forma desenvolvida da troca, o comércio[51]! É

---

[50] Por exemplo, é harmônico quando, no interior de um país, a produção patriarcal dá lugar à produção industrial, e o processo de dissolução que acompanha esse desenvolvimento é concebido apenas em seu aspecto positivo. Mas as coisas ficam desarmônicas quando a grande indústria inglesa acaba de forma assustadora com as formas patriarcais ou pequeno-burguesas da produção nacional estrangeira. A concentração do capital no interior de um país e o efeito desagregador dessa concentração só lhe oferecem aspectos positivos, mas os efeitos do capital inglês concentrado sobre outros capitais nacionais, que ele denuncia como o monopólio da Inglaterra, é a própria desarmonia.

[51] Carey de fato é o único economista original da América, e o que reveste suas obras de grande importância é que elas estão baseadas materialmente em toda parte na realidade mais livre e mais ampla da sociedade burguesa. De forma abstrata, ele descreve as macrorrelações norte-americanas, mais precisamente, em oposição ao mundo antigo. O único pano de fundo real de Bastiat é a estreiteza das relações econômicas francesas, que, em toda parte, esticam suas orelhas compridas para fora das harmonias de Bastiat e, em contraste com as quais são formuladas as relações de produção inglesas e norte-americanas idealizadas como "exigências da razão prática". Carey, por conseguinte, é profuso em pesquisas autônomas, por assim dizer *bona fide* [de boa-fé], sobre questões econômicas específicas. Onde Bastiat excepcionalmente alega descer de seus lugares--comuns provocativamente esmerilhados ao nível da análise das categorias reais, como no caso da renda fundiária, ele simplesmente descarta Carey. Por conseguinte,

{O dinheiro}

nessa forma desesperada que ele pronuncia a sentença dilatória de que o desenvolvimento do valor de troca harmônico é desarmônico.

6) Transição para o capital

Vamos captar agora o processo de circulação em sua totalidade:

Analisemos primeiramente o *caráter formal* da circulação simples.

De fato, a circulação representa apenas o processo formal, em que são mediados os dois fatores – valor de uso e valor de troca – que confluem imediatamente na mercadoria e se separam imediatamente a partir dela, cuja unidade imediata ela é. A mercadoria se alterna em cada uma das duas determinações. Na medida em que a mercadoria é posta como preço e, ao mesmo tempo, como valor de troca, sua existência como valor de uso aparece como sua realidade, enquanto sua existência como valor de troca é apenas a sua relação [com outras mercadorias], sua existência ideal. No dinheiro, embora ele também seja valor de uso, é sua existência como valor de troca que aparece como sua realidade, dado que o valor de uso, sendo universal, é apenas ideal.

Na mercadoria, o material tem um preço; no dinheiro, o valor de troca possui um material.

Devem ser analisadas as duas formas da circulação: M–D–M e D–M–D.

A mercadoria que se trocou por mercadoria por intermédio do dinheiro sai da circulação para ser consumida como valor de uso. Sua determinação como valor de troca e, por isso, como mercadoria, extinguiu-se. Ela passou a ser *valor de uso* como tal. Porém, se na forma do dinheiro ela se autonomizar da circulação, ela só representará a forma universal e sem substância da riqueza e se tornará um valor de uso sem utilidade, ouro, prata, enquanto não ingressar novamente na circulação como meio de compra ou meio de pagamento. Trata-se, de fato, de uma contradição que o valor de troca autonomizado – a existência absoluta do valor de troca – seja a forma em que ele é retirado da troca. A única realidade, a econômica, que o entesouramento possui na circulação é uma realidade subsidiária para a função do dinheiro como meio de circulação (nas duas formas, de meio de compra e de meio de pagamento) – formar reservas que abrem a possibilidade de expansão e contração da *currency* (ou seja, a função do dinheiro como mercadoria universal).

Na circulação, acontecem duas coisas. São trocados equivalentes e, portanto, grandezas de valor iguais; concomitantemente, porém, são trocadas as

---

enquanto este último combate principalmente as contestações à sua visão harmônica, combate-as na forma em que foram desenvolvidas pelos próprios economistas ingleses clássicos, Bastiat discursa contra os socialistas. A visão mais profunda de Carey encontra dentro da própria economia o antagonismo que ele, como harmônico, deve combater, enquanto o argumentador vaidoso e dono da razão o vê somente do lado de fora.

determinações dos dois lados. O valor de troca fixado no dinheiro desaparece (para o possuidor do dinheiro) assim que ele se realiza na mercadoria como valor de uso; e o valor de uso existente na mercadoria desaparece (para o seu possuidor) assim que seu preço é realizado no dinheiro. Por meio do ato simples da troca, cada um deles só pode ser perdido em sua determinação em troca do outro, assim que se realizar nele. Nenhum deles consegue se conservar em sua determinação, passando para a outra.

Considerada em si mesma, a circulação é *a mediação de extremos pressupostos*. Porém ela não põe esses extremos. Em consequência, até enquanto totalidade da mediação, enquanto processo total, ela tem de ser mediada. *Seu ser imediato é, por conseguinte, pura aparência*. Ela é *o fenômeno de um processo que transcorre às suas costas*. Ela agora é negada em cada um de seus fatores, como mercadoria, como dinheiro e como relação entre ambos, como troca simples dos dois, como circulação.

A repetição do processo dos dois pontos, dinheiro e mercadoria, não procede das condições da própria circulação. O ato não pode inflamar-se de novo por si só. Por conseguinte, a circulação não traz em si mesma o princípio da autorrenovação. Ela parte de fatores pressupostos, não postos por si própria. As mercadorias precisam ser lançadas nela de maneira sempre renovada e a partir de fora dela, como o material combustível é lançado no fogo. Caso contrário, ela se extingue na indiferença. Ela se extinguiria no dinheiro enquanto resultado indiferente, que, na medida em que não tivesse mais relação com mercadorias, preços, circulação, deixaria de ser dinheiro, de expressar uma relação de produção, do qual só sobraria ainda sua existência metálica, mas sua existência econômica teria sido destruída.

Com o dinheiro enquanto "forma universal da riqueza", enquanto valor de troca autonomizado, defronta-se todo o mundo da riqueza real. Ele é a pura abstração desta e, por conseguinte, uma grandeza imaginária fixada dessa maneira. Onde a riqueza universal parece existir como tal de modo inteiramente material, palpável, ela tem sua existência meramente na minha cabeça, ela é pura quimera. Como representante material da riqueza universal, o dinheiro só é realizado ao voltar a ser lançado na circulação, desaparecendo em troca dos modos específicos da riqueza. Na circulação, ele sempre só é real, na medida em que é dado em troca. Se eu quiser segurá-lo, ele evapora em minha mão e se torna um mero fantasma da riqueza. Fazê-lo desaparecer é a única maneira possível de assegurá-lo como riqueza. A dissolução do acumulado em desfrutes efêmeros é sua realização. Ele pode voltar a ser acumulado por outros indivíduos, mas, então, o processo começa de novo. A autonomia do dinheiro em relação à circulação é mera aparência. O dinheiro se anula, por conseguinte, em sua determinação como valor de troca consumado. Na circulação simples, o valor de troca, em sua forma de dinheiro, aparece como simples coisa, para a qual a circulação é apenas um movimento exterior ou a qual, como sujeito, é individualizada em uma matéria específica. Além disso,

{*O dinheiro*}

a própria circulação aparece como um movimento apenas formal: realização dos preços das mercadorias, troca (por fim) de diferentes valores de uso uns pelos outros. As duas são pressupostas como ponto de partida da circulação: o valor de troca da mercadoria, as mercadorias de diferentes valores de uso. Igualmente estão excluídas da circulação a retirada da mercadoria pelo consumo e, portanto, sua aniquilação como valor de troca, e a retirada do dinheiro, sua autonomização, o que, por sua vez, é outra forma de sua aniquilação. Pressuposto da circulação é o *preço estipulado* (o valor de troca medido em dinheiro e, portanto, o próprio dinheiro, a grandeza de valor); é só no dinheiro que ela lhe concede existência formal. Mas ele não *passa a existir* nela.

A circulação simples, que consiste apenas na troca de mercadoria e dinheiro, como a própria troca de mercadorias em forma mediada, inclusive avançando até o entesouramento, pode subsistir no plano histórico justamente porque ela é apenas movimento mediador entre pontos de partida pressupostos, sem que o valor de troca se tenha apoderado da produção de um povo, seja em toda a superfície, seja na profundidade. Ao mesmo tempo, porém, mostra-se historicamente como a própria circulação leva à produção burguesa, isto é, à produção que põe valor de troca e cria para si outra base, diferente daqquela da qual ela partiu no plano imediato. O ato de trocar o excesso é comércio que põe a troca e o valor de troca. Porém ele se estende meramente ao próprio ato da troca e se desenrola ao lado da própria produção. Contudo, quando o aparecimento do mediador que solicita a troca se torna repetitivo (lombardos, normandos etc.) e quando se desenvolve um comércio continuado, no qual os povos produtores só praticam mais comércio passivo, por assim dizer, na medida em que o impulso para a atividade que põe a troca vem de fora, e não do formato interno da produção, o excedente da produção não pode ser só algo que existe de modo contingente, ocasional, mas tem de ser algo que se repete constantemente, e assim o próprio produto adquire uma tendência direcionada para a circulação, para o pôr de valores de troca. Primeiramente o efeito é mais material. A esfera das necessidades é ampliada; a finalidade é a satisfação das novas necessidades e, em consequência, maior regularidade e multiplicação da produção. A organização da própria produção interna já foi modificada pela circulação e pelo valor de troca, mas ainda não foi tomada por ela em toda a sua superfície nem em toda a sua profundidade. Esse é o assim chamado efeito civilizatório do comércio exterior. Em que medida o movimento que põe valor de troca se apossa da totalidade da produção depende em parte da intensidade desse efeito vindo de fora, em parte do grau do desenvolvimento interno.

Na Inglaterra, por exemplo, no século XVI, o desenvolvimento da indústria holandesa conferiu grande importância à produção inglesa de lã, bem como, em contrapartida, cresceu a demanda especialmente de mercadorias holandesas e italianas. Ora, para se obter mais lã para a exportação como meio de troca, terra agrícola foi transformada em pastagens para ovelhas, o sistema de arrendamento de pequenas parcelas foi demolido e ocorreu toda aquela violenta revolução econômica deplorada (denunciada) por Thomas Morus. Em consequência, a agricultura perdeu seu caráter de trabalho em função do valor de uso – como fonte imediata de subsistência – e a troca de seu excedente perdeu seu caráter até aquele momento indiferente e exterior para a construção interna das relações agrícolas. A própria agricultura, determinada em certos pontos puramente pela circulação, começou a ser transformada em produção puramente destinada a pôr valor de troca. Assim, não só foi modificado o modo de produção, mas também foram dissolvidas todas as antigas, tradicionais relações de população e produção e as relações econômicas que lhes correspondem. Assim, a circulação pressupunha aqui uma produção que envolvia o valor de troca só na forma do excesso, do excedente em relação ao valor de uso; mas ela deu lugar a uma produção que só pode existir em relação com a circulação, a uma produção que pôs o valor de troca como seu objeto imediato. Esse é um exemplo de redução histórica da circulação simples a capital, a valor de troca como forma dominante da produção.

O movimento atinge, assim, apenas o excedente da produção estimada para o valor de uso imediato e só ocorre dentro desses limites. Quanto menos toda a estrutura econômica interna da sociedade esteve tomada pelo valor de troca, tanto mais eles [os participantes da troca] apareceram nela como extremos marginais da circulação – fixados e comportando-se passivamente em relação a ela. Todo o movimento como tal aparece autonomizado em relação a eles como comércio intermediário, cujos portadores, como os semitas nos intermúndios do mundo antigo, os judeus, lombardos, normandos na sociedade medieval, representam diante deles alternadamente os diferentes fatores da circulação, dinheiro e mercadoria. Estes são os mediadores do metabolismo social.

Contudo, não estamos tratando aqui da transição histórica da circulação para o capital. A circulação simples é bem mais uma esfera abstrata do processo burguês global de produção, que se identifica, por meio das determinações que lhe são próprias, como fator, simples forma de manifestação de um processo mais profundo, situada atrás dela, que dela resulta tanto quanto a produz – o capital industrial.

A circulação simples é, por um lado, a troca de mercadorias *disponíveis* e meramente a mediação delas para além dos extremos estabelecidos, pressupostos para ela. Toda a atividade é limitada à atividade de troca e ao pôr das *determinações formais* que a mercadoria percorre como unidade de valor de troca e valor de uso. Como tal unidade, a mercadoria era pressuposta, ou algum produto determinado só era mercadoria como unidade imediata dessas duas determinações. Não é como um ser em repouso (fixo), mas tão somente no movimento social da circulação que ela é efetivamente essa unidade, enquanto mercadoria; nesse movimento, 1) as duas determinações da mercadoria, ser valor de uso e valor de troca, se repartem em diferentes

{*O dinheiro*}

lados. Para o vendedor, ela se torna valor de troca, para o comprador passa a ser valor de uso. Para o vendedor ela é *meio de troca*, isto é, o oposto do valor de uso imediato, por ser valor de uso para o outro e, portanto, valor de uso individual, imediato negado; porém, em contrapartida, na forma de *preço* se mede seu tamanho como meio de troca, seu poder de compra. Para o comprador ela se torna valor de uso a partir da realização de seu preço e, portanto, de sua existência ideal como dinheiro. Somente realizando-a para o outro na determinação do puro valor de troca, ela se torna existente para ele próprio na determinação do valor de uso. O próprio valor de uso aparece em dobro; na mão do vendedor, como mera materialidade específica do valor de troca, como existência do valor de troca; porém, para o comprador, aparece *como valor de uso enquanto tal*, isto é, como objeto de satisfação de necessidades específicas; para ambos, como preço. Porém, um deles quer realizá-la [a mercadoria] como preço, dinheiro; o outro realiza o dinheiro nela. É especificamente na existência da mercadoria como meio de troca que aparece o valor de uso 1) enquanto valor de uso imediato revogado, isto é, como valor de uso para o outro, para a sociedade; 2) como materialidade do valor de troca para o seu possuidor. A duplicação e a alternância da mercadoria nas duas determinações, mercadoria e dinheiro, são o conteúdo principal da circulação. Porém a mercadoria não se defronta simplesmente com o dinheiro, mas seu valor de troca aparece nela de modo ideal como dinheiro; como preço, ela é dinheiro ideal, e o dinheiro defronte dela é apenas a realidade de seu próprio preço. Na mercadoria está também o valor de troca como determinação ideal, como equiparação ideal com o dinheiro; então, no dinheiro, enquanto moeda, ela ganha existência abstrata, unilateral, mas evanescente, como mero valor; então, o valor se extingue no valor de uso da mercadoria comprada. A partir do momento em que a mercadoria se torna simples valor de uso, ela deixa de ser mercadoria. Sua existência enquanto valor de troca se extinguiu. Porém, enquanto ela se encontrar em circulação, ela sempre estará posta em dobro, não existindo só como mercadoria diante do dinheiro, mas também como mercadoria com um preço, no valor de troca medido pela unidade de medida dos valores de troca.

O movimento da mercadoria passa por diferentes fases, em que ela é preço, se torna moeda e, por fim, se converte em valor de uso. Ela *é* pressuposta como valor de uso e valor de troca, pois só assim ela é mercadoria. Porém, ela realiza essas determinações *formalmente* na circulação, mais precisamente, percorrendo primeiro, como foi dito, as diferentes determinações; em segundo lugar, porém, na medida em que, no processo da troca, seu ser é repartido como valor de uso e como valor de troca sempre em dois lados, nos dois extremos da troca. Sua natureza dupla se desdobra na circulação, e é somente por meio desse processo formal que *ela ganha existência* em cada uma das condições nela pressupostas. A unidade das duas determinações aparece como movimento irrequieto, que percorre certas fases e sempre tem dois lados. Ela é isso sempre só nessa relação social, de modo que *as diferentes determinações da mercadoria de fato são só relações alternantes, nas quais os sujeitos da troca se comportam durante o processo de troca*. Porém esse comportamento aparece como uma relação objetiva, na qual eles são postos pelo conteúdo da troca, por sua determinidade social, independentemente de sua vontade. No preço, na moeda, como no dinheiro, essas relações sociais aparecem como exteriores a esses sujeitos, subsumindo-os. A negação em uma das determinações da mercadoria sempre é sua realização na outra. Enquanto preço ela já está negada idealmente como valor de uso e posta como valor de troca; enquanto preço realizado, isto é, dinheiro, ela é valor de uso negado; enquanto dinheiro realizado, isto é, meio de compra anulado, ela é valor de troca negado, valor de uso realizado. Ela é primeiramente apenas δυνάμει [potencialmente] valor de uso e valor de troca; *será* posta como ambos só na circulação, sendo esta a alternância dessas determinações. Sendo a alternância e confrontação dessas determinações, ela é sempre também sua equiparação.

Porém, até o ponto em que analisamos a forma M–D–M, o valor de troca aparece apenas como mediação evanescente, seja em sua forma de preço, seja em sua forma de moeda, seja na forma do movimento da equiparação, do movimento da própria troca. A mercadoria acaba sendo trocada por mercadoria, ou melhor, dado que a determinação da mercadoria se extinguiu, valores de uso de diferentes qualidades são trocados um pelo outro, e a própria circulação só serviu para, por um lado, fazer que os valores de uso trocassem de mãos conforme a necessidade e, por outro lado, fazer que trocassem de mãos na mesma medida do tempo de trabalho neles contido; fazer que se substituíssem na mesma medida em que constituíssem fatores de igual peso do tempo de trabalho social geral. Mas então as mercadorias lançadas na circulação cumpriram sua finalidade. Toda mercadoria em poder de seu novo possuidor deixa de ser mercadoria; cada uma delas se torna objeto de necessidade e, como tal, é consumida de acordo com sua natureza. Portanto, desse modo a circulação chegou ao fim. Nada resta além do meio de circulação como simples resíduo. Porém, sendo tal resíduo, ele perde sua determinação formal. Ele fica reduzido à sua matéria, que sobra como cinza inorgânica de todo o processo. Assim que a mercadoria se tornou valor de uso como tal, ela foi retirada da circulação e deixou de ser mercadoria. Por conseguinte, não é para esse lado dos conteúdos que devemos procurar as determinações formais que nos levarão adiante. Na circulação, o valor de uso só se torna objeto de uma necessidade determinada como aquilo que ele era ao ser pressuposto independentemente dela. Como tal ele era e continua sendo motivo material da circulação; mas permanece totalmente intocado por ela enquanto forma social. No movimento M–D–M, o material aparece como o conteúdo propriamente dito do movimento; o movimento social apenas como mediação evanescente para satisfazer as necessidades individuais. O metabolismo do trabalho social. Nesse movimento, a anulação da determi-

{*O dinheiro*}

nação formal, isto é, das determinações oriundas do processo social, não aparece só como resultado, mas também como fim; exatamente do mesmo modo que um processo judicial aparece para o camponês mas não para o seu advogado. Portanto, para ir em busca da determinação formal seguinte que brota do movimento da própria circulação, temos de manter-nos no lado em que o aspecto formal, o valor de troca como tal, continua a se desenvolver; em que ele recebe determinações aprofundadas por meio do processo da própria circulação. Portanto, no lado do desenvolvimento do dinheiro, da forma D–M–D.

Na objetivação que ele recebe na circulação, o valor de troca, enquanto quantidade objetivada do tempo de trabalho social, avança até sua existência como dinheiro em forma de tesouro e meio de pagamento universal. Quando o dinheiro é fixado nessa forma, extingue-se igualmente sua determinação formal; ele deixa de ser dinheiro e se torna simples metal, simples valor de uso, o qual, porém, não possui utilidade, já que não se destina a servir para tal, em sua qualidade metálica, e, portanto, não se realiza como valor de uso no consumo como ocorre com a mercadoria.

Vimos como a mercadoria realiza os fatores nela contidos, negando constantemente um deles. Considerado o movimento da mercadoria como tal, o valor de troca existe idealmente nela como preço; ela se torna meio de troca abstrato na moeda; mas, em sua realização final na outra mercadoria, seu valor de troca se extingue e ela é retirada do processo como simples valor de uso, objeto imediato de consumo (M–D–M). Esse é o movimento da mercadoria, em que sua existência como valor de uso constitui o fator preponderante, e o movimento de fato se resume nisto: em vez do formato que ela tem como mercadoria, ela assume precisamente o do valor de uso correspondente à necessidade.

Em contraposição, se analisarmos a evolução do valor de troca no dinheiro, no primeiro movimento, ele só chega à sua existência como dinheiro ideal ou como moeda, como unidade e quantidade. Porém, se apreendermos os dois movimentos em seu conjunto, evidencia-se que o dinheiro, que existe no preço apenas como unidade de medida ideal, como material representativo do trabalho geral, e na moeda apenas como signo de valor, como existência abstrata e evanescente do valor, representação materializada, isto é, símbolo, e, por fim, em sua forma como dinheiro, em primeiro lugar, nega as duas determinações, mas também contém os dois fatores e simultaneamente se fixa em uma materialidade autônoma em relação à circulação, em constante relação com ela, ainda que negativa.

Analisada a forma da própria circulação, o que nela ganha existência, surge, é produzido, é o próprio dinheiro, nada mais. As mercadorias são trocadas na circulação, mas não surgem nela. O dinheiro como preço e moeda já é, ele próprio, produto da circulação, mas só formalmente. O preço pressupõe o valor de troca da mercadoria, do mesmo modo que a própria moeda não passa da forma autonomizada da mercadoria como meio de troca, que igualmente era pressuposta. A circulação não cria o valor de troca, tampouco sua grandeza. Para que uma mercadoria possa ser medida em dinheiro, é preciso que ambos, dinheiro e mercadoria, se inter-relacionem como valores de troca, isto é, como objetivação do tempo de trabalho. O valor de troca da mercadoria ganha no preço apenas uma expressão separada do valor de uso; do mesmo modo, o signo de valor surge apenas de seu equivalente, da mercadoria como meio de troca. Enquanto meio de troca, a mercadoria é destinada a ser valor de uso, mas se tornará tal apenas pela alienação, já que ela não é valor de uso para alguém em cujo poder ela é mercadoria, mas somente para alguém que a obtém pela troca como valor de uso. Seu valor de uso para o possuidor da mercadoria consiste meramente em sua trocabilidade, alienabilidade pelo montante do valor de troca nela representado. Por conseguinte, enquanto meio de troca geral, ela se torna, na circulação, simples valor de uso *como existência do valor de troca*, e então se extingue seu valor de uso como tal. Aparece como simples alternância formal que o valor de troca seja posto como preço ou o meio de troca como dinheiro. Toda mercadoria como valor de troca realizado é o dinheiro de conta das demais mercadorias, é seu elemento precificador, do mesmo modo que toda mercadoria enquanto meio de troca é meio de circulação, moeda (mas nesse ponto ela falha na amplitude em que é meio de troca, pois ela seria meio de troca só em relação a quem possui a mercadoria de que necessita o agente da troca, e, em uma série de trocas, ela teria de se tornar o meio de troca final; abstraindo da *clumsiness* [inépcia, falta de jeito] desse processo, voltaria a entrar em conflito com sua natureza de valor de uso o fato de ele ter de ser divisível em porções para cumprir sucessivamente as diferentes trocas nas proporções requeridas). No preço e na moeda, as duas determinações são transpostas apenas para uma mercadoria. Isso aparece como mera simplificação. Nas relações em que uma mercadoria é o metro do valor de todas as mercadorias restantes, ela é meio de troca, equivalente, vendável em troca delas; ela pode servir de equivalente na realidade, enquanto *meio de troca*. O processo da circulação confere a essas determinações apenas uma forma mais abstrata no dinheiro, enquanto moeda e meio de troca. A forma M–D–M, esse fluxo da circulação em que o dinheiro figura apenas como medida e moeda também aparece, por conseguinte, só como forma mediada do comércio de troca, em cujo fundamento e conteúdo nada foi modificado. Por conseguinte, a consciência reflexiva dos povos concebe o dinheiro, em sua determinação como medida e moeda, como invenção arbitrária, introduzida convencionalmente em função da comodidade; isso porque a transformação pela qual passam as determinações contidas na mercadoria enquanto unidade de valor de uso e de valor de troca é apenas formal. O preço é apenas uma determinada expressão do valor de troca, a expressão universalmente compreensível na linguagem da própria circulação, do mesmo modo que a moeda, que também pode

{*O dinheiro*}

existir como mero símbolo, é mera expressão figurada do valor de troca; mas que, como meio de troca, continua sendo apenas meio para a troca das mercadorias, e, por conseguinte, não admite a entrada de nenhum conteúdo novo. Na verdade, preço e moeda também provêm do comércio; eles de fato são expressões criadas pelo comércio, as expressões comerciais da mercadoria enquanto valor de troca e meio de troca.

Porém, com o dinheiro é bem diferente. Ele é produto da circulação, ele brotou dela, quase como se fosse fora do combinado.

Ele não é uma forma meramente mediadora da troca de mercadoria. Ele é uma forma do valor de troca que brotou do processo de circulação, um produto social que gera a si próprio por meio das relações em que os indivíduos ingressam na circulação. No momento em que ouro e prata (ou qualquer outra mercadoria) se desenvolvem como medida de valor e meio de circulação (seja este último em sua forma física ou substituído por um símbolo), eles se tornam dinheiro sem a participação e sem a vontade da sociedade. Seu poder aparece como um *fatum* [uma fatalidade], e a consciência das pessoas, especialmente das que estão em condições sociais que sucumbirão a um desenvolvimento mais profundo das relações de valor de troca, rebela-se contra o poder que um material, uma coisa, recebe sobre elas, resiste ao domínio do maldito metal, que aparece como pura loucura. É no dinheiro, e isto, na mais abstrata, logo na mais absurda e incompreensível das formas – uma forma na qual toda mediação é anulada –, que pela primeira vez a transformação das relações sociais recíprocas aparece em uma relação social fixa, imponente, que subsome os indivíduos. E isto que o aparecimento é tanto mais duro por brotar do pressuposto das pessoas privadas atomizadas, livres, arbitrárias, que só se referem umas às outras mediante as necessidades recíprocas na produção. O próprio dinheiro contém em si a negação de si mesmo enquanto simples medida e moeda. (De fato, analisada em si, a mercadoria deve ser para o seu possuidor mera existência de valor de troca; para ele sua materialidade tem o mero sentido de objetalidade do tempo de trabalho geral, que é trocável por toda e qualquer outra objetalidade dele; portanto, é de imediato *equivalente universal*, *dinheiro*. Porém, estando esse aspecto oculto, ele próprio aparece apenas como um aspecto.) Os filósofos antigos, assim como Boisguillebert, encaram isso como deturpação, abuso do dinheiro, que de servo passa a ser senhor, deprecia a riqueza natural, anula a equivalência dos equivalentes. Em sua *República*, Platão quer fixar o dinheiro à força como simples meio de circulação e medida, e não quer permitir que se torne dinheiro como tal. Em consequência, Aristóteles encara a forma da circulação M–D–M, em que o dinheiro funciona apenas como medida e moeda, como um movimento que ele chama de econômico, como um movimento natural e racional, ao passo que ele estigmatiza a forma D–M–D, a forma crematística, como não natural e inapropriada. O que se combate aqui é apenas o valor de troca que se torna conteúdo e fim em si da circulação, a autonomização do valor de troca como tal; que o valor como tal se torne fim da troca e adquira forma autônoma, primeiramente ainda na forma simples e palpável do dinheiro. Vender para comprar é a finalidade do valor de uso; comprar para vender é o próprio valor.

Ora, chegamos a ver que o dinheiro de fato só é meio de circulação suspenso em sua função, por estar destinado a ingressar mais tarde na circulação seja como meio de compra, seja como meio de pagamento. Em contraposição, seu comportamento autônomo em relação à circulação, sua retirada desta, priva-o dos dois valores, de seu valor de uso, pois não se destina a servir como metal, e de seu valor de troca, pois ele possui esse valor de troca justamente só como fator da circulação, como símbolo abstrato de seu valor, confrontado alternadamente com as mercadorias; como um fator do movimento formal da própria mercadoria. Enquanto ele permanecer fora da circulação, ele é tão sem valor como quando está enterrado no veio aurífero mais profundo de alguma montanha. Mas, se ele voltar a ingressar na circulação, foi-se a sua imperecibilidade, o valor contido nele perece nos valores de uso das mercadorias pelas quais ele é trocado, tornando-se novamente simples meio de circulação. Este é um fator. *Ele provém da circulação como resultado dela, isto é, como existência adequada do valor de troca, como equivalente universal existente para si, e perdura em si mesmo.*

Em contrapartida: como finalidade da troca, isto é, como movimento que tem por conteúdo o valor de troca, o próprio dinheiro, o único conteúdo é a multiplicação do valor de troca, *acumulação de dinheiro*. Porém essa multiplicação de fato é puramente formal. O valor não se origina do valor, mas o valor é lançado na circulação em forma de mercadoria, para ser retirado dela em forma de valor imprestável como tesouro. "Πλουτεῖν φασί σε πάντες, ἐγὼ δέ [σέ] φημι πένεσθαι·χρῆσις γὰρ πλούτου μάρτυς." [Todos te dizem para ser rico, mas eu [te] digo para ser pobre: pois o *uso* é atestado de riqueza*].

Assim, o enriquecimento aparece, quanto ao seu *conteúdo*, como empobrecimento voluntário. O que possibilita que ele seja acumulado na forma de dinheiro é tão somente a ausência de necessidade, a renúncia à necessidade, a renúncia ao valor de uso do valor, como ele existe na forma da mercadoria. Pois o movimento real da forma D–M–D não existe na circulação simples, em que equivalentes são convertidos apenas da forma da mercadoria à do dinheiro e vice-versa. Se eu trocar um táler por uma mercadoria que vale um táler e depois trocar essa mercadoria de novo por um táler, trata-se de um processo sem conteúdo. Na circulação simples, só há uma coisa a analisar – o conteúdo dessa forma mesma –, a saber, o dinheiro como fim em si. Está claro que ela *ocorre* como tal; abstraindo da quantidade, a forma predominante do comércio consiste em trocar dinheiro por mercadoria e mercadoria por dinheiro. Nesse processo, também pode acontecer e acontece que o resultado

---

* *Anthologia Graeca*, livro XI, 166, 1-2. (N. E. A.)

{*O dinheiro*}

não é simplesmente a mesma quantidade de dinheiro que era pressuposta. Em caso de mau negócio, pode resultar menos do que ingressou. Aqui se deve analisar apenas o significado disso; a determinação ulterior não faz parte da própria circulação simples. Na circulação simples mesma, a multiplicação da grandeza do valor, o movimento em que o crescimento do valor é fim em si, só pode aparecer na forma da acumulação, mediada por M–D, a venda reiterada da mercadoria, em que não se permite que o dinheiro complete todo o seu percurso e se faz que, depois que a mercadoria se transforma em dinheiro, este seja novamente transformado em mercadoria. Por conseguinte, o dinheiro não aparece, como exige a forma D–M–D, como ponto de partida, mas sempre só como resultado da troca. Ele só é ponto de partida, na medida em que a mercadoria é considerada pelo vendedor *somente* como preço, apenas ainda como dinheiro que deve estar aí e ele o lança na circulação nessa forma perecível para extraí-la em sua forma perene. O valor de troca era de fato o pressuposto da circulação e, portanto, dinheiro, e do mesmo modo aparece sua existência adequada e a multiplicação do dinheiro como resultado da circulação, na medida em que esta termina em acumulação de dinheiro.

Portanto, ainda em sua determinação concreta como dinheiro, na qual ele próprio já é a negação de si mesmo como simples medida e como simples moeda, o dinheiro já é negado no movimento da circulação, no qual ele tinha sido posto como dinheiro. Porém o que foi negado desse modo é simplesmente a forma abstrata em que aparece, no dinheiro, a autonomização do valor de troca – e a forma abstrata do processo dessa autonomização. Toda a circulação, do ponto de vista do valor de troca, é negada, na medida em que não é portadora do princípio da autorrenovação.

A circulação parte das duas determinações da mercadoria, dela como valor de uso, dela como valor de troca. Na medida em que a primeira determinação é predominante, ela acaba na autonomização do valor de uso; a mercadoria se torna objeto de consumo. Na medida em que a segunda determinação é predominante, ela termina na segunda determinação, na autonomização do valor de troca. A mercadoria se torna dinheiro. Porém, ela só chega a esta última determinação por meio do processo da circulação e continua a ter a circulação como ponto de referência. Na última determinação, ela continua a se desenvolver como tempo de trabalho geral objetivado – em sua forma social. Do último aspecto, por conseguinte, deve partir a determinação aprofundada do trabalho social, que aparece originalmente como valor de troca da mercadoria e então como dinheiro. O valor de troca é a forma social como tal; seu desenvolvimento é, portanto, a continuação do desenvolvimento ou o aprofundamento do processo social que projeta a mercadoria em sua superfície.

A exemplo de como procedemos antes com a mercadoria, tomemos como ponto de partida agora o valor de troca como tal – sua autonomização é o resultado do processo de circulação; descobrimos que:

1) O valor de troca existe em dobro como mercadoria e como dinheiro; este aparece como sua forma adequada; mas, na mercadoria, enquanto ela permanecer mercadoria, o dinheiro não se perde, mas existe como seu preço. A existência do valor de troca se duplica assim, de um lado, em valores de uso, do outro, em dinheiro. Porém as duas formas se trocam e pela simples troca como tal o valor não desaparece.

2) Para que o dinheiro se conserve como dinheiro, ele deve, do mesmo modo como aparece na forma de sedimento e resultado do processo de circulação, ser capaz de reingressar nesse processo, isto é, não se converter em simples meio de circulação, mas desaparecer na forma da mercadoria em troca do simples valor de uso. O dinheiro, na medida em que ingressa em uma das determinações, não se pode perder na outra e, portanto, ainda permanecer dinheiro em sua existência como mercadoria e, em sua existência como dinheiro, existir apenas de forma passageira como mercadoria, em sua existência como mercadoria, não perder o valor de troca, em sua existência como dinheiro, não perder de vista o valor de uso. Seu ingresso na circulação precisa ser um aspecto de seu permanecer consigo mesmo, e seu permanecer consigo mesmo, um aspecto de seu ingressar na circulação. Portanto, o valor de troca é determinado agora como um processo, não mais como simples forma evanescente do valor de uso indiferente em relação a este enquanto conteúdo material nem como simples coisa na forma de dinheiro; mas como comportamento em relação a si próprio por meio do processo da circulação. Em contrapartida, a própria circulação não pode mais aparecer como processo meramente formal, em que a mercadoria percorre suas diferentes determinações, mas o próprio valor de troca, mais precisamente o valor de troca medido pelo dinheiro, tem de ser posto pela circulação como pressuposto mesmo e aparecer como posto por ela como pressuposto dela. A própria circulação tem de aparecer como um fator da produção dos valores de troca (como processo de produção dos valores de troca). Na autonomização do valor de troca no dinheiro, de fato só está posta sua indiferença em relação ao valor de uso específico, no qual ele se incorpora. O equivalente universal autonomizado é dinheiro, quer ele exista na forma da mercadoria, quer exista na forma do dinheiro. A própria autonomização no dinheiro tem de aparecer apenas como um fator do movimento, como resultado da circulação, é certo, mas destinada a reiniciá-la, não a perdurar nessa forma.

O dinheiro, isto é, o valor de troca autonomizado, que se originou do processo de circulação como resultado e simultaneamente como impulso vivo da circulação (mesmo que este último seja apenas na forma tacanha do entesouramento), negou-se enquanto simples moeda, isto é, enquanto simples forma evanescente do valor de troca, enquanto simplesmente se dissolvendo na circulação; ele igualmente se negou enquanto autonomamente se defrontando com ela. Para não se petrificar como tesouro, ele precisa reingressar na circulação exatamente do mesmo modo que saiu dela, porém não como

{*O dinheiro*}

simples meio de circulação, mas sua existência como meio de circulação e, por essa razão, sua conversão em mercadoria tem de ser simples mudança formal, para reaparecer em sua forma adequada, como *valor de troca adequado*, simultaneamente, porém, como *valor de troca múltiplo, multiplicado, valor de troca valorizado*. O valor *que se valoriza* na circulação, isto é, o valor que se multiplica é, de modo geral, o valor de troca existente para si mesmo, que percorre a circulação como fim em si. Essa *valorização, a valorização quantitativa do valor* – o único processo pelo qual o valor como tal pode passar –, aparece na acumulação do dinheiro apenas antagonicamente à circulação, isto é, por meio da anulação de si mesma. A própria circulação tem de ser posta, muito antes, como processo em que ele se conserva e valora. Porém, na circulação, o dinheiro se torna moeda e como tal ele é trocado por mercadoria. Caso se queira que essa troca não seja mera formalidade – ou que o valor de troca não se perca no consumo da mercadoria –, de tal modo que meramente a forma do valor de troca seria trocada, de um lado, sua existência abstrata universal no dinheiro, de outro, sua existência no valor de uso específico da mercadoria – então, o valor de troca de fato tem de ser trocado pelo valor de uso e a mercadoria tem de ser consumida como valor de uso, devendo, no entanto, conservar-se como valor de troca nesse consumo, ou seu perecimento tem de perecer e, ele próprio, ser apenas meio do surgimento de um valor de troca maior, meio de reprodução e produção do valor de troca – *consumo produtivo*, isto é, consumo por meio do trabalho, para objetivar o trabalho, para pôr valor de troca. Produção de valor de troca só pode ser produção de valor de troca maior, multiplicação dele. Sua reprodução simples altera o valor de uso, no qual ele existe, a exemplo do que faz a circulação simples, mas não o produz, não o cria.

O valor de troca autonomizado pressupõe a circulação enquanto fator desenvolvido e aparece como processo constante que põe a circulação e retorna constantemente a si a partir dela, para voltar a pô-la. O valor de troca como movimento que põe a si mesmo não aparece mais como o movimento meramente formal dos valores de troca pressupostos, mas [como o movimento] que, ao mesmo tempo, se produz e se reproduz. Aqui a própria produção não está mais disponível antes de seus resultados, isto é, não é mais pressuposta; mas ela aparece como produzindo simultaneamente esses resultados; só que ela não põe mais o valor de troca como meramente conduzindo à circulação, mas como simultaneamente supondo a circulação desenvolvida em seu processo.

Para se autonomizar, o valor de troca teria de não só provir como resultado da circulação, mas também ser capaz de voltar a ingressar nela, conservar-se nela, tornando-se mercadoria. No dinheiro, o valor de troca possui uma forma autônoma em relação à circulação M–D–M, isto é, em relação à sua dissolução final em simples valor de uso, porém somente uma forma negativa, evanescente ou ilusória, quando fixada. Ele existe só em relação à circulação e como possibilidade de ingressar nela. Porém ele perde essa determinação assim que se realiza. Ele recai em suas duas funções como medida e meio de circulação. Como simples dinheiro, ele não vai além dessa determinação. Simultaneamente também está posto na circulação que ele permanece dinheiro, quer exista como tal, quer como preço da mercadoria. O movimento da circulação não deve aparecer como o movimento de seu desaparecimento, mas, muito antes, como o movimento em que ele realmente se põe como valor de troca, [como movimento] da realização de si mesmo como valor de troca. Quando a mercadoria é trocada por dinheiro, a forma do valor de troca, o valor de troca posto como valor de troca, o dinheiro, só perdura pelo tempo em que se mantém fora da troca, na qual ele funciona como valor, retirando-se dela, sendo, portanto, sua realização puramente ilusória, [realização] puramente ideal nessa forma em que a autonomia do valor de troca existe palpavelmente.

O mesmo valor de troca tem de se tornar dinheiro, mercadoria, mercadoria, dinheiro, posta a exigência pela forma D–M–D. Na circulação simples, a mercadoria se torna dinheiro e depois passa a ser mercadoria; trata-se de outra mercadoria, que volta a se pôr como dinheiro. *O valor de troca não conserva sua forma nessa troca. Porém na circulação já está posto que o dinheiro é as duas coisas, dinheiro e mercadoria, e que se conserva na troca das duas determinações.*

Na circulação, o valor de troca aparece duplicado: ora como mercadoria, ora como dinheiro. Quando ele está em uma das determinações, ele não está na outra. Isso vale para toda mercadoria específica; igualmente para o dinheiro enquanto meio de circulação. Porém, considerada a totalidade da circulação, reside nela que o mesmo valor de troca, o valor de troca enquanto sujeito, se põe ora como mercadoria, ora como dinheiro, e esse é justamente o movimento de se pôr nessa dupla determinação e de se conservar em cada uma delas como seu oposto, na mercadoria como dinheiro e no dinheiro como mercadoria. Porém isso que existe em si na circulação simples não é posto nela.

Onde, na circulação simples, as determinações se comportam de modo autônomo umas em relação às outras, *positivamente*, como na mercadoria, que se torna objeto do consumo, ela deixa de ser fator do processo econômico; onde [se comportam] *negativamente*, como no dinheiro, ela se torna deslocamento [*Verrücktheit*], uma deslocação [*Verrückung*] que brota do próprio processo econômico.

Não se pode dizer que o valor de troca se realiza na circulação simples, porque o valor de uso não se defronta com ele como tal, como valor de uso determinado pelo próprio valor de troca. Inversamente o valor de uso como tal não se torna, ele próprio, valor de troca ou se torna somente na medida em que a determinação dos valores de uso – a de ser trabalho geral objetivado – é usada como critério para medir esses valores de uso. Sua unidade ainda diverge diretamente e sua diferença ainda coincide diretamente. É preciso estabelecer agora o que o valor de uso como tal passa a ser por meio do valor de troca e o que o valor de troca transmite a si mesmo por meio do

{*O dinheiro*}

valor de uso. Na circulação simples, tivemos apenas duas determinações formalmente diferentes do valor de troca – dinheiro e preço da mercadoria; e agora dois valores de uso materialmente diferentes – M–M, para os quais o dinheiro constitui apenas uma mediação evanescente em relação ao valor de troca, uma forma que esses valores de uso assumem transitoriamente. Uma relação real entre valor de troca e valor de uso não ocorreu. No valor de uso, o valor de troca de fato existe também como preço (determinação ideal); no dinheiro, de fato existe também o valor de uso, como sua realidade, seu material. Em um dos casos, o valor de troca e, no outro, o valor de uso era apenas ideal. Por conseguinte, a mercadoria como tal – seu valor de uso específico – também é apenas motivo material para a troca, mas como está, excluída da determinação econômica formal; ou a determinação econômica formal é apenas forma superficial, determinação formal que não penetra no âmbito da substância real da riqueza nem se comporta para com esta como tal; por conseguinte, caso se queira que essa determinação formal como tal seja fixada no tesouro, ela se transforma dissimuladamente em um produto natural indiferente, em um metal em que se extinguiu até sua última relação para com a circulação. O metal como tal naturalmente não expressa nenhuma relação social; extinguiu-se nele inclusive a forma de moeda, o último sinal de vida de sua importância social.

Sendo pressuposto e resultado da circulação, o valor de troca tem de reingressar nela do mesmo modo que saiu dela.

Vimos no caso do dinheiro e aparece bem no caso do entesouramento: que o aumento da quantidade do dinheiro, a sua multiplicação como único processo formal da circulação em que o valor é fim em si, isto é, em que o valor autonomizado e que se conserva na forma de valor de troca (primeiramente dinheiro) constitui simultaneamente o processo de sua multiplicação; que sua conservação como valor é simultaneamente o transcender de sua barreira quantitativa, seu engrandecimento como grandeza de valor; e que a autonomização do valor de troca não possui nenhum conteúdo além desse. A conservação do valor de troca como tal por intermédio da circulação aparece simultaneamente como sua multiplicação, e isso é sua autovalorização, seu pôr-se ativo como valor que cria valor, como valor que reproduz a si próprio e nisso se conserva, mas pondo-se, ao mesmo tempo, como *valor*, isto é, como mais-valor. No entesouramento, esse processo ainda é puramente formal. Na medida em que se leva em conta o indivíduo, o processo aparece como um movimento sem conteúdo que transforma a riqueza de uma forma útil em uma forma inútil quanto à sua determinação. Na medida em que se considera o processo econômico em sua totalidade, o entesouramento só serve como uma das condições da própria circulação metálica. Enquanto o dinheiro permanecer tesouro, ele não funcionará como valor de troca, sendo apenas imaginário. Em contrapartida, igualmente imaginária é a multiplicação – o pôr-se como valor, o valor que não só se conserva pela circulação, mas se produz a partir dela e, portanto, se põe como mais-valor. A mesma grandeza de valor que antes existia na forma da mercadoria, existe agora na forma de dinheiro; é nesta última forma que ela é acumulada, porque nas outras formas se renuncia a ela. Caso se queira realizá-la, ela desaparece no consumo. Portanto, a conservação e a multiplicação do valor são apenas abstratas, formais. Meramente a forma delas é posta na circulação simples.

Enquanto forma da riqueza universal, enquanto valor de troca autonomizado, o dinheiro não é capaz de nenhum outro movimento além de um quantitativo: o de multiplicar-se. Por seu conceito, ele é o suprassumo de todos os valores de uso; porém, como grandeza de valor sempre bem determinada, como soma determinada de ouro e prata, seu limite quantitativo se encontra em contradição com sua qualidade. Por conseguinte, é de sua natureza pressionar constantemente para além do limite que lhe é próprio. (Por conseguinte, enquanto riqueza entregue à fruição, ele aparece, por exemplo, na época imperial romana, como desperdício sem limites, tresloucado, que procura alçar inclusive a fruição ao nível de sua ilimitação imaginária, isto é, tratando tal forma de riqueza, ao mesmo tempo, no plano imediato como valor de uso. Salada de pérolas etc.) Por conseguinte, para o valor que se mantém como valor, multiplicar-se e autoconservar-se coincidem, e ele só se conserva pela via de pressionar sempre para ultrapassar seu limite quantitativo que contradiz sua universalidade interior. Assim, enriquecer é fim em si. A atividade determinadora de fins do valor de troca autonomizado só pode ser o enriquecimento, isto é, o aumento quantitativo de si mesmo, a reprodução, não só formalmente, mas de modo a aumentar quantitativamente na reprodução. Como grandeza de valor quantitativamente determinada, o dinheiro também é apenas o representante limitado da riqueza universal ou o representante de uma riqueza limitada, que possui exatamente o mesmo tamanho de seu valor de troca, tendo a medida exata deste. Portanto, ele de modo nenhum possui a capacidade que deveria ter de acordo com seu conceito universal, a de comprar todas as fruições, todas as mercadorias, a totalidade da riqueza material; ele não é um *"précis de toutes les choses"* [uma síntese de todas as coisas]. Fixado como riqueza, como forma universal da riqueza, como valor que vale como valor, ele é, portanto, o impulso constante de ultrapassar seus limites quantitativos; processo sem fim. A vitalidade que lhe é própria consiste exclusivamente nisso; ele se conserva apenas como valor diferente do valor de uso que vale por si só, *multiplicando-se constantemente* por meio do próprio processo da troca. O valor ativo é apenas valor que põe mais-valor. A única função [do dinheiro] como valor de troca é a da própria troca. Portanto, é nessa função que ele tem de se multiplicar, não se retirando da troca, como no entesouramento. Neste, o dinheiro não funciona como dinheiro. Subtraído como tesouro, ele não funciona nem como valor de troca nem como valor de uso; ele é tesouro morto, improdutivo. Deste não parte nenhuma ação. Sua multiplicação é um aportar exterior a partir dela [da circulação], na medida

{*O dinheiro*}

em que a mercadoria volta a ser lançada na circulação e o valor é transposto da forma de mercadoria para a forma de dinheiro e, então, posto em segurança como este último, isto é, ele deixa totalmente de ser dinheiro. Mas, se ele volta a ingressar na circulação, ele desaparece como valor de troca.

O dinheiro que resulta da circulação como valor de troca adequado e, autonomizado, volta a ingressar na circulação, que se pereniza e valoriza (multiplica) nela e por meio dela, é *capital*. No capital, o dinheiro perdeu sua rigidez e se converteu de uma coisa palpável em um processo. Dinheiro e mercadoria como tal, tanto quanto a própria circulação simples, existem para o capital só como fatores abstratos específicos de sua existência, nos quais ele aparece de maneira tão constante quanto ele desaparece, passando de um para outro. A autonomização aparece não só na forma em que se defronta, enquanto valor de troca abstrato autônomo – dinheiro –, com a circulação, mas também em que constitui simultaneamente o processo de sua autonomização; vem algo autônomo a partir dela.

Na forma D–M–D, está expresso que a autonomização do dinheiro enquanto processo deve aparecer tanto como pressuposto quanto como resultado da circulação. Porém essa forma como tal não recebe nenhum conteúdo na circulação simples, não aparece, ela própria, como movimento com conteúdo – um movimento da circulação, para o qual o valor de troca não é só forma, mas conteúdo e mesmo o fim, e que, por conseguinte, é a forma do próprio *valor de troca em processo*.

Na circulação simples, o valor de troca autonomizado, dinheiro como tal, aparece somente como resultado, *caput mortuum* [resíduo químico] do movimento. Ele tem de aparecer igualmente como seu pressuposto; seu resultado como seu pressuposto e seu pressuposto como seu resultado.

O dinheiro tem de se conservar como dinheiro, tanto em sua forma como dinheiro quanto como mercadoria; e a troca dessas determinações uma pela outra, o processo em que ele percorre essas metamorfoses, tem de aparecer simultaneamente como seu processo de produção, como criador de si mesmo – isto é, multiplicação de sua grandeza de valor. Na medida em que o dinheiro se converter em mercadoria e a mercadoria como tal necessariamente for consumida como valor de uso, desaparecer, esse mesmo desaparecer terá de desaparecer, esse consumir terá de consumir a si próprio, de modo que o próprio consumo da mercadoria como valor de uso aparece como um fator do processo do valor que reproduz a si próprio.

Dinheiro e mercadoria, tanto quanto a relação entre um e outro na circulação, aparecem então como simples pressupostos do capital tanto quanto, em contrapartida, como forma de existência dele; tanto como simples pressupostos elementares existentes do capital quanto, em contrapartida, como suas próprias formas de existência e seus resultados.

A não transitoriedade que o dinheiro almeja, comportando-se negativamente em relação à circulação (subtraindo-se dela), é alcançada pelo capital, na medida em que ele se conserva justamente entregando-se à circulação. O capital, como o valor de troca que pressupõe a circulação, que é pressuposto por ela e que se conserva nela, assume alternadamente os dois fatores contidos na circulação simples; não, porém, como na circulação simples, em que ele apenas passa de uma das formas para a outra, e sim em cada uma das determinações constitui simultaneamente a relação com o seu oposto. Quando ele aparece como dinheiro, este é, nesse caso, apenas a expressão abstrata unilateral dele como universalidade; ao despir-se igualmente dessa forma, ele despe apenas sua determinação antagônica (a forma antagônica da universalidade). Posto como dinheiro, isto é, como essa forma antagônica da universalidade do valor de troca, está posto nele, ao mesmo tempo, que ele não pode perder, como na circulação simples, a universalidade, mas sua determinação antagônica, ou que apenas a assume de modo evanescente, e, portanto, novamente se troca pela mercadoria, só que como mercadoria que expressa, ela mesma, em sua especificidade, a universalidade do valor de troca e, por conseguinte, troca constantemente sua forma determinada.

A mercadoria não é só valor de troca, mas valor de uso e, sendo este último, ela tem de ser consumida de acordo com sua finalidade. Ao servir de valor de uso, isto é, em seu consumo, a mercadoria tem de receber simultaneamente o valor de troca e aparecer como a alma do consumo que determina a finalidade. Por conseguinte, o processo de seu desaparecimento tem de aparecer simultaneamente como o processo do desaparecimento de seu desaparecimento, isto é, como processo reprodutor. Portanto, o consumo da mercadoria não está direcionado para a fruição imediata, mas é, ele próprio, um fator da reprodução de seu valor de troca. Desse modo, o valor de troca não só fornece a forma da mercadoria, mas também aparece como o fogo em que se desfaz a sua substância. Essa determinação provém do conceito do próprio valor de uso. Porém, na forma do dinheiro, o capital aparecerá, por um lado, apenas de modo evanescente como meio de circulação e, por outro lado, como o ser posto dele apenas por um momento, o ser posto transitório dele na determinidade do valor de troca adequado.

Por um lado, a circulação simples é pressuposto existente da mercadoria, e seus extremos, dinheiro e mercadoria, aparecem como pressupostos elementares, como formas que têm a possibilidade de se tornarem capital, ou eles são simples esferas abstratas do processo de produção do capital pressuposto. Por outro lado, eles remontam a ele como sua base mais profunda ou levam a ele. (Aqui o exemplo histórico acima.)

No capital, o dinheiro, o valor de troca autonomizado pressuposto, aparece não só como valor de troca, mas, sendo valor de troca autonomizado, como *resultado* da circulação. E de fato nenhuma formação de capital terá lugar enquanto a esfera da circulação simples, mesmo que parta de condições de produção totalmente diferentes das do próprio capital, não estiver desenvolvida até certo ponto. Em contrapartida, o dinheiro, enquanto circulação, é posto como pondo o movimento de seu próprio processo como movimento

{*O dinheiro*}

da própria realização do valor que se pereniza e valoriza. Como pressuposto, ele é, nesse caso, simultaneamente resultado do processo de circulação e como resultado é simultaneamente pressuposto da forma determinada desse processo, que havia sido determinada como D–M–D (primeiramente apenas esse fluxo da circulação). Ele é unidade de mercadoria e dinheiro, só que a unidade processadora de ambos, nem aquela nem este e tanto aquela quanto este.

Ele se conserva e se valoriza na circulação e por meio dela. Em contrapartida, o valor de troca não é mais pressuposto como valor de troca simples, ao modo como ele existe enquanto determinação simples na mercadoria, antes de esta ingressar na circulação, ou como determinação apenas pretendida, já que só na circulação ela se torna valor de troca de modo evanescente. Ele existe na forma da *objetalidade*, mas indiferente em relação a ser essa objetalidade a do dinheiro ou a da mercadoria. Ele provém da circulação; portanto, ela o pressupõe; porém, ao mesmo tempo, parte de si como pressuposto dela.

Na troca real do dinheiro pela mercadoria, como expresso pela fórmula D–M–D, e, portanto, dado que o ser real da mercadoria é o seu valor de uso e a existência real do valor de uso é seu consumo, o próprio valor de troca deve voltar a se originar da mercadoria que se realiza como valor de uso, o dinheiro e o consumo da mercadoria devem aparecer igualmente como uma forma de sua conservação, bem como de sua autovalorização. A circulação aparece diante dele como fator do processo de sua realização.

A existência real da mercadoria, sua existência como valor de uso, situa-se fora da circulação simples. Assim, esse fator deve passar para o processo do capital, no qual o consumo da mercadoria aparece como um fator de sua autovaloração.

Enquanto o dinheiro, isto é, o valor de troca autonomizado, só se mantiver firme contra seu oposto, o valor de uso como tal, ele de fato só estará apto a levar uma existência abstrata. É em seu oposto, ao se tornar valor de uso, e no processo do valor de uso, do consumo, que ele tem de simultaneamente se conservar e crescer como valor de troca e, portanto, transformar o consumo do próprio valor de uso – a negação ativa, bem como o pôr desse valor – na reprodução e na produção do próprio valor de troca.

Na circulação simples, cada mercadoria atua alternadamente como valor de troca e valor de uso. No momento em que ela é realizada como valor de uso, ela sai da circulação. Na medida em que a mercadoria é fixada como valor de troca, no dinheiro, ele ruma para a mesma ausência de forma, mas no interior da relação econômica. Em todo caso, as mercadorias só têm interesse na relação de troca (circulação simples) na medida em que possuem valores de troca. Em contrapartida, seu valor de troca só possui interesse transitório na medida em que anula a unilateralidade do valor de uso – a de ser valor de uso que existe apenas *no plano imediato* para os indivíduos –: [na medida em que] entrega o valor de uso ao destinatário, ele não modifica nada no valor de uso, exceto pô-lo como valor de uso para os outros (os compradores). Porém, na medida em que o valor de troca é fixado como tal, no dinheiro, o valor de uso se defronta com ele apenas ainda como caos abstrato; e justamente pela separação de sua substância, ele desmorona e se afasta da esfera do simples valor de troca, cujo movimento supremo é a circulação simples e cuja consumação suprema é o dinheiro. Porém, no interior da própria esfera, a diferença existe apenas como diferenciação formal, superficial. Em sua fixação máxima, o próprio dinheiro também passa a ser mercadoria.

CAPÍTULO III
O capital

A. O processo de produção do capital

1) Transformação do dinheiro em capital

Como resultado da circulação simples, o capital existe primeiramente na forma simples do dinheiro. No entanto, desapareceu a autonomia objetal que o fixa nessa forma como tesouro, oposto à circulação. Muito antes, em sua existência como dinheiro, que é a expressão adequada do equivalente universal, só está posto que ele é indiferente à especificidade de todas as mercadorias e que pode assumir toda e qualquer forma da mercadoria. Ele não é esta ou aquela mercadoria, mas pode ser metamorfoseado em toda e qualquer mercadoria e, em cada uma delas, continua sendo a mesma grandeza de valor e valor que se comporta em relação a si como fim em si. Portanto, o capital que existe primeiramente na forma do dinheiro não permanece parado diante da circulação; pelo contrário, ele tem de ingressar nela. Ele tampouco se perde dentro da circulação, convertendo-se da forma do dinheiro para a forma da mercadoria. Sua existência como dinheiro é muito mais que apenas sua existência como o valor de troca adequado, que se pode converter indiferentemente em qualquer tipo de mercadoria. Em cada uma delas, ele permanece valor de troca que se atém a si mesmo. Porém o capital só pode ser valor de troca autonomizado na medida em que é autonomizado em relação a uma terceira coisa, em relação a um terceiro. {Sua existência como dinheiro é ambas as coisas: ele pode ser trocado por toda e qualquer mercadoria e, como valor de troca universal, ele não está amarrado à substância específica de nenhuma mercadoria; em segundo lugar: ele continua sendo dinheiro, mesmo quando se torna mercadoria; isto é, o material em que ele existe não é objeto para satisfação de alguma fruição individual, mas materialidade do valor de troca, que só assume essa forma para se conservar e multiplicar. Esse terceiro não são as mercadorias. Pois o capital é dinheiro que passa de sua forma como dinheiro indiferentemente para a de qualquer mercadoria, sem se perder nela como objeto de consumo individual. Em vez de excluí-lo, todo o âmbito das mercadorias aparece, todas as mercadorias aparecem como a mesma quantidade de encarnações do dinheiro. No que se refere à diferença material natural das mercadorias, nenhuma delas impede o dinheiro de tomar o seu lugar, assumindo o seu corpo, na medida em que nenhuma delas exclui a determinação do dinheiro na mercadoria. Todo o mundo objetal da riqueza passa a aparecer como corpo do dinheiro, tanto quanto ouro e prata, e a diferença, que justamente é apenas formal, entre dinheiro na forma de dinheiro e dinheiro na forma da mercadoria o capacita a assumir uniformemente uma ou a outra forma, passar da forma de dinheiro para a de mercadoria. (A autonomização só consiste mais em que o valor de troca se atém a si como valor de troca, quer ele exista na forma de dinheiro, quer na de mercadoria, e ele só passa para a forma de mercadoria para valorar a si mesmo.)

O dinheiro passa a ser *trabalho objetivado*, quer possua a forma de dinheiro, quer a de mercadoria específica. O capital não se defronta com nenhum modo objetal de existência do trabalho, mas todo modo de existência deste aparece como possível modo de existência daquele, que pode assumi-lo por meio de uma simples mudança de forma, a passagem da forma de dinheiro para a forma de mercadoria. A única oposição ao trabalho *objetivado* é o trabalho *não objetal*, e a oposição ao trabalho *objetivado*, o trabalho *subjetivo*. Ou em oposição ao trabalho temporalmente passado, mas espacialmente existente, o trabalho temporalmente existente, o trabalho vivo. O trabalho só pode estar disponível enquanto trabalho temporalmente existente, não objetal (e, por isso, ainda não objetivado), como *capacidade*, possibilidade, aptidão, como *capacidade* do sujeito vivo para o trabalho. A única coisa que pode constituir oposição ao capital enquanto trabalho objetivado que se atém autonomamente a si mesmo é a própria capacidade para o trabalho vivo e, assim, a única troca pela qual o dinheiro pode se transformar em capital é a que o possuidor do capital faz com o possuidor da capacidade de trabalho vivo, isto é, com o trabalhador.

Enquanto valor de troca, o valor de troca só pode mesmo se autonomizar em relação ao valor de uso que se defronta com ele como tal. Só nessa relação o valor de troca como tal pode se autonomizar, ser posto e funcionar como tal. No dinheiro, o valor de troca deve obter essa autonomia, abstraindo do valor de uso, e a abstração ativa de permanecer em oposição ao valor de uso apareceria aqui de fato como o único método de obter e multiplicar o valor de troca como tal. Em contraposição, agora o valor de troca deve manter-se em sua existência como valor de uso, em sua existência real, não só formal, de valor de uso, manter-se como valor de troca – manter-se como valor de troca no valor de uso como valor de uso – e produzir a partir dele. A existência real dos valores de uso é sua negação real, seu consumo, sua aniquilação no consumo. Portanto, é nessa sua negação real como valores de uso, nessa negação que é imanente a eles, que o valor de troca deve tornar-se verídico,

O capital

conservando-se em relação ao valor de uso, ou melhor, a existência ativa do valor de uso deve-se converter em confirmação do valor de troca. Não é a negação na qual o valor de troca enquanto preço é simplesmente determinação formal do valor de uso, na qual este é idealmente anulado, mas de fato aparece nele apenas o valor de troca como determinação formal evanescente. Tampouco é sua consolidação em ouro e prata, na qual uma substância sólida rígida aparece como a existência petrificada do valor de troca. De fato, no dinheiro está posto que o valor de uso é simples materialidade, realidade do valor de troca. No entanto ele é a existência palpável meramente pretendida de sua abstração. Porém, na medida em que o valor de uso enquanto valor de uso, isto é, o consumo da própria mercadoria, é determinado como pôr do valor de troca e como simples meio de pô-lo, o valor de uso da mercadoria de fato é apenas atuação do valor de troca em processo. A real negação do valor de uso, que não existe na abstração dele, mas em seu consumo (não no tenso ficar parado diante dele), essa sua negação real que simultaneamente é sua realização como valor de uso, deve ser convertida, por conseguinte, em ato de autoafirmação, atuação própria do valor de troca. Porém isso só é possível, na medida em que a mercadoria é consumida pelo trabalho, em que seu consumo aparece como objetivação do trabalho e, por isso, como pôr do valor. Por conseguinte, para se conservar não só formalmente, como no dinheiro, mas em sua existência real como mercadoria, e atuar como tal, o valor de troca objetivado no dinheiro tem de se apropriar do próprio trabalho, ser trocado por ele.

Para o dinheiro, o valor de uso não é mais um artigo de consumo no qual ele se perde, mas só mais o valor de uso pelo qual ele se conserva e se multiplica. *Para o dinheiro enquanto capital não existe nenhum outro valor de uso*. Esse é justamente o seu comportamento como valor de troca para com o valor de uso. O único *valor de uso que pode constituir uma oposição e um complemento ao dinheiro como capital é o trabalho* e este existe na capacidade de trabalho, a qual existe como sujeito. Enquanto capital, o dinheiro só existe em relação ao não capital, à negação do capital, exclusivamente em relação à qual ele é capital. *O não capital real é o próprio trabalho*. O primeiro passo para que o dinheiro se torne capital é sua troca pela capacidade de trabalho, para por intermédio desta transformar o consumo das mercadorias, isto é, seu pôr e negar reais como valores de uso, simultaneamente em seu manejo do valor de troca.

A troca mediante a qual o dinheiro se converte em capital não pode ser por mercadorias, mas pelo oposto conceitualmente determinado da mercadoria, que se encontra em oposição conceitualmente definida a ele – pelo trabalho.

Com o valor de troca na forma do dinheiro se defronta o valor de troca na forma do valor de uso específico. Porém todas as mercadorias específicas, enquanto modos de existência específicos do trabalho objetivado, passam a ser indiferentemente expressão do valor de troca, no qual o dinheiro pode se converter sem se perder. Portanto, já que agora ele pode ser indiferentemente pressuposto, não é pela troca por essas mercadorias em que ele existe nesta ou naquela forma que o dinheiro perderia seu caráter simples, mas pela troca, em primeiro lugar, pela única forma do valor de uso em que ele próprio não existe diretamente – a saber, trabalho não objetal – e simultaneamente pelo valor de uso imediato para ele como valor de troca em processo – novamente o trabalho. Por conseguinte, apenas mediante a troca do dinheiro por trabalho é que se pode processar sua transformação em capital. *O valor de uso pelo qual o dinheiro com possibilidade de ser capital se pode trocar só pode ser o valor de uso a partir do qual o próprio valor de troca passa a ser, se gera e se multiplica. Este, porém, só pode ser o trabalho.* O valor de troca só pode se realizar como tal, defrontando-se com o valor de uso – não este ou aquele, mas o valor de uso em relação a si mesmo. Esse é o trabalho. A própria capacidade de trabalho é o valor de uso, cujo consumo coincide imediatamente com a objetivação do trabalho e, portanto, com o pôr do valor de troca. Para o dinheiro como capital, a capacidade de trabalho é o valor de uso imediato pelo qual ele se deve trocar. Na circulação simples, o conteúdo do valor de uso era indiferente, saía da relação econômica formal. Aqui ele é fator econômico essencial dela, na medida em que o valor de troca é determinado primeiramente como um valor que se atém a si mesmo na troca apenas por se trocar com o valor de uso que se defronta com ele segundo a sua própria determinação formal.

A condição da transformação de dinheiro em capital é que o *possuidor* do dinheiro possa trocar o dinheiro pela capacidade de trabalho alheia como mercadoria. Portanto, [a condição é] que a capacidade de trabalho seja posta à venda como mercadoria no interior da circulação, pois, no interior da circulação simples, os agentes da troca se defrontam apenas como comprador e vendedor. Portanto, a condição é que o trabalhador ponha à venda sua capacidade de trabalho como mercadoria a ser gasta: portanto, [trata-se, d]o trabalhador livre. A condição é que, em primeiro lugar, o trabalhador disponha de sua capacidade de trabalho como proprietário livre, que se comporte em relação a ela como mercadoria; para isso, ele precisa ser proprietário livre dela. Em segundo lugar, porém, [a condição] é que ele não mais tenha de trocar seu trabalho na forma de outra mercadoria, de trabalho objetivado, mas a única mercadoria que ele tem a oferecer, a vender, é justamente a sua capacidade de trabalho viva, disponível em sua corporalidade viva, [e que,] portanto, as condições da objetivação de seu trabalho, as condições objetais de seu trabalho existam como propriedade alheia, como mercadoria que, na circulação, se encontra do outro lado, do lado de lá de si mesmo. O pressuposto de que o possuidor do dinheiro – ou o dinheiro, pois para nós aquele por enquanto é, no processo econômico, apenas a personificação deste – *encontra* a capacidade de trabalho *já pronta* como mercadoria no mercado, nos limites da circulação, esse pressuposto, do qual partimos aqui e do qual a sociedade burguesa parte em seu processo de produção, manifestamente é o resultado de um longo desenvolvimento histórico, o *résumé* [resumo] de muitas revoluções econômicas, e pressupõe o desaparecimento de outros modos de produção (relações sociais de produção) e determinado desenvolvimento das forças produtivas do trabalho social. O determinado processo histórico passado que está dado nesse pressuposto ainda será formulado de maneira mais bem determinada na análise ulterior dessa relação. Porém esse estágio do desenvolvimento histórico da produção econômica – cujo próprio produto já é *o trabalhador livre* – é o pressuposto do devir e mais ainda da existência do capital como tal. Sua existência é o resultado de um processo histórico demorado na configuração econômica da sociedade. Nesse ponto, evidencia-se como a forma dialética da exposição só é correta quando tem ciência de seus limites. Da análise da circulação simples resulta *para nós* o conceito geral do capital, porque, no interior do modo de produção burguês, a própria circulação simples só existe como pressuposto do capital e tendo o capital como seu pressuposto. Esse resultado não faz do capital a encarnação de uma ideia eterna, mas mostra como ele, primeiro na realidade, tem de desembocar, como forma *necessária*, no trabalho que põe o valor de troca, na produção baseada no valor de troca.

É essencialmente importante registrar o ponto de que a relação, como ela ocorre aqui, ou seja, o de uma relação simples de circulação – primeiro ainda inteiramente pertencente a ela e pressionando para além dos limites da circulação simples só por meio do valor de uso específico das mercadorias trocadas – é apenas relação entre dinheiro e mercadoria, entre equivalentes na forma dos dois polos opostos, como aparecem na circulação simples. No interior da circulação, a troca entre capital e trabalho, como ela própria existe enquanto mera relação de circulação, não é a troca entre dinheiro e trabalho, mas a troca entre *dinheiro* e *capacidade viva de trabalho*. Enquanto valor de uso, a capacidade de trabalho é realizada somente na atividade do próprio trabalho, exatamente do mesmo modo que o valor de uso de uma *bouteille* [garrafa] de vinho que é comprada só é realizado quando o vinho é bebido. Nem o ato de beber, nem o próprio trabalho se incluem no processo da circulação simples. O vinho como capacidade, δυνάμει [potencialmente], é potável e o ato de comprar vinho é apropriação de algo potável. Assim, o ato de comprar a capacidade de trabalho é capacidade de dispor de trabalho. Como a capacidade de trabalho existe na vitalidade do próprio sujeito e só se manifesta como expressão própria de vida desse sujeito, naturalmente a aquisição da capacidade de trabalho, a apropriação do título de seu uso durante o ato de uso, coloca comprador e vendedor em uma relação diferente daquela que ocorre no caso do trabalho objetivado que está disponível como objeto exterior ao produtor. Isso não prejudica a relação simples de troca. Trata-se apenas da natureza específica do valor de uso que é comprado com o dinheiro – a saber, que seu consumo, o consumo da capacidade de trabalho, é produção, tempo de trabalho objetivado, consumo que põe valor de troca – que sua real existência como valor de uso é criar o valor de troca – que transforma a troca de dinheiro por trabalho na troca específica D–M–D, na qual está posto como finalidade da troca o próprio valor de troca *e o valor de uso adquirido é imediatamente valor de uso para o valor de troca, isto é, valor de uso que põe valor*.

É indiferente se o dinheiro é analisado aqui como simples meio de circulação ou como meio de pagamento. Na medida em que alguém que vende para mim, por exemplo, o valor de uso referente a 12 horas de sua capacidade de trabalho, sua capacidade de trabalho por 12 horas, de fato só o terá vendido para mim, caso eu insista nisso, depois que tiver trabalhado as 12 horas, só ao término das 12 horas ele terá fornecido para mim sua capacidade de trabalho por 12 horas, então é da natureza da relação que o dinheiro apareça aqui como meio de pagamento, que compra e venda não sejam realizadas imediata e simultaneamente de ambos os lados. O importante, nesse ponto, é tão somente que *o meio de pagamento, o meio de pagamento universal, é dinheiro*, e que, por conseguinte, o trabalhador não entra em relação com o comprador de alguma maneira natural-voluntária específica de pagamento diferente daquela das relações de circulação. Ele transforma sua capacidade de trabalho diretamente no equivalente universal e, como possuidor deste, ele sustenta a mesma relação – a amplitude de sua grandeza de valor –, uma relação na circulação geral igual à de qualquer outro; e a finalidade de sua venda igualmente é a riqueza universal, a riqueza em sua forma social universal e como possibilidade de todas as fruições.

Trabalho produtivo e improdutivo
[Adendos]

Valor imutável do dinheiro

"Como meio de pagamento – dinheiro para si – o dinheiro deve representar o valor como tal; de fato, porém, trata-se apenas de uma quantidade idêntica de valor mutável."

Dinheiro como dinheiro. (Moeda mundial etc.)

O dinheiro é a negação do meio de circulação como tal, da moeda. Ao mesmo tempo, porém, ele a contém como sua determinação *negativamente*, na medida em que sempre pode ser retrovertido em moeda; *positivamente* como moeda mundial, mas como tal ele é indiferente à determinação formal e essencialmente mercadoria como tal, mercadoria onipresente, não localmente determinada. Como moeda mundial, essa indiferença se expressa no fato de passar a ser dinheiro tão somente como ouro e prata, não como signo com o formato da moeda. Em consequência, a *façon* [o cunho] que o

O capital

Estado dá ao dinheiro na moeda não tem valor; o que tem valor é somente seu teor metálico. Como tal *mercadoria universal*, como moeda mundial, o retorno do ouro e da prata ao ponto de partida, de modo geral, o movimento da circulação como tal, é desnecessário. *Exemplo*: Ásia e Europa. Daí a lamentação dos adeptos do sistema mercantil de que, entre os pagãos, o ouro desaparece, não flui de volta. (O fato de a própria moeda mundial entrar na circulação e em rotação, gradualmente com o desenvolvimento do próprio mercado mundial, ainda não nos diz respeito aqui.)

O dinheiro é a negação de si mesmo como mera realização dos preços das mercadorias, em que a mercadoria específica permanece sempre o essencial. Ele se torna, muito antes, o preço realizado em si mesmo e, como tal, igualmente o representante material da riqueza universal. O dinheiro também é negado na determinação em que ele é apenas medida dos valores de troca, pois ele próprio é a realidade adequada do valor de troca e é essa realidade em sua existência metálica. Aqui a determinação da medida tem de ser feita nele mesmo. Ele é sua unidade e a medida de seu valor, a medida de si mesmo como riqueza, valor de troca; ele é a quantidade que ele representa de si mesmo. O número de sua própria unidade de medida. Como medida, seu número era indiferente; como meio de circulação, sua materialidade, a matéria de sua unidade, era indiferente; como dinheiro nessa terceira determinação, o número de si mesmo como uma quantidade material determinada (por exemplo, número de libras) é essencial. Pressuposta sua qualidade como riqueza universal, não há mais nenhuma diferença nele além da quantitativa. Ele representa um mais ou menos da riqueza universal, dependendo de que a grandeza determinada de medida de si mesmo seja possuída em maior ou menor número. Se for a riqueza universal, ele será tanto mais rico quanto mais possuir dela, e o único processo correto é a *acumulação* dela. De acordo com o seu conceito, ele saiu da circulação. Agora esse extrair da circulação, seu *armazenamento*, aparece como objeto essencial da ânsia de enriquecimento e como processo essencial de enriquecimento. Ao possuir ouro e prata, possuo a riqueza universal em sua forma sólida; quanto mais eu acumular, tanto mais me aproprio da riqueza universal. Sendo ouro e prata a riqueza universal, então, como quantidades determinadas, eles a representam apenas até certo ponto e, portanto, de modo não correspondente. A totalidade sempre tem de pressionar para ir além de si mesma. Essa acumulação de ouro e prata, que se apresenta como reiterado retirá-los da circulação, constitui simultaneamente o ato de pôr a riqueza universal em segurança diante da circulação, na qual ela sempre se perde na troca pela riqueza específica, que acaba desaparecendo no consumo.

ÍNDICE ONOMÁSTICO

Anacársis (c. séc. VII a.C.-séc. VI a.C.) – filósofo cita, possível precursor dos cínicos. 71

Anglería, Pedro Mártir de (c. 1457-1526) – historiador e geógrafo nascido na Itália; por muito tempo serviu na Espanha como expecialista em assuntos do Novo Mundo. 142, 204

Arbuthnot, George (1802-185) – funcionário do Tesouro inglês, escreveu várias obras sobre circulação monetária e crédito. 170

Aretino, Pietro (1492-1556) – escritor satírico da Renascença italiana, autor de panfletos contra a corte papal e os monarcas europeus. 155

Aristófanes (c. 446 a.C.-c. 385 a.C.) – dramaturgo grego, autor de comédias políticas. 199

Aristóteles (384 a.C.-322 a.C.) – fundador da ciência que ficaria conhecida como lógica, foi entre os filósofos da Grécia antiga o que mais influenciou a civilização ocidental. Discípulo de Platão, deixou importantes estudos sobre a natureza e o mundo físico. É considerado mentor dos juristas e dos pensadores políticos e morais inclinados à ciência e ao realismo. 31, 44, 51, 66-7, 109, 127, 144, 204, 229

Ateneu (c. fim do séc. II-início do séc. III) – retórico e gramático grego. 71, 182, 198

Attwood, Thomas (1783-1856) – banqueiro, político e economista inglês, adepto da teoria da circulação monetária da escola de Birmingham. 79-80

Bailey, Samuel (1791-1870) – economista e filósofo inglês, adversário da teoria do valor de Ricardo. 70, 133

Barbon, Nicholas (c. 1640-1698) – economista inglês, precursor da chamada teoria estatal do dinheiro. 75

Bastiat, Frédéric (1801-1850) – economista, político e jornalista francês. Opôs-se às ideias socialistas por meio de sátiras e escritos humorísticos. Pregou uma política de harmonia de interesses de classe no interior da sociedade burguesa. 40, 219-21

Berkeley, George (1685-1753) – bispo irlandês e filósofo idealista; expoente da teoria nominalista da moeda, em sua obra econômica tratou o trabalho como a principal fonte da riqueza. 38, 76, 110

Bernier, François (1620-1688) – médico, escritor e filósofo francês. 120-1, 192

Blake, William (c. 1774-1852) – matemático e economista inglês, membro da Royal Society, autor de escritos sobre a circulação do dinheiro. 98, 165

Boisguillebert, Pierre Le Pesant (1646--1714) – economista e estatístico francês, precursor da economia política clássica na França. 53-5, 61, 91, 97, 116-7, 135, 178, 195-6, 208, 213, 229

Bosanquet, James Whatman (1804--1877) – banqueiro, economista e historiador inglês. 93, 157, 160, 187

Bray, John Francis (1809-1897) – economista inglês, socialista utópico e adepto de Robert Owen, desenvolveu uma teoria do salário. 83, 191

Brougham, Henry Peter (Lorde Brougham e Vaux) (1778-1868) – jurista, escritor e estadista inglês, adepto do livre-comércio, membro do Parlamento e Lorde Chanceler-Mor (1830-1834). 60

Buchanan, David (1779-1848) – publicista e economista inglês, aluno e comentador de Adam Smith. 106

Büsch, Johann Georg (1728-1800) – economista alemão ligado ao mercantilismo. 155

Carey, Henry Charles (1793-1879) – economista estadunidense, muitas vezes considerado fundador da escola americana de economia, defendia as barreiras comerciais, opondo-se ao *laissez-faire* do liberalismo inglês. Era adepto da teoria da harmonia das classes no interior da sociedade capitalista. 220-1

Carlos II (1630-1685) – monarca inglês. Seu pai, Carlos I, foi executado na Guerra Civil Inglesa. Proclamado rei, foi derrotado militarmente por Oliver Cromwell e se exilou na Europa continental. Em 1660, após a morte de Cromwell, retornou à Inglaterra, assumiu o trono e governou até morrer. 54

Castlereagh, Robert Stewart, Visconde de (1769-1822) – estadista britânico *tory*; foi secretário da guerra, secretário para as colônias e secretário de relações internacionais. 78

Catão (Marcus Porcius Censorius Cato) (234-149 a. C.) – estadista e historiador romano, defensor dos privilégios da aristocracia escravista. 119, 194

Cherbuliez, Antoine-Élisée (1797-1869) – economista suíço adepto de Sismondi, conectou a teoria deste com elementos da doutrina de Ricardo. 206, 208

Chevalier, Michel (1806-1879) – engenheiro, economista e publicista francês; nos anos 1830, foi adepto de Saint-Simon, mais tarde aderiu ao livre-comércio. 109, 145

Clay, William (1791-1869) – político e economista britânico, adepto da teoria da circulação monetária. 170

Cobbett, William (1762-1835) – político e jornalista inglês, precursor do cartismo. 92

Cooper, Thomas (1759-1839) – economista e político estadunidense, defensor do livre-comércio. 38

Corbet, Thomas (século XIX) – economista inglês, adepto de Ricardo. 92

Cromwell, Oliver (1599-1658) – Líder da seita protestante inglesa "Os Puritanos". Em 1648, liderou a derrubada do rei Carlos I, condenando-o à morte. Nomeou a si mesmo Lorde Protetor, governando com esse título até morrer. 54

Custodi, Pietro (1771-1842) – economista italiano, editor de uma coletânea de escritos de economistas italianos do final do século XVI ao início do século XIX. 37, 42, 70, 103, 115, 139, 141, 198, 202

Daire, Eugène (1798-1847) – escritor e economista francês, editor de obras de economia política. 55, 91, 195-6

Dalrymple, Sir John (1726-1810) – jurista e historiador escocês. 191

Dante Alighieri (1265-1321) – escritor italiano, autor de uma das mais importantes obras da literatura universal, *A divina comédia*, hoje considerada a base da língua italiana moderna. Estudou teologia e filosofia e em sua juventude engajou-se nas movimentações políticas de Florença. Condenado ao exílio pelo papa Bonifácio VIII, em 1302 mudou-se para Verona e depois para Ravena, de onde não mais sairia. 28

Darimon, Alfred (1819-1902) – político, publicista e historiador francês, primeiro proudhonista, depois bonapartista. 83

Dodd, George (1808-1881) – jornalista e escritor inglês, editou uma enciclopédia da indústria de todas as nações. 102

Eduardo III (1312-1377) – rei da Inglaterra de 1327 a 1377. 73

Engels, Friedrich (1820-1895) – filósofo e político alemão, amigo e colaborador

Índice onomástico

de Karl Marx, com quem escreveu várias obras fundamentais do pensamento contemporâneo. Dedicou-se ao problema da dialética da natureza e a estudos sobre a situação da classe trabalhadora na Inglaterra. Depois da morte de Marx, encarregou-se da publicação dos Livros II e III de *O capital*. 26

Eurípides (c. 480-406 a.C.) – tragediógrafo grego. 128

Filipe II (1527-1598) – da casa de Habsburgo, foi rei da Espanha de 1556 a 1598 e também rei de Portugal e Algarves a partir de 1581 como Filipe I. 192

Franklin, Benjamin (1706-1790) – político, pensador e inventor estadunidense, considerado um dos "pais fundadores" dos Estados Unidos, foi um dos líderes da Revolução Americana, diplomata e representante do Iluminismo estadunidense; ficou conhecido também por seus experimentos com a eletricidade. 56-7, 110, 151

Fullarton, John (c. 1780-1849) – economista britânico, escreveu sobre circulação monetária e crédito; opôs-se à teoria quantitativa do dinheiro. 171-2, 187-8

Galiani, Ferdinando (1728-1787) – economista italiano, adversário dos fisiocratas, defendia que o valor de uma mercadoria é determinado por sua utilidade. 37, 57, 70, 85, 98, 142, 202

Garnier, Germain, Conde de (1754--1821) – economista e político francês, seguidor dos fisiocratas, tradutor e comentarista de Adam Smith. 71, 102

Genovesi, Antonio (1712-1769) – filósofo idealista e economista italiano, adepto do mercantilismo. 49, 115

Gladstone, William Ewart (1809-1898) – estadista *tory*, foi quatro vezes primeiro--ministro da Grã-Bretanha durante a segunda metade do século XIX. 63

Gottsched, Johann Christoph (1700-1766) – escritor alemão, crítico dos primórdios do Iluminismo. 155

Gray, John (1798-1850) – economista inglês, socialista utópico e seguidor de Robert Owen, desenvolveu uma teoria do salário. 80-3

Grimm, Jacob (1785-1863) - filólogo e historiador da cultura alemão; criou o *Deutsches Wörterbuch* (Dicionário alemão); um dos "Irmãos Grimm". 143, 204

Guilherme III (1650-1702) – regente hereditário dos Países Baixos (1672-1702) e rei da Inglaterra, Escócia e Irlanda (1689--1702). 74, 79

Guilherme, o Conquistador (c. 1027--1087) – duque da Normandia (1035--1087) e rei da Inglaterra (1066-1087). 72

Guizot, François Pierre Guillaume (1787-1874) – historiador e estadista francês, foi primeiro-ministro e embaixador da França. 25

Hegel, Georg Wilhelm Friedrich (1770-1831) – filósofo idealista alemão que exerceu grande influência sobre o marxismo. 24-5

Hodgskin, Thomas (1787-1869) – escritor socialista inglês, foi um crítico pioneiro do capitalismo, em geral considerado utópico; escreveu sobre economia política, tendo defendido o livre-comércio e os primeiros sindicatos, em uma tentativa de unir socialismo e teoria ricardiana. 52

Horácio (Quintus Horatius Flaccus) (65 a.C. – 8 d.C.) – filósofo e poeta romano. 123

Hume, David (1711-1776) – filósofo, historiador e economista escocês. 147-52, 155, 157-8, 167-8, 171

Hume, James Deacon (1774-1842) – economista inglês, defensor do livre--comércio. 165

Jacob, William (c. 1762-1851) – comerciante e escritor inglês, autor de escritos econômicos. 102, 126

Jorge II (1683-1760) – rei da Grã-Bretanha e Irlanda (1727-1760). 71, 73

Jorge III (1738-1820) – rei da Grã-Bretanha e Irlanda (1760-1820), príncipe-eleitor (1760-1814) e rei de Hanover (1814--1820). 71

Jovellanos (Jove Llanos) y Ramirez, Gaspar Melchor de (1744-1811) – estadista, advogado e economista espanhol, seguidor do Iluminismo francês e defensor do mercantilismo. 55

Körner, M. George – filólogo e historiador alemão de meados do século XVIII. 143, 187

Lansdowne, Henry Petty-Fitzmaurice, Marquês de (1780-1863) – estadista inglês, participou de vários governos *whig*. 54

Law, Jean (1719-1797) – militar francês, participou da administração colonial francesa. 154

Law, John (1671-1729) – financista escocês; elaborou o plano de reforma bancária adotado pela França e fundou o Banco Central de Paris. 151, 156

Lessing, Gotthold Ephraim (1729-1781) – escritor, poeta e filósofo alemão; proeminente representante do Iluminismo. 154

List, Friedrich (1789-1846) – economista alemão, defensor do protecionismo. 39

Locke, John (1632-1704) – filósofo inglês, um dos mais influentes pensadores do século XVII. 73, 75, 112, 136, 147, 151, 155

Lowndes, William (1652-1724) – economista e estadista inglês, secretário do Tesouro (1695-1724). 74-5, 79, 112

Lucano (Lucanus, Marcus Annaeus) (39--65) – poeta romano. 103

Luís XIV (1638-1715) – rei da França (1643-1715) conhecido por gastar extravagantemente as finanças francesas em graves períodos de crise; construiu o palácio de Versalhes e fortaleceu o exército francês. 55, 178

Lutero, Martinho (1483-1546) – teólogo e mais importante representante da Reforma Protestante, fundador do protestantismo na Alemanha. 121, 131, 135, 194-5

MacCulloch, John Ramsay (1789-1864) – economista britânico, vulgarizou as teorias de David Ricardo. 38, 53

MacLaren, James (século XIX) – economista inglês, examinou a história da circulação do dinheiro. 69, 154-5

Macleod, Henry Dunning (1821-1902) – advogado e economista inglês, contribuiu com a teoria do crédito. 61, 132-3

Malthus, Thomas (1766-1834) – sacerdote e economista inglês, principal representante da teoria da superpopulação. 40, 92

Mandeville, John – suposto autor de um livro de viagens muito popular no fim do século XIV. 110

Manu – na mitologia indiana, ancestral da humanidade e legislador da Índia antiga. 206

Mártir, Pedro – ver Anglería, Pedro Mártir de

Mendelssohn, Moses (1729-1786) – filósofo alemão, representante do Iluminismo judaico. 154

Mill, James (1773-1836) – filósofo, historiador e economista inglês; popularizou a teoria de Ricardo. 91-2, 165-7

Mill, John Stuart (1806-1873) – economista e filósofo inglês, seguidor da economia política clássica, adepto do livre-comércio. 91

Misselden, Edward (c. 1608-1654) – empresário e economista inglês, adepto do mercantilismo. 116, 119-22, 182, 191, 193-4

Moisés – personagem do Antigo Testamento, patriarca dos hebreus. 39

Moloch – deus assírio e fenício da natureza, ao qual os amonitas sacrificavam seus recém-nascidos, jogando-os em uma fogueira. Mais tarde, o nome passou a significar qualquer poder cruel e irresistível, que sacrifica um número incontável de vítimas.

Montanari, Geminiano (c. 1633-1687) – matemático e astrônomo italiano, autor de vários trabalhos sobre o sistema financeiro. 42, 141, 198

Morus, Thomas (1478-1535) – estadista (Lorde-chanceler) e escritor inglês, representante do socialismo utópico, autor de

Utopia, considerada uma das maiores obras do humanismo renascentista. 224

Müller, Adam Heinrich (1779-1829) – publicista e economista político; defensor da escola romântica e adversário de Adam Smith. 70-1

Napoleão Bonaparte (1769-1821) – general francês, primeiro-cônsul da República francesa (1799-1804) e imperador da França (1804-1814). 164

Newmarch, William (1820-1882) – economista e estatístico inglês. 171

Norman, George Warde (1793-1882) – economista inglês, diretor do Banco da Inglaterra e adepto da teoria da circulação monetária. 170

Opdyke, George (1805-1880) – empresário, político e economista estadunidense. 92, 202

Overstone, Samuel Jones Loyd, Barão de (1796-1883) – banqueiro e economista inglês, principal defensor da teoria da circulação monetária; membro do Parlamento (1821-1826). 160, 170-1

Owen, Robert (1771-1858) – pensador britânico; socialista utópico, criou várias comunidades industriais; influente entre o operariado inglês, defendeu inovações pedagógicas como o jardim de infância, a escola ativa e os cursos noturnos. 60

Pedro, o Grande (1672-1725) – tsar da Rússia (a partir de 1682), imperador de todas as Rússias (a partir de 1721). 109

Peel, Robert (1788-1850) – estadista e economista britânico, líder dos *tories* moderados, ministro do Interior (1822--1827 e 1828-1830), primeiro-ministro (1834-1835 e 1841-1846); com o apoio dos liberais, aboliu em 1846 as Leis dos Cereais. 63, 71, 78-9, 160, 170

Petty, William (1623-1687) – economista e estatístico inglês, um dos fundadores da economia política clássica. 38, 52-5, 63, 116, 120, 178, 192-3, 195, 213

Platão (427 a. C.-347 a. C.) – discípulo de Sócrates, opositor do relativismo dos sofistas; sua principal doutrina filosófica é a teoria das ideias. 109, 229

Plínio (Gaius Plinius Secundus) (23-79) – estadista e naturalista romano, autor de uma história natural em 37 volumes. 123, 197-8

Pluto – Deus grego da riqueza e do reino dos mortos. 198-9

Propércio, Sexto (c. 49 a.C.-c. 15 a.C.) – poeta lírico romano. 32

Proudhon, Pierre Joseph (1809-1865) – escritor, economista e sociólogo francês; um dos fundadores do anarquismo; membro da Assembleia Constituinte da França (1848). 26, 55, 61, 80, 83, 219

Ricardo, David (1772-1823) – economista inglês, um dos principais expoentes da economia política clássica. 53, 60-1, 92, 146, 155-61, 163-5, 168-71, 183, 208, 219

Say, Jean Baptiste (1767-1832) – economista francês, entusiasta das ideias iluministas fortemente influenciado por Adam Smith. 40, 61, 92, 109, 155, 203

Schaper, Eduard von (1792-1868) – político alemão, foi presidente das províncias do Reno e da Westphalia. 24

Schlemihl, Peter – personagem da novela *A história maravilhosa de Peter Schlemihl*, de Chamiso. 106

Schönaich, Christoph Otto, Barão de (1725-1807) – poeta alemão, autor do poema épico *Hermann*. 155

Sempéré y Guarinos, Juan (1754-1830) – jurista e historiador espanhol. 120, 192

Senior, Nassau William (1790-1864) – economista inglês, vulgarizador da teoria de Ricardo; opositor da redução da jornada de trabalho. 124, 133

Sismondi, Jean Charles Léonard Simonde de (1773-1842) – economista suíço, expoente da vertente romântica de crítica do capitalismo. 53, 60-1, 92

Slater – sócio da firma Morrion, Dillon & Co. de Londres; participou das discussões sobre legislação bancária no comitê especial da Casa dos Comuns em 1858. 172

Smith, Adam (1723-1790) – economista escocês, expoente da economia política clássica. 39, 53, 55, 58-60, 67, 71, 117, 135, 155, 208-9, 211, 213, 219

Smith, Thomas (1513-1577) – estadista britânico, professor de dirieto civil. 133

Spinoza, Baruch (1632-1677) – filósofo holandês. 154

Stein, Lorenz von (1815-1890) – hegeliano, professor de filosofia e de direito público na Universidade de Kiel. 32, 38

Steuart, Sir James (1712-1780) – economista escocês, um dos últimos defensores do mercantilismo, adversário da teoria quantitativa do dinheiro. 58, 75-8, 149, 152-5, 171, 184, 213, 218-9

Storch, Heinrich Friedrich von (Andrei Karlowitsch) (1766-1835) – economista, historiador e bibliógrafo russo de origem alemã, popularizou a economia política clássica; membro da Academia de Ciências de São Petersburgo. 109, 124, 203

Thompson, William (1775-1833) – economista irlandês, socialista utópico, adepto de Robert Owen. 83

Tooke, Thomas (1774-1858) – economista inglês, adepto da economia política clássica, crítico da teoria quantitativa do dinheiro. 93, 164-5, 171-2, 186-8

Torrens, Robert (1780-1864) – economista inglês, seguidor da teoria da circulação monetária; popularizou a teoria de Ricardo. 170

Urquhart, David (1805-1877) – diplomata britânico, escritor e político *tory*; parlamentar (1847-1852). 72

Ustariz, Jéronimo de (1670–1724) – economista espanhol, adepto do mercantilismo. 55

Virgílio (70 a. C.-19 a. C.) – poeta romano clássico, entre suas obras figura a *Eneida*, poema épico em que o troiano Eneias, ancestral dos romanos, chega à região onde hoje existe a Itália. 122

Wilson, James (1805-1860) – político e economista britânico, ministro das Finanças (1853-1858), adepto do livre-comércio, adversário da teoria quantitativa do dinheiro, fundador e redator da revista *The Economist*. 164, 171

Xenofonte (c. 430-354 a.C.) – político, general e escritor grego, autor de tratados históricos, econômicos e filosóficos. 125, 127, 144-5, 182, 206

CRONOLOGIA RESUMIDA DE MARX E ENGELS

	Karl Marx	Friedrich Engels	Fatos históricos
1818	Em Trier (capital da província alemã do Reno), nasce Karl Marx (5 de maio), o segundo de oito filhos de Heinrich Marx e Enriqueta Pressburg. Trier na época era influenciada pelo liberalismo revolucionário francês e pela reação ao Antigo Regime, vinda da Prússia.		Simón Bolívar declara a Venezuela independente da Espanha.
1820		Nasce Friedrich Engels (28 de novembro), primeiro dos oito filhos de Friedrich Engels e Elizabeth Franziska Mauritia van Haar, em Barmen, Alemanha. Cresce no seio de uma família de industriais religiosa e conservadora.	Jorge IV se torna rei da Inglaterra, pondo fim à Regência. Insurreição constitucionalista em Portugal.
1824	O pai de Marx, nascido Hirschel, advogado e conselheiro de Justiça, é obrigado a abandonar o judaísmo por motivos profissionais e políticos (os judeus estavam proibidos de ocupar cargos públicos na Renânia). Marx entra para o Ginásio de Trier (outubro).		Simón Bolívar se torna chefe do Executivo do Peru.
1830	Inicia seus estudos no Liceu Friedrich Wilhelm, em Trier.		Estouram revoluções em diversos países europeus. A população de Paris insurge-se contra a promulgação de leis que dissolvem a Câmara e suprimem a liberdade de imprensa. Luís Filipe assume o poder.
1831			Em 14 de novembro, morre Hegel.

Karl Marx – Para a crítica da economia política

	Karl Marx	Friedrich Engels	Fatos históricos
1834		Engels ingressa, em outubro, no Ginásio de Elberfeld.	A escravidão é abolida no Império Britânico. Insurreição operária em Lyon.
1835	Escreve "Reflexões de um jovem perante a escolha de sua profissão". Presta exame final de bacharelado em Trier (24 de setembro). Inscreve-se na Universidade de Bonn.		Revolução Farroupilha, no Brasil. O Congresso alemão faz moção contra o movimento de escritores Jovem Alemanha.
1836	Estuda Direito na Universidade de Bonn. Participa do Clube de Poetas e de associações estudantis. No verão, fica noivo em segredo de Jenny von Westphalen, sua vizinha em Trier. Em razão da oposição entre as famílias, casar-se-iam apenas sete anos depois. Matricula-se na Universidade de Berlim.	Na juventude, fica impressionado com a miséria em que vivem os trabalhadores das fábricas de sua família. Escreve "Poema".	Fracassa o golpe de Luís Napoleão em Estrasburgo. Criação da Liga dos Justos.
1837	Transfere-se para a Universidade de Berlim e estuda com mestres como Gans e Savigny. Escreve "Canções selvagens" e "Transformações". Em carta ao pai, descreve sua relação contraditória com o hegelianismo, doutrina predominante na época.	Por insistência do pai, Engels deixa o ginásio e começa a trabalhar nos negócios da família. Escreve "História de um pirata".	A rainha Vitória assume o trono na Inglaterra.
1838	Entra para o Clube dos Doutores, encabeçado por Bruno Bauer. Perde o interesse pelo direito e entrega-se com paixão ao estudo da filosofia, o que lhe compromete a saúde. Morre seu pai.	Estuda comércio em Bremen. Começa a escrever ensaios literários e sociopolíticos, poemas e panfletos filosóficos em periódicos como o *Hamburg Journal* e o *Telegraph für Deutschland*, entre os quais o poema "O beduíno" (setembro), sobre o espírito da liberdade.	Richard Cobden funda a Anti-Corn-Law-League, na Inglaterra. Proclamação da Carta do Povo, que originou o cartismo.
1839		Escreve o primeiro trabalho de envergadura, "Briefe aus dem Wuppertal" [Cartas de Wuppertal], sobre a vida operária em Barmen e na vizinha Elberfeld (*Telegraph für Deutschland*, primavera). Outros viriam, como "Literatura popular alemã", "Karl Beck" e "Memorabilia de Immermann". Estuda a filosofia de Hegel.	Feuerbach publica *Zur Kritik der Hegelschen Philosophie* [Crítica da filosofia hegeliana]. Primeira proibição do trabalho de menores na Prússia. Auguste Blanqui lidera o frustrado levante de maio na França.
1840	K. F. Koeppen dedica a Marx seu estudo "Friedrich der Grosse und seine Widersacher" [Frederico, o Grande, e seus adversários].	Engels publica "Réquiem para o Aldeszeitung alemão" (abril), "Vida literária moderna", no *Mitternachtzeitung* (março-maio) e "Cidade natal de Siegfried" (dezembro).	Proudhon publica *O que é a propriedade?* [Qu'est-ce que la propriété?].

Cronologia resumida de Marx e Engels

	Karl Marx	**Friedrich Engels**	**Fatos históricos**
1841	Com uma tese sobre as diferenças entre as filosofias de Demócrito e Epicuro, Marx recebe em Iena o título de doutor em Filosofia (15 de abril). Volta a Trier. Bruno Bauer, acusado de ateísmo, é expulso da cátedra de Teologia da Universidade de Bonn e, com isso, Marx perde a oportunidade de atuar como docente nessa universidade.	Publica "Ernst Moritz Arndt". Seu pai o obriga a deixar a escola de comércio para dirigir os negócios da família. Engels prosseguiria sozinho seus estudos de filosofia, religião, literatura e política. Presta o serviço militar em Berlim por um ano. Frequenta a Universidade de Berlim como ouvinte e conhece os jovens hegelianos. Critica intensamente o conservadorismo na figura de Schelling, com os escritos "Schelling sobre Hegel", "Schelling e a revelação" e "Schelling, filósofo em Cristo".	Feuerbach traz a público *A essência do cristianismo* [*Das Wesen des Christentums*]. Primeira lei trabalhista na França.
1842	Elabora seus primeiros trabalhos como publicista. Começa a colaborar com o jornal *Rheinische Zeitung* [Gazeta Renana], publicação da burguesia em Colônia, do qual mais tarde seria redator. Conhece Engels, que na ocasião visitava o jornal.	Em Manchester, assume a fiação do pai, a Ermen & Engels. Conhece Mary Burns, jovem trabalhadora irlandesa, que viveria com ele até a morte dela. Mary e a irmã Lizzie mostram a Engels as dificuldades da vida operária, e ele inicia estudos sobre os efeitos do capitalismo no operariado inglês. Publica artigos no *Rheinische Zeitung*, entre eles "Crítica às leis de imprensa prussianas" e "Centralização e liberdade".	Eugène Sue publica *Os mistérios de Paris*. Feuerbach publica *Vorläufige Thesen zur Reform der Philosophie* [Teses provisórias para uma reforma da filosofia]. O Ashley's Act proíbe o trabalho de menores e mulheres em minas na Inglaterra.
1843	Sob o regime prussiano, é fechado o *Rheinische Zeitung*. Marx casa-se com Jenny von Westphalen. Recusa convite do governo prussiano para ser redator no Diário Oficial. Passa a lua de mel em Kreuznach, onde se dedica ao estudo de diversos autores, com destaque para Hegel. Redige os manuscritos que viriam a ser conhecidos como *Crítica da filosofia do direito de Hegel* [*Zur Kritik der Hegelschen Rechtsphilosophie*]. Em outubro vai a Paris, onde Moses Hess e George Herwegh o apresentam às sociedades secretas socialistas e comunistas e às associações operárias alemãs. Conclui *Sobre a questão judaica* [*Zur Judenfrage*]. Substitui Arnold Ruge na direção dos *Deutsch-Französische Jahrbücher* [Anais Franco-Alemães]. Em dezembro inicia grande amizade com Heinrich Heine e conclui sua "Crítica da filosofia do direito de Hegel – Introdução" [*Zur Kritik der Hegelschen Rechtsphilosophie – Einleitung*].	Engels escreve, com Edgar Bauer, o poema satírico "Como a Bíblia escapa milagrosamente a um atentado imprudente, ou O triunfo da fé", contra o obscurantismo religioso. O jornal *Schweuzerisher Republicaner* publica suas "Cartas de Londres". Em Bradford, conhece o poeta G. Weerth. Começa a escrever para a imprensa cartista. Mantém contato com a Liga dos Justos. Ao longo desse período, suas cartas à irmã favorita, Marie, revelam seu amor pela natureza e por música, livros, pintura, viagens, esporte, vinho, cerveja e tabaco.	Feuerbach publica *Grundsätze der Philosophie der Zukunft* [Princípios da filosofia do futuro].

Karl Marx – Para a crítica da economia política

	Karl Marx	Friedrich Engels	Fatos históricos
1844	Em colaboração com Arnold Ruge, elabora e publica o primeiro e único volume dos *Deutsch-Französische Jahrbücher*, no qual participa com dois artigos: "A questão judaica" e "Introdução a uma crítica da filosofia do direito de Hegel". Escreve os *Manuscritos econômico-filosóficos* [*Ökonomisch-philosophische Manuskripte*]. Colabora com o *Vorwärts!* [Avante!], órgão de imprensa dos operários alemães na emigração. Conhece a Liga dos Justos, fundada por Weitling. Amigo de Heine, Leroux, Blanqui, Proudhon e Bakunin, inicia em Paris estreita amizade com Engels. Nasce Jenny, primeira filha de Marx. Rompe com Ruge e desliga-se dos *Deutsch-Französische Jahrbücher*. O governo decreta a prisão de Marx, Ruge, Heine e Bernays pela colaboração nos *Deutsch-Französische Jahrbücher*. Encontra Engels em Paris e em dez dias planejam seu primeiro trabalho juntos, *A sagrada família* [*Die heilige Familie*]. Marx publica no *Vorwärts!* artigo sobre a greve na Silésia.	Em fevereiro, Engels publica "Esboço para uma crítica da economia política" [Umrisse zu einer Kritik der Nationalökonomie], texto que influenciou profundamente Marx. Segue à frente dos negócios do pai, escreve para os *Deutsch-Französische Jahrbücher* e colabora com o jornal *Vorwärts!*. Deixa Manchester. Em Paris, torna-se amigo de Marx, com quem desenvolve atividades militantes, o que os leva a criar laços cada vez mais profundos com as organizações de trabalhadores de Paris e Bruxelas. Vai para Barmen.	O Graham's Factory Act regula o horário de trabalho para menores e mulheres na Inglaterra. Fundado o primeiro sindicato operário na Alemanha. Insurreição de operários têxteis na Silésia e na Boêmia.
1845	Por causa do artigo sobre a greve na Silésia, a pedido do governo prussiano Marx é expulso da França, juntamente com Bakunin, Bürgers e Bornstedt. Muda-se para Bruxelas e, em colaboração com Engels, escreve e publica em Frankfurt *A sagrada família*. Ambos começam a escrever *A ideologia alemã* [*Die deutsche Ideologie*], e Marx elabora "As teses sobre Feuerbach" [*Thesen über Feuerbach*]. Em setembro, nasce Laura, segunda filha de Marx e Jenny. Em dezembro, ele renuncia à nacionalidade prussiana.	As observações de Engels sobre a classe trabalhadora de Manchester, feitas anos antes, formam a base de uma de suas obras principais, *A situação da classe trabalhadora na Inglaterra* [*Die Lage der arbeitenden Klasse in England*] (publicada primeiramente em alemão; a edição seria traduzida para o inglês 40 anos mais tarde). Em Barmen, organiza debates sobre as ideias comunistas com Hess e profere os "Discursos de Elberfeld". Em abril sai de Barmen e encontra Marx em Bruxelas. Juntos, estudam economia e fazem uma breve visita a Manchester (julho e agosto), onde percorrem alguns jornais locais, como o *Manchester Guardian* e o *Volunteer Journal for Lancashire and Cheshire*. É lançada *A situação da classe trabalhadora na Inglaterra*, em Leipzig. Começa sua vida em comum com Mary Burns.	Criada a organização internacionalista Democratas Fraternais, em Londres. Richard M. Hoe registra a patente da primeira prensa rotativa moderna.
1846	Marx e Engels organizam em Bruxelas o primeiro Comitê de Correspondência da Liga dos Justos,	Seguindo instruções do Comitê de Bruxelas, Engels estabelece estreitos contatos com socialistas e	Os Estados Unidos declaram guerra ao México. Rebelião

Cronologia resumida de Marx e Engels

Karl Marx	Friedrich Engels	Fatos históricos
	uma rede de correspondentes comunistas em diversos países, a qual Proudhon se nega a integrar. Em carta a Annenkov, Marx critica o recém-publicado *Sistema das contradições econômicas ou Filosofia da miséria* [*Système des contradictions économiques ou Philosophie de la misère*], de Proudhon. Redige com Engels a *Zirkular gegen Kriege* [Circular contra Kriege], crítica a um alemão emigrado dono de um periódico socialista em Nova York. Por falta de editor, Marx e Engels desistem de publicar *A ideologia alemã* (a obra só seria publicada em 1932, na União Soviética). Em dezembro, nasce Edgar, o terceiro filho de Marx.	comunistas franceses. No outono, ele se desloca para Paris com a incumbência de estabelecer novos comitês de correspondência. Participa de um encontro de trabalhadores alemães em Paris, propagando ideias comunistas e discorrendo sobre a utopia de Proudhon e o socialismo real de Karl Grün.	polonesa em Cracóvia. Crise alimentar na Europa. Abolidas, na Inglaterra, as "leis dos cereais".
1847	Filia-se à Liga dos Justos, em seguida nomeada Liga dos Comunistas. Realiza-se o primeiro congresso da associação em Londres (junho), ocasião em que se encomenda a Marx e Engels um manifesto dos comunistas. Eles participam do congresso de trabalhadores alemães em Bruxelas e, juntos, fundam a Associação Operária Alemã de Bruxelas. Marx é eleito vice-presidente da Associação Democrática. Conclui e publica a edição francesa de *Miséria da filosofia* [*Misère de la philosophie*] (Bruxelas, julho).	Engels viaja a Londres e participa com Marx do I Congresso da Liga dos Justos. Publica "Princípios do comunismo" [Grundsätze des Kommunismus], uma "versão preliminar" do *Manifesto Comunista* [*Manifest der Kommunistischen Partei*]. Em Bruxelas, com Marx, participa da reunião da Associação Democrática, voltando em seguida a Paris para mais uma série de encontros. Depois de atividades em Londres, volta a Bruxelas e escreve, com Marx, o *Manifesto Comunista*.	A Polônia torna-se província russa. Guerra civil na Suíça. Realiza-se em Londres o II Congresso da Liga dos Comunistas (novembro).
1848	Marx discursa sobre o livre-cambismo numa das reuniões da Associação Democrática. Com Engels publica, em Londres (fevereiro), o *Manifesto Comunista*. O governo revolucionário francês, por meio de Ferdinand Flocon, convida Marx a morar em Paris após o governo belga expulsá-lo de Bruxelas. Redige com Engels "Reivindicações do Partido Comunista da Alemanha" [Forderungen der Kommunistischen Partei in Deutschland] e organiza o regresso dos membros alemães da Liga dos Comunistas à pátria. Com sua família e com Engels, muda-se em fins de maio para Colônia, onde ambos fundam o jornal *Neue Rheinische Zeitung* [Nova Gazeta Renana], cuja primeira edição é	Expulso da França por suas atividades políticas, chega a Bruxelas no fim de janeiro. Juntamente com Marx, toma parte na insurreição alemã, de cuja derrota falaria quatro anos depois em *Revolução e contrarrevolução na Alemanha* [*Revolution und Konterevolution in Deutschland*]. Engels exerce o cargo de editor do *Neue Rheinische Zeitung*, recém-criado por ele e Marx. Participa, em setembro, do Comitê de Segurança Pública criado para rechaçar a contrarrevolução, durante grande ato popular promovido pelo *Neue Rheinische Zeitung*. O periódico sofre suspensões, mas prossegue ativo. Procurado pela polícia, tenta se exilar na Bélgica, onde é preso e	Definida, na Inglaterra, a jornada de dez horas para menores e mulheres na indústria têxtil. Criada a Associação Operária, em Berlim. Fim da escravidão na Áustria. Abolição da escravidão nas colônias francesas. Barricadas em Paris: eclode a revolução; o rei Luís Filipe abdica e a República é proclamada. A revolução se alastra pela Europa. Em junho, Blanqui lidera novas insurreições

Karl Marx – Para a crítica da economia política

	Karl Marx	Friedrich Engels	Fatos históricos
	publicada em 1º de junho, com o subtítulo *Organ der Demokratie*. Marx começa a dirigir a Associação Operária de Colônia e acusa a burguesia alemã de traição. Proclama o terrorismo revolucionário como único meio de amenizar "as dores de parto" da nova sociedade. Conclama ao boicote fiscal e à resistência armada.	depois expulso. Muda-se para a Suíça.	operárias em Paris, brutalmente reprimidas pelo general Cavaignac. Decretado estado de sítio em Colônia em reação a protestos populares. O movimento revolucionário reflui.
1849	Marx e Engels são absolvidos em processo por participação nos distúrbios de Colônia (ataques às autoridades publicados no *Neue Rheinische Zeitung*). Ambos defendem a liberdade de imprensa na Alemanha. Marx é convidado a deixar o país, mas ainda publicaria "Trabalho assalariado e capital" [Lohnarbeit und Kapital]. O periódico, em difícil situação, é extinto (maio). Marx, em condição financeira precária (vende os próprios móveis para pagar as dívidas), tenta voltar a Paris, mas, impedido de ficar, é obrigado a deixar a cidade em 24 horas. Graças a uma campanha de arrecadação de fundos promovida por Ferdinand Lassalle na Alemanha, Marx se estabelece com a família em Londres, onde nasce Guido, seu quarto filho (novembro).	Em janeiro, Engels retorna a Colônia. Em maio, toma parte militarmente na resistência à reação. À frente de um batalhão de operários, entra em Elberfeld, motivo pelo qual sofre sanções legais por parte das autoridades prussianas, enquanto Marx é convidado a deixar o país. É publicado o último número do *Neue Rheinische Zeitung*. Marx e Engels vão para o sudoeste da Alemanha, onde Engels se envolve no levante de Baden-Palatinado, antes de seguir para Londres.	Proudhon publica *Les confessions d'un révolutionnaire* [As confissões de um revolucionário]. A Hungria proclama sua independência da Áustria. Após período de refluxo, reorganiza-se no fim do ano, em Londres, o Comitê Central da Liga dos Comunistas, com a participação de Marx e Engels.
1850	Ainda em dificuldades financeiras, organiza a ajuda aos emigrados alemães. A Liga dos Comunistas reorganiza as sessões locais e é fundada a Sociedade Universal dos Comunistas Revolucionários, cuja liderança logo se fraciona. Edita em Londres a *Neue Rheinische Zeitung* [Nova Gazeta Renana], revista de economia política, bem como *Lutas de classe na França* [*Die Klassenkämpfe in Frankreich*]. Morre o filho Guido.	Publica *A guerra dos camponeses na Alemanha* [*Der deutsche Bauernkrieg*]. Em novembro, retorna a Manchester, onde viverá por vinte anos, e às suas atividades na Ermen & Engels; o êxito nos negócios possibilita ajudas financeiras a Marx.	Abolição do sufrágio universal na França.
1851	Continua em dificuldades, mas, graças ao êxito dos negócios de Engels em Manchester, conta com ajuda financeira. Dedica-se intensamente aos estudos de economia na biblioteca do Museu Britânico. Aceita o convite de trabalho do *New York Daily Tribune*, mas é Engels quem envia os primeiros textos, intitulados	Engels, ao lado de Marx, começa a colaborar com o Movimento Cartista [Chartist Movement]. Estuda língua, história e literatura eslava e russa.	Na França, golpe de Estado de Luís Bonaparte. Realização da primeira Exposição Universal, em Londres.

Cronologia resumida de Marx e Engels

	Karl Marx	**Friedrich Engels**	**Fatos históricos**
	"Contrarrevolução na Alemanha", publicados sob a assinatura de Marx. Hermann Becker publica em Colônia o primeiro e único tomo dos *Ensaios escolhidos de Marx*. Nasce Francisca (28 de março), a quinta de seus filhos.		
1852	Envia ao periódico *Die Revolution*, de Nova York, uma série de artigos sobre *O 18 de brumário de Luís Bonaparte* [*Der achtzehnte Brumaire des Louis Bonaparte*]. Sua proposta de dissolução da Liga dos Comunistas é acolhida. A difícil situação financeira é amenizada com o trabalho para o *New York Daily Tribune*. Morre a filha Francisca, nascida um ano antes.	Publica *Revolução e contrarrevolução na Alemanha* [*Revolution und Konterevolution in Deutschland*]. Com Marx, elabora o panfleto *O grande homem do exílio* [*Die grossen Männer des Exils*] e uma obra, hoje desaparecida, chamada *Os grandes homens oficiais da Emigração*; nela, atacam os dirigentes burgueses da emigração em Londres e defendem os revolucionários de 1848-1849. Expõem, em cartas e artigos conjuntos, os planos do governo, da polícia e do judiciário prussianos, textos que teriam grande repercussão.	Luís Bonaparte é proclamado imperador da França, com o título de Napoleão Bonaparte III.
1853	Marx escreve, tanto para o *New York Daily Tribune* quanto para o *People's Paper*, inúmeros artigos sobre temas da época. Sua precária saúde o impede de voltar aos estudos econômicos interrompidos no ano anterior, o que faria somente em 1857. Retoma a correspondência com Lassalle.	Escreve artigos para o *New York Daily Tribune*. Estuda persa e a história dos países orientais. Publica, com Marx, artigos sobre a Guerra da Crimeia.	A Prússia proíbe o trabalho para menores de 12 anos.
1854	Continua colaborando com o *New York Daily Tribune*, dessa vez com artigos sobre a revolução espanhola.		
1855	Começa a escrever para o *Neue Oder Zeitung*, de Breslau, e segue como colaborador do *New York Daily Tribune*. Em 16 de janeiro, nasce o sexto de seus filhos, a menina Eleanor, e em 6 de abril morre Edgar, o terceiro.	Escreve uma série de artigos para o periódico *Putman*.	Morte de Nicolau I, na Rússia, e ascensão do tsar Alexandre II.
1856	Ganha a vida redigindo artigos para jornais. Discursa sobre o progresso técnico e a revolução proletária em uma festa do *People's Paper*. Estuda a história e a civilização dos povos eslavos. A esposa, Jenny, recebe uma herança da mãe, o que permite que a família se mude para um apartamento mais confortável.	Acompanhado da mulher, Mary Burns, Engels visita a terra natal dela, a Irlanda.	Morrem Max Stirner e Heinrich Heine. Guerra franco-inglesa contra a China.
1857	Retoma os estudos sobre economia política, por considerar iminente uma nova crise econômica europeia.	Adoece gravemente em maio. Analisa a situação no Oriente Médio, estuda a questão eslava e	O divórcio, sem necessidade de aprovação

Karl Marx – Para a crítica da economia política

	Karl Marx	Friedrich Engels	Fatos históricos
	Fica no Museu Britânico das nove da manhã às sete da noite e trabalha madrugada adentro. Só descansa quando adoece e aos domingos, nos passeios com a família em Hampstead. O médico o proíbe de trabalhar à noite. Começa a redigir os manuscritos que viriam a ser conhecidos como *Grundrisse der Kritik der Politischen Ökonomie* [Esboços de uma crítica da economia política] e que servirão de base à obra *Para a crítica da economia política* [*Zur Kritik der Politischen Ökonomie*]. Escreve a célebre *Introdução de 1857*. Continua a colaborar no *New York Daily Tribune*. Escreve artigos sobre Jean-Baptiste Bernadotte, Simón Bolívar, Gebhard Blücher e outros na *New American Encyclopaedia* [Nova Enciclopédia Americana]. Atravessa um novo período de dificuldades financeiras e tem um novo filho, natimorto.	aprofunda suas reflexões sobre temas militares. Sua contribuição para a *New American Encyclopaedia* [Nova Enciclopédia Americana], versando sobre as guerras, faz de Engels um continuador de Von Clausewitz e um precursor de Lênin e Mao Tsé-tung. Continua trocando cartas com Marx, discorrendo sobre a crise na Europa e nos Estados Unidos.	parlamentar, torna-se legal na Inglaterra.
1858	O *New York Daily Tribune* deixa de publicar alguns de seus artigos. Marx dedica-se à leitura de *Ciência da lógica* [*Wissenschaft der Logik*] de Hegel. Agravam-se os problemas de saúde e a penúria.	Engels dedica-se ao estudo das ciências naturais.	Morre Robert Owen.
1859	Publica em Berlim *Para a crítica da economia política*. A obra só não fora publicada antes porque não havia dinheiro para postar o original. Marx comentaria: "Seguramente é a primeira vez que alguém escreve sobre o dinheiro com tanta falta dele". O livro, muito esperado, foi um fracasso. Nem seus companheiros mais entusiastas, como Liebknecht e Lassalle, o compreenderam. Escreve mais artigos no *New York Daily Tribune*. Começa a colaborar com o periódico londrino *Das Volk*, contra o grupo de Edgar Bauer. Marx polemiza com Karl Vogt (a quem acusa de ser subsidiado pelo bonapartismo), Blind e Freiligrath.	Faz uma análise, com Marx, da teoria revolucionária e suas táticas, publicada em coluna do *Das Volk*. Escreve o artigo "Po und Rhein" [Pó e Reno], em que analisa o bonapartismo e as lutas liberais na Alemanha e na Itália. Enquanto isso, estuda gótico e inglês arcaico. Em dezembro, lê o recém--publicado *A origem das espécies* [*The Origin of Species*], de Darwin.	A França declara guerra à Áustria.
1860	Vogt começa uma série de calúnias contra Marx, e as querelas chegam aos tribunais de Berlim e Londres. Marx escreve "Herr Vogt" [Senhor Vogt].	Engels vai a Barmen para o sepultamento de seu pai (20 de março). Publica a brochura *Savoia, Nice e o Reno* [*Savoyen, Nizza und der Rhein*], polemizando com	Giuseppe Garibaldi toma Palermo e Nápoles.

Cronologia resumida de Marx e Engels

	Karl Marx	Friedrich Engels	Fatos históricos
		Lassalle. Continua escrevendo para vários periódicos, entre os quais o *Allgemeine Militar Zeitung*. Contribui com artigos sobre o conflito de secessão nos Estados Unidos no *New York Daily Tribune* e no jornal liberal *Die Presse*.	
1861	Enfermo e depauperado, Marx vai à Holanda, onde o tio Lion Philiph concorda em adiantar-lhe uma quantia por conta da herança de sua mãe. Volta a Berlim e projeta com Lassalle um novo periódico. Reencontra velhos amigos e visita a mãe em Trier. Não consegue recuperar a nacionalidade prussiana. Regressa a Londres e participa de uma ação em favor da libertação de Blanqui. Retoma seus trabalhos científicos e a colaboração com o *New York Daily Tribune* e o *Die Presse* de Viena.		Guerra civil norte-americana. Abolição da servidão na Rússia.
1862	Trabalha o ano inteiro em sua obra científica e encontra-se várias vezes com Lassalle para discutirem seus projetos. Em suas cartas a Engels, desenvolve uma crítica à teoria ricardiana sobre a renda da terra. O *New York Daily Tribune*, justificando-se com a situação econômica interna norte-americana, dispensa os serviços de Marx, o que reduz ainda mais seus rendimentos. Viaja à Holanda e a Trier, e novas solicitações ao tio e à mãe são negadas. De volta a Londres, tenta um cargo de escrevente da ferrovia, mas é reprovado por causa da caligrafia.		Nos Estados Unidos, Lincoln decreta a abolição da escravatura. O escritor Victor Hugo publica *Les misérables* [Os miseráveis].
1863	Marx continua seus estudos no Museu Britânico e se dedica também à matemática. Começa a redação definitiva de *O capital* [*Das Kapital*] e participa de ações pela independência da Polônia. Morre sua mãe (novembro), deixando-lhe algum dinheiro como herança.	Morre, em Manchester, Mary Burns, companheira de Engels (6 de janeiro). Ele permaneceria morando com a cunhada Lizzie. Esboça, mas não conclui um texto sobre rebeliões camponesas.	
1864	Malgrado a saúde, continua a trabalhar em sua obra científica. É convidado a substituir Lassalle (morto em duelo) na Associação Geral dos Operários Alemães. O cargo, entretanto, é ocupado por Becker. Apresenta o projeto e o estatuto de uma Associação	Engels participa da fundação da Associação Internacional dos Trabalhadores, depois conhecida como a Primeira Internacional. Torna-se coproprietário da Ermen & Engels. No segundo semestre, contribui, com Marx, para o *Sozial-Demokrat*, periódico da	Dühring traz a público seu *Kapital und Arbeit* [Capital e trabalho]. Fundação, na Inglaterra, da Associação Internacional dos Trabalhadores.

Karl Marx – Para a crítica da economia política

	Karl Marx	Friedrich Engels	Fatos históricos
	Internacional dos Trabalhadores, durante encontro internacional no Saint Martin's Hall de Londres. Marx elabora o "Manifesto de Inauguração da Associação Internacional dos Trabalhadores".	social-democracia alemã que populariza as ideias da Internacional na Alemanha.	É reconhecido o direito a férias na França. Morre Wilhelm Wolff, amigo íntimo de Marx, a quem é dedicado *O capital*.
1865	Conclui a primeira redação de *O capital* e participa do Conselho Central da Internacional (setembro), em Londres. Marx escreve *Salário, preço e lucro* [*Lohn, Preis und Profit*]. Publica no *Sozial-Demokrat* uma biografia de Proudhon, morto recentemente. Conhece o socialista francês Paul Lafargue, seu futuro genro.	Recebe Marx em Manchester. Ambos rompem com Schweitzer, diretor do *Sozial-Demokrat*, por sua orientação lassalliana. Suas conversas sobre o movimento da classe trabalhadora na Alemanha resultam em um artigo para a imprensa. Engels publica "A questão militar na Prússia e o Partido Operário Alemão" [*Die preussische Militärfrage und die deutsche Arbeiterpartei*].	Assassinato de Lincoln. Proudhon publica *De la capacité politique des classes ouvrières* [A capacidade política das classes operárias]. Morre Proudhon.
1866	Apesar dos intermináveis problemas financeiros e de saúde, Marx conclui a redação do Livro I de *O capital*. Prepara a pauta do primeiro Congresso da Internacional e as teses do Conselho Central. Pronuncia discurso sobre a situação na Polônia.	Escreve a Marx sobre os trabalhadores emigrados da Alemanha e pede a intervenção do Conselho Geral da Internacional.	Na Bélgica, é reconhecido o direito de associação e a férias. Fome na Rússia.
1867	O editor Otto Meissner publica, em Hamburgo, o primeiro volume de *O capital*. Os problemas de Marx o impedem de prosseguir no projeto. Redige instruções para Wilhelm Liebknecht, recém-ingressado na Dieta prussiana como representante social-democrata.	Engels estreita relações com os revolucionários alemães, especialmente Liebknecht e Bebel. Envia carta de congratulações a Marx pela publicação do Livro I de *O capital*. Estuda as novas descobertas da química e escreve artigos e matérias sobre *O capital*, com fins de divulgação.	
1868	Piora o estado de saúde de Marx, e Engels continua ajudando-o financeiramente. Marx elabora estudos sobre as formas primitivas de propriedade comunal, em especial sobre o *mir* russo. Corresponde-se com o russo Danielson e lê Dühring. Bakunin se declara discípulo de Marx e funda a Aliança Internacional da Social-Democracia. Casamento da filha Laura com Lafargue.	Engels elabora uma sinopse do Livro I de *O capital*.	Em Bruxelas, acontece o Congresso da Associação Internacional dos Trabalhadores (setembro).
1869	Liebknecht e Bebel fundam o Partido Operário Social-Democrata alemão, de linha marxista. Marx, fugindo das polícias da Europa continental, passa a viver em Londres com a família, na mais absoluta miséria. Continua os trabalhos para o segundo livro de *O capital*.	Em Manchester, dissolve a empresa Ermen & Engels, que havia assumido após a morte do pai. Com um soldo anual de 350 libras, auxilia Marx e sua família. Mantém intensa correspondência com Marx. Começa a contribuir com o *Volksstaat*, o órgão de imprensa do	Fundação do Partido Social-Democrata alemão. Congresso da Primeira Internacional na Basileia, Suíça.

Cronologia resumida de Marx e Engels

	Karl Marx	Friedrich Engels	Fatos históricos
	Vai a Paris sob nome falso, onde permanece algum tempo na casa de Laura e Lafargue. Mais tarde, acompanhado da filha Jenny, visita Kugelmann em Hannover. Estuda russo e a história da Irlanda. Corresponde-se com De Paepe sobre o proudhonismo e concede uma entrevista ao sindicalista Haman sobre a importância da organização dos trabalhadores.	Partido Social-Democrata alemão. Escreve uma pequena biografia de Marx, publicada no *Die Zukunft* (julho). É lançada a primeira edição russa do *Manifesto Comunista*. Em setembro, acompanhado de Lizzie, Marx e Eleanor, visita a Irlanda.	
1870	Continua interessado na situação russa e em seu movimento revolucionário. Em Genebra, instala-se uma seção russa da Internacional, na qual se acentua a oposição entre Bakunin e Marx, que redige e distribui uma circular confidencial sobre as atividades dos bakunistas e sua aliança. Redige o primeiro comunicado da Internacional sobre a guerra franco-prussiana e exerce, a partir do Conselho Central, uma grande atividade em favor da República francesa. Por meio de Serrailler, envia instruções para os membros da Internacional presos em Paris. A filha Jenny colabora com Marx em artigos para *A Marselhesa* sobre a repressão dos irlandeses por policiais britânicos.	Engels escreve "História da Irlanda" [*Die Geschichte Irlands*]. Começa a colaborar com o periódico inglês *Pall Mall Gazette*, discorrendo sobre a guerra franco-prussiana. Deixa Manchester em setembro, acompanhado de Lizzie, e instala-se em Londres para promover a causa comunista. Lá, continua escrevendo para o *Pall Mall Gazette*, dessa vez sobre o desenvolvimento das oposições. É eleito por unanimidade para o Conselho Geral da Primeira Internacional. O contato com o mundo do trabalho permitiu a Engels analisar, em profundidade, as formas de desenvolvimento do modo de produção capitalista. Suas conclusões seriam utilizadas por Marx em *O capital*.	Na França, são presos membros da Internacional Comunista. Em 22 de abril, nasce Vladímir Lênin.
1871	Atua na Internacional em prol da Comuna de Paris. Instrui Frankel e Varlin e redige o folheto *Der Bürgerkrieg in Frankreich* [*A guerra civil na França*]. É violentamente atacado pela imprensa conservadora. Em setembro, durante a Internacional em Londres, é reeleito secretário da seção russa. Revisa o Livro I de *O capital* para a segunda edição alemã.	Prossegue suas atividades no Conselho Geral e atua junto à Comuna de Paris, que instaura um governo operário na capital francesa entre 26 de março e 28 de maio. Participa com Marx da Conferência de Londres da Internacional.	A Comuna de Paris, instaurada após a revolução vitoriosa do proletariado, é brutalmente reprimida pelo governo francês. Legalização das *trade unions* na Inglaterra.
1872	Acerta a primeira edição francesa de *O capital* e recebe exemplares da primeira edição russa, lançada em 27 de março. Participa dos preparativos do V Congresso da Internacional em Haia, quando se decide a transferência do Conselho Geral da organização para Nova York. Jenny, a filha mais velha, casa-se com o socialista Charles Longuet.	Redige com Marx uma circular confidencial sobre supostos conflitos internos da Internacional, envolvendo bakunistas na Suíça, intitulado *As pretensas cisões na Internacional* [*Die angeblichen Spaltungen in der Internationale*]. Ambos intervêm contra o lassalianismo na social-democracia alemã e escrevem um prefácio para a nova edição alemã do *Manifesto Comunista*. Engels participa do Congresso da Associação Internacional dos Trabalhadores.	Morrem Ludwig Feuerbach e Bruno Bauer. Bakunin é expulso da Internacional no Congresso de Haia.

Karl Marx – Para a crítica da economia política

	Karl Marx	**Friedrich Engels**	**Fatos históricos**
1873	Impressa a segunda edição de *O capital* em Hamburgo. Marx envia exemplares a Darwin e a Spencer. Por ordens de seu médico, é proibido de realizar qualquer tipo de trabalho.	Com Marx, escreve para periódicos italianos uma série de artigos sobre as teorias anarquistas e o movimento das classes trabalhadoras.	Morre Napoleão III. As tropas alemãs se retiram da França.
1874	É negada a Marx a cidadania inglesa, "por não ter sido fiel ao rei". Com a filha Eleanor, viaja a Karlsbad para tratar da saúde numa estação de águas.	Prepara a terceira edição de *A guerra dos camponeses alemães*.	Na França, são nomeados inspetores de fábricas e é proibido o trabalho em minas para mulheres e menores.
1875	Continua seus estudos sobre a Rússia. Redige observações ao Programa de Gotha, da social-democracia alemã.	Por iniciativa de Engels, é publicada *Crítica do Programa de Gotha* [*Kritik des Gothaër Programms*], de Marx.	Morre Moses Hess.
1876	Continua o estudo sobre as formas primitivas de propriedade na Rússia. Volta com Eleanor a Karlsbad para tratamento.	Elabora escritos contra Dühring, discorrendo sobre a teoria marxista, publicados inicialmente no *Vorwärts!* e transformados em livro posteriormente.	É fundado o Partido Socialista do Povo na Rússia. Crise na Primeira Internacional. Morre Bakunin.
1877	Marx participa de campanha na imprensa contra a política de Gladstone em relação à Rússia e trabalha no Livro II de *O capital*. Acometido novamente de insônias e transtornos nervosos, viaja com a esposa e a filha Eleanor para descansar em Neuenahr e na Floresta Negra.	Conta com a colaboração de Marx na redação final do *Anti-Dühring* [*Herrn Eugen Dühring's Umwälzung der Wissenschaft*]. O amigo colabora com o capítulo 10 da parte 2 ("Da história crítica"), discorrendo sobre a economia política.	A Rússia declara guerra à Turquia.
1878	Paralelamente ao Livro II de *O capital*, Marx trabalha na investigação sobre a comuna rural russa, complementada com estudos de geologia. Dedica-se também à *Questão do Oriente* e participa de campanha contra Bismarck e Lothar Bücher.	Publica o *Anti-Dühring* e, atendendo ao pedido de Wolhelm Bracke feito um ano antes, publica pequena biografia de Marx, intitulada *Karl Marx*. Morre Lizzie.	Otto von Bismarck proíbe o funcionamento do Partido Socialista na Prússia. Primeira grande onda de greves operárias na Rússia.
1879	Marx trabalha nos Livros II e III de *O capital*.		
1880	Elabora um projeto de pesquisa a ser executado pelo Partido Operário francês. Torna-se amigo de Hyndman. Ataca o oportunismo do periódico *Sozial-Demokrat* alemão, dirigido por Liebknecht. Escreve as "Randglossen zu Adolph Wagners Lehrbuch der politischen Ökonomie" [Glosas marginais ao tratado de economia política de Adolph Wagner]. Bebel, Bernstein e Singer visitam Marx em Londres.	Engels lança uma edição especial de três capítulos do *Anti-Dühring*, sob o título *Socialismo utópico e científico* [*Die Entwicklung des Socialismus Von der Utopie zur Wissenschaft*]. Marx escreve o prefácio do livro. Engels estabelece relações com Kautsky e conhece Bernstein.	Morre Arnold Ruge.

Cronologia resumida de Marx e Engels

	Karl Marx	Friedrich Engels	Fatos históricos
1881	Prossegue os contatos com os grupos revolucionários russos e mantém correspondência com Zasulitch, Danielson e Nieuwenhuis. Recebe a visita de Kautsky. Jenny, sua esposa, adoece. O casal vai a Argenteuil visitar a filha Jenny e Longuet. Morre Jenny Marx.	Enquanto prossegue em suas atividades políticas, estuda a história da Alemanha e prepara *Labor Standard*, um diário dos sindicatos ingleses. Escreve um obituário pela morte de Jenny Marx (8 de dezembro).	Fundação da Federation of Labor Unions nos Estados Unidos. Assassinato do tsar Alexandre II.
1882	Continua as leituras sobre os problemas agrários da Rússia. Acometido de pleurisia, visita a filha Jenny em Argenteuil. Por prescrição médica, viaja pelo Mediterrâneo e pela Suíça. Lê sobre física e matemática.	Redige com Marx um novo prefácio para a edição russa do *Manifesto Comunista*.	Os ingleses bombardeiam Alexandria e ocupam o Egito e o Sudão.
1883	A filha Jenny morre em Paris (janeiro). Deprimido e muito enfermo, com problemas respiratórios, Marx morre em Londres, em 14 de março. É sepultado no Cemitério de Highgate.	Começa a esboçar *A dialética da natureza* [*Dialektik der Natur*], publicada postumamente em 1927. Escreve outro obituário, dessa vez para a filha de Marx, Jenny. No sepultamento de Marx, profere o que ficaria conhecido como *Discurso diante da sepultura de Marx* [*Das Begräbnis von Karl Marx*]. Após a morte do amigo, publica uma edição inglesa do Livro I de *O capital*; imediatamente depois, prefacia a terceira edição alemã da obra e já começa a preparar o Livro II.	Implantação dos seguros sociais na Alemanha. Fundação de um partido marxista na Rússia e da Sociedade Fabiana, que mais tarde daria origem ao Partido Trabalhista na Inglaterra. Crise econômica na França; forte queda na Bolsa.
1884		Publica *A origem da família, da propriedade privada e do Estado* [*Der Ursprung der Familie, des Privateigentum und des Staates*].	Fundação da Sociedade Fabiana de Londres.
1885		Editado por Engels, é publicado o Livro II de *O capital*.	
1887		Karl Kautsky conclui o artigo "O socialismo jurídico", resposta de Engels a um livro do jurista Anton Menger, e o publica sem assinatura na *Neue Zeit*.	
1889			Funda-se em Paris a II Internacional.
1894		Também editado por Engels, é publicado o Livro III de *O capital*. O mundo acadêmico ignorou a obra por muito tempo, embora os principais grupos políticos logo tenham começado a estudá-la. Engels publica os textos	O oficial francês de origem judaica Alfred Dreyfus, acusado de traição, é preso. Protestos antissemitas multiplicam-se nas principais cidades francesas.

Karl Marx – Para a crítica da economia política

Karl Marx	Friedrich Engels	Fatos históricos
	"Contribuição à história do cristianismo primitivo" [Zur Geschischte des Urchristentums] e "A questão camponesa na França e na Alemanha" [Die Bauernfrage in Frankreich und Deutschland].	
1895	Redige uma nova introdução para *As lutas de classes na França*. Após longo tratamento médico, Engels morre em Londres (5 de agosto). Suas cinzas são lançadas ao mar em Eastbourne. Dedicou-se até o fim da vida a completar e traduzir a obra de Marx, ofuscando a si próprio e a sua obra em favor do que ele considerava a causa mais importante.	Os sindicatos franceses fundam a Confederação Geral do Trabalho. Os irmãos Lumière fazem a primeira projeção pública do cinematógrafo.

COLEÇÃO MARX-ENGELS

O 18 de brumário de Luís Bonaparte
Karl Marx
Tradução de **Nélio Schneider**
Prólogo de **Herbert Marcuse**
Orelha de **Ruy Braga**

Anti-Dühring: a revolução da ciência segundo o senhor Eugen Dühring
Friedrich Engels
Tradução de **Nélio Schneider**
Apresentação de **José Paulo Netto**
Orelha de **Camila Moreno**

O capital: crítica da economia política
Livro I: *O processo de produção do capital*
Karl Marx
Tradução de **Rubens Enderle**
Textos introdutórios de **José Arthur Gianotti, Louis Althusser** e **Jacob Gorender**
Orelha de **Francisco de Oliveira**

O capital: crítica da economia política
Livro II: *O processo de circulação do capital*
Karl Marx
Edição de **Friedrich Engels**
Seleção de textos extras e tradução de **Rubens Enderle**
Prefácio de **Michael Heinrich**
Orelha de **Ricardo Antunes**

O capital: crítica da economia política
Livro III: *O processo global da produção capitalista*
Karl Marx
Edição de **Friedrich Engels**
Tradução de **Rubens Enderle**
Apresentação de **Marcelo Dias Carcanholo** e **Rosa Luxemburgo**
Orelha de **Sara Granemann**

Capítulo VI (inédito)
Karl Marx
Inclui a *Enquete operária*
Tradução de **Ronaldo Vielmi Fortes**
Organização e apresentação de **Ricardo Antunes** e **Murillo van der Laan**
Orelha de **Leda Paulani**

Crítica da filosofia do direito de Hegel
Karl Marx
Tradução de **Rubens Enderle** e **Leonardo de Deus**
Prefácio de **Alysson Leandro Mascaro**

Crítica do Programa de Gotha
Karl Marx
Tradução de **Rubens Enderle**
Prefácio de **Michael Löwy**
Orelha de **Virgínia Fontes**

Os despossuídos: debates sobre a lei referente ao furto de madeira
Karl Marx
Tradução de **Mariana Echalar** e **Nélio Schneider**
Prefácio de **Daniel Bensaïd**
Orelha de **Ricardo Prestes Pazello**

Dialética da natureza
Friedrich Engels
Tradução de **Nélio Schneider**
Apresentação de **Ricardo Musse**
Orelha de **Laura Luedy**

Diferença entre a filosofia da natureza de Demócrito e a de Epicuro
Karl Marx
Tradução de **Nélio Schneider**
Apresentação de **Ana Selva Albinati**
Orelha de **Rodnei Nascimento**

Esboço para uma crítica da economia política
Friedrich Engels
Tradução de **Nélio Schneider** com a colaboração de **Ronaldo Vielmi Fortes, José Paulo Netto** e **Maria Filomena Viegas**
Organização e apresentação de **José Paulo Netto**
Orelha de **Felipe Cotrim**

Grundrisse: manuscritos econômicos de 1857-1858 – Esboços da crítica da economia política
Karl Marx
Tradução de **Mario Duayer** e **Nélio Schneider**, com **Alice Helga Werner** e **Rudiger Hoffman**
Apresentação de **Mario Duayer**
Orelha de **Jorge Grespan**

A guerra civil dos Estados Unidos
Karl Marx e Friedrich Engels
Seleção e organização de **Murillo van der Laan**
Tradução de **Luiz Felipe Osório** e **Murillo van der Laan**
Prefácio de **Marcelo Badaró Mattos**
Orelha de **Cristiane L. Sabino de Souza**

A guerra civil na França
Karl Marx
Tradução de **Rubens Enderle**
Apresentação de **Antonio Rago Filho**
Orelha de **Lincoln Secco**

A ideologia alemã
Karl Marx e Friedrich Engels
Tradução de **Rubens Enderle, Nélio Schneider** e **Luciano Martorano**
Apresentação de **Emir Sader**
Orelha de **Leandro Konder**

Ludwig Feuerbach e o fim da filosofia clássica alemã
Friedrich Engels
Tradução de **Nélio Schneider**
Apresentação de **Eduardo Chagas**
Prólogo de **Victor Strazzeri**
Orelha de **Arlene Clemesha**

Lutas de classes na Alemanha
Karl Marx e **Friedrich Engels**
Tradução de **Nélio Schneider**
Prefácio de **Michael Löwy**
Orelha de **Ivo Tonet**

As lutas de classes na França de 1848 a 1850
Karl Marx
Tradução de **Nélio Schneider**
Prefácio de **Friedrich Engels**
Orelha de **Caio Navarro de Toledo**

Lutas de classes na Rússia
Textos de **Karl Marx** e **Friedrich Engels**
Organização e introdução de **Michael Löwy**
Tradução de **Nélio Schneider**
Orelha de **Milton Pinheiro**

Manifesto Comunista
Karl Marx e **Friedrich Engels**
Tradução de **Ivana Jinkings** e **Álvaro Pina**
Introdução de **Osvaldo Coggiola**
Orelha de **Michael Löwy**

Manuscritos econômico-filosóficos
Karl Marx
Tradução e apresentação de **Jesus Ranieri**
Orelha de **Michael Löwy**

Miséria da filosofia: resposta à Filosofia da Miséria, do sr. Proudhon
Karl Marx
Tradução de **José Paulo Netto**
Orelha de **João Antônio de Paula**

A origem da família, da propriedade privada e do Estado
Friedrich Engels
Tradução de **Nélio Schneider**
Prefácio de **Alysson Leandro Mascaro**
Posfácio de **Marília Moschkovich**
Orelha de **Clara Araújo**

Resumo de O capital
Friedrich Engels
Tradução de **Nélio Schneider**
Apresentação de **Lincoln Secco**
Orelha de **Janaína de Faria**

A sagrada família: ou A crítica da Crítica crítica contra Bruno Bauer e consortes
Karl Marx e **Friedrich Engels**
Tradução de **Marcelo Backes**
Orelha de **Leandro Konder**

A situação da classe trabalhadora na Inglaterra
Friedrich Engels
Tradução de **B. A. Schumann**
Apresentação de **José Paulo Netto**
Orelha de **Ricardo Antunes**

Sobre a questão da moradia
Friedrich Engels
Tradução de **Nélio Schneider**
Orelha de **Guilherme Boulos**

Sobre a questão judaica
Karl Marx
Inclui as cartas de Marx a Ruge
publicadas nos *Anais Franco-Alemães*
Tradução de **Nélio Schneider**
e **Wanda Caldeira Brant**
Apresentação e posfácio de **Daniel Bensaïd**
Orelha de **Arlene Clemesha**

Sobre o suicídio
Karl Marx
Tradução de **Rubens Enderle**
e **Francisco Fontanella**
Prefácio de **Michael Löwy**
Orelha de **Rubens Enderle**

O socialismo jurídico
Friedrich Engels
Tradução de **Lívia Cotrim**
e **Márcio Bilharinho Naves**
Prefácio de **Márcio Naves**
Orelha de **Alysson Mascaro**

Últimos escritos econômicos: anotações de 1879-1882
Karl Marx
Tradução de **Hyury Pinheiro**
Apresentação e organização de **Sávio Cavalcante**
e **Hyury Pinheiro**
Revisão técnica de **Olavo Antunes de Aguiar Ximenes** e **Luis Felipe Osório**
Orelha de **Edmilson Costa**

Primeira edição de *Para a crítica da economia política* (1859)

Publicado em 2024, 165 anos após sua primeira edição alemã, este livro foi composto em Palatino Linotype, corpo 10/12, e impresso em papel Pólen Natural 80 g/m² pela gráfica Rettec, para a Boitempo, com tiragem de 5 mil exemplares.